Lectures on Macroeconomics

거시경제학 강의

김명기

거시경제학 강의

2018년 2월 25일 1판 1쇄 박음
2018년 2월 28일 1판 1쇄 펴냄

지은이 | 김명기
펴낸이 | 한기철

펴낸곳 | 한나래출판사
등록 | 1991. 2. 25. 제22-80호
주소 | 서울시 마포구 토정로 222, 한국출판콘텐츠센터 309호
전화 | 02) 738-5637 · 팩스 | 02) 363-5637 · e-mail | hannarae91@naver.com
www.hannarae.net

ISBN 978-89-5566-212-2 93320

* 이 도서의 국립중앙도서관 출판예정도서목록(CIP)은 서지정보유통지원시스템 홈페이지(http://seoji.nl.go.kr)와 국가자료공동목록시스템(http://www.nl.go.kr/kolisnet)에서 이용하실 수 있습니다.(CIP제어번호: CIP2018006402)

저자는 한국은행에서 오랜 기간 우리나라 경제의 동향분석 및 전망을 담당하였다. 2007~2009년의 글로벌 금융위기는 세계 경제를 어려움에 빠뜨렸으나 저자에게는 다시없는 소중한 경험이었다. 바로 그 기간에 워싱턴에서 근무하면서 미국 연방준비제도(Fed)가 위기 극복에 필요한 통화정책을 수립·집행하는 과정을 실시간으로 접하고 여러 Fed 인사들과 경제상황과 통화정책에 대해 의견을 나눌 수 있었기 때문이다. 그러한 기회는 저자로 하여금 금융시장과 통화정책과 관련된 각종 전문서적과 논문들을 뒤적이며 거시경제이론을 더 깊이 공부하도록 했다.

그리고 한국은행을 퇴직한 이후 나의 경험을 학생들과 나누고 싶은 생각을 갖고 있던 차에 고려대학교 세종캠퍼스 경제학과에서 기회를 주어 거시경제와 화폐금융 과목들을 가르쳐왔다. 거시경제학 강의에서는 현실 경제에 거시이론을 적용했던 실무적 경험을 토대로 학생들이 거시경제의 움직임이나 정책에 대한 분석 및 판단 능력의 기초를 쌓을 수 있도록 힘썼다. 경제를 보는 안목과 문제 해결력을 바탕으로 현실 경제를 이해함으로써 우리나라 국민경제에 대한 관심을 갖도록 하기 위해서였다.

이를 위해 저자는 찰스 존스(Charles I. Jones)의 거시경제학을 중심으로 국내외 여러 교과서도 참고하여 강의노트를 만들어 학생들에게 제공하였다. 강의노트는 크게 장기와 단기로 나누어 장기 부분에서는 왜 어떤 나라는 부자이고 다른 나라는 가난한가에 초점을 두었다. 국가 간 빈부의 격차가 장기 경제성장의 산물인 만큼 그 원인을 지식축적의 차이라고 보는 로머모형을 좀 더 자세히 다루었고, 단기 경기변동은 새케인지언이론을 가급적 이해하기 쉽게 설명하려고 노력하였다. 특히 경기변동에서는 단순한 가정을 기초로 설명한 다음 그러한 가정이 어떤 미시적 기초로 설정된 것인지를 덧붙였다. 이와 함께 현재 대부분의 중앙은행이 물가안정목표제와 금리중시 통화정책을 채택하고 있는 현실에 맞추어 거시경제정책의 실상을 보다 잘 이해할 수 있도록 하는 데 중점을 두었다. 아울러 금융위기가 거시경제에 미치는 영향을 최근의 글로벌 금융위기를 사례로 설명하여 학생들이 글로벌 안목을 갖도록 유도하였다.

강의노트를 책으로 발행하게 된 동기는 단순하다. 중급 수준의 거시경제학 공부에 꼭 필요한 내용을 담으면서 가급적 한국경제를 예로 하여 설명함으로써 국민경제의 현실을 이해하는 데 도움을 주는 교재가 드물다고 느꼈다. 그리고 매학기 여러 과목을 선택해야 하는 학생들의 도서 구입비 부담을 조금이나마 덜어주고 싶기도 했다. 현재 세계경제는 금융위기 이후 오랫동안 기다려왔던 회복이 보다 가시화되는 모습이지만 임금회복의 지연과 소득격차의 확대, 선진국들의 예상보다 빠른 통화정책 정상화 가능성, 보호무역주의 확산 등 불확실성이 상존하고 있다. 이런 상황에서 학생들이 언론매체를 통해 접하는 각종 뉴스에 대한 우리나라 경제의 반응과 향후 움직임을 예상해보는 데 이 책으로부터 도움을 얻을 수 있기를 기대한다.

이 책이 나오기까지 격려와 도움을 준 한나래출판사 한기철 사장과 꼼꼼하게 작업을 도와준 직원들에게 감사를 드린다. 그리고 책이 완성될 무렵에 마지막으로 내용을 점검하면서 교정까지 기꺼이 봐준 옛 동료 신원섭, 한영기 박사에게도 감사드리고 그동안 저자가 개설했던 거시경제학을 수강하면서 평가를 해준 많은 학생들에게도 고마운 마음을 전한다. 부족한 부분이나 오류가 있다면 전적으로 저자의 책임이며 앞으로 개선해나갈 것이다.

2018년 2월

김명기

차례

2부 장기

3장 총산출 및 재화시장균형

4장 솔로우모형

5장 내생적 성장이론

6장 노동시장, 임금과 실업

7장 화폐와 인플레이션

3부 단기

8장 경기변동입문

9장 IS곡선

10장 통화정책곡선

11장 필립스곡선

12장 총수요/총공급모형과 안정화정책

13장 금융위기와 거시경제

4부 개방경제 및 미시적 기초

14장 개방경제 거시경제이론

15장 미시적 기초: 소비, 투자, 정부

1부

거시경제학으로 들어가기

1장

거시경제학 소개

1 거시경제학이란?

거시경제학은 시장에서 일어나는 개인과 기업들의 상호작용이 어떻게 한 나라 또는 지역의 전체 경제활동을 결정하는가에 대해 연구하는 경제학 분야다. 이러한 정의보다는 거시경제학이 다루는 다음과 같은 문제들을 살펴보면 보다 현실적으로 거시경제학을 잘 이해할 수 있다.

- 우리나라 국민의 1인당 실질소득은 어떻게 60여 년 전에 비해 약 37배 많아졌을까?
- 국민소득은 왜 어떤 해에는 매우 큰 폭으로 늘어나고 어떤 해에는 줄어드는 것일까? 왜 매년 일정하게 증가하지 않고 이 같은 현상이 발생할까?
- 인플레이션율을 결정하는 요인은 무엇인가? 왜 1970년대에는 세계적으로 인플레이션이 심했고 1980년대 초반 이후에는 선진국에서 놀랄 정도로 인플레이션이 안정되었을까?
- 1980년 무렵까지 낮았던 유럽의 실업률은 왜 크게 높아지고 반대로 미국의 실업률은 떨어졌을까?

- 재정당국이나 통화당국은 경기 침체기나 호황기에 어떻게 대응하는가, 그리고 인플레이션율의 결정에 어떤 역할을 하는가?
- 재정적자 혹은 무역적자는 왜 발생하고 그 결과는 무엇인가? 적자가 대규모이면 문제인 것인가?
- 대공황, 글로벌 금융위기 등을 어떻게 이해할 것인가?
- 주식시장과 같은 금융시장은 경제에서 어떠한 역할을 하는가? 버블이란 무엇이며 어떤 경우에 주식시장이나 주택시장에 버블이 있다고 하는가?

거시경제학자들은 이와 같은 질문에 대한 답을 얻기 위해 모형을 통하여 이론을 만든다. 그리고 거시적 총계(aggregate)의 경제활동에 관한 이론을 만들 때 가계, 기업 등 개별 경제주체의 행동에 유의하는데 이를 **미시적 기초**(microfoundations)라고 한다.

2 거시경제학은 주요 문제를 어떻게 연구하는가?

앞에서 살펴본 바와 같이 거시경제학은 경제를 전체적으로 볼 때 관계되는 문제들을 다룬다. 전체적 시각은 경제성장과 같이 명백한 문제는 물론이고 다른 여러 문제에도 적용된다. 예를 들어, 우리가 재정적자와 무역적자에 관심을 가지는 것은 그것이 장래 생활수준에 영향을 미칠 수 있기 때문이다. 그리고 금융시장의 거품에 유의하는 것은 거품이 붕괴되면 경제가 침체에 빠질 수 있기 때문이다.

일반적으로 거시경제학자들은 전체 경제에 관한 문제들을 연구할 때 4단계로 접근한다. ① 먼저 관심 있는 경제 문제와 관련된 주요 사실을 파악하고, ② 경제모형을 설정한다. ③ 그런 다음 개발된 모형으로 현실 설명력과 정량적 예측력을 확인하고, ④ 시간이 흐른 뒤에야 검증되는 경제적 현상들을 예측하는 데 그 모형을 사용한다.

경제모형이란 경제 현상을 간단하게 나타낸 것으로 수학적 형식 또는 그래프 형태이다. 건축가가 건축물을 공사하기 이전에 모형을 통하여 많은 것을 검증하는 것처럼 경제학자도 현실 경제를 이해하기 위해 모형을 이용한다. 경제모형은 일반적으로 방정식 형태이다.

수학적으로 표현되는 모형은 변수들 간의 상호관계를 보여주며 기본적 관계에 초점이 맞추어져 있기 때문에 경제학 연구에 매우 유용하다.

경제모형을 이용한 경제학 연구의 4단계를 좀 더 자세히 살펴보면 다음과 같다. 경제모형은 대체로 다음과 같은 과정을 거쳐 설정되고 발전한다.

① **사실 파악**: 예를 들어, 어떤 경제학자가 최근 들어 소비가 부진하다는 것을 인식하고 그 원인을 분석하려 할 수 있다. 그는 분석에 앞서 소비 부진을 확인하기 위한 데이터를 수집한 후 정확하고 정량적으로 사실을 파악해야 한다.

② **모형의 설정**: 관심 있는 변수와 그 변수를 설명하는 변수를 정하고 필요에 따라 변수들의 연결에 필요한 가정을 한다. 모형은 일반적으로 내생변수(endogenous variable), 외생변수(exogenous variable), 파라미터(parameter)로 구성된다.

[그림 1-1] 경제모형의 구조

- **내생변수**는 거시경제학자가 모형을 통하여 설명하고자 하는 것으로 모형 내에서 외생변수와 파라미터에 의해 처리되어 도출되는 결과이다. 앞의 예에서 내생변수는 소비이다.
- **외생변수**는 모형 설정자가 내생변수를 설명하기 위해 모형에 투입하는 일련의 요인으로 사전에 결정되어 있으며 시간의 흐름에 따라 변동하는 것이 일반적이다. 예를 들어 모형 설정자가 가계부채, 소득격차, 소비심리 등의 소비지출에 대한 영향에 관심이 있다면, 소비 결정에 가장 중요한 요인인 소득과 함께 그와 같은 변수들을 외생변수로 선택할 수 있다.
- **파라미터**는 모형 설정자가 그것의 변화를 통해 실험을 하고자 할 때를 제외하고는 일반적으로 시간 흐름에 관계없이 고정이다.

③ **모형의 현실 설명력 검증**: 설정한 모형에서 얻은 결과를 실제 상황과 비교한다. 예를 들어 가계부채, 소득격차, 소비심리 등의 소비 부진에 대한 설명력을 확인하기 위해 모형을 설정하였다면, 그런 변수들을 포함한 모형으로 산출한 소비(사후 예측)가 과거 실제 소비 데이터를 잘 설명하고 있는지 확인한다. 만약 모형을 이용해 얻은 결과가 과거 데이터와 일치하지 않는다면 다시 앞으로 돌아가 모형을 수정해야 한다.

④ **미래 예측에의 사용**: 설정한 모형이 내생변수의 실적치를 잘 설명하면 그 모형을 이용하여 미래를 예측한다. 예를 들어, 소비가 1~2년 후 어떻게 될 것인지 예측하고 대응 정책을 제안한다. 그런 다음 모형에서 얻은 사후 예측치와 실제 데이터를 비교하는 과정을 반복하여 모형을 개선해나가고 새로운 경제 문제가 발견되면 그에 대한 해결방안을 모색해가는 과정을 통해 거시경제학 지식이 발전해나간다.

그렇다면 복잡다기한 현실을 정확하게 설명하기 위해 매우 복잡한 모형을 설정할 필요가 있을까? 분석의 필요에 달려 있으나 현실 세계의 단순화는 모형을 유용하게 설정하는 데 필수적이다. 현실 경제를 완벽하게 반영하는 모형은 존재하지 않으며, 설혹 존재하더라도 너무 복잡해서 이해하기 어렵거나 이슈의 핵심에서 벗어나 잘못된 결론을 도출할 수 있기 때문이다.

3 주요 학습 내용

1장에서 거시경제학을 간략히 소개한 다음 2장에서는 주요 거시경제지표의 개념에 대해 설명한다.

3장~7장에서는 거시경제의 장기적 측면에 대해 고찰한다. 우리나라는 1953년 1인당 국민소득이 67달러로 세계 최빈국에 속하였다. 그러나 2016년에는 2만 7,000달러를 넘어 400배 이상 늘어났다. 어떻게 우리나라의 생활수준은 이처럼 비약적으로 높아질 수 있었을까? 그와 유사한 변화가 왜 에티오피아 같은 나라에서는 일어나지 않았을까? 이는 거시경제학에서 중요한 문제 가운데 하나인 만큼 우리는 이에 대한 답을 먼저 구하기로 한다. 그런 다음 실업과 인플레이션의 장기적 원인에 대해 고찰할 것이다. 이러한 장기 거시경제 이론에 대한 확고한 이해는 그다음의 주제들을 이해하는 데 큰 도움이 될 수 있다.

8장~13장에서는 국민경제의 단기적 변동에 대해 논의한다. 우리나라 경제는 1953년 이후 2016년까지 연평균 7% 이상 성장하였으나 매년 같은 비율로 성장하지 않고 때에 따라서는 10% 이상 성장하는가 하면 마이너스 성장을 하기도 했다. 이처럼 경제성장률이 단기적으로 장기추세를 중심으로 변동하는 것을 경기변동(economic fluctuation)이라 하는데 이는 어느 나라, 어느 시기에서나 나타나는 현상이다. 이와 같은 경제의 단기적 변동을 분석하기 위한 여러 가지 주요 개념들을 소개하고 금융위기 같은 사건들을 설명하기 위해 거시경제이론을 사용할 것이다. 또한 단기에 있어서 경기변동과 인플레이션이 결정되는 모형에 대해 학습할 것이다. 단기적으로 산출이 잠재수준을 벗어나는 경기변동을 분석하는 데 유용한 모형을 소개하고, 그 모형을 이용하여 경제의 안정화를 도모할 수 있는 정책에 대해 논의할 것이다.

14장에서는 앞에서 학습한 장·단기 경제 분석을 토대로 논의의 범위를 개방경제로 확대한다. 그리고 15장에서는 소비, 투자 등 개별 경제주체의 행동을 분석하는 미시경제학적 기초에 대해 좀 더 자세히 논의해본다.

요약

1 거시경제학은 시장에서 일어나는 개인과 기업들의 상호작용이 어떻게 한 나라 또는 지역의 전체 경제활동을 결정하는지에 대해 연구하는 경제학 분야다.

2 거시경제학 연구는 일반적으로 4단계로 접근한다.

① 먼저 관심 있는 경제 문제와 관련된 주요 사실을 파악하고,

② 경제모형을 설정한다.

③ 그런 다음 개발된 모형으로 현실 설명력과 정량적 예측력을 확인하고,

④ 시간이 흐른 뒤에야 검증되는 경제적 현상들을 예측하는 데 그 모형을 사용한다.

3 모형은 일반적으로 내생변수, 외생변수, 파라미터로 구성된다.

2장

거시경제 데이터의 측정

1 경제활동의 측정 – 국민소득계정

한 나라의 경제활동 상황이나 국민의 생활수준은 여러 개별 경제지표로도 파악할 수 있다. 경제활동과 밀접한 관계가 있는 자동차 생산량, 철강 생산량, 화물 수송량, 백화점 매출액, 해외 여행자수 등의 규모나 변화로부터 경제적 성과를 어느 정도 가늠할 수 있기 때문이다.

그러나 그와 같은 개별 지표들은 국민경제의 전체 모습을 보여주는 데는 한계가 있다. 1929년에 대공황이 시작되었을 때 미국 정부의 정책당국자가 얻을 수 있었던 정보는 주식가격, 철도 운송량 등 부문별 지표에 불과하였고 국민경제의 전반적 움직임을 종합적으로 알려주는 지표는 없었다. 미국 상무부는 국가경제의 전체적 흐름을 파악할 수 있는 정보의 부족 문제를 해결하기 위해 사이먼 쿠즈네츠(Simon Kuznets)에 의뢰하여 **국민소득과 생산계정**(national income and product accounts, 이하 '국민소득계정'이라 함)을 개발하고 1942년부터 관련 통계를 공식적으로 발표해오고 있다.

국민소득계정을 통해 여러 가지 거시경제지표가 작성되고 있는데 대표적인 것이 **국내총생산**(gross domestic product, GDP)이다. GDP는 일정 기간 동안 한 나라 내에서 생산된 재화와 서비스의 시장가치의 합으로 이를 통해 국가 전체의 경제활동 상황이나 소득수준을 파악할 수 있다.

GDP는 생산, 지출, 소득(또는 분배)의 세 측면에서 정의되고 측정될 수 있으며 각 측면에서 측정된 값은 일치한다. 단순한 예로 영농주에 의해 쌀만 생산되는 경제를 생각해보자. 영농주는 근로자를 고용하여 쌀을 생산하고 시장에 판매하는데 이때 수확된 쌀의 양이 바로 생산측면에서 측정되는 GDP이다. 생산된 쌀은 시장에서 소비자들이 구매하여 소비하는데 이는 지출측면에서 측정된 GDP이다. 그리고 근로자는 노동의 대가로 임금을 받고 영농주는 이윤을 얻게 되는데 이는 소득측면에서 측정된 GDP이다. 생산된 쌀은 근로자와 영농주의 소득으로 분배되고 그들에 의해 모두 소비되므로 생산, 소득, 지출이 일치하게 된다.

경제주체를 가계, 기업, 정부와 국외부문으로 확장하면 한 나라 안에서 일정 기간 동안 생산된 재화와 서비스는 가계의 소비와 기업의 투자, 그리고 정부와 국외부문의 지출을 통해 모두 사용된다. 이때 국민경제에서 생산된 산출물의 총가치를 생산GDP라 하며 경제주체들이 구매하여 사용한 산출물의 총가치를 지출GDP라고 부른다. 산출물이 모두 경제주체들에 의해 구입되어 사용되므로 생산GDP와 지출GDP의 크기는 같게 된다. 그리고 임금, 이자, 임대료 등 생산활동을 위해 구입하는 생산요소에 대하여 지불되는 대가를 분배GDP라고 한다. 생산요소에 지급되는 총비용이 총생산물의 가치로 충당되기 때문에 분배GDP와 생산GDP는 같게 된다.

[표 2-1] 2016년중 국내총생산(잠정)

(명목가격, 조원)

생산		분배		지출	
농림어업	32.7	피용자보수	736.1	민간최종소비지출	798.4
광공업	438.6	영업잉여	409.7	정부최종소비지출	249.1
(제조업)	(435.9)	고정자본소모	320.7	총고정자본형성	485.9
전기가스수도업	49.7	생산 및 수입세	176	재고증감	-7.7
건설업	84.7	(공제)보조금	5.2	재화와 서비스 수출	691.6
서비스업	880.3			(공제)재화와 서비스 수입	580.3
총부가가치(기초가격)	1,485.9			통계상불일치	0.4
순생산물세	151.5				
국내총생산(시장가격)	1,637.4	국내총생산	1,637.4	국내총생산	1,637.4

자료: 한국은행, ECOS

[표 2-1]은 우리나라의 2016년 GDP인데 세 측면에서 측정된 값이 동일한 것을 확인할 수 있다. 우리나라는 한국은행에서 분기와 연간으로 국민소득통계를 작성하고 있다. 2016년 GDP는 약 1,637조원이고 미국 달러로는 약 1조 4,000억 달러이며 1인당 GDP는 2만 7,533 달러다.

1-1 생산GDP

생산GDP란 생산접근법으로 측정되는 GDP로 한 나라 안에서 일정 기간 동안 새로이 생산된 모든 최종 재화와 서비스의 시장가치를 합산한 것이다. '**한 나라 안에서**'란 한 국가의 영토 안에서 일어난 경제활동의 가치를 측정한다는 뜻이며 '**일정 기간**'이란 산출과 소득을 1년 또는 1분기 단위로 측정한다는 것으로 GDP가 유량(flow) 통계임을 의미한다. '**새로이 생산된**'이란 과거에 생산된 중고품의 거래를 제외한다는 의미이다.

'**최종**'은 생산 단계의 중간에 사용되는 중간재를 제외하여 경제활동이 이중으로 계상되지 않도록 한다는 것을 함축한다. 한편 GDP는 생산단계별 **부가가치**(value added)의 합계를 구하는 방식으로 산출될 수도 있다. 부가가치란 기업이 만든 생산물의 가치에서 생산에 사용하기 위해 구입한 중간재의 비용을 뺀 것이다. 부가가치를 합산하기 위해서는 복잡한 생산과정을 모두 고려해야 하는데 각 기업들의 부가가치를 모두 합하면 최종 재화와 서비스의 가치가 되는 만큼 최종 생산물의 가치로 측정하는 것이 상대적으로 수월하다.

'**시장가치의 합산**'이란 종류가 다양하고 물리적 단위도 다른 재화와 서비스를 기회비용이 아니라 회계적 기준에 의해 측정한다는 것이다. 우리나라에서는 [표 2-1]에서처럼 생산GDP를 경제활동별, 즉 산업별로 측정하고 있다.

1-2 지출GDP

지출GDP는 경제의 순환과정 중 경제주체에게 분배된 소득이 최종수요 측면에서 어떻게 처분되는가를 파악하는 것으로 개념적으로는 최종생산물에 대한 수요로 나타나게 된다. 즉 경제주체를 4개 부문으로 나누어 가계의 소비(C), 정부 등 공공부문(이하 정부)의 구매

(G), 기업의 투자(재고투자 포함, I), 국외부문의 순수출(수출 − 수입, $NX = EX - IM$)을 더하면 한 나라가 생산한 최종생산물에 대한 지출이 되는데 이를 GDP에 대한 지출 또는 지출GDP라고 한다. 지출GDP를 구성하는 각 부문은 경제활동 수준을 여러 측면에서 종합적으로 보여주는 대표적인 거시경제지표로서 경제주체들의 의사결정 및 사후평가 등에 광범위하게 활용된다.

이들 4개 부문의 지출을 합하면 생산GDP(Y)와 일치하게 되는데 그 관계를 나타내는 다음 식을 **국민소득 항등식**(national income identity)이라 한다.[1]

$$Y = C + I + G + NX \tag{2.1}$$

민간소비

민간소비(private consumption)란 가계 및 민간 비영리 단체가 재화 및 서비스를 구입하면서 지출하는 것을 말한다. 우리나라의 GDP 통계에서는 민간소비를 목적별과 형태별로 작성하고 있다. 목적별로는 식료품, 의류, 교통, 통신, 음식숙박 등 12개 부문으로 구분되며 형태별로는 내구재, 준내구재, 비내구재, 서비스로 구성된다.

투자

투자(investment)는 크게 총고정자본형성과 재고투자로 나눈다. 흔히 고정투자라 불리는 총고정자본형성을 우리나라에서는 다시 형태별, 주체별, 산업별로 구분하여 작성하는데 형태별로는 건설투자, 설비투자, 지식재산생산물투자로 나눈다. 건설투자는 주거용 건물과 비주거용 건물로 세분되는 건물건설투자와 토목건설투자로 구성된다. 설비투자는 기계류와 운송장비로 나뉜다. 지식재산생산물투자로는 연구개발투자가 대표적이다. 주체에 따

1 식 (2.1)은 [표 2-1]과 다음과 같이 연결된다. [표 2-1]의 민간최종소비지출은 식 (2.1)의 C이다. 총고정자본형성과 재고증감을 합한 것이 총자본형성인데 흔히 총투자라고 부르며 그중에서 정부의 투자지출을 제외한 것이 I이다. 그리고 정부투자와 [표 2-1]의 정부최종소비지출을 합한 것이 정부구매 G이다. 재화와 서비스 수출에서 재화와 서비스 수입을 뺀 것이 순수출 NX이다.

라서는 민간과 정부로 구분하여 투자 형태별로 작성하고 제조업, 건설업, 서비스업 등 산업별로도 편제하고 있다.

정부구매

정부구매(government purchase)는 정부가 고속도로, 군사장비, 컴퓨터 등 재화를 구매하고 건강의료, 교육, 치안 등 서비스를 제공하기 위해 지출하는 것을 합친 것이다. 짧은 기간 존속하는 재화나 서비스를 구매하는 것을 **정부소비**라 하고 사회간접자본, 군사장비, 컴퓨터 같은 자본재를 구매하는 것을 **정부투자**라 한다.

한편 사회보장, 노인의료지원 등을 위한 지출은 이전지출(transfer payments)이라고 하는데 이는 생산된 재화와 서비스에 대한 대가로 지불하는 것이 아니기 때문에 정부구매로 분류하지 않으며 그에 따라 GDP에 포함되지 않는다.

순수출

순수출은 일정 기간 동안 생산된 재화와 서비스 가운데 국외로 수출된 것들의 가치에서 수입된 재화와 서비스의 가치를 뺀 것이다. 수출을 GDP에 포함시키는 것은 쉽게 이해할 수 있다. 그런데 왜 수입을 빼는 것일까? 그 이유는 수입된 재화와 서비스가 소비, 투자, 정부지출, 수출로 지출되지만 국내에서 생산되지 않기 때문이다.

1-3 분배GDP

분배GDP는 경제의 순환과정 중 창출된 부가가치가 생산요소를 제공한 각 경제주체에게 어떻게 분배되었는가를 파악한 것이다. 분배GDP는 [표 2-1]과 같이 피용자보수, 영업잉여, 고정자본소모(감가상각), 조세와 보조금으로 구성된다.

피용자보수(compensation of employees)에는 피고용인에 대한 임금은 물론 의료보험과 같은 복리 혜택도 포함된다. 다만 비법인기업 소유주의 가계 구성원이 자발적으로 수행하는 무급노동은 피용자보수의 대상이 되지 않는다. 영업잉여에는 법인 이윤, 이자 소득, 배당금, 자영업자의 소득, 재산 임대 소득(책, 음악 등에 대한 로열티 포함) 등이 포함된다. 감가상각은 마모에 의해 자본의 가치가 상실되거나 낡아서 폐기 처분되면서 발생하는 자본 가치의 상실이다.

좀 더 알아보기 단순한 예를 통해서 보는 생산 = 분배 = 지출

세 측면에서 측정하는 GDP가 일치하는 사례를 철강과 트럭을 생산하는 2개 기업이 존재하는 경제를 가정하여 살펴보자. 트럭회사는 소비자, 기업, 정부, 해외의 4개 고객을 보유하고 있다. 소비자는 200억원 상당의 트럭을 구입하고 기업은 생산·판매를 위해 100억원 상당의 트럭을 구매한다. 그리고 정부는 150억원 상당의 트럭을 구매하고 외국에서 50억원 상당의 트럭을 수입해 간다고 하자. 한편 소비자는 일상생활에 필요한 100억원의 물품을 해외에서 수입하며 두 회사의 판매 내역은 아래 표와 같다고 하자.

[표 2-2] 철강 및 트럭 회사 판매액 구성

철강회사		트럭회사	
임금	70	임금	250
세금	0	세금	30
투입비용	0	투입비용	100
이윤	30	이윤	120
철강판매액	100	트럭판매액	500

이 경우 민간소비 300(트럭 200 + 수입물품 100), 투자 100(기업의 트럭 구매), 정부구매 150, 수출 50, 수입 100이므로 지출GDP[= $C + I + G + NX$]는 500이다. 분배GDP는 임금 320과 세금 30 및 이윤 150의 합인 500이다. 생산GDP는 철강회사의 부가가치 100(= 100 − 0)과 트럭회사의 부가가치 400(= 500 − 100)을 합한 500이다. 생산, 지출, 분배의 세 측면에서 측정한 GDP는 500으로 동일하다.

1-4 GDP에 포함되는 것과 포함되지 않는 것

가사도우미로 일하던 사람이 주인과 결혼하면 GDP에 어떤 영향을 미칠까? 가사도우미일 때의 서비스는 제공하는 대가를 받기 때문에 GDP에 포함된다. 그러나 결혼으로 가족 구성원이 된 이후에는 비록 똑같은 가사서비스라 하더라도 GDP에 포함되지 않는다.

국민소득계정은 가계에서의 가사 활동이나 개인서비스 활동과 관련하여 식사, 수면, 운동 등과 같이 타인이 대신 수행할 수 없는 기본적인 활동을 생산의 범주에 포함하지 않는다. 전업주부의 가사서비스도 여타 경제부문에 거의 영향을 주지 못하는 독립적인 경제활동이기 때문에 GDP에 반영하지 않는다. 그리고 시장판매를 위한 생산이 아니므로 가치를 평가할 수 있는 적절한 가격이 존재하지 않는 것도 한 요인이다. 끝으로 가사서비스를 생산활동에 포함할 경우 거의 모든 성인인구가 취업자로 되어 고용 통계가 왜곡될 것이다.

한편 자가소유주택이 제공하는 주거서비스는 GDP에 포함된다. 임대주택의 경우 세입자가 지불하는 임대료는 주거서비스를 제공받는 대가인 동시에 집주인의 임대소득이기 때문이다. 따라서 자가소유주택도 주거서비스를 제공하는 만큼 GDP에 반영되어야 한다. 자가소유주택 서비스는 유사한 주택을 임대할 경우 지불해야 할 금액을 그 가계의 소득과 지출에 포함하는 방식으로 GDP에 계상된다.

마약거래, 밀수 등 지하경제는 어떻게 처리되고 있을까? 만약 이웃이 여름휴가를 가면서 "5만원을 드릴 테니 이틀간 반려견을 돌봐주시겠어요?"라고 요청했고 여러분이 수락했다고 하자. 그런데 5만원을 소득으로 신고하지 않았다면 여러분은 지하경제에 참여한 것이다. 흔히 지하경제라 하면 마약거래, 도박, 매춘 등 불법적 거래를 떠올리지만 위의 반려견 돌봄과 같이 보고되거나 기록되지 않는 합법적 거래까지 모두 포함된다.

국민소득계정에서 생산활동은 생산요소를 사용하여 재화와 서비스를 생산하는 것이므로 원칙적으로 법의 준수 여부와 상관없이 부가가치를 만들어내는 활동은 모두 GDP에 포함되어야 한다. 따라서 마약거래, 도박 등은 물론 이웃집 반려견 돌봄도 GDP에 계상되는 것이 원칙적으로 맞다. 그러나 지하경제활동은 관련 자료의 확보 문제 등으로 정확하게 측정하기가 매우 어렵다. 그래서 우리나라를 비롯한 대부분의 국가들은 지하경제를 국민소득통계에 공식적으로 포함시키지 못하고 있다.

한편 횡령, 절도, 뇌물수수 등은 이미 발생한 소득이 이전되는 것으로 새로운 부가가치를 창출하는 생산활동과 관련되지 않기 때문에 GDP에 포함해서는 안 된다.

1-5 국민소득 지표

지금까지 살펴본 영토 개념의 GDP와 달리 거주성 개념의 국민소득에는 다양한 종류가 있다. 먼저 **국민총소득**(gross national income, GNI)은 한 나라의 거주자가 일정 기간 동안 벌어들인 임금, 이자, 배당 등 소득을 모두 합친 것이다. 우리가 사는 세상에서는 국가 간에 재화와 서비스는 물론 노동이나 자본과 같은 생산요소도 활발하게 거래되고 있다. 즉 우리나라 기업이 외국인을 고용하여 생산을 하기도 하고 반대로 우리 국민이 다른 나라에 나가서 생산활동에 참여하기도 한다. 이처럼 생산요소의 국가 간 이동을 고려한 **거주성** 개념, 즉 우리나라 국민을 기준으로 소득을 측정한 것이 GNI이다.

따라서 GNI는 GDP에서 우리나라 거주자들이 외국에서 벌어들인 소득을 더하고 비거주자들이 우리나라에서 벌어들인 소득을 뺀 금액과 같다. 즉 GNI는 GDP에 국외수취요소소득을 더한 것에 국외지급요소소득을 뺀 아래의 식으로 구한다.

GNI = GDP + 국외순수취요소소득(= 국외수취요소소득 – 국외지급요소소득)

국민순소득(net national income, NNI)은 GNI에서 감가상각[2]을 제외한 것이다. 감가상각은 한 경제가 보유하고 있는 공장, 기계설비, 구조물 등이 닳아 없어지는 것을 말한다. 일정 기간 중에 생산된 생산물의 순수한 가치는 그 기간 동안 생산능력이 저하되지 않고 그대로 유지된 상태에서 생산이 이루어지는 것으로 평가하는 것이 바람직하다. 이를 고려하여 감가상각액을 생산물의 가치에서 제외한 것이 NNI이다.

NNI = GNI – 고정자본소모

자동차공장을 예로 들면 자동차를 만들기 위해서는 차체 등 각종 부품이 있어야 하며 또 각종 부품을 조립하는 기계가 있어야 한다. 그리고 자동차를 만들면 부품도 소비되지만 조립기계도 닳게 된다. 이 경우 자동차의 산출액에서 부품구입액 등 중간투입액을 차감한 것이 **총부가가치**이며, 총부가가치에서 감가상각액을 뺀 것이 순부가가치이다. 기업

2 국민소득계정에서는 '고정자본소모'라고 한다.

입장에서 감가상각은 현재와 같은 생산활동을 지속하기 위하여 언젠가 지출해야 하는 비용이다. 따라서 총생산보다는 본래의 기계 가치를 그대로 유지하면서 새로이 생산해낸 순부가가치 또는 순생산액에 더 큰 의미를 둘 것이다.

그런데 실제로는 총액 개념인 GNI(또는 GDP)가 순액 개념인 NNI(또는 NDP)보다 더 많이 사용되는 이유는 무엇일까? OECD는 그 이유를 다음과 같이 두 가지로 설명하고 있다. 첫째, 고정자본소모는 계산방법이 복잡하고 국가별로 서로 달라 고정자본소모의 규모에 대한 국가 간 비교가 어렵다. 둘째, 국가 간 국민소득이나 성장률 등을 비교하는 데 GNI(또는 GDP)와 NNI(또는 NDP)의 차이가 크지 않다.

처분가능소득은 생산활동에 참여한 대가로 벌어들인 소득인 본원소득(primary income)과 대가 없이 수취하는 소득인 경상이전의 합이며 국민처분가능소득과 개인처분가능소득이 있다. **국민처분가능소득**(national disposable income, NDI)은 한 나라 전체의 거주자와 비거주자 간에 발생하는 소득이전을 반영한 것으로 NDI = NNI + 국외순수취경상이전이다. **개인처분가능소득**(personal disposable income, PDI)은 개인과 정부 등 타 제도부문 간의 소득이전을 반영한 것으로 PDI = 개인본원소득(= 피용자보수 + 가계의 영업잉여 및 재산소득) + 순이전소득이다.

1-6 실질GDP와 명목GDP

이상에서 살펴본 소득, 지출, 생산에 관한 변수들은 현재의 시장가격, 즉 명목가격(nominal prices)으로 평가한 값이므로 명목변수(nominal variable)이다. 이처럼 한 나라 안에서 생산된 최종생산물의 가치를 그 생산물이 생산된 기간 중의 가격을 적용하여 추정한 GDP를 명목GDP라고 한다.

명목GDP의 변화에는 생산물의 수량과 가격 변동분이 섞여 있다. 예를 들어, 모든 재화와 서비스의 가격이 두 배로 상승하면 실제 재화와 서비스의 산출량이 변화하지 않더라도 명목GDP가 두 배로 증가한다. 즉 명목GDP는 재화와 서비스의 생산량이 늘어나거나 가격이 상승하여도 증가하며 생산량과 가격이 함께 변화하여도 변동한다.

그런데 경제활동의 변화는 재화와 서비스의 산출량을 측정한 실질변수(real variable)를 통하여 파악해야 한다. 따라서 국가경제의 전반적인 경제활동도 실질GDP로 측정하여야 한다. **실질**GDP는 GDP를 생산활동 기간 중의 가격이 아니라 특정 기간, 즉 기준연도의 가격을 사용하여 측정한 것으로 불변가격 GDP(GDP at constant prices)라고도 한다. 이처럼 실질GDP는 가격변동의 영향을 제거하여 재화와 서비스의 생산을 물량의 개념으로 나타낸 것이다. 실질GDP와 명목GDP의 관계는 다음과 같다.

$$\text{명목GDP} = \text{물가수준} \times \text{실질GDP}$$

국민소득계정에서는 위 식을 만족시키는 물가수준을 GDP 디플레이터(deflator)라고 한다. 디플레이터는 소비, 투자 등 GDP의 모든 구성 항목에 존재한다. GDP 디플레이터의 %변화율은 인플레이션율을 측정하는 한 방법이다.

연쇄가중방식에 의한 실질GDP

1996년 미국이 국민계정체계(system of national account)의 권고에 따라 실질GDP를 연쇄가중방식으로 추계하기 시작한 이후 호주, 영국, 일본 등에 이어 우리나라도 2009년부터 동일한 방식을 적용하고 있다. 연쇄가중방식을 도입하기 이전에는 고정가중법으로 실질GDP를 작성하였는데 기준연도의 가격과 가중치를 계속 동일하게 적용하는 라스파이레스식을 주로 사용하였다.

고정가중법에 비해 복잡한 과정을 거쳐 작성되는 연쇄가중방식을 도입한 주된 이유는 반도체 등 품질과 가격 변동이 큰 IT 제품의 생산 때문이다. 예를 들어, 프로세서의 속도나 저장용량 같은 컴퓨터의 품질 향상을 조정하면 다른 내구소비재에 대비한 컴퓨터의 상대가격이 매년 15% 이상 떨어졌다. 이와 같은 상대가격의 변화를 조정하지 않고 고정가중법에 의해 실질GDP 성장률을 5년 내지 10년에 걸쳐 계산할 경우 현실과 큰 괴리가 발생할 수 있다.

연쇄가중방식은 기준연도의 가격이나 가중치를 계속 적용하지 않고 '**기준연도의 명목금액에 연쇄물량지수를 곱하여 실질GDP를 산출**'한다. 연쇄물량지수는 매년 변화하는 상대가격과 수량 체계를 반영하기 때문에 가중치를 매년 변경하는 것과 같은 효과를 가진다. 이에 따라 연쇄가중방식은 과거에 사용되던 고정가중법에 비해 경제 현실을 보다 잘 반영하는 것으로 평가받는다. 다만, 연쇄가중법에 의해 추계된 실질GDP는 구성 항목의 합이 전체 GDP와 같아지는 가법성(additivity)이 성립하지 않는 불편함이 있다.

한편 일반적으로 명목GDP는 국가경제의 규모나 구조 등을 파악하는 데 사용되며 실질 GDP는 경제성장, 경기변동 등 전반적인 경제활동의 흐름을 분석하는 데 이용된다.

좀 더 알아보기 연쇄가중방식의 실질GDP 추정

실질GDP의 변화는 라스파이레스(Laspeyres)식, 파쉐(Paasche)식, 피셔(Fisher)식으로 산출할 수 있다. 라스파이레스식은 기준년의 가격을, 파쉐식은 비교년의 가격을 적용하여 물량을 산출하는 방법이다. 기준년의 가격 벡터를 p_0, 물량 벡터를 q_0라 하고 비교년의 가격 벡터를 p_t, 물량 벡터를 q_t라고 하면 라스파이레스식에 의한 물량 변화 측정식은 다음과 같다.

$$Q_t^L = \frac{\sum p_0 q_t}{\sum p_0 q_0}$$

그리고 파쉐식에 의한 물량 변화는 다음 식으로 측정한다.

$$Q_t^P = \frac{\sum p_t q_t}{\sum p_t q_0}$$

일반적으로 라스파이레스식으로 측정한 값은 파쉐식에 의한 것보다 더 크게 증가하는 경향을 보여 연속되는 2개년을 비교할 때는 그 차이가 크지 않을 수 있으나 장기로 갈수록 격차가 커진다.

세번째 피셔식은 그와 같은 괴리를 없애주는 지수 산식으로 연쇄가중(chain weighting) 방식이라고도 한다. 우리나라를 비롯해 많은 나라에서 실질GDP 추정에 사용하고 있다. 피셔식은 라스파이레스식과 파쉐식을 기하평균한 것으로 정의된다.

$$Q_t^F = \sqrt{Q_t^L \times Q_t^P}$$

실질GDP의 연쇄물량지수는 먼저 라스파이레스식과 파쉐식에 따라 GDP를 산출한 다음 각각의 성장률을 평균하여 그 값을 기준년에 대해 지수화한 것이다.

이제 노트북과 USB 두 재화만 생산하는 경제의 산출량과 가격이 [표 2-3]과 같다고 가정한 후 연쇄가중방식의 실질GDP를 구해보자. 먼저 명목GDP는 각 연도의 노트북 생산량에 가격을 곱한 것과 USB 생산량에 가격을 곱한 것을 합치면 2015년 600만원, 2016년 765만원이다.

라스파이레스식으로 실질GDP를 산출하자. 기준년인 2015년의 실질GDP는 명목GDP와 동일한 600만원이다. 2016년의 실질GDP는 2016년의 노트북 생산량과 USB 생산량에 2015년 가격을 각각 곱하여 더해주면 710만원이 된다. 다음으로 파쉐식의 실질GDP는 2016년이 기준년이므로 2016년 실질GDP는 명목GDP와 동일한 765만원이다. 2015년의 실질GDP는 2015년 노트북과 USB 생산량에 2016년 가격을 각각 곱한 다음 합해주면 650만원이 된다.

연쇄가중방식의 GDP를 산출하기 위해서는 먼저 라스파이레스식과 파쉐식으로 구한 실질GDP로 2016년 성장률을 계산한다. 연쇄가중방식에 의한 실질GDP 성장률은 앞의 두 방식에 의한 성장률 18.3%와 17.7%를 평균한 것이므로 18%가 된다. 이로부터 연쇄물량지수가 산출되는데 2015년을 기준년으로 하면 2015년은 1이고 2016년은 1.18이다. 따라서 2015년을 기준년으로 하는 연쇄가중방식의 2016년중 실질GDP는 600×(1+0.18)=708만원이 된다. 만약 2016년을 기준년으로 한다면 2015년중 연쇄가중방식 실질GDP는 765÷(1+0.18)=648만원이 된다. 이 경우 연쇄물량지수는 2016년 1, 2015년 0.8475(=1÷1.18)이다.

[표 2-3] 연쇄가중방식 실질GDP 산출 예

	2015년	2016년	증가율(%)	비고
노트북 생산량(개)	5	6	20	
USB 생산량(개)	50	55	10	
노트북 가격(만원)	100	100		
USB 가격(만원)	2	3		
명목GDP	600	765		
2015년 기준 실질GDP	600	710	18.3	라스파이레스
2016년 기준 실질GDP	650	765	17.7	파쉐
2015년 기준 연쇄가중방식 실질GDP	650	708	18.0	피셔

PPP GDP

한편 나라별로 GDP나 1인당 GDP를 비교할 때는 환율과 물가수준을 함께 고려하는 **구매력평가**(purchasing power parity, PPP) GDP를 일반적으로 사용한다. 국가별 GDP를 단순히 시장환율로 환산할 경우 국민의 생활이나 후생 수준을 정확하게 반영하지 못하는 측면이 있기 때문이다. 시장환율은 통화의 구매력과 관계가 없는 금융 및 자본 거래에 크게 영향을 받는 데다 국가 간에 교역이 이루어지지 않는 비교역재의 상대가격도 반영하지 못한다.

예를 들어, 우리나라의 1인당 GDP가 2년 연속 3,000만원인데 원화의 대미달러 시장환율이 1,500원에서 1,000원으로 하락하면 달러화표시 1인당 GDP는 2만 달러에서 3만 달러로 증가한다. 국내에서는 구매력이 변화하지 않아 생활형편이 전혀 나아지지 않았는데도 달러표시 소득은 증가하여 미국 국민과 비교할 때 우리 국민의 경제사정이 개선된 것으로 평가될 수 있다.

이처럼 시장환율로 환산한 GDP는 실질구매력을 제대로 반영하지 못하는데 이 문제는 국가 간 상대물가수준을 감안한 PPP 환율로 GDP를 환산하여 해결할 수 있다. 미국의 물가수준으로 평가한 우리나라 GDP(달러) 규모, 즉 우리나라의 구매력평가 GDP는 식 (2.2)와 같이 계산된다. 우리나라의 원화표시 GDP를 시장환율을 이용해 달러화표시로 바꾼 후 양국 간의 물가수준을 반영한다.

$$ppp\ GDP = \frac{\text{미국 물가수준}}{\text{한국 물가수준}} \times \text{한국 명목 } GDP(\text{미달러}) \tag{2.2}$$

국가별 구매력평가 GDP는 UN, OECD, 세계은행(World Bank) 등에서 작성·발표하고 있다. 세계은행의 WDI(world development indicators)를 보면 2015년 PPP 환율에 의한 우리나라의 1인당 국민소득은 3만 4,700달러로 시장환율에 의한 국민소득 약 2만 7,000달러보다 1.3배 정도 많은 수준이다. 한편 WDI에 의하면 2015년 1인당 PPP GDP는 미국 5만 6,430달러, 일본 3만 8,870달러, 중국 1만 4,160달러다.

1-7 계절변동조정

경제통계를 이용하다 보면 기후, 또는 설이나 추석과 같은 사회적 관습·제도의 영향으로 1년을 주기로 반복하여 움직이는 변동 현상을 발견할 수 있는데 이러한 변동을 **계절변동**(seasonality)이라 한다. 예를 들어, 우리나라의 GDP는 농산물의 수확, 영업일수의 차이 등으로 매년 1/4분기에는 작고 4/4분기에는 크다.

계절변동에는 달력에 따라 매년 규칙적으로 나타나는 변동뿐만 아니라 영업일수나 명절효과 등으로 해마다 차이가 발생하는 변동도 있다. 먼저 영업일수 효과는 월별 영업일수가 해마다 다르기 때문에 발생하는 효과이다. 같은 월 또는 같은 분기라 하더라도 요일의 구성과 공휴일수에 따라 해마다 영업일수는 다르다. 예를 들면, 같은 월이라도 어떤 해는 주말이 4번, 또 어떤 해는 5번으로 구성되어 있어 영업일수에 차이가 발생한다. 공휴일수의 경우에는 주말과 겹치는 공휴일, 선거일, 그리고 석가탄신일과 같이 음력에 의존하는 공휴일 등으로 인해 영업일수가 다를 수 있다. 이러한 영업일수의 차이는 생산이나 소비, 수출 등에 영향을 주게 된다.

그리고 명절효과는 우리나라 명절이 음력에 기초하여 매년 그 시기가 달라지기 때문에 발생한다. 우리나라의 설과 추석은 각각 1~2월과 9~10월 중에 맞게 되는데 이 시기를 전후로 소비가 증가하고 식료품 가격이 상승하며 통화량이 증가하는 경향을 보인다.

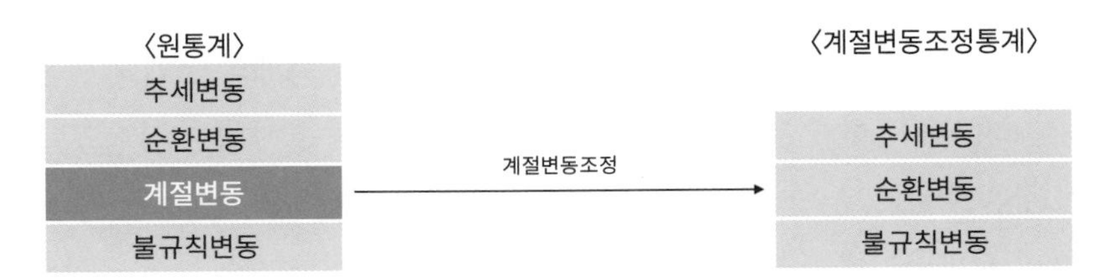

[그림 2-1] 계절변동조정

계절변동요인이 존재하는 통계를 그대로 사용하는 경우에는 시계열의 기저적 움직임과 비계절적 특징을 파악하기가 어렵고 인접기간간 직접 비교도 곤란하다. 경제통계의 전년동기대비를 이용하여 매년 같은 시기를 비교하더라도 계절변동이 완전히 제거되지 않으며, 매년 다른 시기에 나타나는 설이나 추석과 같은 명절효과 등으로 경제의 흐름을 정확하게 파악하는 데 한계가 있다.

계절변동조정(seasonal adjustment)이란 경제통계 내에 존재하는 계절변동요인을 추정한 뒤 그 효과를 통계적 기법을 이용하여 원래의 통계로부터 제거하는 절차를 의미한다.[3]

2 인플레이션의 측정

인플레이션(inflation)이란 물가수준이 전반적으로 상승하는 현상을 의미하며 **인플레이션율**(inflation rate)이란 물가지수의 일정 기간 중 상승률을 말한다. t기의 물가지수를 P_t, $t-1$기의 물가지수를 P_{t-1}이라고 하면 t기 동안의 인플레이션율 π_t는 다음과 같이 계산한다.

$$\pi_t = \frac{P_t - P_{t-1}}{P_{t-1}} \times 100 = \frac{\Delta P_t}{P_{t-1}} \times 100 \tag{2.3}$$

인플레이션율은 대부분의 나라에서 소비자물가지수를 이용하여 측정한다. **소비자물가지수**(consumer price index, CPI)는 소비자가 일상생활에서 구입하는 여러 가지 상품과 서비스의 가격들을 종합하여 전반적인 물가수준을 나타낼 수 있도록 지수로 단일화한 것이다. 이에 따라 소비자물가지수로 가계의 평균적인 생계비나 화폐의 구매력 변동을 측정할 수 있다. 우리나라는 현재 통계청에서 서울 등 38개 도시를 조사대상 지역으로 하여 총 460개 품목(상품 308개, 서비스 152개)을 2015년 기준으로 작성하고 있다.

한편 가계의 장바구니에는 농수산물과 같이 가격변동이 심한 품목들이 포함되어 있는데 이들은 날씨 등 외부충격의 영향을 크게 받는 만큼 자칫 경제의 기조적인 물가변동을 파악하는 데 왜곡을 가져올 수 있다. 이러한 문제를 해결하기 위해 소비자물가 대상 품목 가운데 일시적 충격의 영향을 크게 받는 농산물 및 석유류를 제외한 지수로 인플레이션을 측정한 것을 **근원인플레이션**(underlying inflation 혹은 core inflation)이라고 한다.

앞에서 GDP 디플레이터도 인플레이션 측정에 사용된다고 했는데 소비자물가지수와는

3 일반적으로 월별 혹은 분기 시계열은 추세변동, 순환변동, 계절변동, 불규칙변동의 네 가지 성분을 포함한다.

다음과 같은 차이가 있다. GDP 디플레이터는 국내에서 생산된 모든 재화와 서비스를 대상으로 한다. 반면 CPI는 소비자가 구입하는 재화와 서비스를 대상으로 하므로 수입 소비재까지 포함한다. 그리고 작성 방법에 있어서 CPI는 일반적으로 고정가중법을 이용하며 GDP 디플레이터는 가중치가 변동되는 연쇄가중방식을 사용한다.

3 고용 상황의 측정

우리나라의 고용 상황은 통계청이 매월 실시하는 경제활동인구조사를 통해 측정된다. 경제활동인구조사는 고용정책 입안과 평가, 경제분석 등에 활용되는 경제활동인구수, 취업자수, 실업자수 등 고용 관련 통계를 제공한다.

경제활동인구조사에서 15세 이상 인구는 노동이 가능한 인구를 뜻하는데 현재 대한민국에 상주하는 만 15세 이상 인구 가운데 현역군인, 공익근무요원, 전투경찰이나 의무경찰, 형이 확정된 교도소 수감자, 소년원 및 치료감호소 수감자 등을 제외한 사람을 말한다.

15세 이상 인구 가운데 수입이 있는 일에 종사하고 있는 사람(취업자)과 취업을 하기 위해 구직활동 중에 있는 사람(실업자)을 합하여 경제활동인구라고 한다. 15세 이상 인구 가운데 집에서 가사 또는 육아를 전담하는 주부, 학생, 일을 할 수 없는 연로자나 심신장애자, 자선사업이나 종교단체에 관여하는 사람, 그리고 구직단념자 등을 비경제활동인구라고 한다.

취업자란 조사대상주간에 수입을 목적으로 1시간 이상 일한 사람을 말한다. 여기에는 동일 가구 내 가구원이 운영하는 농장이나 사업체의 수입을 위하여 주당 18시간 이상 일한 무급가족 종사자, 그리고 직업을 가지고 있으나 병·사고·교육·노사분규 등으로 일시 휴직한 사람도 포함된다. 실업자란 조사대상주간을 포함한 지난 4주 동안 수입이 있는 일을 하지 못했지만 적극적으로 구직활동을 하였으며 일이 주어지면 즉시 일할 수 있었던 사람을 말한다.

이와 같은 조사 결과로부터 **경제활동참가율**, **실업률**, **고용률** 등을 작성하여 고용 상황 파악에 이용한다.

- 경제활동참가율 : 경제활동인구수 ÷ 15세 이상 인구수 × 100(%)
- 실업률 : 실업자수 ÷ 경제활동인구수 × 100(%)
- 고용률 : 취업자수 ÷ 15세 이상 인구수 × 100(%)

4 성장률과 70의 법칙

유량변수 y의 $t+1$기 동안 성장률(혹은 증가율, 상승률)은 다음과 같이 계산한다.

$$\frac{y_{t+1} - y_t}{y_t} \tag{2.4}$$

흔히 사용하는 퍼센트 성장률은 식 (2.4)에 100을 곱하여 백분율로 나타낸 것이다. 변수 y의 $t+1$기 동안 성장률을 $\bar{g}$로 정의하면 $t+1$기의 y값은 다음과 같이 나타낼 수 있다.

$$y_{t+1} = (1+\bar{g})y_t \tag{2.5}$$

70의 법칙(rule of seventy)이란 어떤 변수의 값이 매년 일정한 비율로 커질 경우 원래 값의 두 배가 되는 데 대략 몇 년이 걸리는지를 나타낸다. 예를 들어, 1인당 소득이 연평균 5%씩 증가하면 약 14년 후의 소득이 초기의 2배 수준으로 된다는 것이다.

70의 법칙은 다음과 같이 유도된다. 초기 $t=0$에서의 y의 값이 y_0이고 연평균 증가율이 $\bar{g}$라고 하면 식 (2.5)에 의해 t년 후의 y값은 다음과 같다.

$$y_t = (1+\bar{g})^t y_0 \tag{2.6}$$

따라서 t기에서의 y값이 초기의 2배가 되려면 $2 = (1+\bar{g})^t$를 만족하여야 한다. 이 식의 양변에 자연로그를 취하면 $\ln 2 = t\ln(1+\bar{g})$가 되고 이를 t에 대하여 풀면 $t = 0.7 \div \bar{g}$인데 백분율로 변환하면 70의 법칙이 아래와 같이 유도된다.

$$t = 70 \div (\bar{g} \times 100) \tag{2.7}$$

한편 y_0와 y_t의 값을 알고 있다면 그 기간 동안 y의 평균 성장률은 다음 식을 이용하여 계산할 수 있다.

$$\bar{g} = \left(\frac{y_t}{y_0}\right)^{1/t} - 1 \tag{2.8}$$

이와 함께 변수가 곱이나 지수함수 형태인 경우 그 변수의 성장률을 계산하는 데 [표 2-4]를 이용하면 편리하다.

[표 2-4] 성장률의 유용한 특성

함수		성장률	(예)
$z = x \times y$	⇒	$g_z = g_x + g_y$	g_z = 13%
$z = x/y$	⇒	$g_z = g_x - g_y$	g_z = 7%
$z = x^a$	⇒	$g_z = a \times g_x$	g_z = 20%

(예) g_x = 10%, g_y = 3%, a = 2

요약

1 GDP는 한 나라 안에서 일정 기간 동안 새로이 생산된 모든 최종 재화와 서비스의 시장가치를 합산한 것이며 이를 통해 국가 전체의 경제활동 상황이나 소득수준을 파악할 수 있다. GDP는 생산, 지출, 소득(또는 분배)의 세 측면에서 정의하고 측정할 수 있으며 각 측면에서 측정한 값은 일치한다.

2 국민소득계정은 지출을 크게 민간소비지출, 기업의 투자지출, 정부구매(혹은 정부지출), 순수출(수출−수입)의 4개 부문으로 구분한다. 이들 4개 부문의 지출을 합하면 GDP와 일치하게 되는데 그 관계를 나타낸 것을 국민소득 항등식이라 한다.

3 해당 기간 동안의 가격으로 추정되는 명목GDP의 변화에는 산출량과 가격의 변동분이 섞여 있다. 즉 명목GDP는 재화와 서비스의 생산량이 늘어나거나 가격이 상승하여도 증가하며 생산량과 가격이 함께 변화하여도 변동하게 된다. 실질GDP는 가격변동의 영향을 제거하여 재화와 서비스의 생산량을 물량의 개념으로 파악한 것이다.

4 우리나라에서 2009년부터 편제하고 있는 연쇄가중방식에 의한 실질GDP는 기준연도의 가격이나 가중치를 계속 적용하지 않고 기준연도의 명목금액에 연쇄물량지수를 곱하여 산출한다. 연쇄물량지수는 매년 변화하는 상대가격과 수량 체계를 반영하여 가중치를 매년 변경하는 것과 같은 효과를 갖고 있기 때문에 연쇄가중방식은 과거에 사용되던 고정가중법에 비해 경제 현실을 보다 잘 반영하는 것으로 평가받는다.

5 나라별로 GDP나 1인당 GDP를 비교할 때는 국민의 생활이나 후생 수준이 정확하게 반영될 수 있도록 환율과 물가수준을 함께 고려하는 구매력평가 GDP를 이용한다.

6 인플레이션이란 물가수준이 전반적으로 상승하는 현상을 말하며 인플레이션율은 물가지수의 일정 기간 중 상승률이다.

7 인플레이션의 측정에 가장 널리 이용되는 소비자물가지수는 소비자가 일상생활에서 구입하는 여러 가지 상품과 서비스의 가격들을 종합하여 전반적인 물가수준을 나타내는 지수이다.

8 노동이 가능한 15세 이상 인구 가운데 수입이 있는 일에 종사하고 있는 사람(취업자)과 취업을 하기 위하여 구직활동 중에 있는 사람(실업자)을 합하여 경제활동인구라고 한다.

9 실업률은 일하기를 원하지만 일자리를 갖지 못한 사람의 비율로 실업자를 경제활동인구로 나눈 것이다.

10 70의 법칙이란 어떤 변수의 값이 매년 일정한 비율로 증가할 경우 원래 값의 2배가 되는 데 대략 몇 년이 걸리는지를 나타낸다.

연습문제

1 복숭아와 알루미늄캔을 생산하는 경제가 있다고 가정하였을 때 2015년과 2016년 두 재화의 가격과 생산량이 다음 표와 같다고 한다. 빈칸에 적절한 값을 구하라.

	2015년	2016년	증가율(%)
복숭아 생산량(kg)	100	105	
알루미늄캔 생산량(kg)	20	22	
복숭아 가격(만원/kg)	1	1.1	
알루미늄캔 가격(만원/kg)	2	2.1	
명목GDP			
실질GDP(2016년 가격)			
실질GDP(2015년 가격)			
실질GDP(2016년 기준 연쇄가격)			

2 위 문제에서 2015년과 2016년의 GDP 디플레이터를 각각 라스파이레스식, 파쉐식, 연쇄가중방식으로 구하라. 그리고 각 방식에 의한 2016년 GDP 디플레이터 상승률을 구하라.

3 아래 표는 펜 월드 표(Penn World Table) 버전 8.1에 의한 1960년과 2011년의 국가별 1인당 GDP이다. PPP 기준이며 2005년 불변 달러화로 측정한 것이다. 1960~2011년 연평균 1인당 GDP 성장률을 계산하여 빈칸에 넣어라.

	1960년	2011년	연평균 성장률(%)
미국	15,069	42,144	
독일	8,526	35,366	
캐나다	11,231	34,534	
영국	10,208	31,304	
일본	4,465	31,203	
프랑스	8,827	30,474	
이태리	6,083	29,094	
한국	1,080	28,461	
멕시코	5,018	12,478	
브라질	1,869	9,316	
중국	1,049	8,919	
나이지리아	1,682	2,863	

4 다음과 같은 행동이 GDP에 어떤 영향을 미치는지 설명하라.

(1) 당신이 이번 학기 등록금 300만원을 지출하였다.

(2) 당신이 친구의 중고차를 200만원에 매입하였다.

(3) 정부가 댐 건설에 10억원을 지출하였다.

(4) 한 컴퓨터 회사가 10억원의 부품을 구매해 컴퓨터를 조립·판매한 금액이 20억원이었다.

(5) 한 부동산 중개업자는 고객이 5년 전에 5억원에 구입한 아파트를 8억원에 팔게 해 주고 수수료로 400만원을 받았다.

(6) 침체 기간 동안 정부가 실업급여 지급액을 10억원으로 높였다.

(7) 무역상이 10억원어치 맥주를 독일에서 구매해 국내 도매상에 13억원에 판매했다.

5 인도의 2014년 GDP는 119조 루피였고 미국은 16.5조 달러였다. 2014년 환율은 61.0루피/달러였고 인도의 물가수준은 미국의 0.28이었다. 다음 물음에 답하라.

(1) 물가수준의 차이를 고려하지 않을 경우 인도의 GDP는 미국 GDP의 몇 %인가?

(2) 물가를 고려할 때 인도의 실질GDP는 미국의 몇 %일까?

(3) 무엇 때문에 위의 두 비율이 다른가?

6 다음의 거시경제지표들을 한국은행 ECOS에서 검색하여 그래프로 그려보라.

(1) 우리나라의 1953~2016년 1인당 실질GDP의 그래프를 일반눈금과 비율눈금(ratio scale 또는 logarithmic scale)으로 각각 그려보라.

* 연앙인구 산출: 1인당 실질GDP는 실질GDP를 연앙인구로 나누어야 하는데, 한국은행 ECOS에 연앙인구가 게재되어 있지 않다. 따라서 연앙인구는 국내총생산(명목, 원화표시)과 1인당 국내총생산(명목, 원화표시)을 이용하여 계산하면 된다.

(2) 1990년 이후 최근까지 우리나라의 소비자물가 상승률과 근원인플레이션율을 월별(전년동월대비, %)로 그려보라.

(3) 2000년 이후 우리나라의 실업률과 고용률을 월별로 그려보라.

2부

장기

3장

총산출 및 재화시장균형

한 나라의 국민들이 평균적으로 얼마나 풍요로운지를 평가하는 잣대로 흔히 1인당 GDP를 사용한다. 현실적으로 1인당 GDP가 높은 나라의 국민은 낮은 나라의 국민에 비해 평균적으로 기대수명이 길고 문화생활을 많이 즐기는 등 여러 면에서 보다 많은 것을 향유한다. 물론 1인당 GDP가 높은 나라의 국민들이 낮은 나라 국민들보다 더 행복하다고 단정할 수는 없다. 그렇지만 거시경제학자들이 찾아줄 수 있는 행복에 대한 비결임에는 틀림없다.

[그림 3-1]은 펜 월드 표(Penn World Table)를 이용하여 88개 국가의 1인당 PPP GDP 수준과 성장률을 그린 것이다. 수평축은 2014년 각국의 1인당 GDP를 미국에 대한 비율로 나타낸 것이며 수직축은 1961~2014년중 연평균 1인당 GDP 성장률이다. 1인당 GDP 수준을 보면 노르웨이 싱가포르 스위스 등은 미국의 1.2~1.5배이고, 독일 영국 프랑스 대만 등은 미국의 70~90%, 일본 이탈리아 한국 스페인 등은 미국의 2/3 정도이다. 그리고 태국 중국 인도네시아 등은 미국의 1/5 수준이고, 부룬디 니제르 에티오피아 등은 미국의 2~3%에 불과하다.

수직축을 보면 한국 싱가포르 대만 일본 중국 태국 등은 연평균 4~6%대의 높은 성장률을 기록했고, 니제르와 중앙아프리카공화국은 지난 반세기 동안 연평균 성장률이 마이너스를 나타냈다. 나머지 대부분의 나라들은 연평균 2% 내지 3%대의 성장을 한 모습이다.

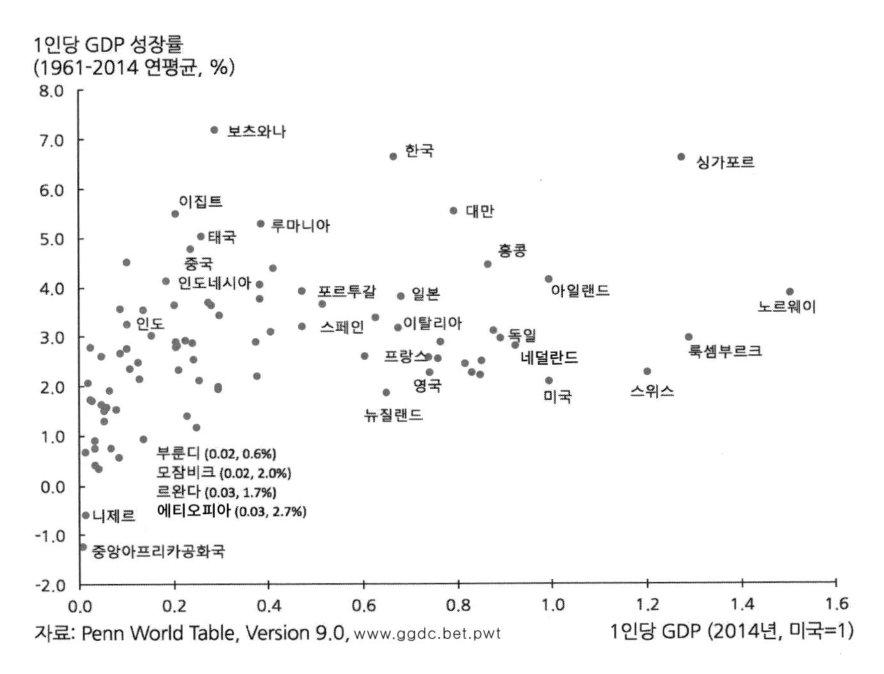

[그림 3-1] 1인당 GDP의 수준과 성장률

[그림 3-1]에서 보듯이 성장률 격차는 생활수준의 차이와 직결된다. 예를 들어, 한국의 연평균 성장률은 6.6%였는데 이는 1인당 소득이 약 11년마다 2배씩 증가했다는 것을 의미한다. 약 2세대가 지나가는 반세기 동안에 1인당 소득이 약 23배(=$2^{4.5}$)가 된 것으로 손자 세대의 1인당 소득이 할아버지 세대의 20배 이상으로 높아졌다. 반면 부룬디, 세네갈 같은 나라는 성장이 거의 이루어지지 않아 2세대가 지나도 생활수준이 정체를 벗어나지 못했다.

그렇다면 왜 이처럼 나라 간에 성장률과 국민소득이 큰 차이를 나타낼까? 이 질문에 대한 답을 3~5장에서 모색할 것이다. 이 장에서는 단순한 생산모형을 이용하여 GDP가 어떻게 결정되는지를 살펴보고 그 결과를 국가 간 소득격차 분석에 활용하기로 한다. 이와 함께 생산, 지출, 분배 GDP가 일치하는 것을 이론적으로 확인할 것이다. 이와 같은 분석은 모든 가격변수들이 신축적이어서 생산요소 시장과 재화와 서비스 시장이 균형 상태라는 것을 가정한다.

1 생산모형

2장에서 살펴보았듯이 실질GDP는 경제 내에서 생산된 재화와 서비스의 총량이다. 모든 재화와 서비스의 생산에는 기업이 결정한 만큼의 노동자와 기계 등 자본이 투입된다. 이와 같은 생산과정을 수학적으로 표현하는 모형을 설정하고 그 풀이를 통해 총산출이 어떻게 결정되고 경제주체들에게 배분되는지 알아보자.

생산모형의 설정

기업이 재화와 서비스를 생산하는 데는 다양한 생산요소들이 사용되지만 여기서는 노동과 자본만 투입되는 것으로 가정한다. **노동**은 모든 사람들의 근로시간을 합산하여 측정해야 한다. 그러나 단순화를 위해 사람들의 근로시간이 일정하다고 가정하여 노동자수를 노동투입의 단위로 사용한다. 노동은 L이라는 기호로 표시한다. **자본**은 공장, 컴퓨터 등과 같이 재화와 서비스를 생산하기 위해 사용되는 구조물, 장비 등을 말하며 K로 나타낸다. 흔히 문자에 윗줄을 사용하여 그 양이 외생적으로 주어졌다는 것을 나타내는데 여기서도 그렇게 한다.

$$K = \bar{K}, \quad L = \bar{L}$$

우선 한 나라 내에서 사용 가능한 노동과 자본은 고정되어 있다고 가정하고 뒤에 가서는 이러한 가정을 완화하여 시간의 흐름에 따라 변화하도록 한다.

생산함수(production function)는 생산과정에 투입하는 자본과 노동에 기술을 결합하여 재화와 서비스를 얼마나 생산할 수 있는가를 나타낸다. 자본과 노동을 생산요소로 하는 생산함수는 다음과 같다.

$$Y = F(K, L)$$

여기서 F는 K와 L을 산출량으로 변환하는 함수임을 의미한다. 즉, 함수 $F(K, L)$는 어떤 경제가 자본량 K와 노동량 L을 사용하여 $F(K, L)$만큼의 재화와 서비스를 생산할 수 있다는 것을 나타내는데 구체적 방정식으로는 식 (3.1)을 사용할 것이다.

$$Y = \bar{A}K^{\alpha}L^{1-\alpha} \tag{3.1}$$

식 (3.1)에서 $\bar{A}$는 양의 정수로 생산성(productivity) 파라미터다. 주목할 것은 K와 L에 윗줄이 없다는 점이다. 이는 의도적인 것으로 생산함수가 특정한 양의 노동과 자본이 아니라 어떤 양이라도 조합하여 만들어낼 수 있는 산출물의 양을 나타낸다는 뜻이다.

식 (3.1)은 **콥 더글라스 생산함수**(Cobb-Douglas function)로 **규모에 대한 수확불변**(constant returns to scale, CRS)이다. 즉 모든 요소의 투입량을 2배로 늘리면 아래 식에서 보듯이 생산량도 2배로 된다.

$$F(2K, 2L) = \bar{A}(2K)^{\alpha}(2L)^{1-\alpha} = \bar{A}\,2^{\alpha}2^{1-\alpha}K^{\alpha}L^{1-\alpha} = 2 \cdot F(K, L)$$

그러나 노동량이 일정한 상태에서 자본의 투입을 2배로 늘리면 다음 식에서와 같이 수확이 2배 미만으로 증가한다. 즉, 한 생산요소의 투입을 일정한 수준으로 유지한 채 다른 요소만 투입을 늘리면 한계수확이 감소한다.

$$F(2K, L) = \bar{A}(2K)^{\alpha}(L)^{1-\alpha} = \bar{A}\,2^{\alpha}K^{\alpha}L^{1-\alpha} = 2^{\alpha} \cdot F(K, L) < 2F(K, L) \quad \because \alpha < 1$$

자원의 배분

식 (3.1)은 재화와 서비스를 생산할 때에 노동과 자본을 각각 $\bar{L}$과 $\bar{K}$ 이내에서 얼마든지 사용할 수 있음을 의미한다. 그렇다면 얼마만큼의 노동과 자본을 생산에 투입할까?

생산요소 투입량을 도출하기 위해 기업들이 완전경쟁시장의 경제에서 이윤을 극대화하는 만큼의 생산요소를 투입한다고 가정하자. 그리고 생산함수에서 $1-\alpha=0.6$[1]으로 설정하면 이윤극대화를 추구하는 전형적 기업의 문제는 다음과 같다.

$$max_{K,L}\Pi = \bar{A}K^{0.4}L^{0.6} - rK - wL \tag{3.2}$$

식 (3.2)는 재화와 서비스의 가격을 1로 표준화하여 자본과 노동의 가격을 재화와 서비스의 양으로 실질화한 것이다. 식 (3.2)의 해인 식 (3.3)과 식 (3.4)가 기업의 이윤극대화 조건이다.

$$MPK \;=\; 0.4\cdot\bar{A}\cdot\left(\frac{L}{K}\right)^{0.6} = 0.4\cdot\frac{Y}{K} = r \tag{3.3}$$

$$MPL \;=\; 0.6\cdot\bar{A}\cdot\left(\frac{K}{L}\right)^{0.4} = 0.6\cdot\frac{Y}{L} = w \tag{3.4}$$

식 (3.3)에 의하면 이윤이 극대화되는 자본량에서는 **자본의 한계생산**(marginal product of capital, MPK)과 **실질임대료**(real rental price, *r*)가 일치한다. 그리고 식 (3.4)는 이윤을 극대화하는 기업은 **노동의 한계생산**(marginal product of labor, MPL)과 **실질임금**(*w*)이 같아지는 노동량을 사용한다는 것이다.

이윤극대화 조건은 간단한 미분[2]을 이용하거나 직관으로 구할 수 있다. 직관에 의해 경제적 이윤의 극대화 조건을 살펴보자. 먼저 기업이 자본 한 단위를 더 투입할 때의 생산량과 실질비용을 생각해보자. 한 단위의 자본을 추가로 투입하여 늘어나는 생산량이 자본의 실질임대료를 넘어서면 실질이윤이 그 차이만큼 증가하므로 기업은 자본의 투입량을 늘릴 것이다. 반대로 한 단위의 자본을 추가로 투입하여 늘어나는 생산량이 자본의 실질임대료를 밑돌면 실질이윤이 그 차이만큼 감소하므로 기업은 자본의 투입량을 줄일 것이

---

1 1990~2014년의 연평균 노동소득분배율은 우리나라가 0.6이고 미국, 중국을 비롯한 많은 국가들도 펜 월드 표 9.0 버전에 의하면 0.55~0.65였다. 따라서 이하의 논의에서는 모든 나라의 노동소득분배율이 0.6으로 동일하다고 가정하여 $\alpha=0.4$로 설정한다.

2 식 (3.2)를 자본과 노동에 대하여 미분하고 그 값을 0으로 하면 이윤극대화의 일계조건을 구할 수 있다. 즉 자본에 대한 일계조건은 $\partial\Pi/\partial K = \partial Y/\partial K - r = MPK - r = 0$이다. 따라서 이윤을 극대화하는 자본의 양은 $MPK = r$의 조건을 만족한다. 같은 방법으로 이윤극대화를 위한 노동의 일계조건은 $MPL = w$이다.

다. 따라서 이윤극대화를 추구하는 기업은 자본을 추가로 한 단위 더 투입하여 늘어나는 생산량인 자본의 한계생산과 한 단위의 자본을 추가로 사용할 경우의 실질비용인 실질임대료가 일치되는 수준만큼의 자본을 생산에 투입할 것이다. 이를 수식으로 표현한 것이 바로 식 (3.3)이다.

같은 논의로 기업은 한 단위의 노동을 추가로 투입할 경우에 증가하는 생산량과 실질임금이 일치되는 수준에서 노동의 투입을 멈추게 된다. 노동의 한계생산과 실질임금이 일치하지 않을 경우에는 노동을 더 사용하거나 줄이면 이윤이 극대화되기 때문이다.

생산모형의 풀이

이상에서 설정한 생산모형은 [표 3-1]과 같이 요약된다. 산출량 Y, 자본량 K, 노동량 L, 실질임금 w, 자본의 실질임대료 r 등 5개 내생변수 값이 모형에서 결정되어야 한다. 그리고 내생변수의 값을 얻을 수 있는 생산함수, 자본 및 노동 투입량 결정식, 자본 및 노동 시장, 균형식 등 5개 방정식이 있다. 분석의 단순화를 위해 완전경쟁기업들이 수요로 하는 자본량과 노동량이 경제에서 가용한 자본량 및 노동량과 같다고 가정한다. 그리고 5개의 방정식은 내생변수의 해를 결정하는 생산성 파라미터 $\bar{A}$와 외생변수 $\bar{K}$, $\bar{L}$을 포함하고 있다.

[표 3-1] 생산모형

생산모형	
내생변수	$Y,\ K,\ L,\ r,\ w$
파라미터	$\bar{A},\ \bar{K},\ \bar{L}$
생산함수	$Y = \bar{A}K^{0.4}L^{0.6}$
자본임대조건	$0.4 \cdot \frac{Y}{K} = r$
고용조건	$0.6 \cdot \frac{Y}{L} = w$
자본의 수요 = 공급	$K = \bar{K}$
노동의 수요 = 공급	$L = \bar{L}$

이 모형의 해를 **균형**(equilibrium)이라 하는데 **일반균형**(general equilibrium)이라 할 수 있다. 하나의 시장이 아니라 자본시장, 노동시장, 그리고 전체 경제에 대한 모형이기 때문이다.

모형의 균형은 5개 방정식을 내생변수들에 대해 풀면 구할 수 있다. 그런데 [그림 3-2] 자본과 노동의 공급과 수요 그래프를 이용하면 좀 더 쉽게 해를 얻을 수 있다. 자본과 노동의 공급이 주어진 것으로 가정하였으므로 자본과 노동의 공급곡선은 각각 $\bar{K}$, $\bar{L}$에서 수직이다. 한편 기업의 이윤극대화로부터 유도된 자본의 임대조건과 노동의 고용조건에 따라 자본과 노동의 수요곡선은 우하향한다. 자본과 노동의 한계생산 감소로 자본과 노동의 투입량이 증가할수록 실질임대료와 실질임금이 감소하기 때문이다.

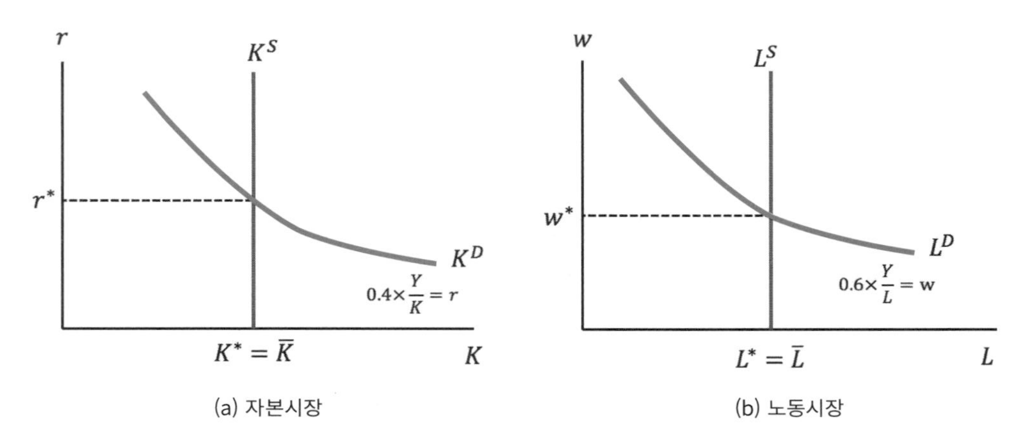

[그림 3-2] 자본과 노동의 수요와 공급

생산요소시장은 실질임금과 노동의 한계생산, 그리고 실질임대료와 자본의 한계생산이 각각 일치하는 점(*로 표시)에서 균형을 이룬다. 이들 교차점에서 자본과 노동의 수요와 공급이 일치하고 자본시장과 노동시장이 각각 **청산**(clear)된다. 균형에서는 노동과 자본의 완전고용이 이루어지고 $K^* = \bar{K}$와 $L^* = \bar{L}$인 점에서 균형임금과 균형임대료가 각각 노동과 자본의 한계생산과 일치하게 된다. 그리고 균형산출량 Y^*은 생산함수에 의해 $Y^* = \bar{A}\bar{K}^{0.4}\bar{L}^{0.6}$이 된다. Y^*는 생산요소가 완전고용되는 상태에서의 산출량으로 완전고용 GDP이다. [표 3-2]는 이상에서 도출한 생산모형의 해를 정리한 것이다.

[표 3-2] 생산모형의 해

생산모형의 해	
자본	$K^* = \overline{K}$
노동	$L^* = \overline{L}$
임대료	$r^* = 0.4 \cdot \overline{A}\left(\frac{\overline{L}}{\overline{K}}\right)^{0.6} = 0.4 \cdot \frac{Y^*}{K^*}$
임금	$w^* = 0.6 \cdot \overline{A}\left(\frac{\overline{K}}{\overline{L}}\right)^{0.4} = 0.6 \cdot \frac{Y^*}{L^*}$
산출량	$Y^* = \overline{A}\overline{K}^{0.4}\overline{L}^{0.6}$

생산모형과 그 해로부터 무엇을 알 수 있는가? 첫째로, 우리는 모형을 어떻게 설정하고 모형의 해를 어떻게 구하는지 알게 되었다. 둘째로, 한 나라의 총산출이 무엇에 의해 결정되는지 파악할 수 있다. 생산모형의 다음 해에서 그 답을 얻을 수 있다.

$$Y^* = \bar{A}\bar{K}^{0.4}\bar{L}^{0.6}$$

자본의 양이 많을수록, 노동의 양이 많을수록, 그리고 생산성이 높을수록 산출량이 많아진다. 이에 대해서는 다음 절에서 좀 더 자세히 살펴보기로 한다. 셋째로, 균형임금은 노동자당 산출량에 비례하고 자본의 임대료는 자본 1단위당 산출량에 비례한다는 사실을 알 수 있다.

끝으로 생산GDP와 분배GDP가 일치하는 것을 확인할 수 있다. 자본과 노동을 제공하는 대가로 받는 실질임대료와 실질임금을 이용하여 총산출이 노동자와 자본 소유주들에게 어떻게 배분되는지 알 수 있다. [표 3-2] 생산모형의 해에 나타나 있는 균형임대료와 균형임금으로부터 경제 내의 실질노동소득과 실질자본소득의 GDP에 대한 비율을 구할 수 있다. 균형실질임금의 결정식으로부터 식 (3.5)를, 균형실질임대료의 결정식으로부터 식 (3.6)을 각각 얻을 수 있다. 식 (3.5)는 산출량의 0.6이 노동자에게 배분되는 것을 나타내고 식 (3.6)은 산출량의 0.4가 자본 소유주에게 배분된다는 것을 나타낸다.

$$\frac{w^*L^*}{Y^*} = 0.6 \tag{3.5}$$

$$\frac{r^*K^*}{Y^*} = 0.4 \tag{3.6}$$

앞에서 α값을 설정할 때 노동소득분배율에 대한 이야기를 언급한 이유를 이제 알 수 있을 것이다. 콥-더글라스 생산함수에서 노동소득분배율은 L의 지수 $0.6(=1-\alpha)$이고 자본소득분배율은 K의 지수 $0.4(=\alpha)$이다. 그리고 식 (3.5)와 식 (3.6)의 자본과 노동으로 분배되는 소득을 합치면 다음과 같으므로 소득은 모두 자본과 노동으로 분배됨을 알 수 있다.

$$w^*L^* + r^*K^* = Y^* \tag{3.7}$$

식 (3.7)은 자본과 노동의 소유자들이 수취하는 소득을 모두 합한 총소득이 총산출과 일치함을 의미한다. 즉 생산GDP와 분배GDP가 일치하는 것을 보여준다.

2 생산모형의 활용: 국가 간 소득격차 분석

앞에서 설정한 생산모형을 이용하면 '왜 어떤 나라는 다른 나라에 비해 훨씬 부유할까?'라는 문제에 대한 해답을 얻을 수 있다. 소득격차의 문제는 나라 전체의 GDP가 아니라 그 나라 국민들의 평균적 생활수준을 결정하는 1인당 GDP로 분석할 필요가 있다. 따라서 먼저 앞의 생산함수를 식 (3.8)과 같이 1인당 생산함수로 변환한다.

$$y^* \equiv \frac{Y^*}{\bar{L}} = \frac{\bar{A}\bar{K}^{0.4}\bar{L}^{0.6}}{\bar{L}} = \bar{A}\bar{k}^{0.4} \tag{3.8}$$

여기서 $y \equiv Y/L,\ k \equiv K/L$이다. 생산성 파라미터 $\bar{A}$는 투입된 생산요소가 얼마나 효율적으로 활용되는가를 나타내며 **총요소생산성**(total factor productivity, TFP)이라고 부른다.

생산성을 노동자의 측면에서 접근하여 노동 한 단위당 산출량으로 정의하는 노동생산성도 언론 등에서 자주 이용된다. 산출량을 투입된 노동량으로 나누어 손쉽게 계산할 수 있기 때문인데 이는 결점을 가지고 있다. 예를 들어, 노동과 자본을 함께 고려한 생산성은 불변인데 노동생산성은 증가할 수 있다. 소프트웨어 회사가 커피 기계를 각 사무실에 설치한 후 직원들이 이전보다 더 많은 프로그램을 만들었다면 노동과 자본이 함께 생산을 증가시킨 것일까? 커피 기계를 설치한 이후 산출이 늘었다고 해서 커피 기계라는 자본과 직원의 아이디어가 함께 효율적으로 사용되어 프로그램이 더 많이 만들어졌다고 판단하기는 쉽지 않다.

이러한 노동생산성과 달리 총요소생산성은 노동과 자본이 함께 했을 때 얼마나 효율적인지를 나타낸다. 식 (3.8)은 1인당 GDP(y)가 총요소생산성($\bar{A}$)과 1인당 자본(k)에 의해 결정됨을 나타낸다. 1인당 GDP는 총요소생산성이 높을수록, 1인당 자본이 많을수록 커진다. 다만, k의 증가에 대하여 y는 수확체감한다. 예를 들어, 1인당 자본이 2배로 늘어났을 때 y는 1.32배($= 2^{0.4}$) 늘어나는 데 그친다.

2-1 생산모형의 현실 경제 적용

1인당 GDP 결정식 $y^* = \bar{A}\bar{k}^{0.4}$에서 y^*와 $\bar{k}$는 데이터를 얻는 데 큰 어려움이 없다. 많은 나라에서 1인당 GDP를 공식적으로 작성하고 자본스톡 통계도 국가기관이나 연구기관에서 측정하고 있기 때문이다. 그런데 각 나라의 총요소생산성은 공식적 통계로 작성되지 않는 경우가 많다. 따라서 TFP $\bar{A}$는 모형이 잘 적용된다는 가정 하에서 식 (3.8)로부터 식 (3.9)와 같이 계측할 수 있다. 이처럼 총요소생산성은 사후적으로 계산되기 때문에 $\bar{A}$를 **잔차**(residual)라고도 부른다.

$$\bar{A} = y^* \div \bar{k}^{0.4} \tag{3.9}$$

이제 1인당 GDP와 자본 데이터를 획득하면 생산모형을 이용하여 부유한 나라와 가난한 나라 간에 소득격차가 발생하는 원인을 분석할 수 있다. [표 3-3]이 국가 간 소득격차의 분석에 필요한 2014년 자료이다.

[표 3-3] 국가별 1인당 GDP와 자본 및 생산성

국가	1인당 GDP(y)[1]	1인당 자본(k)[1]	$k^{0.4}$	TFP[2]
스위스	1.151	1.293	1.108	1.038
미국	1.000	1.000	1.000	1.000
독일	0.854	1.074	1.029	0.830
프랑스	0.708	1.099	1.038	0.682
영국	0.708	0.980	0.992	0.713
일본	0.702	0.872	0.947	0.742
한국	0.669	0.830	0.928	0.721
이태리	0.646	1.236	1.088	0.594
스페인	0.600	1.130	1.050	0.571
아르헨티나	0.391	0.302	0.620	0.631
브라질	0.293	0.403	0.695	0.421
중국	0.243	0.308	0.624	0.389
남아프리카	0.235	0.250	0.575	0.410
인도	0.107	0.105	0.407	0.264
부룬디	0.016	0.007	0.137	0.114

주: 1) 2011년 가격 기준의 2014년 실적치로 미국=1임
2) $y/k^{0.4}$에 의해 잔차로 계산한 값
자료: 펜 월드 표, 버전 9.0

예를 들어, 미국과 인도의 1인당 GDP 차이는 두 나라의 노동소득분배율이 동일하다는 가정 하에서 다음의 식을 이용하여 그 원인을 파악할 수 있다. 두 나라의 노동소득분배율이 다를 경우에는 국가 간 소득격차의 원인을 어떻게 파악할 수 있을까? 이는 연습문제로 넘긴다.

$$\frac{y^*_{\text{us}}}{y^*_{\text{india}}} = \frac{\bar{A}_{\text{us}}}{\bar{A}_{\text{india}}} \cdot \left(\frac{\bar{k}_{\text{us}}}{\bar{k}_{\text{india}}}\right)^{0.4} \tag{3.10}$$

식 (3.10)에 [표 3-3]의 데이터를 대입하면 다음의 계산 결과를 얻을 수 있다.

$$\frac{1}{0.107} = \frac{1}{0.264} \times \left(\frac{1}{0.105}\right)^{0.4} \Rightarrow 9.3 \simeq 3.8 \times 2.5$$

이는 2014년을 기준으로 미국 국민의 평균소득은 인도 국민 평균소득의 9.3배인데 그 가운데 1인당 자본에 의한 것은 2.5배이고 총요소생산성에 의한 것은 3.8배라는 의미다. 한편 같은 방법으로 한국인과 중국인의 평균소득을 비교하면 한국인의 소득이 중국인의 2.8배인데 이 가운데 1인당 자본에 의한 것은 1.5배이고 총요소생산성에 의한 소득격차가 1.9배이다.

생산모형을 이용한 실증분석 결과에 따르면 국가 간 1인당 GDP의 차이는 1인당 자본의 양보다 총요소생산성에 더 큰 영향을 받는다. 이처럼 소득격차를 초래하는 요인으로 총요소생산성이 매우 중요하다는 것은 [표 3-3]의 1인당 GDP와 총요소생산성을 나타낸 [그림 3-3]에서 두 변수가 뚜렷한 정(+)의 상관관계를 보이는 데서도 확인할 수 있다.

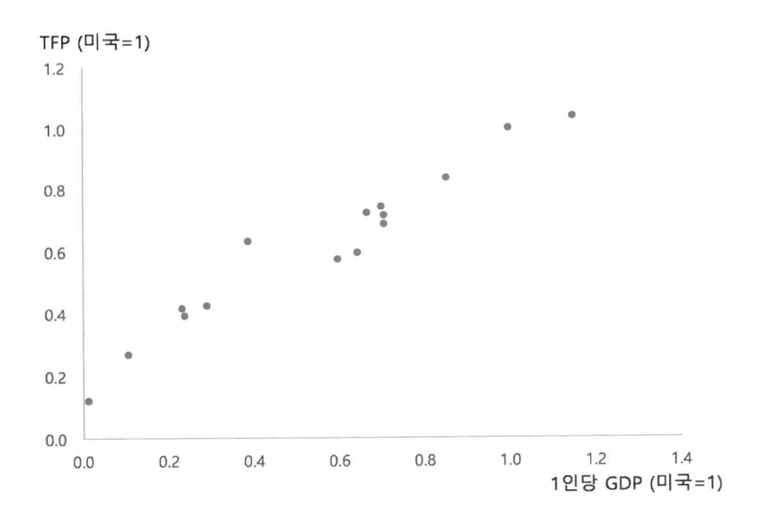

[그림 3-3] 국가별 1인당 GDP와 총요소생산성

2-2 총요소생산성 격차의 원인

선진국들이 부유한 요인으로는 [표 3-3]에서 보는 것처럼 더 많은 자본을 보유한 점을 들 수 있다. 그러나 그보다 더 중요한 요인은 노동과 자본을 훨씬 더 효율적으로 사용하여 총요소생산성이 높다는 점이다.

경제의 효율성을 나타내는 TFP는 앞에서 언급하였듯이 생산함수에서 누락되어 있는 여러 요인을 포착하는 잔차로 볼 수 있다. 이하에서는 위의 생산모형에서 제외된 것으로 잔차에 포함될 수 있는 요인들이 TFP의 격차를 설명하는 데 도움이 될 수 있는지 살펴보기로 한다.

인적자본

앞에서 설정한 생산모형에서 누락된 중요한 요인으로 먼저 인적자본을 들 수 있다. 생산모형에서의 자본은 생산에 도움을 주는 기계, 건물 등으로 엄밀하게 말하면 **물적자본**(physical capital)이다. **인적자본**(human capital)이란 개인들이 생산을 보다 잘하기 위해 축적하는 기술의 스톡이다. 인적자본의 확실한 예가 사람들을 보다 생산적인 사회 구성원으로 만드는 지식과 기술을 습득시키는 대학교육이라 하겠다.

연구결과에 따르면 성인들의 생애 평균 교육기간은 미국이 13년 정도이고 최빈국은 약 4년으로 조사되었다. 미국에서 개인의 교육기간이 1년 증가하면 장래소득이 7% 높아지는데 개도국에서는 그 효과가 10~13%라고 한다.[3]

[표 3-3]에서 미국과 부룬디의 TFP 격차는 약 9배인데 교육이 미치는 효과를 위의 연구결과를 이용하여 개략적으로 산출해보자. 4년에 머물고 있는 부룬디 국민의 평균 교육기간이 미국과 같아지고 1년 연장의 효과가 장래소득의 10% 증가라고 가정하면 부룬디 국민의 평균임금은 90% 상승하게 될 것이다. [표 3-2]에서 균형임금은 1인당 산출량에 비례한다. 따라서 부룬디의 평균임금이 90% 상승하면 TFP가 0.9배 높아져 미국 TFP와의 비율이 1:9에서 1.9:9, 즉 TFP 격차가 9배에서 약 5배로 축소된다. 교육 효과만으로 TFP 격차가 크게 축소되는 결과를 얻을 수 있다.

기술

TFP 격차를 초래할 수 있는 또 다른 요인은 생산에 사용되는 기술의 격차다. 최신기술의 컴퓨터칩, 소프트웨어, 신약, 고층빌딩 등은 물론이고 just-in-time 방식 재고관리, 정보기술(IT), 수송네트워크와 같은 생산기술은 부자 나라에서 훨씬 더 일반적으로 사용된다.

---

3 찰스 존스(Charles I. Jones)의 《거시경제학》 4판 91쪽의 내용을 인용하였다.

생산과정의 기술격차가 TFP 차이에 영향을 미치는데 이에 대해서는 5장에서 좀 더 자세히 논의할 것이다.

제도

부자 나라들이 부유한 것은 물적자본, 인적자본, 첨단기술 때문일지 모르나 여전히 다음과 같은 질문을 해볼 필요가 있다. 어떻게 그들은 그와 같은 장점들을 가지게 되었는가? 가난한 나라에서는 무엇이 높은 수준의 자본과 기술을 갖지 못하도록 하는가?

그에 대한 답을 **제도**(institution)의 차이에서 찾을 수 있다. 맨커 올슨(Mancur Olson)은 남한과 북한, 서독과 동독, 홍콩과 중국과 같이 역사, 문화, 소득 등 여러 면에서 비슷하던 나라가 전쟁으로 두 국가로 나뉜 후 불과 몇 세대 만에 소득격차가 크게 확대된 원인을 제도와 정부정책 측면에서 찾아보았다.[4] 그 결과 얻은 분명한 답은 정부정책의 차이와 경제학자들이 '제도'라고 부르는 법(rule)과 규제(regulation)의 차이에서 그 원인을 찾을 수 있다는 것이다.

3 재화시장의 균형

앞에서 생산모형을 이용하여 총산출이 어떻게 결정되며 생산과정에서 발생되는 소득이 노동자와 자본 소유주 사이에 어떻게 배분되는지 살펴보았다. 이제 재화와 서비스시장(이하 재화시장)이 어떻게 균형을 이루어 총산출(생산GDP)과 총지출(지출GDP)이 일치하게 되는지 알아보기로 한다. 저축과 투자를 일치시키는 실질이자율에 의해 재화시장의 균형이 이루어지는데 이를 확인하기 위해 지출GDP를 구성하는 소비, 투자, 정부구매, 순수출이 다음과 같이 결정된다고 설정하자.

---

4 Mancur Olson, "Distinguished Lecture on Economics in Government. Big Bills Left on the Sidewalk: Why Some Nations Are Rich, and Others Poor," *Journal of Economic Perspectives*, vol. 10, 1996.

소비

가계는 노동이나 자본을 제공하여 소득을 얻고 그중 일부를 정부에 조세로 납부한 후 나머지를 소비하거나 저축한다. 가계의 소득은 경제의 총산출량 Y와 같다. 그리고 정부는 다양한 세금을 가계에 부과하지만 여기서는 총괄하여 T만큼 조세를 부과한다고 가정한다.

소비는 소득에서 조세를 뺀 **가처분소득**(disposable income) $Y-T$에 의해 결정된다고 가정한다. 가처분소득이 증가할수록 소비가 늘어나는데 이러한 관계를 다음의 소비함수로 나타내기로 한다.

$$C = C(Y - T) = c_0 + c_1(Y - T)$$

여기서 c_0는 독립적 지출(autonomous spending)로 소득과 관련 없이 이루어지는 소비를 말한다. c_1은 가처분소득 한 단위가 늘어날 때 소비가 얼마나 증가하는가를 나타내는 것으로 **한계소비성향**(marginal propensity to consume, MPC)이라고 한다. MPC는 0과 1 사이의 값을 가진다. 예를 들어, MPC가 0.8이면 가처분소득이 1만원 늘어날 때 8,000원은 재화와 서비스를 구매하는 소비로 지출하고 나머지 2,000원은 저축을 한다는 의미다.

투자

기업은 생산에 사용되는 기계나 자동차 같은 투자재를 구입하는데 그 수요량은 투자재를 사들이는 데 필요한 자본의 임대료인 이자율에 따라 결정된다. 투자를 통하여 이윤을 얻기 위해서는 장래에 재화와 서비스를 생산하여 얻을 수 있는 수익이 투자에 필요한 자금의 차입비용을 초과해야 한다. 이자율이 상승할 경우 이윤을 가져올 투자계획의 기회가 줄어들게 되어 투자재의 수요량은 감소한다.

한편 생산으로 얻는 수익이 실질변수이므로 이자율도 실질이자율을 사용하여 투자수요를 결정하도록 해야 한다. 이상을 요약하여 투자지출과 실질이자율(r) 간의 관계를 나타내는 투자함수를 다음과 같이 설정할 수 있다.

$$I = I(r)$$

정부구매와 순수출

정부구매와 조세는 특정 재정정책을 결정하는 정치행위로 보아 외생변수로 간주한다.

$$G = \bar{G}, \qquad T = \bar{T}$$

한편 순수출은 국내금리와 국제금리 간의 차이에 의해 결정되는 것으로 표시할 수 있다. 국제금리가 주어진 상태에서 국내금리가 상승하면 국내금융자산에 대한 수요가 상대적으로 증가하면서 국내통화의 가치가 상승하게 된다. 국내통화의 가치가 올라가면 그만큼 국내 재화의 국제가격이 높아지므로 국내 상품의 수출이 줄어든다. 반면 해외 재화의 국내가격은 낮아지므로 수입이 증가한다. 이와 같이 국내 이자율이 상승하면 순수출이 감소하게 되므로 순수출 함수는 다음과 같이 나타낼 수 있다.

$$NX = NX(r - r^*) \quad \Rightarrow \quad NX = NX(r)$$

위의 두 식에서 오른쪽 식 $NX = NX(r)$은 국제금리 r^*가 외생변수이므로 순수출을 국내 이자율의 함수 $NX(r)$로 단순화한 것이다.

순수출은 **순자본유출**(net capital outflow, NCO)과 일치한다. NX는 외국인이 국내 상품을 수입하는 대가로 지급하는 외국의 통화나 자산이다. 따라서 내국인의 입장에서는 순수출만큼 국외자산을 획득하는 것과 같다. 순자본유출을 해외투자라고도 하는데 순수출과 관련해서는 14장에서 다시 살펴보기로 한다.

재화시장의 균형과 저축-투자

앞에서의 논의를 요약하면 경제 내 총산출량에 대한 수요는 소비, 투자, 정부구매, 순수출에서 비롯된다. 그리고 경제에 공급되는 생산량은 생산요소의 양과 생산함수에 의해 결정된다. 이와 같은 사실을 하나의 식으로 나타내기 위해 앞에서 가정한 소비, 투자, 정부구매, 순수출의 식을 국민소득 항등식에 대입하면 다음과 같은 식이 유도된다.

$$Y = C(Y - T) + I(r) + G + NX(r) \tag{3.11}$$

변수 G와 T는 정책에 의해 결정되므로 위 식은 다음과 같이 쓸 수 있다.

$$Y = C(Y - \bar{T}) + I(r) + \bar{G} + NX(r) \tag{3.12}$$

식 (3.12)는 이자율 r에 의해 재화와 서비스의 수요와 공급이 일치된다는 것을 나타낸다. 그런데 이자율이 어떻게 재화시장에서 수요와 공급이 균형을 이루도록 조절할까? 이에 대한 답을 얻기 위해 이자율이 금융시장에서 차입비용인 동시에 대출에 대한 보상이라는 점을 이용하자. 먼저 국민소득 항등식을 식 (3.13)과 같이 다시 정리한다.

$$Y - C - G = I + NX \tag{3.13}$$

$Y - C - G$는 가계의 소비수요와 정부의 구매수요가 충족된 이후 남은 생산량으로 **국민저축**(national saving, S)이라고 한다. 국민저축은 **민간저축**(private saving)과 **정부저축**(government saving)으로 구분할 수 있고 순수출이 순자본유출과 일치하므로 식 (3.13)을 식 (3.14)와 같이 다시 쓸 수 있다.[5]

$$S = \underbrace{Y - T - C}_{\text{민간저축}} + \underbrace{T - G}_{\text{정부저축}} = I(r) + NCO(r) \tag{3.14}$$

식 (3.14)는 민간저축과 정부저축의 합인 국민저축이 국내투자와 순자본유출(혹은 해외투자)로 사용됨을 나타낸다. 그리고 식 (3.14)에서 총산출량은 완전고용 GDP이고 정부구매와 조세는 외생변수이므로 국민저축 S는 이자율에 영향을 받지 않아 [그림 3-4]에서 수직이다. 한편 식 (3.14) 우변의 국내투자와 순자본유출은 이자율과 음의 관계이므로 [그림 3-4]에서와 같이 우하향한다.

---

5 식 (3.14)는 국내투자에 필요한 재원이 경제주체별로 어떻게 충당되는지를 나타내는 식으로도 변환할 수 있다. NX를 왼쪽으로 이항해서 해외투자를 해외저축의 개념으로 바꾸어 표현하면 된다.

$$\underbrace{Y - T - C}_{\text{민간저축}} + \underbrace{T - G}_{\text{정부저축}} + \underbrace{IM - EX}_{\text{해외저축}} = I(r)$$

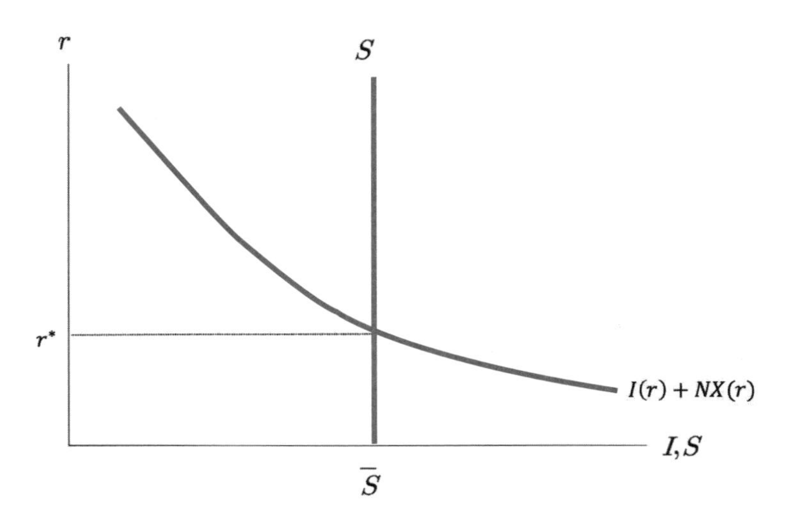

[그림 3-4] 저축-투자와 균형이자율

식 (3.14)는 국민소득 항등식을 저축과 투자의 관계로 변형한 것인데 [그림 3-4]에 나타나 있는 것처럼 이자율에 의해 국민저축과 총투자(=국내투자+해외투자)가 일치하게 된다. 이자율이 균형수준보다 높으면 저축보다 투자가 작으므로 이자율이 하락하면서 투자수요가 증가한다. 반대로 이자율이 너무 낮으면 투자를 위한 자금에 대한 수요가 공급을 초과하여 이자율이 상승한다. 균형이자율에서는 재화와 서비스에 대한 수요와 공급이 일치한다.

이상에서 살펴본 바와 같이 저축과 투자를 일치시키는 실질이자율에 의해 재화시장의 균형이 이루어지기 때문에 생산GDP와 지출GDP가 항상 같게 된다.

요약

1 우리는 가격이 신축적인 경제에서 GDP가 어떻게 결정되는지를 알아보기 위해 생산함수를 $Y = \bar{A}K^{0.4}L^{0.6}$으로 가정한 생산모형을 설정하였다. 생산함수는 GDP가 생산성 파라미터, 자본스톡, 노동량에 의해 결정됨을 나타낸다.

2 생산모형은 5개 방정식과 산출량(Y), 자본(K), 노동(L), 임금(w), 임대료(r) 등 5개 미지수로 구성하였다. 그리고 기업은 이윤을 극대화한다고 가정했다.

3 생산모형의 해를 균형이라고 하는데 임금과 임대료는 노동시장과 자본시장의 청산에 의해, 자본과 노동의 투입량은 외생으로 주어진 생산요소의 양에 의해 각각 결정된다. 그리고 산출량은 생산함수에 의해 결정된다.

4 생산모형과 그 해로부터 다음을 알게 되었다. 첫째, 모형을 설정하고 그 해를 구하는 방법이다. 둘째, 균형에서 1인당 GDP는 총요소생산성(TFP)이 높을수록, 1인당 자본의 양이 많을수록 커진다. 셋째, 균형임금은 노동자 1인당 산출량에 비례하고 자본의 임대료는 자본 한 단위당 산출량에 비례한다. 그리고 총산출은 모두 자본과 노동으로 분배되므로 생산GDP와 분배GDP가 일치한다.

5 생산모형을 이용한 실증분석의 결과에 의하면 국가 간 1인당 GDP 차이는 1인당 자본의 양보다 총요소생산성에 더 큰 영향을 받는다.

6 국가 간 총요소생산성의 차이는 거시경제학의 주요 관심사로 인적자본, 기술, 제도 등이 그 원인으로 파악되고 있다.

7 신축적 가격으로 완전고용이 이루어지는 경제에서는 이자율의 변동에 의해 저축과 투자가 일치하게 되면서 생산GDP와 지출GDP가 같아지는 재화시장의 균형이 달성된다.

연습문제

1 14세기 중반 유럽에서는 흑사병으로 인구의 약 1/3이 사망했다. 이는 엄청난 비극이었다. 그러나 거시경제적으로는 흑사병 유행 이후 한 세기에 걸쳐 임금이 계속 상승한 것으로 추정되는 놀라운 결과가 나타났다고 한다. 생산모형을 이용하여 임금이 상승한 원인을 설명해보라.

2 생산모형에서 생산함수가 앞에서 설정했던 $Y = \bar{A}K^{0.4}L^{0.6}$에서 $Y = \bar{A}K^{1/3}L^{2/3}$로 자본과 노동의 지수가 변했다고 가정하고 다음 물음에 답하라.

(1) 새로운 생산함수에 의한 생산모형을 설정하라.

(2) 새로 설정한 생산모형의 해를 구하라.

(3) 균형 1인당 GDP의 식을 유도하라.

3 생산함수 $Y = \bar{A}K^{0.4}L^{0.6}$과 [표 3-3]을 이용하여 우리나라와 스위스, 미국, 독일, 일본과 1인당 GDP의 격차 요인을 분석하라.

4 모든 국가의 생산함수가 문제 2와 같이 $Y = \bar{A}K^{1/3}L^{2/3}$로 변했다고 하자. [표 3-3]의 1인당 GDP와 1인당 자본스톡을 이용하여 우리나라와 스위스, 미국, 독일, 일본 간 1인당 GDP의 격차 요인을 분석하라. 그리고 그 결과를 문제 3에서 도출한 결과와 비교하여 얻을 수 있는 시사점에 대해 논하라.

5 이 장에서 동일한 것으로 가정했던 노동소득분배율이 다를 경우 1인당 GDP 격차의 원인은 어떻게 분석할 수 있는가? 다음의 데이터로 한국과 미국의 소득격차 원인을 분석해보라. 우리나라와 미국의 노동소득분배율을 각각 0.6 및 0.7로 가정한다. 그리고 펜월드 표 9.0에 의하면 1인당 GDP 및 자본스톡은 한국이 3만 4,540달러와 13만 2,989달러, 미국이 5만 1,621달러와 16만 247달러다.

4장

솔로우모형

세계은행의 1인당 GDP 자료에 의하면 1960년 우리나라의 1인당 GDP는 2010년 불변 미 달러화 기준으로 미국의 5.5%에 불과하였고 필리핀의 90%에 못 미치는 수준이었다. 그러나 1960년 이후 2016년까지 미국과 필리핀의 1인당 GDP가 각각 연평균 2.0%, 1.7% 증가한 데 비해 한국은 연평균 6.1% 성장하였다. 그 결과 2016년에는 한국의 1인당 PPP GDP가 3만 5,000달러를 넘어서 미국의 2/3 수준에 근접하였고 필리핀보다는 4.6배 높아졌다. 이와 같은 한국경제의 성과를 어떻게 이해해야 할까?

이와 같은 질문에 대한 답을 **솔로우의 성장모형**(Solow growth model)으로 모색해보기로 한다. 솔로우모형은 1950년대 중반 로버트 솔로우(Robert Solow) 교수에 의해 개발된 이후 발전을 지속하면서 경제성장 연구에 널리 이용되고 있다.

솔로우모형은 3장에서 살펴본 단순한 생산모형에 새로운 요소인 자본축적을 도입한 것이다. 자본스톡(capital stock)은 외생적으로 주어지는 것이 아니라 경제주체들이 기계, 컴퓨터, 건물 등을 시간의 흐름에 따라 축적한 결과이다. 솔로우모형은 이러한 자본의 축적과정을 내생화하여 자본을 외생변수로 보지 않고 내생변수로 전환한 것이다. 이 한 가지의 변화를 제외하면 솔로우모형은 3장의 생산모형과 동일하다.

3장의 생산모형에서 얻은 결과에 비추어 볼 때 솔로우모형은 우리로 하여금 자본축적이 장기 경제성장을 가능하게 하는 동력이라는 것을 짐작하게 한다. 지난 한 세기 동안 대부분 나라 국민들의 생활수준이 높아진 것은 노동자의 가용자본이 증가했기 때문이라고 생각할 수 있다. 그리고 어떤 국가가 다른 나라보다 더 부유해진 것도 자본축적에 더 많이 투자했기 때문에 가능했을 것이다. 이 장에서는 이와 같은 통찰을 확인하기 위한 모형을 설정하고 평가할 것이다.

1 솔로우모형의 설정과 해 및 동학

1-1 솔로우모형의 설정

우리의 관심은 왜 국가 간에 국민들의 평균소득이 차이를 나타내고 다른 속도로 증가하는지에 대한 해답을 찾는 것이다. 따라서 우리는 노동자 1인당 변수로 구성된 솔로우모형을 설정하기로 한다. 노동자수를 L로 표시하자. 어떤 기간 t에서의 총산출이 Y_t라면 1인당 산출은 Y_t/L_t일 것인데 이를 소문자 y_t로 나타내기로 한다. 같은 방식으로 노동자 1인당 소비지출은 $c_t = C_t/L_t$, 노동자 1인당 투자는 $i_t = I_t/L_t$이며 1인당 자본의 양은 $k_t = K_t/L_t$로 나타내기로 한다. 1인당 자본의 양 k는 솔로우모형에서 핵심적 역할을 하며 **자본-노동비율**(capital-labor ratio)이라고도 부른다.

생산함수

우리는 3장의 생산모형에서 출발하되 시간을 두고 자본이 축적되는 방정식 하나를 추가할 것이다. 생산함수는 3장에서와 같이 규모에 대한 수확불변인 콥-더글라스를 가정한다.

생산함수 $Y_t = \bar{A}K_t^{0.4}L_t^{0.6}$를 1인당 생산함수로 변환하면 다음과 같다.

$$y_t = \frac{Y_t}{L_t} = \frac{\bar{A}K_t^{0.4}L_t^{0.6}}{L_t} = \frac{\bar{A}K_t^{0.4}}{L_t^{0.4}} = \bar{A}k_t^{0.4} \tag{4.1}$$

식 (4.1)에 의하면 1인당 자본의 양이 증가하면 노동자 1인당 생산량이 늘어난다. 그러나 1인당 자본의 양 k의 지수가 1보다 작은 만큼 자본이 늘어날 때 추가로 얻는 생산량은 점차 줄어든다. 즉 자본의 한계생산은 감소한다.

그리고 생산된 재화와 서비스는 식 (4.2)와 같이 가계의 소비와 기업의 투자로 사용된다. 분석의 단순화를 위하여 정부가 없으며 대외교역도 없다고 가정한 것이다. 식 (4.2)는 **자원제약**(resource constraint)으로 경제가 자원을 어떻게 사용할 수 있는지에 대한 기본적 제약을 나타낸다.

$$y_t = c_t + i_t \tag{4.2}$$

가계들은 가용자원의 일정 비율 $\bar{s}$만큼 저축하고 나머지 $(1-\bar{s})$ 부분을 소비한다. $\bar{s}$는 저축률(saving rate)로 0과 1 사이의 값을 갖는다. 따라서 소비함수는 아래와 같다.

$$c_t = (1-\bar{s})y_t$$

이를 식 (4.2)에 대입하면 다음 식이 유도된다.

$$y_t = (1-\bar{s})y_t + i_t$$

위 식을 투자에 대하여 정리하면 식 (4.3)과 같아지는데 이는 투자가 저축과 일치하며 경제 내에서 가용자원의 $\bar{s}$만큼이 투자로 배분됨을 나타낸다. 즉 식 (4.3)은 **자원배분**(allocation of resources)을 나타낸다.

$$i_t = \bar{s}y_t \tag{4.3}$$

자본축적

식 (4.1)의 생산함수에 의하면 1인당 자본의 양(자본스톡)은 1인당 산출량을 결정하는 주요 요소로 시간의 흐름에 따라 변화하고 그러한 변화가 산출량을 변경시킨다. 자본스톡의 변동은 투자와 감가상각의 두 요소에 의해 결정된다. 투자는 새로운 공장이나 기계를 구입하기 위한 기업의 지출로 자본스톡을 증가시킨다. 반면 감가상각(depreciation)은 시간이 지나가면서 공장이나 기계가 마모되는 것을 의미하므로 자본스톡을 감소시킨다.

솔로우모형에서는 감가상각이 기존 자본스톡의 일정비율 $\bar{\delta}$씩 매년 마모되는 것으로 가정하는데 그 $\bar{\delta}$를 감가상각률(depreciation rate)이라 한다. 예를 들어, 자본 한 단위가 20년 동안 사용된 이후 폐기된다면 감가상각률은 연 5%이고 $\bar{\delta}$는 0.05이다. 그리고 감가상각의 양이 자본스톡의 일정 비율이라고 가정하였기 때문에 1인당 자본스톡의 감가상각 규모는 $\bar{\delta}k_t$이다.

1인당 자본스톡의 변화인 자본축적 혹은 **순투자**는 식 (4.4)와 같이 새로운 투자 i_t에서 기존 자본이 마모되어 사라지는 양, 즉 감각상각 $\bar{\delta}k_t$를 뺀 것이다.

$$\Delta k_{t+1} = i_t - \bar{\delta}k_t \tag{4.4}$$

여기서 $\Delta k_{t+1} \equiv k_{t+1} - k_t$이다. 한편 오늘의 자본스톡은 과거에 이루어진 순투자의 누적으로 결정된다. 이는 경제 초기를 제외한 모든 시점에 대해 적용된다. 따라서 최초의 자본스톡은 자본축적으로 설명되지 못함을 의미하므로 분석을 위해 초기의 자본스톡은 $\bar{k}_0$으로 주어졌다고 가정한다.

이상의 설정을 요약하면 솔로우모형은 [표 4-1]과 같이 4개의 내생변수와 4개의 방정식 그리고 4개의 파라미터로 구성된다.

[표 4-1] 솔로우모형 요약

내생변수	$y_t,\ k_t,\ c_t,\ i_t$
생산함수	$y_t = \bar{A}k_t^{0.4}$
자본축적	$\Delta k_{t+1} = i_t - \bar{\delta}k_t$
자원제약	$c_t + i_t = y_t$
자원배분	$i_t = \bar{s}y_t$
파라미터	$\bar{A},\ \bar{s},\ \bar{\delta},\ \bar{k}_0$

1-2 솔로우모형의 해

우리는 앞에서 자원제약식 $y_t = c_t + i_t$으로부터 자원배분식 $i_t = \bar{s}y_t$를 얻었다. 자원배분식을 식 (4.4)에 대입하면 자본축적식을 식 (4.5)와 같이 다시 쓸 수 있다. 그리고 생산함수는 식 (4.1)의 $y_t = \bar{A}k_t^{0.4}$이다.

$$\Delta k_{t+1} = \bar{s}y_t - \bar{\delta}k_t \tag{4.5}$$

이렇게 하여 4개의 방정식과 4개의 내생변수로 구성된 솔로우모형이 2개 방정식과 2개 내생변수 y_t와 k_t로 축약되었다. 식 (4.1)의 생산함수를 식 (4.5)에 대입하면 다음과 같이 자본스톡 k에 대한 단일 방정식이 유도된다.

$$\Delta k_{t+1} = \bar{s}\bar{A}k_t^{0.4} - \bar{\delta}k_t \tag{4.6}$$

그런데 식 (4.6)은 동태방정식이어서 수학으로 해를 얻기가 쉽지 않다. 따라서 그래프를 이용하여 솔로우모형의 해를 구해보자.

[그림 4-1] 솔로우모형의 도해에는 자본스톡의 변화를 결정하는 투자와 감가상각이 그려져 있다. 식 (4.3)에 식 (4.1)을 대입하면 $i_t = \bar{s}\bar{A}k_t^{0.4}$이 되는데 이는 투자가 $k^{0.4}$에 비례하지만 자본스톡의 증가에 대하여 체감한다는 것을 의미한다. 반면, 감가상각은 자본의 선형함수이다. 그리고 자본스톡의 변화, 즉 순투자는 두 곡선의 수직 차이이고 화살표가 자본스톡의 변화를 나타낸다.

경제의 자본스톡이 초기의 k_0에서 시간이 지나가면서 어떻게 되는지 [그림 4-1]을 이용하여 살펴보자. k_0에서는 투자($\bar{s}y_0$)가 감가상각($\bar{\delta}k_0$)보다 많아 순투자가 양의 값을 가진다. 즉 식 (4.5)에서 $\Delta k_1(= k_1 - k_0) = \bar{s}y_0 - \delta k_0 > 0$으로 k_1이 k_0보다 크다. 따라서 [그림 4-1]에서 k_1은 k_0의 오른쪽에 위치하여야 한다. 이와 같은 과정은 $\bar{s}y = \bar{\delta}k$이 되어 자본스톡이 k^*에 도달할 때까지 지속된다.

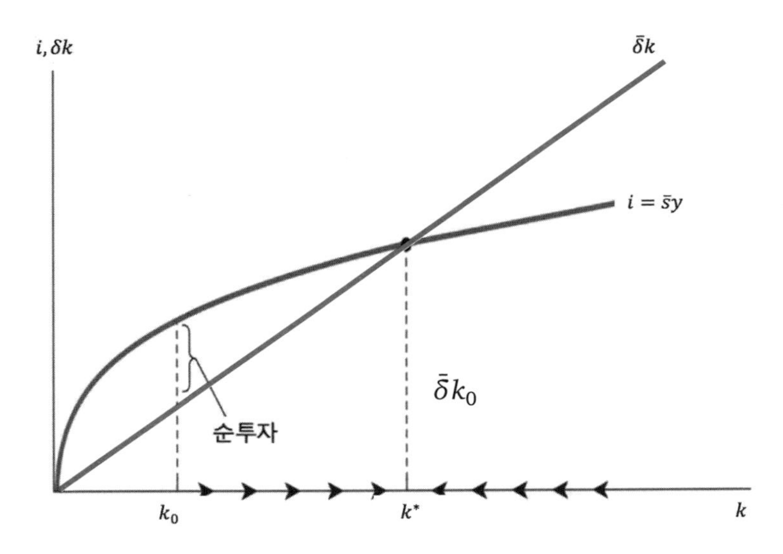

[그림 4-1] 솔로우모형의 도해(diagram)

k^*에서는 투자와 감가상각이 일치하여 순투자가 0이 되면서 자본스톡은 더 이상 변동하지 않고 일정 수준을 유지하게 된다. 즉 $k_{t+1} = k_t$이다. 충격이 없는 한 k^*가 영원히 유지되는데 이를 **정상상태**(定常狀態, steady state)[1] 혹은 **균제상태**라고 한다.

경제가 정상상태를 벗어났을 때 발생되는 변화 행태를 **동학**(dynamics)이라고 하는데 [그림 4-1]에 화살표로 나타나 있다. 초기 자본스톡 k_0가 어떤 수준이라도 장기적으로 그 경제의 자본스톡은 k^*로 수렴하게 된다. 경제는 동학에 의해 자본스톡이 초기 수준에서 정상상태 k^*로 수렴하게 되고 정상상태에 도달하면 모든 내생변수가 변화하지 않는다.

정상상태의 자본스톡 k^*가 구해지면 생산함수에 의해 정상상태의 산출량 y^*를 도출할 수 있다. 그다음 $i^* = \bar{s}y^*$에 의해 정상상태의 투자가 구해지고 정상상태 소비 c^*는 $c^* = y^* - i^*$에 의해 얻어지는데 정상상태의 산출량과 소비를 솔로우모형의 도해에 표시하면 [그림 4-2]와 같다.

경제가 정상상태에서 안정되는 것은 $\bar{s}y$곡선이 수확체감을 나타내기 때문이다. 자본축적에 따라 산출물의 수확이 체감한다는 것은 자본스톡의 증가가 생산을 증가시키지만 점차 작아진다는 것을 의미한다. 그러나 감가상각은 자본스톡의 증가에 일정 비율로 늘어나

1 균형은 어떤 모형의 해를 의미하고 정상상태는 균형이 일정한 값에서 정착된 상태를 말한다.

기 때문에 최종적으로 경제에서 창출되는 투자의 양과 감가상각되는 자본의 양이 일치한다. 이에 따라 순투자가 제로(0)로 되므로 경제가 정상상태에서 안정된다. 이처럼 솔로우모형에서 경제가 정상상태에서 안정되는 것은 자본의 수확체감 때문이다.

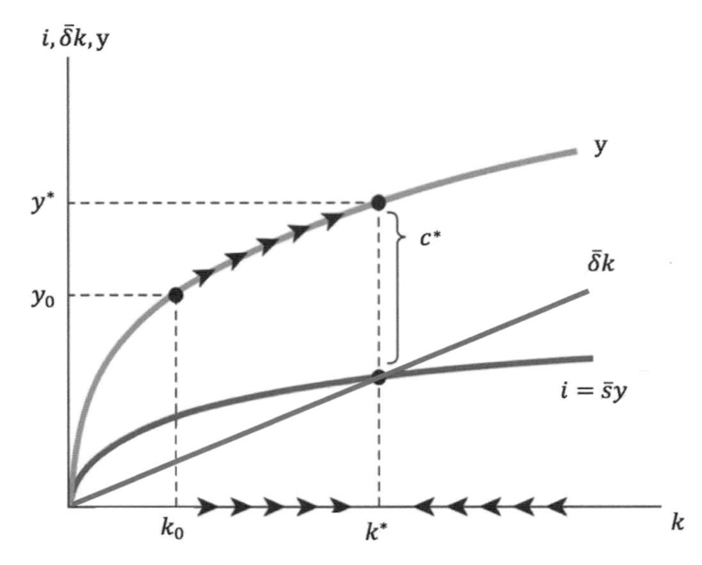

[그림 4-2] 산출을 포함한 솔로우모형의 도해

정상상태의 1인당 산출량과 자본스톡이 도출되었으므로 정상상태의 1인당 산출량을 파라미터의 함수로 나타낼 수 있다. 정상상태에서는 자본스톡과 감가상각이 같아지므로 $\bar{s}y^* = \bar{\delta}k^*$인데 이에 식 (4.1)의 생산함수를 대입하면 식 (4.7)과 같이 되고 이를 k^*에 대하여 풀면 식 (4.8)이 구해진다.

$$\bar{s}\bar{A}k^{*0.4} = \bar{\delta}k^* \tag{4.7}$$

$$k^* = \left(\frac{\bar{s}\bar{A}}{\bar{\delta}}\right)^{5/3} \tag{4.8}$$

식 (4.8)은 정상상태의 1인당 자본스톡이 투자율, 총요소생산성, 감가상각률에 의해 결정됨을 나타낸다. 정상상태의 자본스톡은 투자율($\bar{s}$)과 생산성($\bar{A}$)이 높을수록 커지며 감가상각률이 높을수록 작아진다.

식 (4.1)의 생산함수에 식 (4.8)을 대입하면 정상상태의 1인당 산출량이 식 (4.9)와 같이 도출된다. 식 (4.9)에 따르면 정상상태의 1인당 산출량 y^*는 투자율과 총요소생산성이 높을수록 많아지고 감가상각률이 높으면 적어진다.

$$y^* = \left(\frac{\bar{s}}{\bar{\delta}}\right)^{2/3} \bar{A}^{5/3} \tag{4.9}$$

그런데 솔로우모형으로부터 도출한 식 (4.9)는 3장의 생산모형에서 유도된 1인당 산출량 식 (4.10)과 어떤 차이가 있을까? 식 (4.9)와 식 (4.10)은 유사점과 차이점을 동시에 가진다. 두 식 모두 생산성 수준 $\bar{A}$가 높을수록 1인당 산출량의 장기수준을 높인다. 또한 두 식 모두 1인당 자본이 산출에 기여한다.

$$y^* = \bar{A}\bar{k}^{0.4} \tag{4.10}$$

다른 점은 솔로우모형에서는 생산모형의 식 (4.10)과 달리 k가 1인당 산출량 결정식에 나타나지 않는다는 것이다. 그 대신 1인당 자본은 투자율($\bar{s}$), 생산성($\bar{A}$), 감가상각률($\bar{\delta}$)에 의해 결정되도록 내생화되어 있다. 두 식의 차이에서 더 흥미로운 것은 생산성 파라미터 $\bar{A}$의 역할이다. 생산모형에서는 지수가 1인 반면, 솔로우모형에서는 지수가 5/3이다. 왜 이런 차이가 날까? 솔로우모형도 단순한 생산모형과 마찬가지로 생산성이 높아지면 산출량이 바로 증가한다. 이에 더하여 솔로우모형에서는 생산성 수준이 높아질 때 자본이 더 많이 축적된다. 이처럼 생산모형에서 주어진 것으로 가정했던 자본스톡의 수준이 솔로우모형에서는 생산성에 영향을 받기 때문에 1인당 산출량 식 (4.9)처럼 생산성 파라미터의 지수가 더 커지는 것이다.

1-3 투자율 및 감가상각률 변화의 영향

정상상태에 있던 경제에서 저축률이 높아져 투자율이 상승하면 1인당 자본스톡과 산출량은 어떤 영향을 받을까? 정상상태에서 투자율 $\bar{s}$가 $\bar{s}'$로 상승하면 [그림 4-3] 왼쪽 그래프처럼 투자곡선($\bar{s}y$)이 위쪽으로 회전한다. 감가상각곡선($\bar{\delta}k$)은 변화가 없으므로 초기 정상상태의 k^*에서는 $\bar{s}'y > \bar{\delta}k$로 순투자가 플러스로 되면서 자본스톡이 증가한다. 자본스톡이 새로운 정상상태 k^{**}에 도달할 때까지 증가하며 그에 따라 1인당 산출량도 새로운 정상상태 y^{**}까지 증가한다. 즉, 투자율의 상승은 1인당 자본스톡과 산출이 더 높은 수준의 정상상태에 이르도록 한다. 경제가 정상상태로 이동하는 동안 1인당 산출량은 계속 증가한다. 그러나 영구적으로 증가하지는 않는다. 경제가 새로운 정상상태에 도달하면 1인당 자본스톡과 산출은 더 이상 증가하지 않는다.

이처럼 투자율의 변화는 단기적으로 1인당 자본스톡과 산출에 영향을 주지만 장기적으로는 영향을 미치지 못한다. 다시 말하면 솔로우모형에서는 투자율의 변화가 **수준효과**(level effect)를 갖지만 **성장효과**(growth effect)를 계속 유지하지는 못한다.

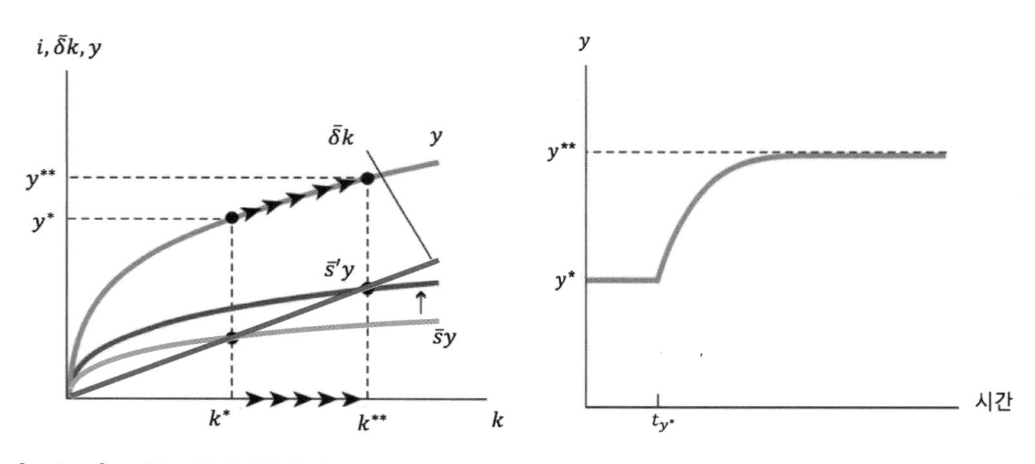

[그림 4-3] 투자율 상승과 산출의 반응

한편 정상상태에서 감가상각률이 상승하면 [그림 4-4] 왼쪽 그래프처럼 감가상각곡선 $\bar{\delta}k$가 위쪽으로 회전한다. $\bar{s}y$곡선은 변화하지 않아 초기 정상상태의 k^*에서는 $\bar{s}y < \bar{\delta}'k$로 되어 자본스톡이 감소한다. [그림 4-4]에 나타나 있듯이 새로운 정상상태 k^{**}에 도달할 때까지 자본스톡이 감소하며 그에 따라 정상상태의 1인당 산출량도 새로운 정상상태 y^{**}까지 감소한다.

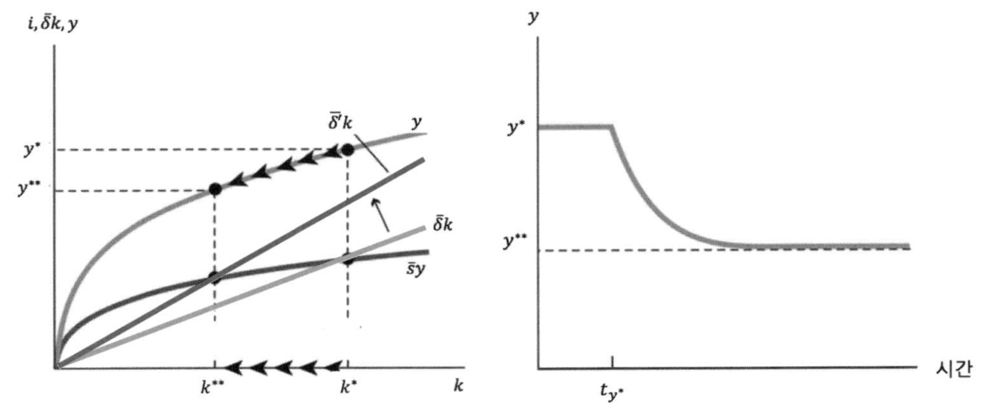

[그림 4-4] 감가상각률 상승과 산출의 반응

1-4 동학(dynamics)의 원리

[그림 4-3]과 [그림 4-4]의 오른쪽은 '경제가 얼마나 정상상태에서 멀리 떨어져 있는가'에 따라 1인당 산출량의 변화 속도가 결정된다는 것을 보여준다. 예를 들어, 투자율이 높아지면 초기에는 순투자의 증가폭이 크다가 점차 줄어들기 때문에 1인당 산출량도 [그림 4-3]의 오른쪽 그래프처럼 초기에 가파르게 증가하다가 새로운 정상상태에 접근하면서 증가폭이 점차 작아지게 된다.

이와 같은 동학의 배경을 수학적으로 접근해보자. 자본축적식 (4.5)의 양변을 k_t로 나누면 다음과 같이 된다.

$$\frac{\Delta k_{t+1}}{k_t} = \bar{s}\frac{y_t}{k_t} - \bar{\delta}$$

정상상태에서는 $\Delta k_{t+1}/k_t = 0$이므로 $\bar{\delta} = \bar{s}y^*/k^*$이다. 이를 위 식에 대입하면 다음 식이 유도된다.

$$\frac{\Delta k_{t+1}}{k_t} = \bar{s}\left(\frac{y_t}{k_t} - \frac{y^*}{k^*}\right)$$

위 식의 우변에 (y^*/k^*)를 곱해주고 나누어주면 다음 식을 얻을 수 있다.

$$\frac{\Delta k_{t+1}}{k_t} = \bar{s}\left(\frac{y^*}{k^*}\right)\left(\frac{y_t/k_t}{y^*/k^*} - 1\right)$$

여기에 식 (4.1)의 1인당 생산함수를 대입하면 식 (4.11)이 유도된다.

$$\frac{\Delta k_{t+1}}{k_t} = \bar{s}\left(\frac{y^*}{k^*}\right)\left(\frac{k_t^{*0.6}}{k_t^{0.6}} - 1\right) \tag{4.11}$$

식 (4.11)은 $k_t < k^*$일 때 자본스톡이 증가하며 k^*에 비해 k_t가 작을수록, 즉 자본스톡이 정상상태 자본스톡에서 멀리 떨어져 있을수록 자본스톡의 증가 속도가 빨라진다는 것을 나타낸다. 자본스톡이 빠르게 증가하면 1인당 산출량도 빠르게 증가한다.

1-5 솔로우모형을 이용한 소득격차 분석

3장의 단순한 생산모형에서 1인당 GDP 격차가 주로 총요소생산성의 차이로 발생한다는 것을 학습하였다. 그런데 솔로우모형에서는 총요소생산성이 1인당 산출량의 결정에 훨씬 더 큰 역할을 한다. 식 (4.9) $y^* = (\bar{s}/\bar{\delta})^{2/3}\bar{A}^{5/3}$에 의하면 1인당 자본스톡을 내생화한 솔로우모형에서는 총요소생산성 $\bar{A}$의 지수가 5/3로 단순 생산모형의 1보다 커 1인당 산출량에 대한 총요소생산성의 기여도가 훨씬 더 높아진다. 이는 솔로우모형에서는 단순 생산모형과 달리 1인당 자본스톡이 총요소생산성에 의해서도 영향을 받기 때문이다.

식 (4.9)와 통계로 작성되는 국가별 1인당 GDP와 투자율을 이용하면 1인당 산출량이 국가별로 격차를 나타내는 원인을 찾아낼 수 있다. 예를 들어, 2014년 미국의 1인당 GDP는 한국의 약 1.5배다. 그리고 2010년부터 2014년까지 5년 동안의 평균 투자율은 미국 20.5%, 한국 31.9%로 미국이 한국의 64.3% 수준이다. 감가상각률이 차이가 없다고 가정하여 식 (4.9)에서 제외하면 미국과 한국 간 1인당 GDP 격차의 원인은 식 (4.12)를 이용하여 분석할 수 있다.

$$\frac{y^*_{\text{us}}}{y^*_{\text{korea}}} = \left(\frac{\bar{A}^*_{\text{us}}}{\bar{A}^*_{\text{korea}}}\right)^{5/3} \times \left(\frac{\bar{s}^*_{\text{us}}}{\bar{s}^*_{\text{korea}}}\right)^{2/3} \tag{4.12}$$

식 (4.12)에 미국과 한국의 1인당 GDP와 투자율을 대입하면 미국 1인당 GDP는 한국의 1.49배인데 이 중 투자율 차이에 의한 것이 0.74배이므로 총요소생산성에 의한 것은 2.01배[2]로 계산된다. 이러한 결과는 국가 간의 소득격차가 투자율보다 총요소생산성에 훨씬 더 큰 영향을 받는다는 사실을 확인시켜주는 것이다.

2 솔로우모형에서의 인구증가

지금까지 살펴본 솔로우모형에서는 경제가 정상상태에 도달하면 성장을 멈추게 된다고 했다. 그런데 실제로는 세계 여러 나라에서 지속적 경제성장을 경험하고 있는 만큼 이에 대한 설명이 필요하다. 이를 위해 두 가지 요소, 인구증가와 기술진보를 추가하여 솔로우모형을 확장해보자. 이 절에서는 먼저 인구증가만 추가하고 다음 절에서 기술진보까지 포함해보자.

2-1 인구증가와 정상상태

인구증가는 노동력의 크기를 증가시킴으로써 경제성장의 토대가 된다. 인구증가가 산출에 미치는 영향을 분석하기 위해 전체 인구와 노동자수가 동일하게 $\bar{n}$율로 증가한다고 가정하자.

자본스톡이 일정한 상태에서 노동자수가 증가하면 노동자 1인당 자본스톡은 줄어든다. 예를 들어, 노동자수가 연 1% 증가하면 기계의 수량도 연 1% 증가해야 자본–노동비율이 일정하게 유지된다. 만약 기계의 수가 변화하지 않는다면 노동자 1인당 기계의 수가 연 1% 감소할 것이다. 따라서 인구증가가 1인당 자본스톡에 미치는 영향은 식 (4.4)의 자본

2 이는 미국의 TFP가 한국의 1.52배임을 의미한다.

축적식에서 $\bar{n}k_t$를 빼주면 된다.[3]

$$\Delta k_{t+1} = i_t - \bar{\delta}k_t - \bar{n}k_t = \bar{s}\bar{A}k_t^{0.4} - (\bar{\delta} + \bar{n})k_t \tag{4.13}$$

인구증가는 감가상각이 자본축적에 미치는 영향과 동일하다. 감가상각은 자본의 마모로 자본스톡이 줄어드는 반면, 인구증가는 자본스톡 한 단위당 노동자의 수가 증가하여 k_t가 줄어든다. 이에 따라 인구증가를 고려한 정상상태 자본스톡의 방정식은 식 (4.14)와 같다.

$$i^* = \bar{\delta}k^* + \bar{n}k^* \;\Rightarrow\; \bar{s}\bar{A}k^{*0.4} = (\bar{\delta} + \bar{n})k^* \tag{4.14}$$

이 경우의 솔로우 도해는 [그림 4-5]이다. 정상상태의 1인당 자본스톡은 투자곡선과 $(\bar{\delta} + \bar{n})k$곡선이 만나는 점에서 결정된다. 1인당 자본스톡이 k^*보다 아래에 있으면 투자가 $(\bar{\delta} + \bar{n})k$보다 많아 k가 증가한다. 반면 1인당 자본스톡이 k^*보다 위에 있으면 투자가 $(\bar{\delta} + \bar{n})k$보다 적어 k가 감소한다. 정상상태에서는 자본스톡이 k^*에서 일정하게 된다.

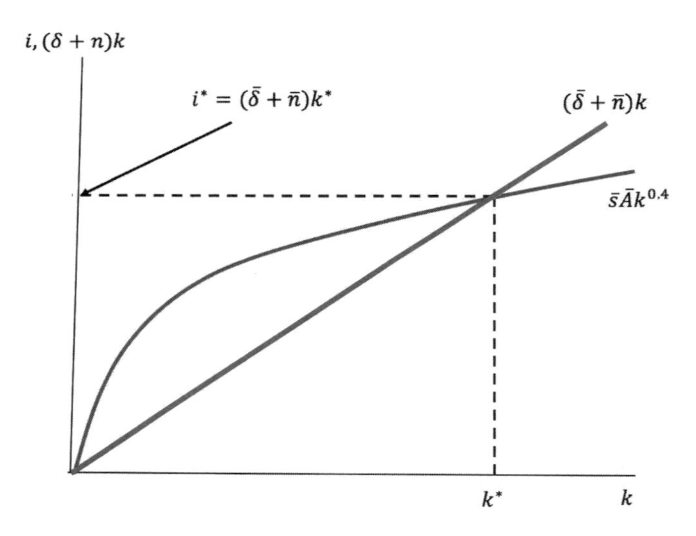

[그림 4-5] 인구증가의 솔로우 도해

3 수학적 유도에 관심이 있는 학생들을 위하여 미분으로 식 (4.13)을 도출해보자. 자본-노동의 변화율은 $dk/dt = d(K/L)/dt$이다. 미분의 연쇄법칙을 사용하면 $dk/dt = (1/L)dK/dt - (K/L^2)dL/dt$이다. $dK/dt = I - \bar{\delta}K$이고 $(dL/dt)/L = \bar{n}$이다. 그리고 dk/dt가 Δk이므로 조작을 조금 하면 식 (4.13)이 구해진다.

그런데 국가경제 전체로는 정상상태의 총산출량(Y), 자본스톡(K), 노동력(L)이 모두 $\bar{n}$율로 증가한다. 노동자의 수가 $\bar{n}$율로 증가하므로 자본스톡도 $\bar{n}$율로 증가하여야 노동자 1인당 자본스톡이 일정하게 유지되기 때문이다. 자본과 노동이 모두 $\bar{n}$율로 증가하므로 총산출량도 $\bar{n}$율로 증가한다.

솔로우모형에 인구증가를 포함하면 총산출(Y)의 지속적 증가에 대한 설명은 가능하다. 그러나 여전히 1인당 산출량이 지속적으로 증가하는 이유를 설명하지 못한다. 인구가 증가하더라도 궁극적으로 자본스톡이 정상상태에 도달하고 그에 따라 1인당 산출량도 정상상태에 도달하여 변화하지 않는다.

2-2 인구증가의 변화

인구증가율이 상승하면 1인당 산출량은 어떻게 될까? 경제 내에서 같은 양의 자본스톡이 더 많은 노동자들에게 나누어지므로 각 노동자가 사용하는 자본스톡이 줄어든다. 따라서 노동자 1인당 산출량은 감소한다. 그래서 솔로우모형은 인구증가율이 높아지면 국민들의 평균적인 생활수준이 낮아진다고 말한다.

그와 같은 결과는 [그림 4-6]을 통해 확인할 수 있다. 인구증가율이 $\bar{n}_1$에서 $\bar{n}_2$로 상승하면 $(\bar{\delta} + \bar{n}_1)k$ 곡선이 위로 회전하여 $(\bar{\delta} + \bar{n}_2)k$로 된다. 종전의 정상상태 k_1^*에서는 투자가 $(\bar{\delta} + \bar{n}_2)k$보다 적고 따라서 $\Delta k < 0$이다. 1인당 자본스톡이 감소하여 궁극적으로 새로운 정상상태의 자본스톡 k_2^*로 수렴한다. 정상상태의 자본스톡이 줄어듦에 따라 정상상태의 1인당 산출량도 감소한다.

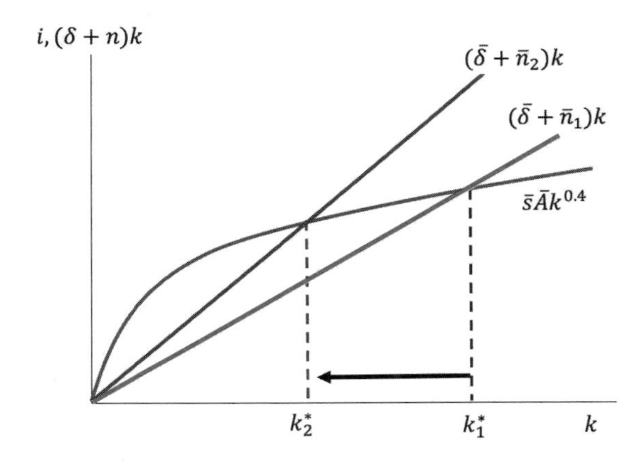

[그림 4-6] 인구증가율의 상승에 대한 솔로우 도해

2-3 인구증가와 1인당 실질GDP

인구증가율이 높은 나라가 낮은 나라에 비해 국민들의 평균소득이 낮다는 현실적 증거들이 확인되고 있다. 이에 따라 정책입안자들 가운데 일부는 인구증가를 억제하는 정책을 제안하기도 한다. 그러나 많은 경제학자들은 낮은 인구증가가 높은 1인당 소득을 가져다준다는 인과관계보다 그 역의 인과관계를 주장한다. 사람이 잘살게 되면 적은 수의 자녀를 가지려 하고 출산율이 떨어지면서 인구증가율이 하락한다는 것이다. 다음 장에서 살펴볼 로머(Romer)의 성장모형은 인구증가가 기술진보를 촉진하여 1인당 소득을 높인다는 결론을 제시하고 있다.

3 솔로우모형에서의 기술진보

지금까지 솔로우모형은 총요소생산성이 불변인 것으로 가정하였다. 그리고 지금까지의 분석결과에 따르면 솔로우모형은 대부분 나라 국민들의 생활수준이 지속적으로 개선되어 온 현실을 설명하지 못한다. 자본의 한계생산 감소 때문에 투자율의 상승이나 인구증가가 1인당 산출량의 지속적 증가를 가져오지 못하는 것이다.

이제 기술진보에 의해 총요소생산성 $\bar{A}$가 $\bar{A}_1$에서 $\bar{A}_2$로 증가한다고 가정해보자. 그러면 [그림 4-7]에서 투자곡선이 $\bar{s}\bar{A}_1 k^{0.4}$에서 $\bar{s}\bar{A}_2 k^{0.4}$로 상향 회전한다. 그에 따라 초기 정상상태의 자본스톡 수준에서 순투자가 이루어지면서 자본스톡이 증가하게 된다. 즉 기술진보 이전 정상상태에서의 1인당 자본스톡 k_1^*에서는 $\Delta k > 0$이 되어 자본스톡이 증가하게 되는 것이다. 그러다가 새로운 정상상태 k_2^*에 도달하면 자본스톡이 다시 증가를 멈춘다. 이에 따라 1인당 산출량도 늘어나다가 정상상태에서 일정하게 된다.

기술진보가 이루어지면 1인당 산출량은 두 가지 이유로 높아진다. [그림 4-7]에 나타나 있듯이 $\bar{A}$의 값이 커진 데다 k의 값도 더 커지기 때문이다. 다시 말하면 기술진보로 높아진 총요소생산성이 식 (4.8)에 의해 자본스톡을 증가시킴으로써 추가적인 산출 증대효과를 가져오는 것이다.

그러나 솔로우모형은 왜 기술진보가 일어나는지를 설명하지 않고 있다. 다만, 외생적으로 결정되는 기술진보로 인한 총요소생산성의 증가율이 g라면 1인당 산출량과 자본스톡이 g보다 더 높은 성장률로 증가한다는 것이다.

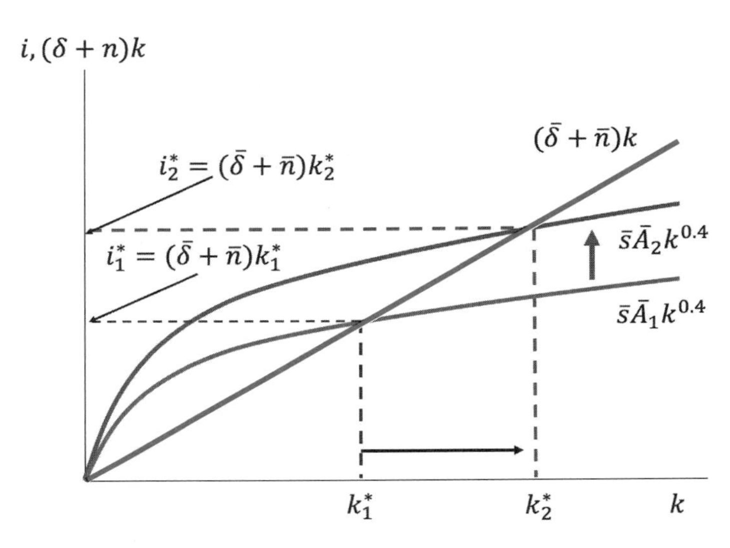

[그림 4-7] 기술진보의 솔로우 도해

4 성장회계

성장회계를 이용하면 총요소생산성, 자본, 노동이 국가 전체 경제의 성장에 각각 얼마나 기여하는지를 분석할 수 있다. 또한 그 요인들의 성장기여도가 시간에 따라 어떻게 변화하는지도 알 수 있다.

콥-더글라스의 GDP 생산함수 $Y_t = A_t K_t^{0.4} L_t^{0.6}$를 증가율 형태로 변형하면 식 (4.15)의 **성장회계식**(growth accounting equation)이 유도된다.[4]

4 생산함수의 양변에 자연로그를 취한 후 시간에 대해 미분하여 정리하면 도출된다.

$$g_{Yt} = g_{At} + 0.4g_{Kt} + 0.6g_{Lt} \tag{4.15}$$

여기서 $g_{Yt} = \Delta Y_t / Y_{t-1}$는 t기 동안의 산출량증가율을, $g_{At} = \Delta A_t / A_{t-1}$는 t기 동안의 총요소생산성 증가율을, $g_{Kt} = \Delta K_t / K_{t-1}$는 t기 동안의 자본 증가율을, $g_{Lt} = \Delta L_t / L_{t-1}$는 t기 동안의 노동 증가율을 각각 나타낸다.

식 (4.15)에 의하면 GDP 성장률은 총요소생산성 증가율, 자본 증가율, 노동 증가율의 합이다. 그런데 경제성장률과 자본 증가율, 노동 증가율은 모두 측정 가능하나 총요소생산성 증가율은 측정하기 어렵다. 따라서 총요소생산성 증가율은 다음과 같이 총산출량 증가율에서 자본 증가율과 노동 증가율을 빼서 구한다. 그래서 A_t를 솔로우 잔차라고도 한다.

$$g_{At} = g_{Yt} - 0.4g_{Kt} - 0.6g_{Lt} \tag{4.16}$$

솔로우 잔차를 사후적으로 계산하면 GDP 성장률에 대한 총요소생산성, 자본, 노동의 기여도를 산출할 수 있다. 예를 들어, 우리나라는 2000~2016년 연평균 GDP 성장률이 4.18%, 자본스톡 증가율이 4.53%, 취업자 증가율이 1.36%였다. 이를 이용하여 솔로우 잔차를 다음과 같이 산출할 수 있다.

$$g_{At} = 4.18 - 0.4 \times 4.53 - 0.6 \times 1.36 \;\Rightarrow\; g_{At} = 1.55$$

이로부터 연평균 GDP 성장률 4.18%에 대한 각 부문의 기여도는 총요소생산성이 1.55%p, 자본이 1.81%p, 노동이 0.82%p라는 결과를 얻을 수 있다.

요약

1 솔로우모형은 단순한 생산모형에 새로운 요소인 자본축적을 도입한 것이다. 자본스톡을 경제주체들이 기계, 컴퓨터, 건물 등을 축적한 결과로 보고 내생화한 것이다.

2 인구가 증가하지 않고 기술진보도 없는 솔로우모형에 의하면 1인당 산출량은 자본의 축적으로 증가한다. 그러나 자본의 한계생산체감으로 인해 장기적으로는 1인당 산출량이 변화하지 않는 정상상태에 도달한다. 저축률이 높아 상대적으로 많은 투자를 하면 노동자 1인당 자본스톡과 산출량의 수준은 높아지지만 장기 경제성장에는 영향을 미치지 못한다.

3 솔로우모형이 장기 경제성장을 설명하지는 못하지만 동학의 원리는 국가 간 성장률 격차에 대한 이론을 제공한다. 투자율 혹은 총요소생산성의 상승은 경제의 정상상태를 높은 수준으로 변화시킴으로써 적어도 수년 동안 성장률을 높인다. 그리고 비슷한 생산함수와 투자율을 가진 경제의 경우 초기의 1인당 소득이 낮은 나라는 성장률이 높고, 초기의 1인당 소득이 높은 나라의 성장률은 상대적으로 낮다.

4 인구증가를 고려하여도 1인당 GDP는 장기적으로는 정상상태에 도달하여 일정하게 된다. 그러나 나라 전체의 산출량인 GDP는 인구증가율만큼 성장한다. 인구증가율이 높아지면 정상상태의 자본스톡이 줄어듦에 따라 정상상태의 1인당 산출량도 감소한다. 그러나 낮은 인구증가가 높은 1인당 소득을 가져다준다는 인과관계보다 높은 소득이 낮은 인구증가를 가져온다는 역의 인과관계를 주장하는 경제학자도 많다.

5 기술진보로 총요소생산성이 높아지면 1인당 소득의 증가폭이 확대된다. 총요소생산성이 상승할 경우 산출량을 증가시키는 직접적인 효과와 함께 자본축적을 늘려 자본스톡을 증가시킴으로써 산출량이 늘어나는 간접효과가 가세하기 때문이다.

6 성장회계를 이용하면 총요소생산성, 자본, 노동이 국민경제의 성장에 각각 얼마나 기여하는지를 분석할 수 있다. 또한 각 요인의 성장기여도가 시간에 따라 어떻게 변화하는지도 알 수 있다.

7 한편 솔로우모형은 많은 나라의 경제가 장기간 성장을 지속하고 있는 현실을 설명하지 못한다. 이는 자본축적이 장기 경제성장의 핵심적 엔진이 될 수 없음을 의미하는 것이다.

8 솔로우모형은 국가 간 소득격차의 원인을 설명하는 데 물적자본에 대한 투자를 이용했으나 투자율은 소득격차의 일부만 설명하고 대부분을 총요소생산성으로 설명하고 있다. 그런데 국가 간에 총요소생산성이 차이를 보이는 원인에 대한 설명은 없다.

연습문제

1 우리나라는 대외개방 확대와 다국적기업 유치와 같은 다양한 정책을 통해 새로운 기술과 아이디어를 도입해왔다. 이는 과거 고도성장을 이룬 요인의 하나로 꼽힌다. 분석의 단순화를 위해 한국경제가 정상상태에서 출발했고 큰 폭의 기술도입으로 총요소생산성 수준($\bar{A}$)이 영구적으로 높아진 것으로 가정하고 다음 물음에 답하라.

(1) 솔로우 도해를 이용하여 $\bar{A}$가 높아지기 이전과 이후를 비교하여 시간의 흐름에 따라 한국경제가 어떤 모습을 보이게 된 것인지 설명하라.

(2) 1인당 산출량은 장기적으로 어떻게 되는지 그래프와 함께 설명하라.

(3) 기술이전의 경제성장에 대한 영향이 시사하는 바를 간략히 논하라.

2 정상상태에 있던 어떤 경제에 강한 지진이 발생하여 자본스톡의 절반이 파괴되었다고 한다. 솔로우 도해를 이용하여 그 경제의 1인당 GDP 수준과 성장률이 시간을 두고 어떤 모습을 보이게 되는지 설명하라.

3 경제가 정상상태에서 시작하는 것으로 가정한 후 다음과 같은 변화가 일어났을 때 1인당 GDP가 장기적으로 어떻게 되는지 솔로우모형을 이용하여 답하라.

(1) 투자율이 2배로 상승

(2) 감가상각률이 10% 하락

(3) 총요소생산성이 10% 상승

(4) 지진으로 자본스톡이 30% 감소

(5) 이민 확대로 인구가 10% 증가

4 다음 표는 8개 국가의 2014년 1인당 GDP, 투자율, 총요소생산성(TFP)이다. 1인당 GDP와 총요소생산성은 미국을 1로 했을 때 비율로 나타낸 것이다. 모든 나라의 1인당 GDP는 식 (4.9)에 의해 결정되고 감가상각률은 동일하다는 가정 하에서 다음 물음에 답하라.

국가명	1인당 GDP(y)	투자율(s, %)	TFP(A)
스위스	1.151	26.6	0.963
미국	1.000	20.8	1.000
독일	0.854	19.5	0.930
영국	0.708	23.4	0.719
일본	0.702	21.8	0.711
한국	0.669	30.4	0.628
아르헨티나	0.391	14.7	0.817
중국	0.243	46.8	0.433

(1) 각 나라의 투자율과 TFP를 이용하여 각 나라의 1인당 GDP를 미국의 1인당 GDP에 대한 비율로 추정하라. (이 문제에서는 표에 주어진 y값을 무시하라.)

(2) (1)에서 얻은 각국의 1인당 GDP가 정상상태 수준이라면 표에서 주어진 실제 1인당 GDP와의 갭률을 [(정상상태 1인당 GDP−실제 1인당 GDP) / 실제 1인당 GDP]로 구하라.

(3) 동학의 원리를 적용하여 예상되는 향후 경제성장률의 순위를 기술하라.

(4) 우리나라와 스위스 및 중국과의 1인당 GDP 격차의 원인을 솔로우모형을 이용하여 분석하라.

(5) 다른 나라는 불변인 가운데 우리나라의 TFP가 10% 상승할 경우 1인당 GDP는 미국, 독일, 일본의 어느 정도로 될까?

5장

내생적 성장이론

솔로우모형은 자본축적이 경제성장의 엔진 역할을 할 수 있는지에 초점을 두었다. 그러나 현실적으로 많은 나라가 경험한 지속적 성장을 설명하지 못하였고 외생적으로 주어지는 총요소생산성이 경제성장의 핵심 동력이라는 것을 알려주는 데 머물렀다. 따라서 경제성장에 대한 좀 더 깊은 이해를 위해서는 무엇이 총요소생산성을 증가시키는지를 고찰해보아야 한다.

이 장에서 논의하려는 경제성장이론은 지속적 경제성장의 원동력이라 할 수 있는 기술진보가 경제 내에서 내생적으로 일어나는 것으로 설명하는 **내생적 성장이론**(endogenous growth theory)이다. 폴 로머(Paul Romer)가 내생적 성장이론을 선도적으로 개발한 것을 기려 이 이론을 로머모형이라고 부르기도 한다.

로머[1]는 경제를 물체인 재화와 서비스를 생산하는 부문과 새로운 아이디어를 개발하는 부문으로 구분한다. **물체**(object)는 석유, 컴퓨터, 종이 등 우리에게 친숙한 재화뿐만 아니라 자본과 노동도 포함한다. **아이디어**(ideas)는 가르침(instructions) 혹은 방법(recipe)으로 지식이라고도 하는데 연구개발(research and development, R&D)에 의해 창출된다. **지식**(knowledge)은 어떤 재화의 생산에 사용되는 기술, 정보, 디자인 이외에 매우 추상적인 기초과학지식이나 더 좋은 음식을 만드는 조리법까지 포괄한다. 따라서 지식은 솔로우모형

1 Paul M. Romer, "Endogenous Technological Change," *Journal of Political Economy*, vol. 98, 1990.

의 기술보다 매우 넓은 범위의 개념이다.

로머에 의하면 지속적인 경제성장의 핵심은 기술변화이며 대부분의 기술진보는 시장 유인에 반응하는 사람들에 의해 의도적으로 이루어진다. 로머는 그와 같은 기술, 즉 지식은 다른 경제적 재화와 본질적으로 다르다고 하였다. 새로운 가르침은 개발될 때 비용이 발생한 이후에는 추가적인 비용 없이 누구나 지속적으로 반복해서 사용할 수 있다는 것이 차이점이라 하였다.

이하에서는 지식의 특성에 대해 살펴본 다음 지식이 어떻게 현실적으로 나타나는 지속적 경제성장을 이론적으로 뒷받침하는지 로머모형을 통해 고찰해보자.

1 지식의 특성

물체는 탄소, 규소 등과 같이 원재료 형태로 존재하는 물질로부터 만들어진 다이아몬드, 반도체 등을 말한다. 그리고 지식이란 바로 탄소와 규소를 사용하여 다이아몬드와 반도체를 만드는 방법이다. 이처럼 지식은 물질을 조합하여 컴퓨터칩, 고효능 항생제 등과 같이 경제적으로 훨씬 유용한 재화로 전환시킨다.

그렇다면 이와 같은 지식은 잠재적으로 얼마나 존재할까? 세종대왕이 창제한 한글 자모는 현재 24개만 사용되지만 그로부터 만들어지는 단어나 문장은 헤아릴 수 없이 많다. 그 가운데는 뜻을 모르는 것도 많지만 미적분에 대한 이론이나 반도체 제조기법을 설명하기도 하고 경제문제의 해결 방안을 제안하는 등 기술 또는 아이디어를 확대 재생산하는 것도 많다.

모래, 석유 등과 같은 물질은 유한하지만 물질을 조합하는 방법의 수는 사실상 무한하다. 우리가 사용할 수 있는 유한한 자원을 보다 효율적으로 사용할 수 있는 방법을 찾을 때 경제는 성장한다. 다른 말로 표현하면 지속적 경제성장은 연구개발을 통한 새로운 지식의 창출로 지식스톡이 끊임없이 축적되기 때문에 가능한 것이다. 그리고 지식은 전통적 재화와 달리 비경합적이며 그로 인해 수확체증이 나타날 수 있다.

비경합성(nonrivalry)

경제 내의 수많은 재화는 경합성과 배제성의 두 가지 기본적 속성으로 식별된다. 완전히 경합적인 재화는 어느 한 사람 혹은 활동에 사용되면 다른 사람이나 활동에는 쓰일 수 없다. 예를 들어, 여러분이 노트북을 사용해 과제를 작성하고 있다면 같은 시간에 친구들은 그 노트북을 사용할 수 없다. 그리고 과제를 작성하면서 동시에 식당에서 아르바이트를 할 수 없다. 즉 여러분의 자본과 노동은 물체이고 그 사용에 있어서 경합적이다.

반면 지식은 비경합적이다. 예를 들어, 여러분이 과제를 작성하는 데 매우 좋은 제안이나 아이디어를 인터넷에 올려놓았다면 원하는 학생은 누구나 다른 학생의 사용을 제한하지 않으면서 그것을 이용할 수 있다.

이처럼 대부분의 재화는 경합적인 물체이고 그로 인해 경제학의 중심 주제인 희소성이 초래된다. 그러나 지식은 내가 사용하더라도 다른 사람들이 그 사용에 제한을 받지 않음으로써 비경합적이다. 또한 모차르트가 창작한 〈마술피리〉를 여러 오페라 극단들이 공연할 수 있는 것처럼 지식은 한번 창출되면 다른 사람의 사용을 제한하는 특별한 경우 이외에는 많은 사람들이 이용할 수 있다.

만약 어떤 재화를 소유한 사람이 사용을 제한할 수 있다면 그 재화는 **배제성**(excludability)을 갖고 있다고 말한다. 비경합적인 지식은 배제성이 없는 공공재와 달리 배제성을 갖기도 한다. 지식은 그 본질에 의해서 또는 관계당국의 법규에 의해 배제성을 가질 수 있다. 줄을 서서 장시간 기다리는 불편을 감수하면서도 먹으려고 하는 유명 식당의 음식은 전자의 예라고 할 수 있다. 개발된 암 치료제의 제약기술을 정부가 법으로 일정 기간 사용을 제한함으로써 갖게 되는 배제성은 후자의 예다.

비경합성이 경제성장에 중요한 것은 비경합적 재화의 경우 무한하게 축적될 수 있기 때문이다. 개인이 지식을 습득하는 기간은 유한하며 죽은 이후에는 그 사람이 익혔던 지식들은 사라지므로 인적자본도 경합적이며 물체이다. 그러나 어떤 개인이 생산한 과학적 법칙, 기계 또는 전자공학적 원칙, 수학적 결과, 소프트웨어 등은 그 사람의 사후에도 계속 존재하게 된다.

이처럼 이미 창조되어 존재하고 있는 지식은 희소하지 않다. 보다 빠른 컴퓨터, 더 긴 수명의 배터리, 첨단의 의료 처치 등과 같은 새로운 기술을 창조하는 것은 매우 좋은 일이지만 쉽지 않다. 그러나 그런 기술이 개발되어 알려진 다음에는 원하는 사람 누구나 다른 사람에게 방해받지 않고 그 기술을 이용할 수 있다.

수확체증(increasing returns)

이미 세상에 알려진 지식은 누구나 사용할 수 있고 희소성이 없기 때문에 전통적 경제이론에서 가정하고 있는 규모에 대한 수확불변이 나타나지 않고 오히려 수확체증이 나타날 수 있는데 암 치료약을 예로 하여 살펴보자.

암 치료에 효과적인 약을 제조하는 방법과 생산기술을 최초로 찾아내는 것은 매우 어려운 일이다. 암 치료 신약을 개발하는 데 100억원의 비용이 필요하다고 하자. 그리고 개발이 완료된 암 치료약의 생산은 규모에 대해 수확불변이고 1회 투약분의 평균생산비용이 1만원이라고 가정하자.

암 치료약의 발명에서부터 판매를 위한 생산에 이르기까지의 과정에서 사용되는 최초 100억원은 신약의 연구개발에 사용된 것이고, 실제 판매를 위한 암 치료약의 제조비용은 포함되지 않은 것이다. 따라서 최초 1회 투약분의 암 치료약을 제조하는 데 투입되는 총비용은 100억 1만원이다. 그런데 연구개발이 완료된 이후 100억원을 추가로 투입하면 100만회를 투약할 수 있는 암 치료약을 생산할 수 있다. 투입액을 2배로 늘렸는데 생산량이 100만 배로 늘어났다. 신약의 개발과 생산에 투입된 고정비용까지 포함하여 **규모에 대한 수확체증**(increasing returns to scale)이 나타난 것이다. 초기에 새로운 기술을 발명하기 위해 고정비용을 지불하지만 개발이 완료된 이후에는 다시 개발할 필요가 없기 때문이다.

Y를 암 치료약 생산량, C를 총생산비용이라 하면 규모에 대한 수확불변의 생산함수는 $Y = C/1$만원이다. 그러나 개발비용이 F라면 생산함수는 $Y = (C - F) \div 1$인데 이를 다음과 같이 다시 쓸 수 있다.

$$\frac{Y}{C} = 1 - \frac{F}{C} \tag{5.1}$$

식 (5.1)은 $C > F$인 경우 C가 증가하면 단위비용당 평균생산량이 체증하는 것을 나타낸다. 이제 암 치료약의 사례를 일반화하기 위해 솔로우모형에서 사용된 생산함수의 생산성 파라미터 $\bar{A}$를 **지식스톡**(stock of knowledge) A_t로 대체하여 새로운 생산함수를 다음과 같이 나타내기로 한다.

$$Y_t = F(A_t, K_t, L_t) = A_t K_t^{0.4} L_t^{0.6} \quad (5.2)$$

식 (5.2)는 자본과 노동에 대해서는 규모에 대한 수확불변이다. 즉 암 치료약이라는 물체의 생산량을 2배로 늘리려면 똑같은 공장에 동일한 기계장비와 노동력을 2배로 확대해 투입하면 된다. 암 치료약의 생산방법이라는 지식스톡이 비경합적이기 때문에 개발비용이 더 이상 필요하지 않기 때문이다.

그런데 식 (5.2)에서 물체인 자본과 노동뿐만 아니라 지식까지 모두 2배로 늘리면 다음 식과 같이 생산량이 4배로 증가하게 되어 수확체증이 나타난다.

$$F(2K, 2L, 2A) = 2A(2K)^{0.4}(2L)^{0.6} = 4 \cdot F(K, L, A)$$

지식과 완전경쟁

다른 누군가의 후생을 감소시키지 않고서는 어떤 사람의 후생을 증대시킬 수 없는 상태로 자원이 배분되는 것을 **파레토 최적**(Pareto optimality)이라고 한다. 파레토 최적은 완전경쟁 하에서 가격이 한계비용과 일치할 때 달성된다.

그러나 앞에서 살펴본 수확체증의 기업은 한계비용 이외에 초기의 고정비용이 필요하므로 가격을 한계비용과 일치시키면 손실이 발생하고 그에 따라 새로운 지식의 창조를 위한 연구가 이루어지지 않을 것이다. 지식은 배제적일 때 개발비용을 회수하고 이익을 얻을 수 있기 때문에 개발의 유인이 발생한다.

경제성장에 필수적인 지식의 지속적 창조를 위해서는 새로운 물체를 생산할 수 있는 기술이나 지식을 창출한 사람에게 유인을 제공해야 한다. 그 유인은 특허권 등으로 기술이나 지식 사용의 독점권을 일정 기간 동안 부여함으로써 이윤을 보장하는 방식이어야 할 것이다. 만약 가격이 한계비용을 초과하여 발생하는 사회후생의 손실을 축소할 필요가 있다면 세제 또는 금융 지원 같은 정부정책을 지식 창조의 유인으로 사용하는 것이 바람직할 수도 있다.

2 로머모형

2-1 모형의 설정

지속적 경제성장을 잘 이해하려면 비경합적인 지식을 물체와 구분하는 모형이 필요하다. 그래야 모형에 비경합성이 반영되어 규모에 대한 수확체증이 나타날 수 있기 때문이다. 따라서 이하에서는 지식의 핵심적 역할이 잘 드러나도록 물체와 지식을 구분한다. 그리고 분석의 편의를 위해 먼저 **자본스톡을 제외한 모형**을 설정하기로 한다. 자본스톡을 포함하는 모형은 부록에서 다룰 것이다.

로머모형에서는 노동과 함께 현재의 지식스톡이 재화와 서비스를 생산하거나 새로운 지식을 창출하는 데 사용된다. 이에 따라 생산함수가 다음과 같이 2개로 구성된다.

$$Y_t = A_t L_{yt} \quad (5.3)$$

$$\Delta A_{t+1} = \bar{x} A_t L_{at} \quad (5.4)$$

식 (5.3)은 재화와 서비스의 생산함수이다. 현재의 지식스톡 A_t와 노동력 L_{yt}에 의해 재화와 서비스가 생산된다. 물체인 노동의 투입에 대해서는 수확불변이므로 노동자수를 2배로 늘리면 생산량도 2배로 증가한다. 그리고 지식의 비경합성으로 새로운 노동자도 현재의 지식스톡을 사용할 수 있기 때문에 지식스톡과 노동을 각각 2배로 늘리면 생산량은 4배로 증가하여 수확체증이 나타난다.

식 (5.4)는 새로운 지식의 생산함수이다. A_t는 t기의 지식스톡이며 $\Delta A_{t+1} \equiv A_{t+1} - A_t$는 지식스톡의 변화로 $t+1$기 중에 창출된 새로운 지식이다. 이 함수는 새로운 지식이 현재의 지식스톡(A_t)과 지식 창조에 투입된 노동력(L_{at})에 의해 개발됨을 나타낸다. 그리고 $\bar{x}$는 지식을 얼마나 더 잘 창조하는가를 나타내는 생산성 파라미터이다. 새로운 지식도 노동에 대해서는 수확불변이고 현재 지식스톡과 노동에 대해서는 수확체증한다. 그리고 초기(t_0) 지식스톡은 $\bar{A}_0$라고 가정한다.

한편 노동자는 경합적이므로 자동차 같은 물체를 생산하면서 동시에 암 치료약을 개발할 수 없다. 따라서 이와 같은 경합성은 식 (5.5)와 같은 **자원제약**으로 나타난다. 식 (5.5)

는 재화의 생산에 종사하는 사람 수와 지식을 창조하는 사람 수를 합하면 총노동자수 $\bar{L}$과 같다는 것이다.

$$L_{yt} + L_{at} = \bar{L} \tag{5.5}$$

지금까지 내생변수는 Y_t, A_t, L_{yt}, L_{at} 등 4개인데 방정식은 식 (5.3)~(5.5) 3개이므로 모형 완결을 위해서는 1개의 방정식이 더 필요하다. 이를 위해 노동력이 재화와 지식의 생산으로 나누어지는 것을 고려하여 다음과 같이 전체 노동자에서 지식 연구인력의 비중을 $\bar{\ell}$라고 가정하는 **노동의 배분식** (5.6)을 추가한다.

$$L_{at} = \bar{\ell}\bar{L} \tag{5.6}$$

이렇게 하여 설정이 완료된 로머모형은 [표 5-1]과 같이 요약된다.

[표 5-1] 로머모형

내생변수	Y_t, A_t, L_{yt}, L_{at}
파라미터	$\bar{x}$, $\bar{L}$, $\bar{\ell}$, $\bar{A}_0$
재화 생산함수	$Y_t = A_t L_{yt}$
아이디어 생산함수	$\Delta A_{t+1} = \bar{x} A_t L_{at}$
자원제약	$L_{yt} + L_{at} = \bar{L}$
자원배분	$L_{at} = \overline{\ell L}$

2-2 로머모형의 풀이

먼저 연구인력의 수가 식 (5.6)의 $L_{at} = \bar{\ell}\bar{L}$이므로 재화와 서비스 생산에 투입되는 노동자의 수는 $L_{yt} = (1-\bar{\ell})\bar{L}$이다. 이는 바로 2개의 내생변수 L_{at}, L_{yt}에 대한 해다.

다음으로 식 (5.3)을 $\bar{L}$로 나누어주면 1인당 산출량은 식 (5.7)과 같다.

$$y_t \equiv \frac{Y_t}{\bar{L}} = A_t(1-\bar{\ell}) \tag{5.7}$$

식 (5.7)은 1인당 재화와 서비스의 산출량이 경제 전체의 지식스톡 A_t에 의해 결정된다는 것을 나타내고 있다. 지식스톡을 증가시키는 새로운 지식이 1인당 재화와 서비스 산출량을 증가시킨다는 것이다. 이처럼 1인당 재화와 서비스 산출량이 1인당 지식스톡이 아닌 경제 전체의 지식스톡에 의해 결정된다는 것이 1인당 자본스톡에 의해 결정되는 솔로우모형과 다른 점이다.

모형의 해를 구하기 위한 마지막 단계로 지식스톡에 대한 해를 도출한다. 식 (5.4)를 A_t로 나누면 식 (5.8)과 같아진다.

$$\frac{\Delta A_{t+1}}{A_t} = \bar{x}L_{at} = \bar{x}\bar{\ell}\bar{L} \tag{5.8}$$

이 식은 지식스톡의 증가율이 파라미터들에 의해 결정되며 일정하다고 말하고 있다. 생산성 파라미터($\bar{x}$)와 연구인력의 수(L_{at})에 의해 결정되는데 연구인력의 수는 각각 주어진 것으로 가정한 전체 인구($\bar{L}$)에 연구인력비율($\bar{\ell}$)을 곱한 것이다. 간편하게 $\bar{x}\bar{\ell}\bar{L} \equiv \bar{g}$라고 하자.

식 (5.8)에서 지식 증가율이 매년 일정하므로 t기의 지식스톡은 식 (5.9)로 나타낼 수 있다.

$$A_t = \bar{A}_0(1+\bar{g})^t \tag{5.9}$$

끝으로 식 (5.9)를 식 (5.7)에 대입하면 로머모형의 1인당 산출량에 대한 해가 식 (5.10)과 같이 유도된다. 식 (5.10)에 의하면 1인당 산출량 수준은 파라미터에 의해 전적으로 결정되며 매년 $\bar{g}$의 증가율로 일정하게 늘어난다. [그림 5-1]은 식 (5.10)을 그래프로 나타낸 것이다. 1인당 GDP가 항상 일정한 율로 성장하기 때문에 비율척도(혹은 로그척도)로 나타낸 그래프에서 직선의 모습이다.

$$y_t = \bar{A}_0(1-\bar{\ell})(1+\bar{g})^t \tag{5.10}$$

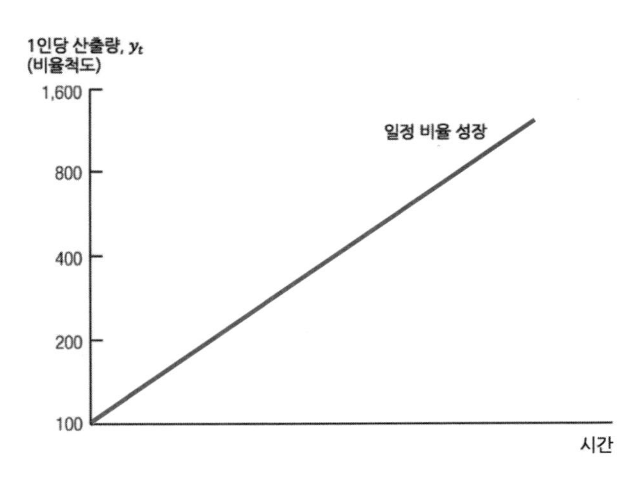

[그림 5-1] 로머모형의 1인당 산출량

2-3 로머모형과 장기 지속 성장

우리가 앞에서 구한 로머모형의 해에 대해 생각해보자. 이 모형은 다른 무엇보다도 솔로우 모형이 밝히지 못한 1인당 GDP의 지속적 성장이론을 찾아내는 궁극적 목표를 달성하였다.

지식의 비경합성으로 인해 1인당 GDP가 경제 전체의 지식스톡에 의해 결정된다. 연구자들이 새로운 지식을 만들어내고 그렇게 지속적으로 창출된 새 지식이 시간을 두고 지속적인 소득의 증가를 가져온다. 로머는 재화를 물체와 지식으로 구분하여 솔로우가 설명하지 못했던 장기 성장에 관한 이론의 길을 열었다.

솔로우모형에서는 자본축적이 수확을 체감시킨다. 새로운 자본스톡의 증가가 산출량을 늘리지만 그 증가폭이 점차 감소한다. 궁극적으로 자본의 증가가 이미 보유하고 있던 자본의 감가상각을 충당하는 것에 그친다. 새로운 투자가 감가상각을 상쇄하는 수준이 되면 자본의 증가가 멈추고 그에 따라 소득도 더 이상 늘어나지 않는다.

로머모형에서 새로운 지식의 생산함수 식 (5.4) $\Delta A_{t+1} = \bar{x}A_tL_{at}$에서는 지식스톡의 수확이 체감하지 않는다. A의 지수가 1이기 때문이다. 더 많은 지식이 축적되어도 지식에 대한 수확이 줄어들지 않는다. 이처럼 지식이 새로운 지식의 창조에 기여하여 1인당 산출량을 지속적으로 증가시키는 선순환을 가져온다.

솔로우모형과 달리 로머모형에서는 수확체감이 나타나지 않는 것은 지식의 비경합성 때문이다. 자본과 노동은 물체이므로 동일한 배율로 동시에 늘리면 그 배율만큼 산출이 증가하나 자본만 늘리면 수확이 체감한다. 반면 지식의 비경합성은 물체와 지식의 동시 증가에 대해 수확체증을 가져온다.

로머모형이 시사하는 바는 노동과 자원을 소비와 효용으로 전환할 수 있는 더 나은 방법이 지속적으로 개발됨으로써 국가경제가 장기에 걸쳐 성장한다는 것이다. 그 배경은 새로운 지식이 비경합적이어서 개인의 소유에 머물지 않고 경제 전체의 생산 활동에 사용된다는 사실이다.

2-4 균형성장경로

로머모형은 솔로우모형과 달리 동학이 없다. 로머모형에서 성장률은 $\bar{g} = \bar{x}\bar{\ell}\bar{L}$로 모든 시점에서 일정하다. 성장률이 상승도 하락도 하지 않기 때문에 어떤 의미에서는 경제가 처음부터 정상상태라고 표현할 수도 있다.

그러나 모형이 지속적 성장을 설명하고 있는 만큼 그러한 경제를 성장이 멈추는 정상상태라고 보는 것은 적절하지 못하다. 따라서 경제학자들은 그러한 상태를 경제가 **균형성장경로**(balanced growth path)에 있다고 말한다. 로머 경제는 파라미터의 값이 변화하지 않는 한 항상 균형성장경로에 있다. 이는 어떤 파라미터 값이 바뀌면 균형성장경로가 변화한다는 것을 함축하는 것이다.

2-5 파라미터 변화의 효과

로머모형에서 파라미터의 값이 변하면 경제가 어떤 모습을 보이게 될까? $\bar{L}$, $\bar{\ell}$, $\bar{x}$, $\bar{A}_0$ 등 4개 파라미터 가운데 $\bar{L}$와 $\bar{\ell}$가 변하는 경우를 예로 들어 살펴보자.

인구 증가

먼저 다른 파라미터가 불변인 가운데 인구 $\bar{L}$가 증가할 경우를 살펴보자. 로머모형의 해에서 $\bar{L}$는 지식의 성장률 $\bar{g} = \bar{x}\bar{\ell}\bar{L}$를 결정하는 한 요인이다. 연구인력 비율($\bar{\ell}$)이 일정하므로 인구가 증가하면 연구인력의 수가 더 늘어난다. 증가한 연구인력이 더 많은 지식을 창출함으로써 성장률($\bar{g}$)이 높아질 것이다. 인구증가가 시간경로에 따라 1인당 산출에 미치는 영향이 [그림 5-2]에 나타나 있다.

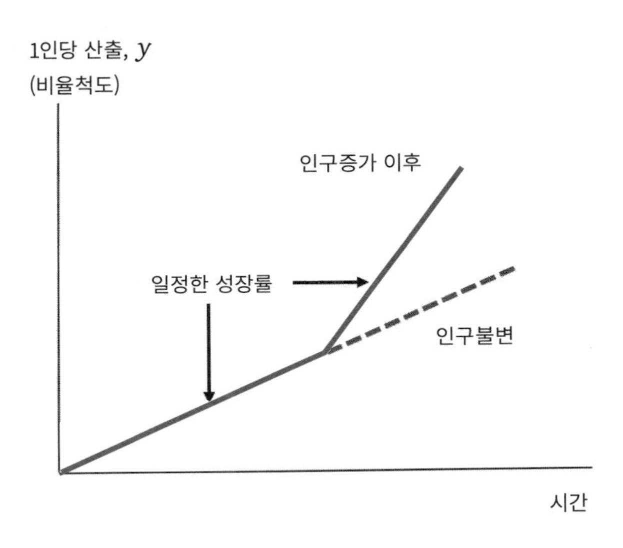

[그림 5-2] 인구 증가와 1인당 산출량

세계 인구가 가장 빠르게 증가한 시기는 18세기 중반에 시작된 산업혁명 이후 의학과 농업의 발전으로 평균수명이 늘어난 20세기 초반이다. 로머모형이 경제적 현실을 잘 반영한다면 그 기간 동안 1인당 GDP 성장률이 다른 기간에 비해 가장 높아야 한다. Maddison Project에 의해 측정된 세계의 1인당 GDP 성장률로 이를 확인해보았다.[2]

전 세계 1인당 GDP의 연평균 성장률은 1820~1870년 기간 동안 0.4%였으며 1870~1940년에는 1.3%로 상승하였다. 성장률이 3배 이상 높아진 만큼 로머모형이 현실적으로

2 The Maddison-Project, http://www.ggdc.net/maddison/maddison-project/home.htm, 2013 version을 이용하여 계산하였다.

설득력을 지니는 것으로 보인다. 그런데 미국의 경우를 보면 같은 기간 중에 각각 1.2%, 1.5%로 큰 차이가 없어 로머모형의 현실 반영도에 회의적 시각을 가질 수도 있다. 다행히 미국과 같은 사례는 로머모형을 확장하면 설명될 수 있는데 이에 관해서는 뒤에서 살펴보도록 한다.

연구인력 비율 상승

다음으로 연구인력 비율 $\bar{\ell}$가 상승하는 경우를 살펴보자. 식 (5.10) $y_t = \bar{A}_0(1-\bar{\ell})(1+\bar{g})^t$을 보면 연구인력 비율이 상승할 경우 두 가지 효과가 나타남을 알 수 있다.

첫째, 연구인력이 증가하게 되어 더 많은 새 지식이 창조된다. 이는 지식 증가율 $\bar{g} = \bar{x}\bar{\ell}\bar{L}$을 상승시키고 그에 따라 1인당 GDP도 높일 것이다. 이와 같은 효과는 인구가 증가할 때와 같다. 둘째, 연구인력의 비율 상승은 재화와 서비스의 생산인력을 감소시킨다. 이는 1인당 산출수준의 감소를 뜻한다.

이처럼 연구인력 비율의 상승은 상충효과를 갖고 있다. 현재의 1인당 산출이 감소하지만 산출증가율은 높아져 미래의 산출수준도 높아질 것이다. [그림 5-3]은 연구인력 비율의 상승이 시간 경로에 따라 1인당 산출에 미치는 영향을 보여준다.

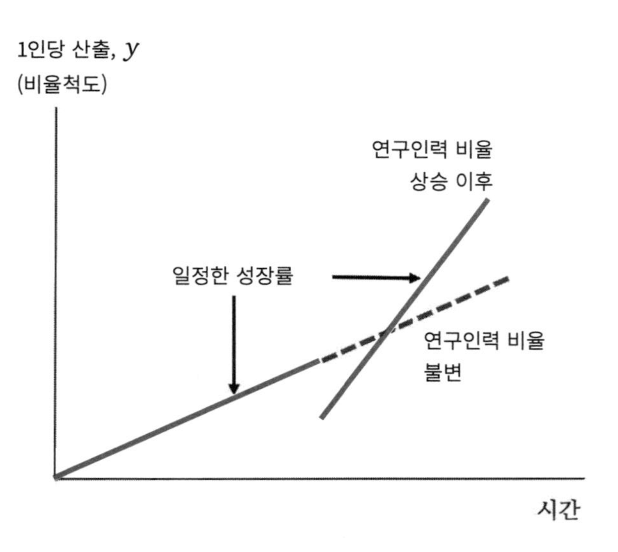

[그림 5.3] 연구인력 비율 상승과 1인당 산출량

성장효과와 수준효과

로머모형의 두 생산함수 식 (5.3)과 식 (5.4)는 지식과 물체에 대해 수확체증할 뿐만 아니라 그 정도도 강하다. 노동의 지수가 1이어서 노동이라는 물체에 대해 수확불변이므로 노동과 지식에 대해서는 수확체증한다. 그러나 지식의 지수가 어떤 값이어야 하는지는 말하지 않고 있다.

만약 A의 지수가 1보다 작을 경우, 예를 들어 $\Delta A_{t+1} = \bar{x} A_t^{1/2} L_{at}$일 경우에는 어떻게 될까? 이때에도 식 (5.11)에 나타나 있는 것처럼 지식과 노동 전체적으로는 규모에 대하여 수확체증한다. 그러나 지식만 늘어나는 경우에는 수확이 체감한다.

$$\bar{x}(2A_t)^{1/2}(2L_{at}) \simeq 2.8\bar{x}A_t^{1/2}L_{at} \tag{5.11}$$

위 질문은 중요하며 그 답은 두 가지로 제시할 수 있다. 먼저, 식 (5.11)의 결과로부터 로머모형은 1인당 GDP의 지속적 성장을 설명하는 데 있어서 수확체증의 크기에 민감하지 않다고 대답할 수 있다. 지식의 비경합성이 수확체증을 초래하고 이에 의해 지속적 성장이론이 설명된다. 이처럼 로머모형이 수확체증의 강도에 의존하지 않는 만큼 지식스톡의 지수가 1보다 작아도 장기 성장에 대한 강건한 이론을 제공한다고 볼 수 있기 때문이다.

이와 달리 로머모형이 지식의 수확체증 정도에 민감한 것으로 이해된다고 대답할 수도 있다. 앞에서 살펴본 바와 같이 인구증가와 연구인력 비율 상승은 1인당 GDP의 성장률을 영구적으로 높인다. 이를 **성장효과**(growth effects)라고 한다. 그런데 모형에서 A의 지수가 1보다 작아 지식의 수확이 체증하지 못할 경우 모형에서 성장효과가 사라질 수 있다. 지식 A의 지수가 1보다 작으면 지식 증가에 대해 새로이 창출되는 지식이 체감하기 때문이다.

A의 지수가 1보다 작은 경우의 로머모형에서는 연구인력 비율의 상승이나 인구증가가 단기적으로 성장률을 높일 수 있다. 그러나 장기적으로는 솔로우모형이 정상상태에서 안정되는 것처럼 로머모형의 성장률이 균형성장경로 수준으로 돌아간다. 지식스톡이 높은 수준에 도달하면 새로운 지식 창조의 증가가 지속되기 어렵기 때문이다.

더 많아진 연구인력은 지식을 더 많이 창출하고 증가된 지식스톡은 1인당 GDP의 장기수준을 높이는데 이를 **수준효과**(level effects)라 한다. 즉, A의 지수가 1보다 작은 로머모형에서는 장기적인 지식스톡의 경로에서 수준효과는 나타나지만 성장효과는 약해질 수 있다. 이는 19세기 중반 이후 20세기 초까지 인구가 크게 늘어났는데도 미국의 1인당 GDP 성장률이 그 이전과 큰 차이를 보이지 않았던 원인으로 해석할 수 있다.

3 〈부록〉 자본스톡을 포함하는 로머모형

앞에서 살펴본 로머모형에 자본스톡을 포함하려면 솔로우모형과 결합하면 된다. 결론부터 이야기하면 두 모형을 결합할 경우 각 모형에서 얻은 결과들이 여전히 성립한다. 지식의 비경합성은 장기에 걸친 지속적 성장을 설명하는 데 핵심적 역할을 하며 솔로우모형의 기여는 동학의 원리이다. 결합모형에 따르면 경제가 균형성장경로의 아래에서 출발하는 경우 균형성장경로를 따라잡기 위해 빠르게 성장한다. 경제가 균형성장경로 위에서 시작하면 일정 기간 완만한 성장을 한다.

로머모형은 전 세계의 국민소득이 어떻게 지속적으로 높아졌는지를 알게 해준다. 그리고 솔로우모형은 동학의 원리를 통해 지난 반세기 동안 한국이나 일본이 어떻게 미국보다 빠르게 성장할 수 있었는지를 이해하는 데 도움을 준다.

결합모형의 설정

두 모형을 결합한 모형은 5개의 방정식과 산출량 Y_t, 물적자본 K_t, 지식스톡 A_t, 노동자수 L_{yt}, 연구자수 L_{at}의 5개 내생변수로 구성되는 식 (5.12)~(5.16)이다.

$$Y_t = A_t K_t^{0.4} L_{yt}^{0.6} \tag{5.12}$$

$$\Delta K_{t+1} = \bar{s} Y_t - \bar{\delta} K_t \tag{5.13}$$

$$\Delta A_{t+1} = \bar{x} A_t L_{at} \tag{5.14}$$

$$L_{yt} + L_{at} = \bar{L} \tag{5.15}$$

$$L_{at} = \bar{\ell} \bar{L} \tag{5.16}$$

결합모형의 해와 장기 성장률

식 (5.12)를 증가율 형태로 바꾸면 다음과 같다.

$$g_{Yt} = g_{At} + 0.4g_{Kt} + 0.6g_{Lyt} \tag{5.17}$$

식 (5.17)은 전체 경제의 성장률이 지식스톡의 성장률, 자본의 성장기여도, 재화 생산 노동력의 성장기여도로 구성됨을 나타낸다. 지식스톡의 증가율은 식 (5.14)로부터 다음과 같이 도출된다.

$$g_{At} = \frac{\Delta A_{t+1}}{A_t} = \bar{x}L_{at} = \bar{x}\bar{\ell}\bar{L} \equiv \bar{g} \tag{5.18}$$

자본스톡의 증가율은 식 (5.13)으로부터 다음과 같이 나타낼 수 있다.

$$g_{Kt} = \frac{\Delta K_{t+1}}{K_t} = \bar{s}\frac{Y_t}{K_t} - \bar{\delta} \tag{5.19}$$

식 (5.19)에서 $\bar{s}$와 $\bar{\delta}$가 외생이므로 g_{Kt}가 균형성장경로에서 일정하기 위해서는 Y_t/K_t가 일정해야 하며 이는 $g_K^* = g_Y^*$일 때 가능하다.

식 (5.17)의 마지막 항은 노동자수의 증가율인데 자본스톡을 제외한 모형과 같이 인구수가 주어지고 노동자수 비율이 $(1-\bar{\ell})$로 일정한 것으로 가정하면 $g_{Lyt} = 0$이다. 식 (5.18)과 $g_K^* = g_Y^*$, $g_{Lyt} = 0$을 식 (5.17)에 대입한 다음 g_{Yt}에 대해 정리하면 결합모형의 GDP 성장률은 다음과 같다.

$$g_Y^* = \frac{5}{3}\bar{g} = \frac{5}{3}\bar{x}\bar{\ell}\bar{L} \tag{5.20}$$

식 (5.20)에서 볼 수 있듯이 결합모형의 성장률은 $1.67\bar{g}$로 로머모형의 성장률 $\bar{g}$보다 높다. 왜 그와 같은 차이가 발생할까? 로머모형과 결합모형의 차이가 자본스톡의 추가인 만큼 이 질문에 대한 답은 자본축적에서 찾을 수 있다. 솔로우모형에서 생산성이 상승하면 두 가지 경로를 통해 산출이 증가한다. 첫째는 생산성 향상에 따른 직접효과이며, 둘째는 생산성 증가로 자본축적이 늘어나고 그로 인해 산출이 증가하는 간접효과이다. 이와 같은 효과들이 결합모형에서도 나타난다. 지식스톡의 증가가 산출 증가에 직접 영향을 미치는 데다 지식스톡의 증가에 따른 산출 증가가 자본축적을 증가시킴으로써 산출 증가를 가속화한다.

이처럼 자본스톡이 자체적으로는 장기 성장의 엔진 역할을 하지 못하지만 지식스톡 증가의 효과를 증폭시킴으로써 로머모형보다 결합모형에서 1인당 GDP 성장률이 더 높아지는 것으로 나타난다.

1인당 GDP

결합모형의 GDP 성장률이 도출되었으므로 균형성장경로의 1인당 GDP 수준을 구할 수 있다. 경제가 균형성장경로에 있기 위해서는 자본스톡 증가율 식 (5.19)로부터 $g_K^* = g_Y^*$여야 한다는 조건을 앞에서 얻었다. 이 관계를 식 (5.19)에 대입하여 자본-산출의 비율로 풀면 다음과 같다.[3]

$$\frac{K_t^*}{Y_t^*} = \frac{\bar{s}}{g_y^* + \bar{\delta}} \tag{5.21}$$

식 (5.21)을 K_t^*에 대해 정리하여 식 (5.12)의 생산함수에 대입한 후 인구로 나누어주면 결합모형에 의한 1인당 GDP가 식 (5.22)와 같이 유도된다. 단, $A_t^{*5/3} = \left[\bar{A}_0(1+\bar{g})^t\right]^{5/3}$이다.

$$y_t^* \equiv \frac{Y_t^*}{\bar{L}} = \left(\frac{\bar{s}}{g_y^* + \bar{\delta}}\right)^{2/3} A_t^{*5/3}(1-\bar{\ell}) \tag{5.22}$$

3 식 (5.21)에서는 식 (5.20)과 달리 경제성장률의 아래첨자가 소문자 y로 바뀌었다. 이는 인구수를 고정으로 가정했기 때문에 가능하다. $Y_t = y_t \times L_t$이므로 GDP 성장률 = 1인당 GDP 성장률 + 인구증가율인데 $L_t = \bar{L}$이므로 $g_{Yt} = g_{yt}$이다.

결합모형에서 도출된 1인당 GDP 수준을 나타내는 식 (5.22)를 로머 및 솔로우 모형과 비교해보면 다음의 사실을 확인할 수 있다. 먼저 로머모형과 같이 1인당 산출은 지식스톡의 증가율에 의해 지속적으로 증가한다. 비경합성으로 새로운 지식이 경제 내 모든 사람의 소득을 증가시킨다. 즉, 지식스톡 A_t의 축적이 1인당 GDP를 균형성장경로에 따라 지속적으로 증가시킨다. 또한 솔로우모형과 같이 투자율이 높을수록 1인당 GDP 수준이 높아지지만 투자율 상승의 효과는 점차 감소한다.

결합모형의 동학

솔로우모형에서 동학은 자본에 대한 수확체감 때문에 나타난다. 결합모형에서도 식 (5.12)에서 자본에 대한 수확체감이 발생하므로 동학이 나타난다.

솔로우모형의 동학은 경제가 정상상태에서 멀리 떨어져 있을수록 빠르게 성장한다는 것이다. 그런데 결합모형에서는 정상상태가 존재하지 않고 경제가 장기적으로 일정한 성장을 지속한다. 따라서 결합모형의 동학은 다음과 같이 표현된다. 어떤 경제가 균형성장경로보다 낮은 곳에 있을수록 그 경제는 빠르게 성장한다. 비슷하게 어떤 경제가 균형성장경로보다 위에 있을수록 그 경제는 완만하게 성장한다.

이와 같은 결합모형의 동학을 이해하기 위해 균형성장경로에 있던 경제에서 투자율($\bar{s}$)이 상승하여 그 수준을 영구히 지속할 경우 경제가 어떤 동태적 모습을 보이는지 살펴보자. 식 (5.22)에 따르면 투자율의 상승은 균형성장경로의 1인당 소득수준이 높아지는 것을 의미한다. 그런데 현재의 소득은 변화가 없는 만큼 경제가 새로운 균형성장경로 아래에 위치하는 상태이다. 따라서 균형성장경로를 따라잡기(catch-up) 위한 빠른 성장이 나타날 것으로 기대할 수 있다.

이와 같은 동학이 [그림 5-4]에 나타나 있다. 여기서 1인당 산출량은 비율눈금으로 표시하였으므로 성장경로의 기울기가 바로 1인당 GDP의 성장률이다. 투자율이 상승하기 이전에는 1인당 GDP가 일정한 비율로 성장하였다. 투자율이 상승한 이후 1인당 소득수준이 식 (5.22)에 의해 바로 높아지고 그에 따라 1인당 GDP의 성장률이 단기적으로 높아진다. 그러나 시간이 경과함에 따라 성장률이 점차 낮아져 원래의 균형성장경로의 기울기와 같아지게 된다. 즉, 성장률은 $\bar{s}$에 영향을 받지 않는 g_y^*로 되돌아간다. 이처럼 장기적으로 성장률은 변화하지 않지만 1인당 GDP는 영구적으로 높아지는데 이를 장기수준효과(long-run level effect)라고 부른다.

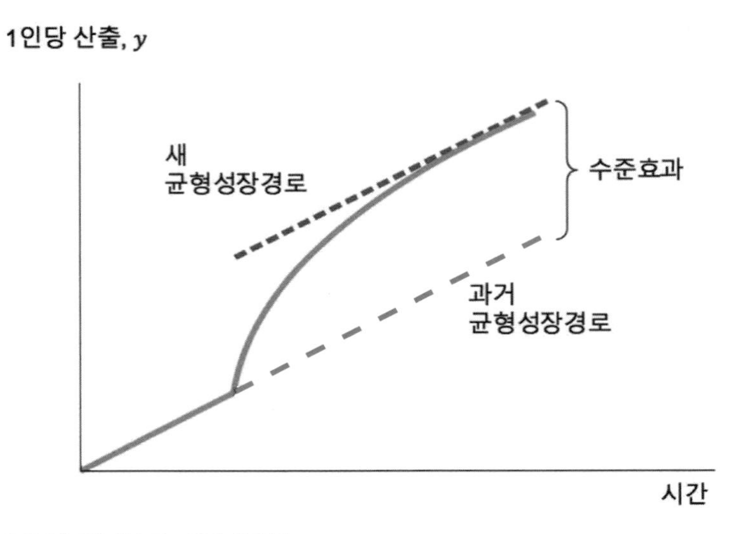

[그림 5-4] 투자율의 영구적 상승과 1인당 산출량

요약

1 솔로우는 세상을 자본과 노동으로 구분한 반면 로머는 세상을 물체와 아이디어(혹은 지식)로 구분한다. 물체는 경제에서 가용한 물질로 솔로우모형의 자본과 노동도 포함한다. 지식은 물질을 다른 데로 사용하는 가르침 혹은 방법이다. 로머는 가용한 물질을 더 나은 방법으로 사용할 수 있게 하는 새로운 지식의 창출이 지속적 성장을 가능하게 한다는 이론을 제공하였다.

2 지식은 비경합적이어서 여러 사람 혹은 여러 생산라인에서 동시에 사용할 수 있다. 그에 따라 물체에 대해서는 수확불변이지만 물체와 지식이 함께 증가하면 규모에 대한 수확체증이 나타난다.

3 수확체증의 기업은 한계비용 이외에 초기의 고정비용이 필요하므로 가격을 한계비용과 일치시킬 경우 손실이 발생하기 때문에 새로운 지식의 창조를 위한 연구가 이루어지지 않는다. 지식이 배제적이어야 개발비용을 회수하고 이익을 얻을 수 있으므로 연구개발의 유인이 발생한다.

4 비경합성과 수확체증으로 인해 새로운 지식은 경제 내 모든 사람들의 소득을 증가시키는 잠재적 요인이 된다. 개인소득의 결정에서 중요한 것은 개인별 지식이 아니라 나라 경제가 보유하는 총 지식스톡이다. 지식스톡의 지속적 증가는 1인당 GDP의 지속적 성장에 핵심적 역할을 한다.

5 로머모형에서 성장률은 상승도 하락도 하지 않기 때문에 어떤 의미에서는 경제가 처음부터 정상상태라고 표현할 수도 있다. 그러나 성장이 지속적으로 이루어지는 만큼 성장이 멈추는 정상상태라고 보는 것은 적절하지 못하다. 따라서 그러한 상태를 경제가 균형성장경로(balanced growth path)에 있다고 말한다.

연습문제

1 다음 재화가 경합적인지, 비경합적인지 답하라.

(1) 베토벤 교향곡 5번

(2) 휴대용 게임기

(3) 모네의 그림 수련

(4) 태평양의 물고기

2 지구와 화성의 두 경제가 모두 동일하고 초기 지식스톡만 지구가 화성의 2배, 즉 $\bar{A}_0^{Earth} = 2 \times \bar{A}_0^{Mar}$라고 하자. 두 경제는 지식을 공유할 수 없으며 로머모형에 의해 각각 성장한다고 할 때 아래 물음에 답하라.

(1) 지구와 화성의 1인당 GDP가 시간의 경과에 따라 어떤 모습인지 비율눈금 그래프로 그려보라.

(2) 더 많은 지식으로 출발하는 효과는 무엇인지 서술하라.

3 로머모형에서 파라미터의 값이 $\bar{A}_0 = 100$, $\bar{\ell} = 0.10$, $\bar{x} = 1/500$, $\bar{L} = 100$이라고 할 때 아래 물음에 답하라.

(1) 이 경제의 1인당 산출의 성장률은?

(2) 1인당 산출의 초기 수준은 얼마인가? 100년 후의 1인당 산출 수준은?

(3) 연구인력 비율이 2배로 높아졌다고 가정하면 위 (1)과 (2)의 물음에 대한 답이 어떻게 되는가?

4 로머모형에서 다음과 같이 재화 생산함수의 A_t의 지수가 1/2로 변형되어 지식에 대해 재화 생산의 수확이 체감한다고 할 때 아래 물음에 답하라.

$$\begin{aligned} Y_t &= A_t^{1/2} L_{yt} \\ \Delta A_{t+1} &= \bar{x} A_t L_{at} \\ L_{yt} + L_{at} &= \bar{L} \\ L_{at} &= \bar{\ell} \bar{L} \end{aligned}$$

(1) 이 경제에서의 지식의 성장률을 구하라.

(2) 이 경제의 1인당 산출의 성장률을 유도하라.

(3) 각 시점에서의 1인당 산출 수준을 구하라.

6장

노동시장, 임금과 실업

앞에서 생산모형이나 경제성장이론을 논의할 때는 실업을 고려하지 않고 언제나 모든 노동자가 고용되는 상태라고 가정하였다. 그러나 현실적으로 보면 일을 하고자 하는 사람 모두가 일자리를 갖고 있지는 못하다. 실업은 개인들에게 심각한 영향을 미치기 때문에 경제 사회적으로 지속적인 관심을 받아왔다.

이 장에서는 실업이 왜 존재하며 실업을 결정하는 요인은 무엇인지 살펴볼 것이다. 다만 여기서의 논의는 평균적인 실업률, 즉 **자연실업률**(natural rate of unemployment)의 결정 요인에 초점을 맞추기로 한다. 자연실업률이란 사람들이 즉시 일자리를 구하는 것을 제약하는 노동시장의 불완전성이 존재하는 상황에서 경제가 장기적으로 수렴해가는 실업률을 말한다. 우리가 일상에서 접하는 실업률은 자연실업률을 중심으로 변동하는데 이에 대해서는 뒤에서 살펴볼 경제의 단기적 변동 부분에서 논의하기로 한다.

1 노동의 공급과 수요

노동시장의 수요 및 공급 곡선과 균형

노동시장의 상황을 설명하는 여러 지표 가운데 거시경제학자들은 노동가능인구 대비 고용자의 비율인 고용률과 경제활동인구 대비 실업자의 비율인 실업률, 그리고 실질임금에 관심을 둔다. 이와 같은 노동시장의 지표들은 무엇에 의해 결정될까? 왜 시간의 흐름에 따라 변화할까? 이에 대한 답을 얻기 위해 경제학의 주요 수단인 수요와 공급에 대한 분석부터 시작해보자. [그림 6-1]은 노동시장의 수요곡선과 공급곡선이다.

우리는 3장에서 기업의 이윤극대화로부터 노동의 수요곡선이 도출된다는 사실을 알았다. 기업은 노동자를 한 사람 더 고용할 때 늘어나는 생산량이 노동자를 추가로 고용하는 실질비용보다 크면 고용을 늘려 이윤을 증가시킬 것이다. 즉, 노동의 한계생산(MPL)이 실질임금(w)보다 크면 고용을 늘릴 것이다. 반대로 $w > MPL$이면 이윤극대화를 위해 고용을 줄일 것이다.

기업은 노동의 한계생산이 실질임금과 같아져 노동자의 추가적 고용으로 얻을 수 있는 이윤이 더 이상 늘어나지 않으면 노동에 대한 수요를 늘리지 않는다. 즉, 노동의 한계생산이 실질임금과 만나는 점에서 노동의 수요가 결정된다. 따라서 노동의 한계생산곡선이 바로 노동의 수요곡선(L^D)이 된다. 그런데 노동량이 증가할수록 노동의 한계생산이 점차 감소하므로 노동의 수요곡선은 [그림 6-1]의 L^D와 같이 우하향하는 음의 기울기를 가진다.

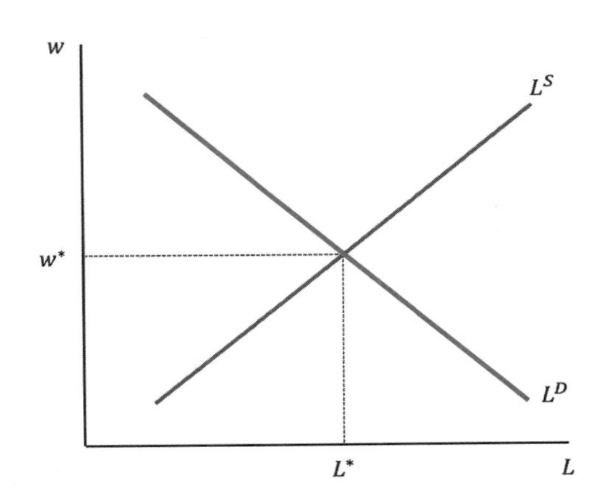

[그림 6-1] 노동시장의 균형

3장에서는 논의의 단순화를 위해 노동자수가 고정되어 있다고 가정하였다. 그러나 현실에서 사람들은 일을 할 것인지 아니면 쉬면서 여가를 즐길 것인지 선택을 한다. 여가란 식사, 수면, 사교행위, 휴가, 아이 돌보기 등 직장이 아닌 다른 곳에서 일어나는 모든 행위를 말한다. 실질임금이 높아지면 여가의 기회비용이 상승하고 그에 따라 사람들은 여가를 줄이고 일을 더 많이 하려 하므로 노동공급이 증가하게 된다. 그러므로 [그림 6-1]에서와 같이 노동의 공급곡선 L^S는 우상향한다.

노동시장의 균형은 기업의 노동수요와 노동자의 노동공급이 일치할 때 이루어진다. 즉 노동의 공급곡선과 수요곡선이 교차하는 점에서 고용수준과 임금이 결정된다. 노동가능인구가 주어져 있다면 교차점에서 결정된 고용자의 수를 노동가능인구수로 나누어주면 고용률이 구해진다.

노동공급의 변화

경제 내에서 고용수준은 왜 변화할까? 그 답은 노동의 공급과 수요의 변화에서 찾을 수 있다. 먼저 노동공급의 변화부터 살펴보자. 예를 들어 정부가 노동자의 소득에 세금을 부과하지 않다가 임금에 세율 τ만큼 소득세를 부과하는 경우를 생각해보자.

소득세가 부과되면 기업이 지급하는 임금 w는 변화하지 않지만 노동자가 실제로 수령하는 임금소득은 $(1-\tau)w$로 줄어든다. 이는 여가의 기회비용이 낮아지는 것이므로 일자리를 포기하는 사람이 생기면서 노동공급이 감소한다. [그림 6-2]에서 노동공급곡선이 L^S에서 $L^{S\prime}$로 이동함으로써 노동시장의 균형이 점 A에서 점 B로 옮겨간다. 이에 따라 임금은 w'로 상승하고 고용수준은 L'로 낮아진다. 이처럼 임금에 대한 소득세 부과는 고용률을 떨어뜨리게 된다.

임금소득에 대한 세금 부과가 실업률에는 어떤 영향을 미칠까? 결론부터 말하면 그 영향은 불확실하다. 단기적으로는 세금 부과로 실제 수령하는 소득이 줄어든 노동자가 일자리를 포기하고 다른 일자리를 찾지 않을 수 있는데 이때에는 그 사람이 경제활동인구에서 빠지므로 실업 수준은 변화하지 않는다. 다른 한편으로는 세금부과로 인한 임금상승에 대응하여 기업이 노동자들을 해고할 경우 실업률이 상승할 수 있다. 해고된 이들이 구직 활동을 하면서 실업자로 계상되기 때문이다. 그런데 [그림 6-2]에서 보듯이 높아진 임금으로 일자리가 줄어들기 때문에 해고된 사람들이 아무리 노력해도 모두가 일자리를 구하지 못할 수 있다. 그런 사람들이 구직의 어려움이 지속되어 일자리 찾기를 포기하면 그들 수만큼 실업자와 경제활동인구에서 동시에 제외되어 실업률이 하락하게 될 것이다. 현실적으로 노동시장에서 이와 같이 극단적인 경우는 잘 발생하지 않는다. 다만 여기서 우리가 유의해야 할 사실은 실업률이 노동시장의 상황을 완벽하게 측정하여 알려주지는 못한다는 점이다. 따라서 고용률 같은 다른 변수도 함께 고려하여 노동시장의 상황을 파악해야 한다.

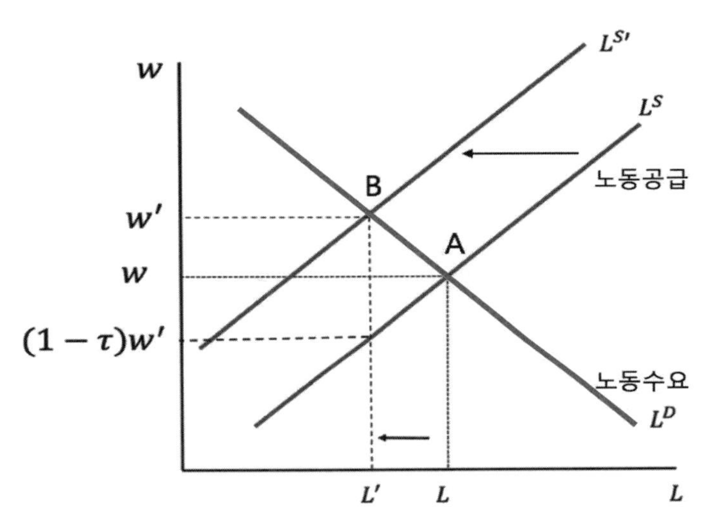

[그림 6-2] 노동공급의 감소

노동수요의 변화

경제상황의 변화는 노동수요의 변화를 가져온다. 예를 들어, 경제가 침체에 빠져들거나 석유 같은 투입요소의 가격이 상승할 경우 기업의 노동수요가 변화한다. 여기서는 정부가 노동자의 해고 요건을 강화할 경우에 대해 논의해보자.

해고 요건이 강화되면 단기적으로 해고가 줄어들 수 있다. 만약 해고 요건이 강화된 이후 경기침체가 발생하면 기업의 해고가 쉽지 않아 고용이 크게 감소하지 않을 것이다. 그러나 기업들은 해고를 줄이는 대신 신규 고용을 줄임으로써 장기적으로 노동수요가 감소하게 된다.

[그림 6-3]은 노동수요 감소의 효과를 보여준다. 노동수요곡선이 아래로 이동하면 임금

이 w'로 하락하면서 고용이 L'로 줄어든다. 그에 따라 고용률이 떨어지게 된다. 반면 실업률은 노동공급의 감소에서 살펴본 것처럼 초기에는 상승하겠지만 장기적으로는 일자리 찾기에 실망한 사람들이 노동시장을 떠나면서 다시 낮아져 초기 수준으로 되돌아갈 수도 있다.

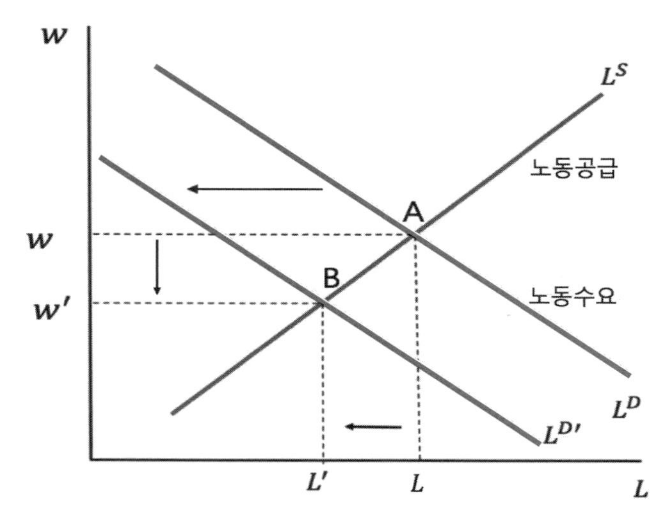

[그림 6-3] 노동수요의 감소

2 마찰적 실업과 구조적 실업

마찰적 실업

노동시장에서 구직자들의 능력은 다양하고 기업들이 제공하는 일자리는 저마다 서로 다른 특성을 가진다. 그리고 경제활동이 정상적으로 이루어지더라도 새로운 일자리가 생겨나는 한편으로는 기존의 일자리가 없어지는 과정이 반복된다. 따라서 노동자들과 기업들은 일자리를 두고 짝짓기를 해야 한다.

그런데 일자리에 필요한 능력이나 태도에 대해 구직자와 기업이 서로 다른 생각을 가지고 있어서 짝짓기에 시간이 필요한 경우가 많다. 예를 들어, 뛰어난 엔지니어인 철수가 서울에 있는 직장만을 원하면 지방에 본사가 있는 기업은 그를 고용하고 싶어도 철수와 기업 간의 짝짓기가 이루어질 수 없다. 그에 따라 철수와 지방 기업은 구직과 구인에 시간을 더 필요로 하게 된다. 또한 구직자와 기업은 서로를 탐색하는 데 있어서 일반적으로 목적이 다르다. 구직자들은 즐겁게 일하면서 높은 임금을 받을 수 있는 일자리를 원하지만 기업은 특정 업무를 적절한 임금에 잘 수행할 수 있는 좋은 노동자를 찾는다.

이처럼 기업은 일자리를 찾는 사람에 대해, 구직자는 일자리에 대해 각각 불완전한 정보를 가지고 있거나 공간적 제약을 받을 수 있다. 따라서 일자리 짝짓기가 적절히 이루어지기까지 구직자는 시간과 노력을 들여야 하고 그동안 실업 상태에 놓이게 된다. 이와 같은 실업은 **직업 탐색**(job search) 과정에서 발생하는 것으로 **마찰적 실업**(frictional unemployment)이라고 한다.

구조적 실업

장기 실업 상태에 있는 사람이 일자리를 구하기 어려운 원인으로 다음의 두 가지를 생각할 수 있다. 첫째는 어떤 일을 수행할 수 있는 능력을 지니지 못했기 때문이다. 일자리를 찾고 있는 사람이 교육을 받지 못했거나 품행이 좋지 못하다는 등 기본적 자질에 문제가 있다는 평판을 노동시장에서 받고 있다면 기업은 그 사람의 고용을 꺼리기 마련이다. 이렇게 능력이 결핍된 사람은 직업을 얻기 힘들거나 설혹 구직이 되더라도 얼마 못 가 해고될 가능성이 높다. 그 결과 그들은 더 오랫동안 실업 상태에 머무르게 된다.

둘째는 그 사람들이 어느 한 분야에만 특화된 기술과 선호를 가지게 되었기 때문일 수 있다. 예를 들어, 의류제조업이 저임금 국가로 이전되면서 국내 공장이 폐쇄되었다고 하자. 그런데 그 공장에서 일하던 노동자는 의류 봉제기술만 보유하고 있고 봉제공장이 있던 도시에서 시골로 내려가 농사를 짓는 것도 원하지 않는다면 새로운 일자리를 구하기 어려울 것이다.

이처럼 기술 능력이 부족하거나 일이 요구하는 기술과 맞지 않아서 발생하는 실업은 노동시장의 구조적 특성이며 이를 **구조적 실업**(structural unemployment)이라 부른다. 구조적 실업은 새로운 산업이 등장하여 성장하고 낙후된 산업이 퇴출되는 경제의 부문 간 이동(sectoral shifts) 기간에 나타난다. 특히 낙후된 산업에 종사하던 노동자가 노동시장에서 필요로 하는 새로운 기술수준을 따라가지 못할 경우 구조적 실업은 큰 문제가 될 수 있다.

구조적 실업을 초래하는 또 다른 근원은 **임금경직성**(wage rigidity)이다. 임금이 경직적이어서 노동시장이 청산되지 못하는 상황에서는 어떤 일이 일어날까? 노동수요가 감소하는 상황에서 임금이 하락하지 못하고 원래 수준에서 유지된다고 가정하자. 그 결과는 [그림 6-4]에 나타나 있다.

임금이 신축적으로 조정되는 상태에서 노동수요가 감소하면 [그림 6-3]에서와 같이 임금 하락으로 노동시장이 청산되면서 새로운 고용 및 임금 수준에서 균형이 이루어진다. 그러나 임금이 경직적인 경우에는 [그림 6-4]와 같이 노동시장이 점 A에서 점 B로 옮겨가지 못함으로써 고용이 새로운 수요곡선 위의 점 C에서 결정된다. 시장청산이 이루어질 때보다 높아진 임금으로 기업들은 고용을 더 크게 줄이기 때문에 고용이 시장청산 수준인 L'보다 더 낮은 L'' 수준까지 감소하게 된다.

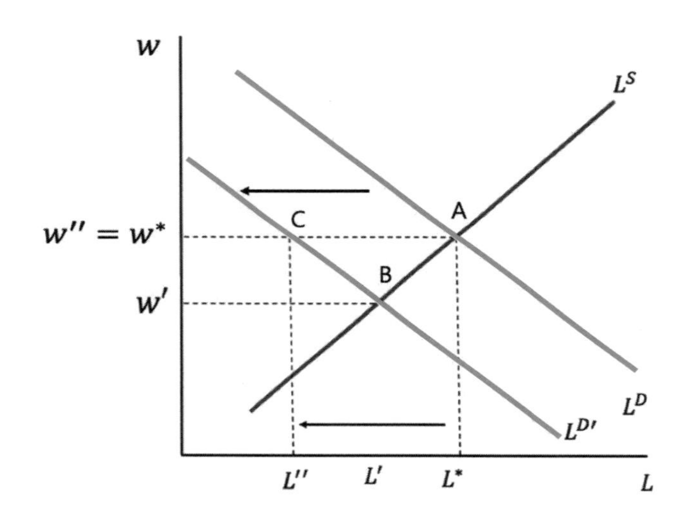

[그림 6-4] 경직적 임금 하의 노동수요 감소

임금경직성은 최저임금, 노동조합, 효율임금 등에 기인한다. 최저임금은 법에 의해 고용주가 노동자에게 최저임금 아래로 임금을 지급하지 못하도록 하는 것이다. 노동조합은 노동공급과 관련한 독점력을 사용하여 임금이 시장청산 수준으로 조정되지 못하도록 할 수 있다. **효율임금**(efficiency wage)이란 기업이 노동자들에게 더 열심히 그리고 생산적으로 일하는 유인을 제공하기 위해 시장청산 수준보다 높은 임금을 노동자에게 지불하는 것을 말한다.

3 자연실업률

자연실업률(natural rate of unemployment)이란 즉각적인 구직을 어렵게 하는 노동시장의 불완전성 하에서 장기적으로 수렴하는 실업률을 말한다. 경제학자에 따라서는 경제가 호황도 침체도 아닌 상황에서의 실업률, 또는 노동시장이 청산되어 임금이 완전히 조정되었는데도 남아 있는 실업률로 정의하기도 한다. 자연실업률은 마찰적 실업자와 구조적 실업자의 합을 경제활동인구수로 나눈 비율이다.

한편 통계로 확인할 수 있는 실제 실업률은 자연실업률을 중심으로 변동한다. 실제 실업률과 자연실업률의 차이, 즉 호황 및 침체 등 단기 경기변동과 관련된 실업률을 **경기순환적 실업률**(cyclical unemployment rate)이라고 한다.

욕조모형(bathtub model)

자연실업률이 어떻게 결정되는지를 욕조모형으로 접근할 수 있다. 매일 같이 일부 노동자는 직업을 잃거나 퇴직하는 반면 실업자 가운데 일부는 새로이 직업을 구한다. 이와 같은 과정이 계속되면서 실업 상태에 있는 노동가능인구의 비율이 결정된다. 경제활동인구수를 L, 취업자수를 E, 실업자수를 U로 나타내기로 하자. 취업자와 실업자를 합한 것이 경제활동인구이므로 이 관계를 식 (6.1)과 같이 쓸 수 있다.

$$E_t + U_t = L_t \tag{6.1}$$

그리고 고용된 노동자 가운데 일자리를 잃는 비율을 나타내는 **이직률**(separation rate)을 $\bar{s}$라고 하고, 실직자 가운데 일자리를 찾는 데 성공한 사람의 비율을 나타내는 **입직률**(job finding rate)을 $\bar{f}$라고 하자. 실업자수의 변화는 이직자수에서 입직자수를 뺀 것으로 식 (6.2)와 같다.

$$\Delta U_{t+1} = \bar{s}E_t - \bar{f}\,U_t \tag{6.2}$$

실업률이 상승도 하락도 하지 않는 상태, 즉 노동시장이 정상상태라면 직업을 잃는 사람의 수와 새로 직업을 찾는 사람의 수가 같아야 하므로 식 (6.2)가 다음 조건을 만족해야 한다.

$$\bar{s}E_t = \bar{f}U_t$$

취업자수 E_t를 $(L_t - U_t)$로 바꾸어주고 L_t에 대해 정리하면 식 (6.3)이 유도된다.

$$\begin{aligned} \bar{s}(L_t - U_t) &= \bar{f}U_t \\ \bar{s}L_t &= (\bar{f} + \bar{s})U_t \end{aligned} \tag{6.3}$$

끝으로 식 (6.3)을 실업률에 대해 정리하면 정상상태의 실업률, 즉 자연실업률이 식 (6.4)와 같이 도출된다. 예를 들어, 매월 취업자의 3%가 실직하고 실업자의 70%가 일자리를 새로 구한다면 자연실업률은 $u^* = 0.03 \div (0.03 + 0.7) = 4.1\%$와 같이 계산된다.

$$u^* = \frac{U^*}{L^*} = \frac{\bar{s}}{\bar{f} + \bar{s}} \tag{6.4}$$

완전고용수준의 실업을 묘사하는 데 '자연'이라는 말을 쓰는 것이 어색할 수 있다. 실업수준이 마치 자연의 법칙처럼 변화하지 않는 것으로 받아들여질 수 있기 때문이다. 사실 자연실업률은 한 나라에서도 시기에 따라 변화하고 나라별로 차이를 보이는 것이 일반적이다.

자연실업률의 변동

시간이 흐르면서 인구의 구성이나 생산성이 변화하면 자연실업률이 변동한다. 인구구성에서 젊은이의 비율이 상승하면 자연실업률이 높아질 수 있다. 보통 젊은 노동자가 나이 든 노동자보다 더 자주 직업을 옮기려는 경향을 보인다. 직장을 옮기는 데는 직업 탐색이 수반되므로 더 높은 마찰적 실업이 발생하게 되고 그 결과 자연실업률이 높아진다.

또한 생산성의 변화를 잘못 인식할 경우 자연실업률이 변화할 수 있다. 생산성 증가율이 낮아진 사실을 노동자들은 인지하지 못한 반면 기업은 알았다면 노동시장에서 어떤 현상이 나타날까? 기업들은 수익성 유지를 위해 과거보다 낮은 임금상승률을 제시할 것이다. 반면 생산성 증가율이 둔화된 사실을 알아채지 못한 노동자들은 낮은 임금상승에 만족하지 못하여 일자리를 떠나 다른 직업을 찾으려 할 수 있다. 이 경우 일자리를 찾는 기간 동안 마찰적 실업이 증가하므로 자연실업률이 높아지게 될 것이다.

반대로 생산성이 증가하는 속도가 빨라졌는데 노동자는 잘 모르고 기업은 인지하면 어떻게 될까? 기업들은 임금인상률을 더 높여 기존 노동자의 확보와 함께 좋은 능력을 가진 노동자를 더 고용하려 할 것이다. 그렇게 되면 노동자들의 이직이 감소하면서 마찰적 실업이 줄어들 것이다. 또한 기업의 입장에서는 생산성의 증가가 효율임금의 상대적 하락과 같은 만큼 마치 노동시장에서 수요증가로 구조적 실업이 감소하는 것과 같을 수 있다. 이와 같이 생산성 변동에 대한 오인이 자연실업률을 변화시킨 대표적 사례로는 미국에서 제1차 오일쇼크 이후 생산성이 둔화되었을 때 자연실업률이 올라가고 1990년대 생산성 증가의 확대와 함께 자연실업률이 하락한 것을 들 수 있다.

한편 일반적으로 유럽의 실업률이 미국의 실업률보다 높은 이유는 무엇 때문일까? 장기적으로 경기순환적 실업률은 평균적으로 0%이다. 경기가 상승과 하락을 반복하면서 실업률의 하락과 상승이 상쇄되기 때문이다. 따라서 유럽의 실업률이 상대적으로 높은 것은 더 높은 자연실업률이 반영된 현상으로 볼 수 있다. 유럽의 자연실업률이 미국보다 높은 이유는 실업의 발생 원인에서 찾을 수 있다.

첫째로, 고용보험 혜택의 차이를 들 수 있다. 유럽은 급여 대비 고용보험에 의한 실업급여의 비율이 미국보다 훨씬 높고 지급 기간도 더 길다. 이처럼 상대적으로 큰 혜택의 고용보험은 구직자의 탐색비용을 감소시켜 실업 기간이 길어지고 자연실업률을 높이는 요인으로 작용하게 된다.

둘째로, 유럽의 강한 노동조합을 들 수 있다. 미국의 노동조합은 단체협약에 있어서 15% 미만의 노동자들을 대표하지만 프랑스, 독일, 이태리, 스페인 등에서는 그 비율이 60%를 상회한다. 노동조합이 시장청산 수준보다 높은 임금을 결정하면 [그림 6-4]에서 보았듯이 실업수준이 높아지게 된다.

셋째로, 유럽의 노동규칙이 상대적으로 엄격하기 때문에 유럽의 기업들은 노동자들을 해고하기가 미국 기업들보다 훨씬 어렵다. 이는 일자리 제공을 미국 기업보다 상대적으로 꺼리게 하는 요인으로 작용한다. 따라서 사양산업의 파산 등으로 일자리를 잃은 사람들이 새로운 성장산업에서 일자리를 구하기가 힘들고 구조적 실업이 늘어날 가능성이 크다.

요약

1 노동에 대한 수요는 기업에 의해 결정된다. 이윤을 극대화하는 기업은 노동의 한계생산과 실질임금이 일치되는 노동량을 선택한다. 노동의 한계생산이 감소하므로 노동수요곡선은 우하향한다.

2 실질임금이 높아지면 여가의 기회비용이 상승하므로 사람들은 여가를 줄이고 노동공급을 늘린다. 따라서 노동의 공급곡선은 우상향한다.

3 노동시장의 균형은 노동수요곡선과 노동공급곡선이 만나는 점에서 이루어지며 수요나 공급이 변화하면 균형 고용 및 실질임금이 변화한다.

4 자연실업률이란 사람들이 즉시 일자리를 구하는 것을 제약하는 노동시장의 불완전성이 존재하는 상황에서 경제가 장기적으로 수렴해가는 실업률을 말하며, 마찰적 실업과 구조적 실업의 합으로 결정된다. 자연실업률은 인구구성이나 생산성이 변화하면 변동한다.

5 마찰적 실업이란 불완전정보, 공간적 제약과 같은 요인으로 일자리 짝짓기에 탐색이 이루어지는 동안 나타나는 실업을 말한다.

6 구조적 실업이란 산업구조의 변화 등으로 노동자의 기술 능력이 부족하거나 일이 요구하는 기술과 맞지 않게 되어서 발생하는 실업을 말한다. 구조적 실업은 최저임금, 노동조합, 효율임금 등에 따른 임금경직성으로 임금이 시장균형수준보다 높을 때도 발생한다.

연습문제

1 어떤 정부가 조세제도를 개혁하여 한계 소득세율을 인상하였다. 소득세율 인상이 임금, 고용률, 실업률에 미치는 영향에 대해 논하라.

2 실질 산출량을 Y, 고용량을 L, 생산성을 A라 할 때 어떤 경제의 생산함수가 다음과 같다고 하자.

$$Y = AL^{0.7}, \quad A > 0$$

(1) 노동수요곡선을 그리고 L의 지수가 0.6으로 낮아지면 노동수요곡선이 어떻게 변화하는지 그래프를 이용하여 설명하라.

(2) 실질임금이 상승하면 노동공급이 늘어난다. 그 이유를 설명하고 노동공급곡선을 그려보라.

(3) 위의 수요곡선과 공급곡선에 의한 노동시장의 균형을 그래프에 나타내고 생산성 A가 하락하면 고용 및 임금 수준이 어떻게 변화하는지 그래프를 이용하여 설명하라.

(4) 만약 이 경제의 실질임금이 경직적이면 (3)의 답이 어떻게 바뀌는지 그래프를 이용하여 설명하라.

3 어떤 경제가 제조업 기반의 경제에서 지식 및 정보기술이 주도하는 경제로 빠르게 전환되고 있다고 가정하자. 자연실업률이 어떤 영향을 받을 것으로 보이는지, 그에 대하여 어떤 정책대응이 바람직한지 논하라.

7장

화폐와 인플레이션

1955년 6월 우리나라의 소매물가는 6.25전쟁 발발 시점인 1950년 6월에 비해 62배 높아졌다.[1] 연평균 물가상승률이 무려 130%에 달한 것으로 지금으로서는 상상하기도 어려운 수준이다. 그런데 독일에서는 1923년 후반 물가가 한 달 동안 300배 상승하는 경험을 하였고 공산체제에서 벗어난 러시아는 1993년 소비자물가 상승률이 875%에 달했다. 그리고 짐바브웨는 2007년중 소비자물가가 24,000% 이상 상승하였다.

이러한 물가수준의 퍼센트 변화율을 **인플레이션율**이라고 한다. 위의 나라들이 경험한 것과 같은 극도로 높은 인플레이션(예를 들면 매월 50% 이상)을 초인플레이션(hyperinflation)이라고 한다. 우리나라는 전쟁 중인 1951년에 식료품물가지수가 300% 가까이 상승하였지만 수치만 놓고 보면 초인플레이션에서는 비켜 갔다 하겠다.

인플레이션율을 세계적으로 보면 1960년대 전반까지 안정된 모습이었다가 1960년대 후반부터 상승하기 시작하여 1970년대에는 오일쇼크 영향 등으로 매우 높은 수준을 기록하였다. 특히 제2차 오일쇼크가 발생한 1980년에는 선진 7개국(G7)의 인플레이션율이 12.5%까지 치솟았다. 그렇게 높았던 인플레이션율은 1980년대 초반 선진국을 중심으로 크게 낮아졌고 그 이후에는 더욱 안정된 모습을 보이고 있다. 우리나라도 2000년대 이후 인플레이션율이 과거보다 크게 낮아졌다.

1 윤여봉, "IMF의 한국경제보고서", 제1권, p. 25, 카이스트금융공학연구센터.

우리나라의 소비자물가 상승률을 1970년 이후로 살펴보자. 1970~1981년에는 연평균 16.9%였다. 특히 두 차례의 오일쇼크가 있었던 1974~1975년과 1980~1981년에는 인플레이션율이 20%대로 치솟았다. 그러나 1982년 이후 크게 낮아져 1989년까지는 연평균 4.3%를 기록하였다. 1990년대에 연평균 5.7%로 다소 높아졌던 인플레이션율은 2000년대에는 연평균 3.1%로 낮아진 데 이어 2010~2016년에는 연평균 1.9%에 머물렀다.

소비자물가로 측정한 인플레이션율은 [그림 7-1]에 나타나 있는 것처럼 통화량 증가율과 장기적으로 비슷한 움직임을 보이고 있다. $M2$의 연평균 증가율이 1970년대 31.1%, 1980년대 29.3%, 1990년대 19.3%, 2000년대 8.9%, 2010~2016년 6.3%로 하락하였고 소비자물가 상승률은 같은 기간 동안 16.9%, 8.4%, 5.7%, 3.1%, 1.9%로 낮아졌다. 미국의 경제학자 밀턴 프리드먼(Milton Friedman)이 50여 년 전에 남긴 "인플레이션은 언제나 그리고 어디서나 화폐적 현상이다(Inflation is always and everywhere a monetary phenomenon.)"라는 유명한 말이 장기적으로 적용되는 모습이다.

프리드먼은 중앙은행이 통화량을 조절함으로써 높은 인플레이션을 방지할 수 있다고 주장하였다. 그의 주장대로 높은 인플레이션은 통화량의 조절 실패 때문에 발생할까? 인플레이션의 비용은 무엇일까? 그리고 중앙은행이 화폐를 과도하게 발행하여 인플레이션이 초래되었다면 중앙은행은 왜 그와 같은 실수를 할까? 이러한 질문들은 매우 중요하다. 이 장에서는 이 문제들에 대한 답을 얻기로 하는데 먼저 화폐에 대해 개관한 다음 인플레이션의 장기적 결정요인과 비용에 대해 논의하기로 한다.

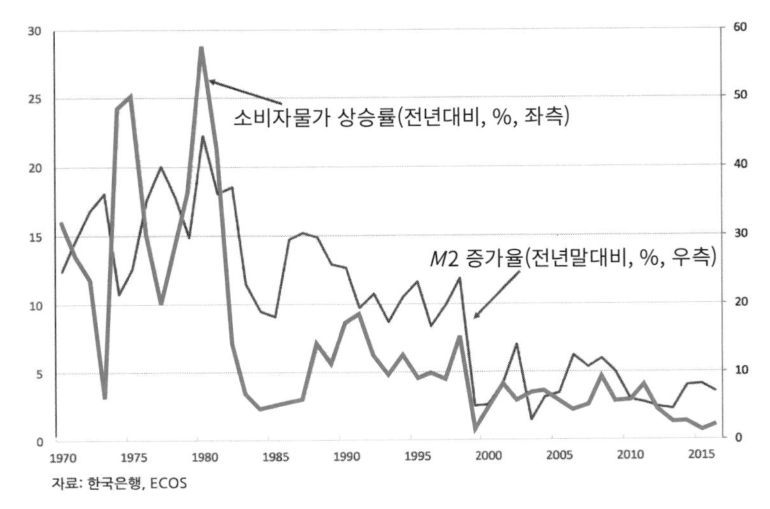

[그림 7-1] 우리나라의 인플레이션율

1 화폐

사람들은 일상생활에서 '돈'이라는 말을 여러 의미로 사용한다. "그 사람은 많은 돈을 가지고 있다"라고 할 때의 돈은 재산(wealth)을 뜻한다. 그리고 "투자은행에 다니는 내 친구는 돈을 잘 번다"라고 할 때는 소득(income)을 의미한다. "우리 사장님은 돈을 거의 가지고 다니지 않아요"라고 할 때의 돈은 아마 지갑에 넣어두는 현금(currency)을 의미할 것이다.

경제학자들은 여러 의미로 사용되는 돈과 구별하여 화폐의 개념을 도입하여 재산이나 소득과 구별한다. **화폐**는 부채를 상환하거나 재화와 서비스를 구입하는 대가로 지급하는 데 사용할 수 있는 자산으로 정의된다. 수표도 물품의 구매에 사용되므로 수표 발행을 위한 계좌의 예금도 화폐로 간주된다. 더욱이 현금이나 수표발행이 가능한 계좌로 빠르고 쉽게 바꿀 수 있는 저축성계좌의 예금도 화폐의 기능을 한다.

경제학에서는 화폐의 기능을 먼저 정하고 그 기능을 수행하는 금융자산을 화폐라고 한다. 화폐는 교환의 매개수단, 회계단위, 가치의 저장이라는 세 가지 기능을 보유해야 한다. 이러한 세 가지 기능을 종합적으로 수행한다는 점에서 화폐는 주식, 채권, 부동산 등 다른 자산과 구별된다.

1-1 화폐의 기능

금과 같은 상품화폐(commodity money)이든, 종이에 불과하지만 법률에 의해 통용이 강제되는 **법화**(fiat money)이든 화폐는 세 가지 기본적인 기능 – 교환의 매개수단(medium of exchange), 회계단위(unit of account), 가치의 저장(store of value) – 을 가지고 있다.

교환의 매개수단으로서 화폐는 재화와 서비스를 구매할 때 대가를 지불하기 위해 사용되는 것으로 현금, 수표, 현금카드 등이 대표적이다. 화폐를 교환의 매개수단으로 사용하면 거래비용이 최소화되어 경제의 효율성이 높아진다. 거래비용이란 재화와 서비스를 교환하는 데 소요되는 시간과 돈을 말한다. 화폐가 없으면 물물교환에 의해 거래가 이루어질 것인데 이는 매우 비효율적이다. 모든 거래가 '쌍방의 욕구 일치(double coincidence of wants)'라는 조건을 만족해야 하기 때문이다.

회계단위(또는 **가치의 척도**)란 화폐가 재화와 서비스의 가치를 측정하고 부채를 기록하는 기준이 되어야 한다는 것이다. 미시경제학에서 재화의 상대가격에 의해 자원이 배분된다고 하지만, 예를 들어 자동차 한 대의 가격을 3,000만원이라고 하지 스마트폰 30대라고 하지 않는다. 이처럼 화폐는 경제적 거래를 측정하는 기준이 된다.

가치의 저장수단으로서의 화폐란 현재의 구매력을 미래로 이전하는 데 이용되는 수단이라는 의미다. 우리는 대체로 소득을 얻은 후 바로 쓰지 않고 쇼핑할 시간과 의사가 생길 때까지 기다리기 때문에 화폐의 이 기능은 유용하다. 물론 화폐는 불완전한 가치저장 수단이다. 물가가 상승할 경우 주어진 규모의 화폐로 구입할 수 있는 양이 감소하기 때문이다. 그럼에도 불구하고 사람들은 훗날 재화나 서비스와 교환할 수 있으므로 화폐를 보유한다.

1-2 통화량의 측정

화폐의 양은 금융자산이 가지고 있는 유동성(liquidity)의 정도를 기준으로 하여 측정한다. **유동성**이란 어떤 자산을 교환의 매개수단으로 어느 정도 쉽고 빠르게 가치의 손실 없이 바꿀 수 있는가를 나타내는 개념이다. 화폐는 다른 교환의 매개수단으로 바꿀 필요 없이 모든 거래에 사용될 수 있어 유동성이 가장 높다.

경제 내에 유통되는 화폐의 양을 **통화량**이라고 한다. 통화량을 측정하는 방법은 기본적으로 IMF의 매뉴얼에 따르지만 상이한 금융상품 등으로 나라별 차이가 다소 있다. 일반적으로 대부분의 중앙은행은 협의에서 광의까지 몇 가지 통화지표를 내놓고 있다.

우리나라는 1951년부터 한국은행에서 통화지표를 공식적으로 작성하고 있다. 현재는 통화지표로 $M1$(협의통화)과 $M2$(광의통화), 그리고 유동성지표로 Lf(금융기관유동성)와 L(광의유동성)을 작성하고 있다.

M1은 교환의 매개수단 기능을 중시한 지표로 민간이 보유하고 있는 현금, 즉 현금통화와 결제성예금을 합한 것이다. 결제성예금은 수표발행, 자동이체서비스 등 입출금이 자유로워 즉각적으로 현금과 교환될 수 있다는 점에서 $M1$에 포함된다. 결제성예금에는 예금취급기관의 당좌예금, 보통예금과 같은 요구불예금과 저축예금, 시장금리부 수시입출식예금(money market deposit account, MMDA) 등이 포함된다. 이처럼 $M1$은 유동성이 매우 높은 결제성 단기금융상품으로 구성되어 있어 단기금융시장의 유동성 수준을 파악하는

데 적합한 지표이다.

***M*2**는 $M1$보다 넓은 의미의 통화로 $M1$에 예금취급기관의 각종 저축성예금, 시장형 금융상품, 실적배당형 금융상품, 금융채, 거주자 외화예금 등을 더한 것이다. 다만, 유동성이 낮은 2년 만기 이상의 장기 금융상품은 제외한다.

$M2$보다 포괄범위가 넓은 유동성지표로 Lf와 L이 작성되고 있다. ***Lf***는 $M2$에 예금취급기관의 만기 2년 이상 정기예적금, 금융채, 금전신탁 등과 생명보험회사의 보험계약준비금, 증권금융회사의 예수금 등 유동성이 상대적으로 낮은 금융상품까지 포함한 것이다. ***L***은 모든 금융자산들을 아울러서 우리나라 경제가 보유하고 있는 전체 유동성의 크기를 측정한 것이다. L은 Lf에 기업 및 정부 등이 발행하는 기업어음, 회사채, 국공채 등 유가증권을 더한 것이다.

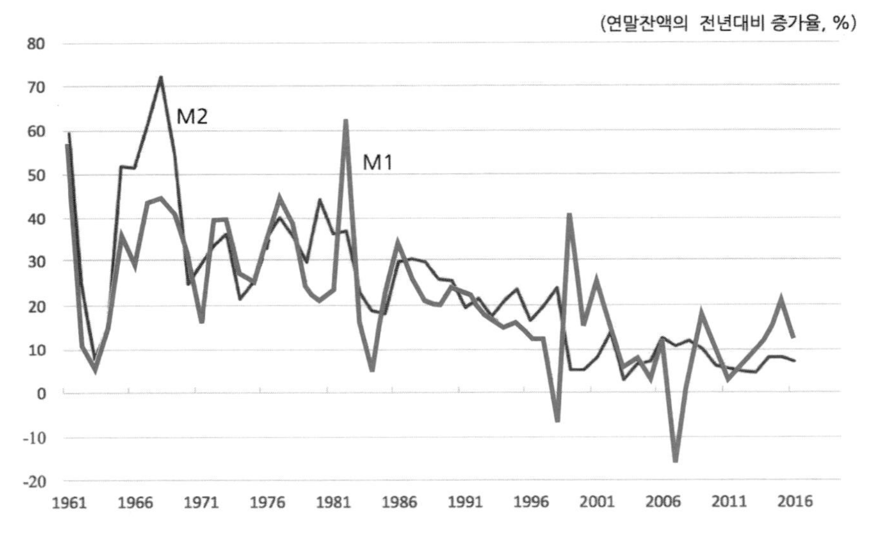

[그림 7-2] 우리나라의 통화량 증가율

1-3 통화공급

이제 앞에서 살펴본 통화량이 경제 내에 어떻게 공급되는지 알아보자. 중앙은행 – 우리나라는 한국은행 – 은 통화공급에서 핵심적 역할을 한다. 한국은행은 금융통화위원회의 결정에 따라 통화정책을 수행하는 과정에서 화폐를 발행하고 각종 금융거래와 관련된 지급

결제를 담당한다. 또한 한국은행은 연 8회 이자율과 통화공급에 영향을 미치는 통화정책을 금융통화위원회에서 결정한다. 통화정책에 대해서는 뒤에서 자세히 논의하기로 하고 여기서는 통화공급이 어떻게 한국은행에 의해 이루어지는지 간략히 설명하기로 한다.

한국은행은 정부채권이나 통화안정증권을 금융시장에서 사고파는 **공개시장운영**(open market operation)을 통해 통화정책을 주로 수행한다. 예를 들어, 한국은행이 상업은행들의 보유 채권을 매입하면 그 대금은 현금으로 지급되거나 한국은행에 개설되어 있는 예금계좌에 예치된다. 그에 따라 상업은행은 사용할 수 있는 자금이 증가하여 기업과 가계에 대한 대출을 늘리고, 더 많은 대출을 받은 기업과 가계는 그 자금을 결제 등에 사용할 수 있도록 은행에 예금을 한다. 그런 예금은 다시 대출과 예금으로 손바뀜되면서 통화가 추가로 창출된다(자세한 통화의 창출 과정은 부록 참조).

통화량의 측정에서 살펴본 것처럼 예금이 통화량에 포함되기 때문에 한국은행이 금융시장에서 채권을 매입하는 공개시장매입은 경제 내 통화량을 증가시킨다. 거꾸로 한국은행이 보유하고 있던 정부채권이나 통화안정증권을 공개시장매각하면 매입과 반대로 통화량이 줄어들게 된다.

2 화폐수량이론

화폐의 개념과 통화공급에 대한 이해를 바탕으로 통화량의 변화가 인플레이션에 장기적으로 미치는 영향에 대해 살펴보기로 한다. 통화공급의 장기적 효과를 논의하는 데 이용되는 **화폐수량이론**(quantity theory of money)은 한 나라의 총소득을 통화공급과 연관지어 설명하는 고전학파 경제학자(classical economist)들에 의해 만들어졌다. 고전학파는 경제 내의 임금과 가격이 완전히 신축적이어서 재화와 서비스 시장은 물론 노동, 자본 등 생산요소 시장도 수요와 공급이 항상 일치하는 균형을 이룬다고 가정한다.

미국의 경제학자 어빙 피셔(Irving Fisher)는 1911년 《화폐의 구매력(*The Purchasing Power of Money*)》이라는 책에서 화폐수량설을 명쾌하게 설명하였다. 피셔는 경제에서 생산된 최종 재화와 서비스에 대한 총지출액과 통화량의 관계에 주목하였다.

2-1 수량방정식

사람들이 보다 많은 재화와 서비스를 거래하기 위해서는 보다 많은 화폐가 필요한데 이와 같은 관계를 나타낸 항등식을 **수량방정식**(quantity equation)[2]이라고 한다.

$$M_t V_t = P_t Y_t \tag{7.1}$$

식 (7.1)의 수량방정식에서 P_t는 물가수준, Y_t는 실질 총산출(총소득)이므로 $P_t Y_t$는 명목GDP이다. V_t는 통화의 **소득유통속도**(income velocity of money)로 한 단위의 통화가 일정 기간 동안 사용된 횟수를 의미한다.

식 (7.1)을 보면 미지의 변수는 4개인데 방정식은 1개에 불과하다. 따라서 인플레이션 모형을 만들려면 3개의 방정식이 추가되어야 한다. Y_t, V_t, M_t에 대해 차례로 살펴보자.

고전적 이분법

고전적 이분법(classical dichotomy)은 장기에 있어서 실질변수와 명목변수를 완전히 분리한다. 고전학파 경제학자들은 임금과 가격이 신축적이므로 재화와 서비스의 가격이나 임금 등 요소가격이 공급과 수요가 일치하는 균형수준에서 결정된다고 보았다. 따라서 경제 내에서 생산되는 재화와 서비스의 양은 통화량이나 물가수준에 영향을 받지 않고 투자율, 새로운 아이디어, 총요소생산성, 생산요소의 양 등 실질변수에 의해 결정된다. 그러므로 이분법에 의하면 실질GDP가 외생변수이므로 $Y_t = \bar{Y}_t$로 가정할 수 있다.

이처럼 장기에서 고전적 이분법이 성립되는 것은 통화공급의 변화가 실질변수에는 전혀 영향을 미치지 못하기 때문인데 이를 **통화중립성**(monetary neutrality)이라고 한다. 다만 많은 경제학자들은 통화중립성이 단기에서는 성립되지 않는 것으로 보는데 이에 관해서는 뒤에서 살펴볼 것이다.

2 교환방정식(equation of exchange)이라고도 한다.

유통속도

피셔는 통화의 소득유통속도(이하 유통속도)가 개인들의 거래행태에 영향을 주는 제도들에 의해 결정된다고 보았다. 예를 들어, 신용카드의 보급이 확대되면 수많은 소비자들이 현금 대신 플라스틱 카드를 사용하게 되어 경제 내에서 필요한 화폐가 줄어든다. 같은 수준의 명목소득을 창출하는 데 필요한 화폐가 감소하면 유통속도가 빨라진다.

피셔는 경제제도나 관습 그리고 기술적 특징들이 유통속도를 점진적으로 변화시킬 것으로 추론하여 유통속도가 상수로 일정하다고 보았다. 즉, 유통속도는 외생으로 주어지며 일정하다고 가정한 것이다($V_t = \bar{V}$).

통화량

통화공급은 정책변수로 통화정책을 수행하는 중앙은행에 의해 결정된다. 통화정책이 외생적으로 결정되므로 $M_t = \bar{M}_t$로 가정한다.

2-2 화폐수량이론과 물가수준

고전학파이론에 기초한 가정으로부터 얻은 3개 방정식 $Y_t = \bar{Y}_t$, $V_t = \bar{V}$, $M_t = \bar{M}_t$을 식 (7.1)에 추가하면 4개의 미지수와 4개의 방정식으로 모형이 완성된다. 이제 화폐수량이론으로 인플레이션을 설명할 수 있게 된 것이다.

추가로 설정한 3개 방정식을 식 (7.1)에 대입하고 P에 대해 정리하면 균형 물가수준이 다음과 같이 유도된다.

$$P_t^* = \frac{\bar{M}_t \bar{V}}{\bar{Y}_t} \tag{7.2}$$

식 (7.2)는 장기적으로 물가수준을 결정하는 핵심적 요인이 통화량임을 보여준다. 이 식에서는 유통속도가 일정하므로 물가수준은 통화량이 증가하거나 실질GDP가 감소할 때 높아진다. 그런데 고전적 이분법에 따라 명목변수인 통화량의 변화가 실질GDP에 영향을 주지 못하므로 통화량의 증가는 물가수준만 높이게 된다. 수량방정식이 항상 성립하기 위해서는 중앙은행이 통화량 증가를 결정하면 물가수준 P가 상승해야 한다.

2-3 화폐수량이론과 인플레이션

수량방정식은 다음과 같이 변화율의 식으로 변환할 수 있다.

$$\bar{g}_M + \bar{g}_V = g_P + \bar{g}_Y \tag{7.3}$$

즉 통화량 증가율+유통속도 변화율=물가수준의 상승률+실질GDP 성장률인데 유통속도는 일정하므로 $\bar{g}_V = 0$이다. 물가수준의 상승률이 인플레이션율이므로 g_P를 π라 표시하면 다음의 식이 유도된다.

$$\pi = \bar{g}_M - \bar{g}_Y \tag{7.4}$$

식 (7.4)는 화폐수량이론에 따르면 장기에 있어서 통화량 증가율이 1:1의 관계로 인플레이션의 변동을 가져온다는 의미다. 예를 들어, 실질GDP가 연 3%로 성장하고 통화량 증가율이 5%라면 인플레이션율은 2%이다. 만약 중앙은행이 통화량 증가율을 10%로 5%p 높이면 인플레이션율만 7%로 5%p 높아지게 된다.

3 실질이자율과 명목이자율

3장에서 장기에 **실질이자율**(real interest rate)은 자본의 한계생산과 일치한다고 하였는데 이는 실질이자율이 재화의 양으로 측정된다는 의미이다. 즉, 실질이자율은 돈을 빌리는 대가로 빌려주는 사람에게 추가적으로 지불해야 하는 구매력의 양과 같다. 실질이자율은 금융시장에서 거래되고 언론에서 보도되는 이자율처럼 화폐단위로 지급되는 **명목이자율**(nominal interest rate)과는 다르다는 뜻이다.

그렇다면 어떻게 실질이자율을 측정할 수 있을까? 우리는 물가수준이 실질GDP와 명목GDP 간의 변환을 가능하게 한다는 것을 잘 안다. 이자율이 1년 동안의 수익이므로 명목이자율과 실질이자율의 차이는 물가수준의 변화율, 즉 인플레이션율이다. 따라서 실질이자율을 r로, 명목이자율을 i로 표시하면 명목이자율과 실질이자율은 다음과 같은 관계를 가진다.

$$i = r + \pi \tag{7.5}$$

이 식을 **피셔방정식**(Fisher equation)이라 한다. 예를 들어, 명목이자율이 8%이고 인플레이션율이 3%라면 실질이자율은 피셔방정식에 의해 5%이다. 실질이자율은 마이너스일 때도 있는데 이는 금융시장의 명목이자율보다 인플레이션율이 더 높을 때 나타난다.

경제학자들은 실질이자율을 **사전적**(ex ante)인 것과 **사후적**(ex post)인 것으로 구분한다. 사전적 실질이자율은 다음과 같이 명목이자율에 물가수준의 예상 변화율(기대인플레이션율)을 뺀 것이다.

$$r_{ante} = i - \pi^e$$

이처럼 사전적 실질이자율은 예상된 인플레이션율로 조정한 것으로, 투자와 관련된 의사를 결정할 때 기대되는 이자율인 만큼 경제적 의사결정과 관련해서 볼 때 적합한 이자율이라 할 수 있다. 따라서 경제학자들이 사용하는 실질이자율은 일반적으로 사전적 실질이자율을 의미한다. 한편 명목이자율에 실제 인플레이션율을 뺀 사후적 실질이자율은 투자가 완료되어 회수되는 시점에서 실현된 실질이자율이다. 따라서 투자의 사후적 평가에 적합할 수 있다.

고전적 이분법에 의하면 실질변수인 실질이자율은 인플레이션이나 기대인플레이션에 영향을 받지 않고 저축과 투자의 상호작용으로 결정된다. 따라서 인플레이션에 대한 고전학파의 견해처럼 장기에는 실질이자율이 주어지는 것이라면 피셔방정식에 따라 인플레이션과 명목이자율은 1:1의 관계를 갖고 움직일 것이다. 예를 들어, 실질이자율이 2%이고 기대인플레이션율이 3%라면 명목이자율은 5%가 되어야 한다. 만약 기대인플레이션율이 10%로 7%p 상승하면 명목이자율도 7%p 상승하여 12%로 높아지게 된다. 이처럼 기대인플레이션율이 명목이자율에 1:1로 영향을 미치는 것을 **피셔효과**(Fisher effect)라고 한다.

4 인플레이션의 비용

지금까지 우리는 인플레이션이 장기적으로 발생하는 원인에 대해 살펴보았다. 이제 인플레이션의 영향이 무엇인지 알아볼 차례다. 중앙은행들은 인플레이션이 안정적 수준에서 유지되도록 하기 위해 많은 노력을 기울인다. 대체 인플레이션이 높으면 어떠한 경제적 비용이 초래되기 때문에 그러는 것일까? 이하에서는 인플레이션의 비용을 예상된 인플레이션의 비용과 예상하지 못한 인플레이션의 비용으로 구분하여 논의하기로 한다.

4-1 예상된 인플레이션의 비용

오랫동안 인플레이션율이 10%로 비교적 높은 수준을 지속해서 국민들이 앞으로도 10%의 인플레이션율을 예상하고 있다고 가정하자. 이런 상황에서 어떤 사회적 비용이 발생하는지 의문이 들 것이다. 가계가 구입하는 물품들의 가격이 매년 10%씩 오르면 임금도 그만큼 상승하여 실질임금이 변하지 않으므로 같은 양의 재화와 서비스를 소비할 수 있을 것이다. 저축도 영향을 받지 않을 것이다. 왜냐하면 피셔효과에 따라 명목이자율이 물가 상승을 보전하기 때문에 실질이자율이 영향을 받지 않기 때문이다.

이처럼 고전학파의 이분법이 적용되는 경제에서는 인플레이션이 경제의 실질적 측면에 아무런 영향을 주지 않는 것처럼 보인다. 즉, 예상된 인플레이션은 국민의 복지에 영향을 미치지 않을 것이라고 생각할 수 있다. 그러나 완벽하게 예측된 인플레이션도 다음과 같은 경제적 비용을 초래할 수 있다.

첫째, **구두창비용**을 들 수 있다. 인플레이션율이 높으면 명목이자율이 상승한다. 그에 따라 이자가 전혀 붙지 않는 현금을 주머니에 가지고 다니면 더 많은 기회비용이 발생한다. 따라서 평소에 가지고 다니던 현금을 줄여 예금을 하게 될 것이다. 그 결과 예금을 할 때나 인출할 때 은행을 방문하는 횟수가 늘어나면서 시간, 교통비 등 방문비용이 발생하게 된다. 이를 경제학자들은 구두창비용(shoeleather cost)이라고 한다. 방문할 때마다 구두가 닳는 것을 빗대어 표현한 것이다.

둘째, **메뉴비용**이 발생한다. 완벽하게 예측되더라도 인플레이션이 심해지면 기업들은 가격을 자주 변경해야 한다. 따라서 높은 인플레이션은 가격 변화에 따르는 비용을 유발한다. 이 비용을 메뉴비용(menu cost)이라고 한다. 메뉴비용에는 음식점의 메뉴판을 새로 인쇄하는 비용만이 아니라 새로운 가격을 고객들에게 광고하고 새 가격의 라벨을 인쇄하고 붙여야 하는 등의 비용이 포함된다. 더군다나 가격을 변경할 때 자칫 혼자만의 가격 변화가 초래할 수 있는 손실을 고려하여 가격 변경의 시점이나 폭을 선택하는 데 수반되는 노력에 대한 비용도 있다.

셋째, **조세 왜곡**을 들 수 있다. 현실적으로 세율은 인플레이션에 완벽하게 조정되지 않아 임금 소득자나 투자자들에게 비용을 발생시킨다. 예를 들어 물가가 2배로 뛰어 임금도 같은 비율로 올랐을 때, 세율이 조정되지 못하여 소득세 부담이 늘어나고 처분 가능한 실질임금이 낮아질 수 있다. 또 물가가 10% 상승하여 보유 금융자산의 이자율이 10%p 상승할 경우, 이자수입으로 구매할 수 있는 재화와 서비스의 양은 변하지 않아 형편이 좋아진 것이 아닌데도 불구하고 이자소득세를 더 많이 내야 할 수 있다.

끝으로 상대가격의 변화와 **자원배분의 왜곡**에 따른 비용이다. 물가가 오른다고 해서 모든 기업들이 다 같이 동일한 비율로 가격을 올리는 것은 아니다. 따라서 높은 인플레이션은 상대가격의 변화를 자주 가져온다. 상대가격의 변화는 미시경제학적 비효율성을 초래한다. 예를 들어, 대체재를 생산하여 판매하는 두 기업이 있는데 기업 1은 매년 연초에 가격을 결정하고 기업 2는 매년 연말에 가격을 결정한다고 가정하자. 인플레이션이 심해지면 연말에는 기업 1에 비해 기업 2의 상대가격이 크게 높아질 것이며 그에 따라 기업 2의 판매가 크게 감소할 수 있다. 이는 높은 인플레이션으로 자원배분이 왜곡될 수 있음을 의미한다.

4-2 예상하지 못한 인플레이션의 비용

예상된 인플레이션의 비용보다 예상하지 못한 인플레이션의 비용은 더 크다. 예상하지 못한 인플레이션의 비용으로 **부**(wealth)**의 자의적인 재분배**를 들 수 있다. 예를 들어 장기 주택담보대출을 받은 경우를 보자. 10년 만기 대출을 계약할 때 연평균 2%의 낮은 기대인플레이션율을 반영하여 이자율을 연 5%로 하였다고 가정하자. 그런데 실제 대출기간 동안의 평균 인플레이션율이 5%였다면 차입자의 사후적 실질비용은 0%로 3%p 낮아진다. 반면 대출 계약 때 연평균 3%의 실질수익을 예상했던 은행의 사후적 실질수익은 0%가 된다. 이처럼 예상보다 인플레이션율이 높아지면 부채보유자는 실질가치가 떨어진 차입금을 상환하게 되므로 이익을 보는 반면 대부자는 손해를 본다.

또한 예상과 다른 인플레이션은 잘못된 투자와 저축을 결정하도록 한다. 예를 들어, 자동차할부대출을 연 5%로 받았는데 인플레이션율이 8%로 예상보다 높게 나타났다고 하자. 이 경우 실질가치로 보면 자동차대출의 비용은 매우 낮은 –3%(= 5%–8%)이다. 따라서 더 많은 돈을 빌려 성능이 더 좋은 자동차를 사지 않은 것을 후회할지 모른다.

5 시뇨리지

화폐수량설은 높은 인플레이션의 주요 원인으로 중앙은행이 공급하는 통화량이 너무 많기 때문이라고 보는 이론이다. 그렇다면 왜 어떤 중앙은행은 인플레이션의 비용이 발생하는데도 화폐를 많이 공급하는 것일까? 그 이유는 정부가 지출에 필요한 재원을 충당하는 방법으로 화폐발행을 이용하기 때문이다. 이를 설명하기 위해 먼저 정부의 예산제약을 살펴보자.

$$G = T + \Delta B + \Delta M \tag{7.6}$$

식 (7.6)에 의하면 정부는 지출(G)을 위한 자금을 세 가지 방법으로 조달한다. 조세수입(T)과 신규차입(ΔB) 그리고 화폐발행(ΔM)이다. B와 M이 각각 정부부채 잔액과 통화량 잔액을 나타내므로 ΔB과 ΔM은 각각 정부의 부채 증가로 나타나는 새로운 차입의 양과 새로이 발행하는 화폐의 양이다. 중앙은행이 새로이 법화를 발행하면 수입을 얻게 되는데 그 수입이 정부로 귀속된다. 이처럼 화폐발행으로 얻는 정부의 수입을 **시뇨리지**(seigniorage) 또는 **인플레이션 조세**(inflation tax)라고 부른다.

그렇다면 누가 소위 인플레이션 조세라 불리는 것을 부담하는가? 정부는 화폐발행을 통해 다른 경제주체로부터 자원을 획득하는데 정확히 누구에게서인가? 모든 개인이 현금을 2만원씩 가지고 있는데 중앙은행이 개인당 2만원에 해당되는 화폐를 새로이 발행하고 그만큼을 정부가 지출했다고 가정하자. 화폐수량설에 따라 우리는 이와 같은 화폐발행이 물가수준을 장기적으로 2배 높인다는 것을 알고 있다. 그 결과 각 개인들이 보유하고 있던 2만원의 구매력은 절반으로 떨어지게 된다. 이처럼 인플레이션 조세는 현금을 가지고 있던 모든 개인들이 지불하는 셈이다.

정상적인 경제에서는 정부가 재정지출에 필요한 재원을 조세 수입과 차입에 의존한다. 그런데 과거에 누적된 차입인 부채가 너무 많아 대부자가 정부의 상환능력에 회의를 품어 자금의 대부를 중단할 수 있다. 또한 정치적 이유로 정부가 재정지출과 차입금 이자 지급에 필요한 자금을 세금 인상으로 조달하기 어려운 상황에 처할 수도 있다. 이러한 경우 정부가 인플레이션 조세에 의존할 가능성이 높아진다.

인플레이션 조세는 매우 높은 인플레이션의 핵심 요인일 수 있다. 그래서 2012년 노벨 경제학상 수상자인 토마스 사전트(Thomas Sargent) 교수는 밀턴 프리드먼의 말을 다음과 같이 변형하였다. "지속적인 고 인플레이션은 언제나 그리고 어디서나 재정적 현상이다(Persistent high inflation is always and everywhere a fiscal phenomenon)." 이와 같은 인플레이션 조세를 방지하기 위하여 대부분의 나라에서는 넓은 의미의 정부에 속하는 중앙은행에 대해 독립성을 부여하고 있다. 정부가 화폐발행을 통해 지출재원을 충당하려는 유혹에 빠지지 않도록 하기 위해 정부로부터 독립된 중앙은행으로 하여금 통화정책을 수행토록 법제화한 것이다.

6 〈부록 1〉 통화공급

6-1 한국은행의 대차대조표

통화공급을 논의하기 위해 한국은행의 대차대조표(balance sheet, B/S)부터 살펴보자. 여기서는 통화공급의 과정을 이해하는 데 핵심적인 항목만 B/S에 간략히 나타내기로 한다.

[표 7-1] 한국은행 대차대조표(B/S)

(2016.12말, 조원)

국채	14.5	현금통화	86.8
외화증권	357.6	지준준비금	56.6
예금은행대출	17.3		

부채

대차대조표는 오른쪽에 부채항목을 기록한다. 현금통화란 민간이 보유하고 있는 현금을 말한다. 지급준비금(reserves, 이하, 'TR')이란 예금은행이 수취한 예금 가운데 인출 요구 등에 부응할 수 있도록 대출하지 않고 보유하고 있는 것을 말한다. 은행은 지급준비금을 현금으로 보유하거나(은행시재금, vault cash) 중앙은행에 개설된 예금계좌에 예치할 수 있다. 지급준비금은 한국은행이 은행에 대해 보유를 요구하는 법정지급준비금(required reserves, RR)과 은행이 추가로 보유하는 초과지급준비금(excess reserves, ER)으로 구성된다.

$$TR = RR + ER \tag{7.7}$$

현금통화와 지급준비금을 합친 것을 본원통화라고 하는데 중앙은행의 통화성부채(monetary liabilities)이다. 지급준비금은 은행이 한국은행에 지불을 요구하면 언제든지 그에 대한 의무를 이행해야 하기 때문에 한국은행의 부채인 반면 은행의 자산이다.

자산

한국은행 B/S에서 자산항목이 기록되는 왼쪽의 국채와 예금은행대출은 통화공급과 밀접하게 연관된다. 한국은행이 정부가 발행한 국채를 은행으로부터 사들이면 은행의 지급준비금이 늘어난다. 예금은행대출 혹은 재할인대출(discount loans)도 은행이 한국은행으로부터 지급준비금을 공급받는 방법 중 하나이다. 예금은행은 지급준비금으로 대출하고 그에 따른 예금과 대출이 반복적으로 이루어지면서 통화량이 늘어나게 된다.

6-2 본원통화의 공급

중앙은행은 본원통화(monetary base, 또는 고성능 화폐 high-powered money)를 공급한다. 본원통화(MB)란 현금통화(C)와 지급준비금(TR)을 합한 것이다.

$$MB = C + TR \tag{7.8}$$

한국은행이 본원통화를 조절하는 주된 수단은 국채 등을 금융시장에서 사고파는 공개시장운영(open market operation)과 재할인대출이다.

공개시장운영

먼저 은행이 보유하고 있는 채권을 사들이는 공개시장매입(open market purchase)에 대해 살펴보자. 한국은행이 A은행의 보유채권 1억원을 매입하고 그 대금을 A은행의 예금계좌에 입금하거나 현금으로 지급하는 경우, A은행과 한국은행의 대차대조표는 [표 7-2]와 같아진다. 한국은행의 B/S에서 지급준비금이 1억원 증가하고 그에 따라 본원통화도 1억원 증가하지만 현금통화는 아무런 변화가 없다.

[표 7-2] 공개시장매입 후 B/S

A은행		한국은행	
채권 -1억 지준 +1억		채권 +1억	지준 +1억

다음으로 한국은행이 증권회사 같은 비은행 민간으로부터 공개시장매입하는 경우를 보자. 민간 보유채권 1억을 한국은행이 매입하고 그 대금을 수표로 지급하였는데, 그 민간이 수표를 A은행에 예금하고 A은행은 한국은행 계좌에 예치하면 한국은행의 B/S는 은행으로부터 공개시장매입을 한 경우와 동일하게 된다.

[표 7-3] 민간으로부터 공개시장매입 후 대차대조표 (예금)

비은행 민간		A은행		한국은행	
채권 -1억 예금 +1억		지준 +1억	예금 +1억	채권 +1억	지준 +1억

그런데 앞의 민간이 채권 1억을 한국은행에 매도하고 그 대금을 현금으로 보유하면 아래 대차대조표와 같이 지급준비금은 변동이 없으며 현금통화가 1억원 증가하고 그에 따라 본원통화도 1억원 증가한다.

[표 7-4] 민간으로부터 공개시장매입 후 대차대조표 (현금 보유)

비은행 민간		한국은행	
채권 -1억 현금 +1억		채권 +1억	현금통화 +1억

금융기관에 대한 대출

한국은행이 A은행에 1억을 대출하고 A은행은 1억을 한국은행에 예치하거나 현금으로 보유하면 지급준비금이 1억원 증가하여 본원통화도 1억원 증가하지만 현금통화에는 영향을 주지 않는다.

[표 7-5] 한국은행의 대출 후 대차대조표

A은행		한국은행	
지준 +1억	한은차입 +1억	대출 +1억	지급준비금 +1억

6-3 예금통화의 창출

예금은행은 중앙은행이 공급하는 본원통화를 기초로 예금통화를 창출한다. 한국은행이 A은행으로부터 채권 1억원을 매입하면 A은행 B/S의 자산에서 채권이 1억원 감소하고 지급준비금이 1억원 증가한다. 이때의 지급준비금은 예금에서 발생한 것이 아니므로 전액 초과지준으로 모두 대출할 수 있다. A은행이 갑에게 대출하면 A은행의 B/S는 자산항목에서 지급준비금이 대출로 바뀐다.

A은행(대출 전)		A은행(대출 후)	
채권 -1억		채권 -1억	
지준 +1억		대출 +1억	

갑이 을에게 재화구입의 대가로 A은행에서 대출받은 1억을 을의 B은행 계좌에 이체하면 B은행의 B/S는 다음과 같아진다. 한국은행이 A은행으로부터 채권을 매입한 결과 예금이 1억원 창출된 것이다.

B은행	
지준 +1억	예금 +1억

B은행은 법정지급준비금(예: 예금의 10%)을 제외한 9,000만원을 병에게 대출하고, 병은 상품구입 대가로 정의 C은행에 9,000만원을 이체한다. 그리고 C은행은 법정지급준비금 이외를 다시 대출하면 B은행과 C은행의 B/S는 다음과 같아진다.

B은행		C은행	
지준 +0.1억	예금 +1억	지준 +0.09억	예금 +0.9억
대출 +0.9억		대출 +0.81억	

이러한 신용창조 과정이 무한히 반복되면 은행시스템 내의 총예금은 아래 표와 같이 10억원이 된다. 즉, 한국은행이 1억원을 공개시장매입함으로써 본원통화가 1억원 늘어나고 그에 따라 통화량이 10억원 증가한다. 본원통화 증가에 대해 통화량이 10배 늘어났는데 이는 법정지급준비율 0.1의 역수 배이다. 이를 **통화승수**(money multiplier)라고 한다.

(백만원)

은행	예금 증가	대출 증가	지준준비금 증가
A	0.00	100.00	0.00
B	100.00	90.00	10.00
C	90.00	81.00	9.00
D	81.00	72.90	8.10
E	72.90	65.61	7.29
F	65.61	59.05	6.56
⋮	⋮	⋮	⋮
은행 전체	1,000	1,000	100

통화승수의 유도

현금통화(C)와 초과지준(ER)이 예금(D)에 비례한다고 가정하자. 법정지급준비율(required reserve ratio, rr)은 예금 대비 법정지급준비금의 비율이므로 $rr = RR/D$이다. 그리고 현금통화비율(currency ratio)을 $cr = C/D$, 초과지급준비율을 $er = ER/D$라고 하자. 지급준비금(TR)은 법정지급준비금(RR)과 초과지급준비금(ER)의 합($TR = RR + ER$)이므로 다음과 같이 나타낼 수 있다.

$$TR = rr \times D + er \times D = (rr + er) \times D \tag{7.9}$$

한편 본원통화(MB)는 현금통화(C)와 지급준비금(TR)의 합이므로 다음과 같다.

$$MB = C + TR = cr \times D + (rr + er) \times D = (cr + rr + er) \times D \tag{7.10}$$

식 (7.10)을 예금에 대해 정리하면 다음 식을 얻는다.

$$D = \frac{1}{cr + rr + er} MB \tag{7.11}$$

그런데 통화량(M)은 현금통화와 예금통화의 합이므로 식 (7.12)와 같이 쓸 수 있다.

$$M = C + D = cr \cdot D + D = (1 + cr)D \tag{7.12}$$

끝으로 식 (7.11)을 식 (7.12)에 대입하면 식 (7.13)과 같이 통화량이 본원통화의 배수식으로 유도된다.

$$M = \frac{1 + cr}{cr + rr + er} MB \tag{7.13}$$

위 식에서 통화승수 m은 식 (7.14)와 같이 현금통화비율, 법정지급준비율, 초과지급준비율에 의해 결정된다.

$$m = \frac{1 + cr}{cr + rr + er} \tag{7.14}$$

식 (7.14)에서 $rr = 0.1, cr = 0, er = 0$이면 통화승수는 10으로 앞에서 살펴본 예의 값과 같다. 일반적으로 현금통화비율이나 초과지급준비율이 0이 아니므로 식 (7.14)의 통화승수는 앞의 단순한 예의 경우보다 작다. 즉, 예금자의 현금 보유에 대한 의사결정과 은행의 초과지급준비금 보유에 대한 의사결정이 화폐공급을 변화시키므로 중앙은행이 통화공급을 결정하는 유일한 주체는 아니라 하겠다.

7 〈부록 2〉 이자율과 현재할인가치

현재할인가치(present discounted value) 또는 **현재가치**(present value)라는 개념은 1년 후

에 받을 1만원은 오늘 받는 1만원보다 가치가 작다는 당연시되는 사실에 기초하는 것으로 볼 수 있다. 오늘 1만원을 은행에 저축하면 1년 후에는 이자가 추가되어 1만원 이상 받을 수 있기 때문이다.

만약 오늘 친구에게 1만원을 빌려주고 1년 후에 1만 1,000원을 되돌려 받는다고 하면 1,000원의 이자가 발생한 것으로 이자율이 10%라고 누구나 쉽게 계산할 수 있다.

$$i = \frac{1,000}{10,000} = 0.1 = 10\%$$

즉 1년 후의 1만 1,000원은 아래와 같이 계산된 것이다.

$$10,000 \times (1 + 0.1) = 11,000$$

만약 1년 후에 다시 1만 1,000원을 10%의 이자율로 빌려준다면 그 다음해에 받는 금액은 1만 2,100원이 된다.

$$11,000 \times (1 + 0.1) = 10,000 \times (1 + 0.1)^2 = 12,100$$

즉 현재의 1만원이 n년 후에는 다음과 같게 된다.

$$10,000 \times (1 + 0.1)^n$$

이러한 관계를 역으로 이용하면 미래에 받을 금액을 현재의 가치로 환산할 수 있다. 3년 후의 1만 3,310원은 $13,310 = 10,000 \times (1+0.1)^3$이므로 현재의 1만원과 같은 가치를 갖는다는 것을 알 수 있다. 즉 이자율이 10%일 때 3년 후의 1만 3,310원의 현재가치는 다음과 같이 계산된다.

$$10,000 = \frac{13,310}{(1 + 0.1)^3}$$

이처럼 미래에 받을 현금흐름을 현재의 가치로 환산하는 과정을 미래를 할인한다고 말한다. 이런 과정을 일반화하여 현재의 가격(현재할인가치)을 PV로 표시하고 CF를 미래의 현금흐름(수령액), i를 이자율이라고 하면 n년 후 받을 금액의 현재가치는 다음과 같이 계산된다.

$$PV = \frac{CF}{(1+i)^n} \tag{7.15}$$

식 (7.15) 현재가치의 개념은 매우 유용하다. 보유하고 있는 금융상품으로부터 미래에 받을 각각의 현금흐름에 대한 개별적인 현재가치를 모두 합하면 주어진 이자율에서 금융상품의 지금 현재의 가치, 즉 현재의 가격을 계산할 수 있기 때문이다. 이는 현재가치의 개념을 이용하면 만기가 서로 다른 여러 금융상품의 가치를 비교할 수 있음을 의미한다.

또한 현재가치의 개념으로 가장 정확하게 이자율을 측정하는 만기수익률을 산출할 수도 있다. **만기수익률**(yield to maturity)이란 금융상품으로부터 미래에 발생하는 모든 현금흐름의 현재가치를 오늘의 가격과 일치시키는 이자율이다. 예를 들어, 정부가 발행하는 국고채는 만기까지 매년 일정 금액을 지급하다가 만기에는 채권의 액면금액을 채권 보유자에게 상환한다. 이와 같은 채권을 **이표채**(coupon bond)라고 하는데 매년 지급하기로 약속한 금액을 이표지급액이라고 부르며 발행 시 액면금액에 이표율(coupon rate)을 곱한 값이다. 이표채는 발행과 함께 금융시장에서 거래되면서 가격이 수시로 변동하는데 앞에서 살펴본 현재가치의 개념을 이용하면 이표채의 가격 변동에 따른 만기수익률(이자율)을 계산할 수 있다.

이표채에서 매년 발생하는 현금흐름의 현재가치를 모두 합친 것이 바로 이 채권의 지금 현재의 가치, 즉 현재의 가격 P와 같아야 한다. 그 조건을 만족시키는 식 (7.16)의 i가 바로 이표채의 만기수익률이다.

$$P = \frac{C}{1+i} + \frac{C}{(1+i)^2} + \frac{C}{(1+i)^3} + \cdots + \frac{C}{(1+i)^n} + \frac{F}{(1+i)^n} \tag{7.16}$$

여기서 P는 이표채의 현재 가격, C는 연간 이표 지급액(coupon payment), F는 이표채의 액면가(face value or par value)이며 n은 만기를 나타낸다.

요약

1 화폐란 부채를 상환하거나 재화와 서비스를 구입하는 대가로 지급하는 데 사용할 수 있는 자산으로 교환의 매개수단, 회계단위, 가치의 저장 등 세 가지 기능을 가지고 있다.

2 통화량은 민간이 보유하고 있는 현금통화와 예금통화의 합으로 측정하며 예금의 유동성 정도에 따라 $M1$과 $M2$로 나눈다. 통화는 중앙은행의 본원통화 공급과 그로부터의 신용창조 과정을 통해 창출된다.

3 수량방정식은 보다 많은 재화와 서비스를 거래하기 위해서는 보다 많은 화폐가 필요하다는 관계를 나타내는 것으로 명목GDP와 통화량 간의 관계로 표시한다. 소득유통속도가 안정적일 경우 장기적으로 통화량이 물가수준을 결정한다. 그리고 고전적 이분법이 적용되는 장기에 있어서는 통화 증가율이 1:1의 관계로 인플레이션율을 변동시킨다.

4 실질이자율이란 명목이자율에서 구매력의 변화, 즉 인플레이션을 조정한 이자율을 말한다. 피셔방정식 $i = r + \pi$는 명목이자율과 실질이자율 간의 관계를 나타낸 것이다.

5 인플레이션은 예상된 경우에도 구두창비용, 메뉴비용, 조세 왜곡, 자원배분의 왜곡과 같은 비용을 초래한다. 예상하지 못한 인플레이션은 부를 자의적으로 재분배하는 비용을 초래한다.

6 화폐발행으로 얻는 정부의 수입을 '시뇨리지' 또는 '인플레이션 조세'라고 한다.

연습문제

1 화폐수량이론에서 핵심적 내생변수는 무엇인가? 다음과 같은 변화가 핵심적 내생변수에 미치는 영향을 설명하라.

(1) 통화공급이 2배로 증가

(2) 통화의 유통속도가 10% 상승

(3) 실질GDP가 2% 증가

(4) 통화공급과 실질GDP가 동시에 3% 증가

2 유통속도가 일정하고 실질GDP가 매년 3%씩 성장하며 통화량 증가율이 연평균 5%인 경제가 있다고 가정하자. 다음과 같은 경우의 장기 인플레이션율을 화폐수량이론에 따라 계산하라.

(1) 주어진 가정 하에서의 인플레이션율

(2) 통화량 증가율이 연평균 10%로 높아진 경우

(3) 가정의 경제로 되돌아가 실질GDP 성장률이 5%로 높아진 경우

(4) 가정의 경제로 되돌아가 통화의 유통속도가 매년 1% 상승한다고 가정했을 때 인플레이션율은? 이러한 유통속도의 변화를 초래하는 원인에 대해 간략히 설명하라.

3 한국은행 ECOS의 자료를 이용하여 $M1$ 및 $M2$의 1990~2016년 소득유통속도를 그려보라.

4 실질이자율과 명목이자율이 각각 음의 값을 가질 수 있는가? 가능하다면 어떤 상황에서 발생하는지 논하라.

5 당신은 화폐수량이론이 잘 적용되는 나라의 중앙은행 총재이고 인플레이션율을 2%로 유지하는 책임을 부여받았다고 하자. 다음과 같은 각각의 사건에 대해 통화공급을 어떻게 조절할 것인지 설명해보라.

(1) 실질GDP가 5% 성장하는 호황 발생

(2) 실질GDP가 2% 감소하는 침체 발생

(3) 실질GDP가 매년 3%씩 지속적으로 성장

(4) 통화의 소득유통속도가 3% 상승

(5) 통화의 소득유통속도가 1% 하락

3부*

단기

* 9~12장은 찰스 존스(Charles I. Jones)의 《거시경제학》 4판 11~13장의 여러 부분을 인용하였다.

8장

경기변동입문

20세기의 위대한 경제학자 존 케인즈(John M. Keynes)는 "장기에는 우리 모두 죽는다(In the long run we are all dead)"라고 하면서 장기라는 개념이 현재의 경제적 사건들에 대한 해결을 잘못 인도한다고 보았다.

우리가 앞에서 논의한 장기모형은 경제가 평균적으로 어떻게 행동하는지에 대한 안내서라 할 수 있다. 현실적으로는 경제가 언제든지 장기 평균에서 벗어나 움직일 수 있다. 가장 최근의 사건인 2008~2009년 금융위기의 영향으로 세계경제가 수십 년 만에 극심한 충격에 빠지면서 장기추세에서 크게 벗어난 것이 좋은 사례다.

앞으로 우리는 몇 개의 장에 걸쳐 장기추세를 이탈하여 움직이는 경제에 대해 논의할 것이다. 먼저 이 장에서는 경제가 장기추세에서 벗어나 움직이는 단기 **경기변동**을 이해하는데 필요한 개념들을 소개한다. 그리고 9~11장에서는 단기모형을 구성하는 IS곡선, MP곡선, 필립스곡선에 대해 차례대로 살펴보기로 한다. 그런 다음 12장에서 인플레이션의 변동, 경기의 호황과 침체 등을 설명할 수 있는 총수요/총공급모형에 대해 논의한 후 13장에서는 단기모형을 사용하여 경제위기의 발생과 그에 대응했던 정책을 조명하기로 한다.

1 장기, 단기, 그리고 충격

장기모형은 잠재산출량 수준과 장기 인플레이션을 결정하는 것으로 생각할 수 있다. 반면, 단기모형은 우리가 매년 또는 매분기 목격하는 실제 산출량과 실제 인플레이션을 결정한다.

잠재산출량은 모든 투입요소가 장기적으로 지속 가능한 수준으로 활용될 때의 산출량 규모이다. 실제 산출량은 원유가격 상승, 금융시장 혼란, 세금이나 정부지출의 변화, 신기술의 발전, 자연재해, 해외경기의 변동 등과 같은 충격으로 잠재산출량 수준을 자주 벗어난다. 이처럼 실제 산출량이 잠재산출량을 벗어나 있는 기간을 **단기**라고 한다.

앞으로 논의할 단기모형에서 중요한 가정은 장기를 주어진 것으로 간주하는 것이다. 잠재산출량과 장기 인플레이션율은 단기모형 밖에서 장기모형에 의해 결정된다. 바꾸어 말하면, 단기모형에서는 잠재산출량과 장기 인플레이션율이 외생변수이다. 그래서 이들 장기 변수는 윗줄을 넣어 구분할 것이다. 잠재산출량은 $\bar{Y}_t$로, 장기 인플레이션은 $\bar{\pi}$로 표시한다. 장기 인플레이션에는 시간을 나타내는 아래첨자 t를 사용하지 않는다. 장기적으로는 인플레이션율이 정책당국에 의해 선택되는 안정적 파라미터와 같기 때문이다. 이에 대해서는 앞으로 살펴보게 될 것이다.

단기모형에서 결정되는 핵심적 내생변수는 현재의 산출량(Y_t)과 인플레이션율(π_t)이다. 현재의 산출량과 인플레이션율은 경제에 대한 충격으로 인해 장기수준을 벗어날 수 있다. 그와 같은 현상에 대해 설명하고자 하는 것이 단기모형의 기본 목적이다.

1-1 장기추세와 단기변동

실제 산출량은 **장기추세**(long-run trend)와 **단기변동**(short-run fluctuation)을 합친 것으로 볼 수 있다. 실제 산출량은 실질GDP(Y_t)이며, 장기추세는 잠재산출량 혹은 잠재GDP($\bar{Y}_t$)이다.

그리고 단기모형에서 설명하려는 단기변동은 $\tilde{Y}_t$로 표시하고 잠재GDP에 대한 비율로 나타낸 식 (8.1)과 같이 정의하기로 한다. 이처럼 비율로 표시하는 것은 시간이 지남에 따라 경제규모가 커지기 때문에 단순히 실질GDP와 잠재GDP의 차이로 표시하면 그 격차의 크기를 정확하게 파악하기 어렵기 때문이다.

$$\tilde{Y}_t \equiv \frac{Y_t - \bar{Y}_t}{\bar{Y}_t} \tag{8.1}$$

$\tilde{Y}_t$를 **산출갭**(output gap), **추세제거산출**(detrended output) 또는 **단기산출**(short-run output)이라고 부른다.

[그림 8-1]에서 (a)는 정형화한 실제 산출량과 잠재산출량을, (b)는 장기추세를 중심으로 발생하는 단기변동을 나타내는 단기산출이다. 실제 산출량과 장기추세를 제거하면 [그림 8-1] (b)와 같이 경기변동의 위아래 움직임만 남는다. 이하에서는 그림의 $\tilde{Y}$가 실제 산출량과 매우 닮은 모습인 점을 고려하여 주로 단기산출이라고 할 것이다. 경제가 호황(boom)이면 실제 산출량이 잠재수준을 웃돌아 $\tilde{Y}$가 양의 값이 되고, 경제가 침체(recession)이면 실제 산출량이 잠재수준보다 작아 $\tilde{Y}$가 음의 값이 된다.

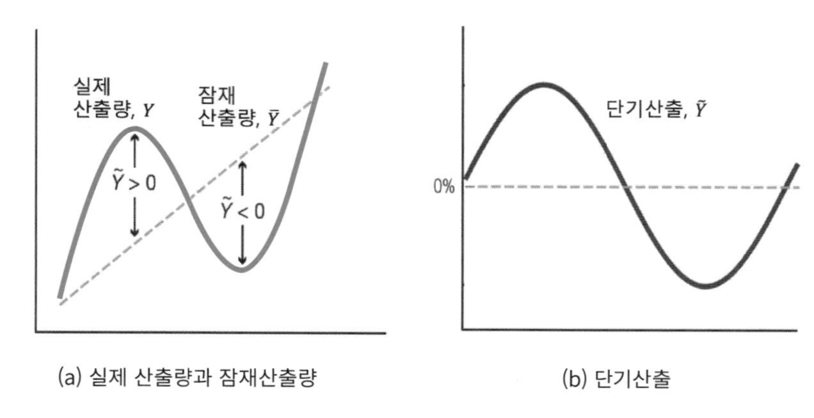

(a) 실제 산출량과 잠재산출량 (b) 단기산출

[그림 8-1] 경기변동과 단기산출

1-2 우리나라의 경기변동

우리는 일상생활에서 경기라는 말을 자주 접한다. 생산활동이 활기를 보이고 이윤이나 소득이 늘어나면 경기가 좋다고 한다. 경제학자나 정책입안자가 말하는 경기란 개별 경제주체보다 나라 전체의 경제활동이 활기를 보이는 정도를 의미한다.

이와 같은 **경기변동**(economic fluctuation), 혹은 **경기순환**(business cycle)을 아서 번스(Arthur Burns)와 웨슬리 미첼(Wesley Mitchell)은 《경기변동의 측정》에서 여러 경제활동들이 주기적이지 않더라도 확장과 수축을 반복하면서 나타나는 전반적인 국가경제의 변동이라고 정의하였다.[1]

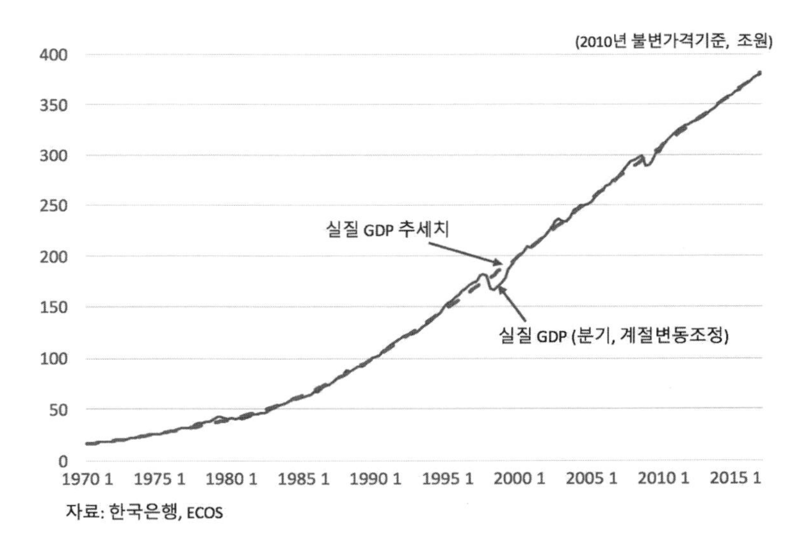

[그림 8-2] 우리나라의 실질GDP와 잠재GDP

[그림 8-2]는 우리나라의 1970년 이후 분기별 실질GDP와 잠재GDP이다.[2] 두 곡선이 거의 같이 움직이다가 외환위기의 충격이 극심했던 1998~1999년과 글로벌 금융위기가 발생했던 2008년 4/4분기 이후 1년 정도는 실질GDP가 잠재GDP를 밑돌았던 것을 보여준

1 Arthur Burns and Wesley Mitchell, "*Measuring Business Cycles*," National Bureau of Economic Research, 1946.

2 잠재GDP는 Double HP(Hodrick-Prescott) 필터로 추정한 것이다.

다. 그 이외의 기간에서는 대체로 같이 움직이는 모습인데 이는 축척에서 오는 착각이다. 실질GDP와 잠재GDP의 차이, 즉 단기산출을 나타낸 [그림 8-3]을 보면 단기산출이 장기 추세를 중심으로 변동하는 경기변동이 뚜렷하게 나타나고 있다. [그림 8-3]에서 음영은 경기가 침체를 보인 기간이다.

일반적으로 침체는 실제 산출량이 잠재수준 아래로 떨어지면서 시작된다. 즉, 단기산출이 음으로 될 때 침체가 시작되는 것으로 본다. 그리고 침체의 끝은 산출이 잠재수준으로 돌아가기 이전에 단기산출이 증가하면서 음의 값이 점차 작아질 때 선언된다. 실제로 경기가 침체인지 아닌지 판단하는 데는 GDP뿐만 아니라 고용수준, 도소매판매, 산업생산 등 다른 지표들도 함께 고려된다.

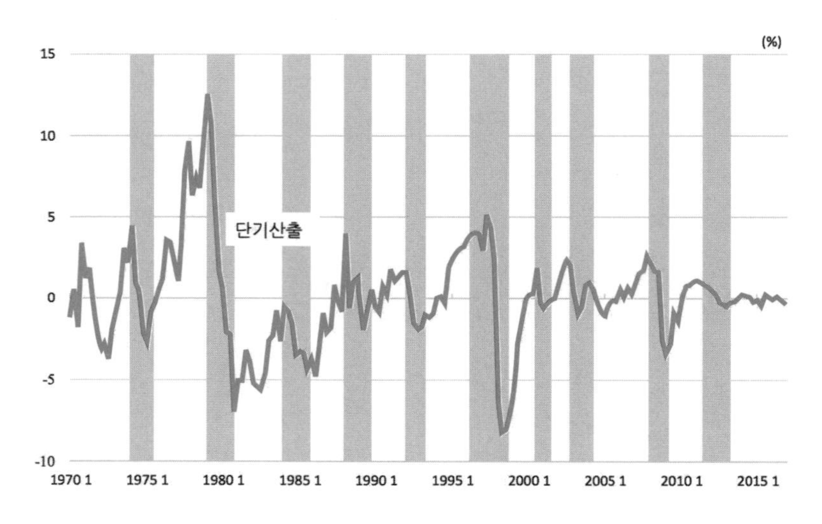

[그림 8-3] 우리나라의 경기변동과 단기산출

한편 어떤 나라에서나 발생하고, 역사적으로 모든 시대에서 일어났던 경기변동은 공통된 특징을 가지고 있다. 이를 **경기변동의 정형화된 사실**이라고 하는데 일반적으로 세 가지를 든다. 첫째, 경기변동은 불규칙적이고 예측하기 어렵다는 것이다. 둘째, 대부분의 거시집계변수들은 함께 변동한다는 것이다. 이러한 변동 형태를 **공행성**(comovement) 또는 **동조성**이라 부른다. 셋째, 생산이 감소하면 실업은 증가한다는 것이다. 실증분석 결과 우리나라의 경기변동에도 위 세 가지의 정형화된 사실이 대체로 나타나는 것으로 확인되고 있다.

그 밖에 경기변동의 **지속성**(persistence)도 관측된다. 지속성이란 경기변동이 이전의 상태를 계속 유지하려는 특성을 말한다. 예를 들어, 어떤 분기의 실질GDP가 추세선 위에 있을 때 그다음 분기에도 추세선 위에 머무르려는 경향을 보이는데 이때 지속성을 갖고 있다고 말한다.

[그림 8-4]는 2000년 1월 이후의 실업률과 함께 음영으로 침체기간을 그린 것이다. 실업률이 2001년 하반기 이후의 경기상승 때는 하락하고 2003~2004년의 침체기 때는 시차를 두고 상승하는 모습이다. 2005~2007년의 경기상승 때도 시차를 두고 실업률이 하락하였다. 이는 실업률이 경기역행적이고 경기변동에 후행하는 움직임을 나타낸 것으로 볼 수 있다. 그러나 2009년 이후에는 실업률이 경기상승기에 상승하고 침체 때 하락하는 모습을 보이기도 하였다.

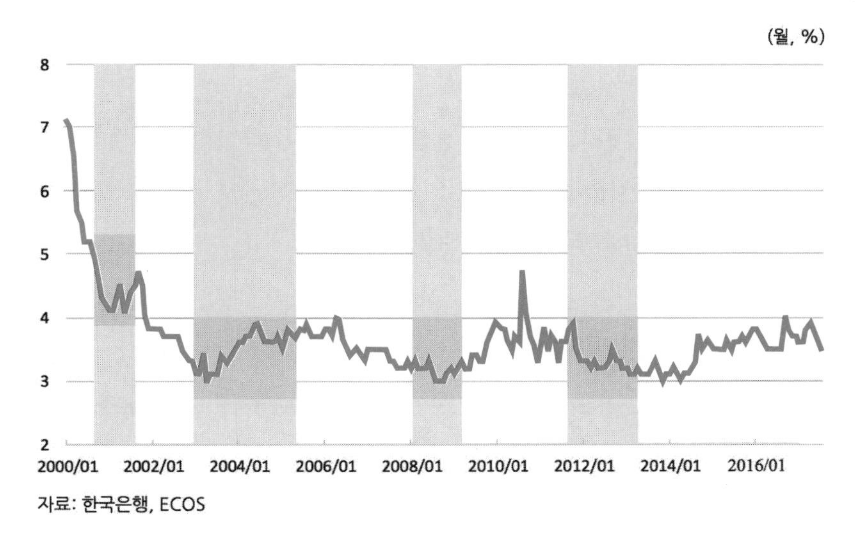

[그림 8-4] 우리나라의 경기변동과 실업률

[그림 8-5]는 소비자물가 상승률로 측정한 인플레이션율이다. 1974년 2월 이후와 1979년 2월 이후 각각 석유파동으로 경기침체와 함께 인플레이션율이 급격히 상승하는 스태그플레이션을 겪었던 모습이 그래프에 나타나 있다. 그리고 침체기였던 1998년에 인플레이션율이 상승한 것은 외환위기의 영향으로 원화의 대미환율이 크게 상승한 데 주로 기인한다.

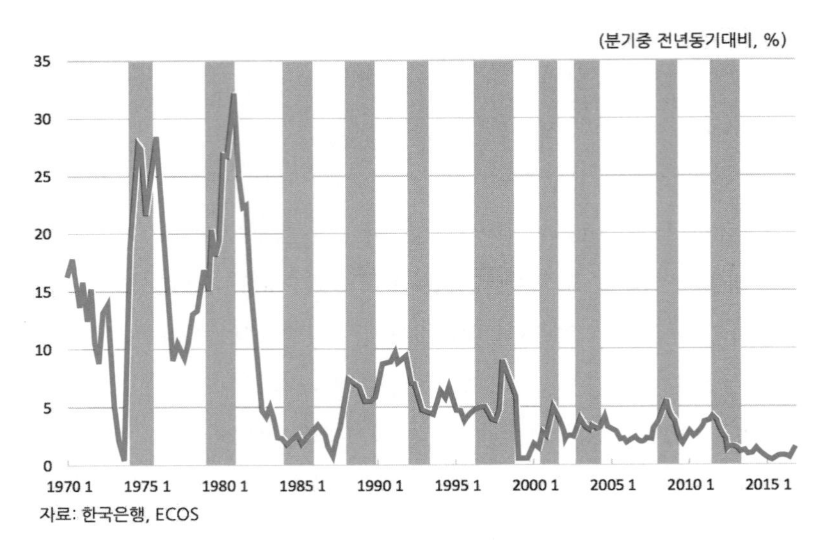

[그림 8-5] 우리나라의 경기변동과 인플레이션율

1980년대 후반 이후에는 대체로 경기가 정점에 도달하여 하강하기 시작하면 인플레이션율이 점차 낮아지는 움직임을 보였다. 즉, 인플레이션은 대체로 경기확장기에 상승하고 수축기에 하락하는 경기순응적 모습을 나타낸다.

2 단기모형

왜 실질GDP가 잠재GDP와 차이를 보일까? 왜 인플레이션이 고점에 이르면 뒤따라 침체가 발생할까? 이는 우리가 앞으로 몇 장에 걸쳐 전개할 모형에서 다룰 문제들에 속한다. 단기모형은 우리가 현실 세계에서 보는 여러 특징들을 드러내는 경제를 묘사한다. 단기모형은 소비자와 근로자, 투자를 수행하는 기업, 경제 내 산출물의 일부를 사용하는 정부, 그리고 외국들과의 무역을 포함한다. 경제는 장기적으로 성장을 지속하는 동시에 단기적으로 경기변동을 나타낸다. 중앙은행은 통화정책으로 그러한 변동의 평탄화를 위해 노력한다.

단기모형은 다음의 세 가지 전제에 기초한다.

- 첫째, **경제적 충격은 지속적으로 발생한다**. 유가 변동, 금융시장 불안, 신기술 개발, 자연재해 등 다양한 경제적 충격으로 실제 산출량은 잠재산출량을 벗어나고 인플레이션율은 장기수준에서 이탈한다.

- 둘째, **통화 및 재정 정책은 산출에 영향을 미친다**. 정부는 단기적으로 경제활동에 영향을 미칠 수 있는 통화 및 재정 수단을 가지고 있다. 이는 정책입안자가 경제충격의 영향을 완화시킬 수 있음을 의미한다.

- 셋째, **산출과 인플레이션 사이에는 동태적 상충관계가 존재한다**. 만약 정부가 산출에 영향을 미칠 수 있다면 실제 GDP를 가능한 한 높은 수준으로 유지할 수 있을까? 이는 중요한 질문으로 단기모형의 핵심 과제로 볼 수 있는데 그 답은 '아니요'이다. 그 이유는 상충관계 때문이다. 경제가 잠재수준보다 더 많이 생산하고 있는 오늘의 호황은 장래의 인플레이션율을 상승시킨다. 이는 정책당국이 높은 인플레이션율을 낮추기 위해서는 일반적으로 침체가 필요하다는 것을 함축하는 것이다. 이런 상충관계를 보여주는 것이 **필립스곡선**이다.

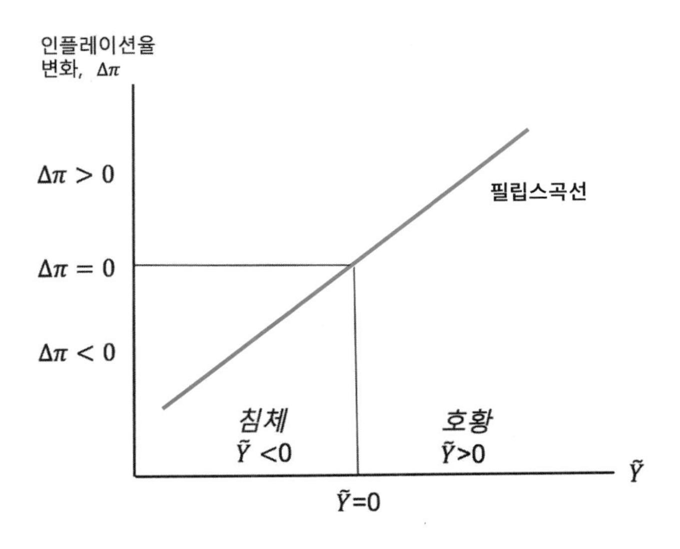

[그림 8-6] 필립스곡선

9~11장에서 완전한 단기모형을 설정하기 이전에 우선 단기모형이 어떻게 작동하는지 간략히 살펴보자. [그림 8-6]의 필립스곡선에 의하면 경기호황은 인플레이션율의 상승을, 침체는 인플레이션율의 하락을 가져온다. 그와 같은 사실이 그림에서 인플레이션율의 변화와 단기산출 $\tilde{Y}$ 간의 정의 관계로 나타나 있다. 산출이 잠재수준보다 많아 $\tilde{Y}$가 양의 값이 되면 인플레이션율의 변화 $\Delta\pi$ 또한 양의 값이 된다. 즉 인플레이션율이 시간을 두고 높아진다. 반대로 산출이 잠재수준보다 작아 $\tilde{Y}$가 음의 값이 되면 인플레이션율의 변화 $\Delta\pi$ 또한 음의 값이 된다. 즉 인플레이션율이 시간을 두고 낮아진다.

이러한 동태적 상충관계가 함축하는 직관은 무엇일까? 첫째로, 호황과 그로 인한 인플레이션 상승을 생각해보자. 호황기에는 기업들이 장기적으로 지속할 수 있는 수준 이상의 생산을 하고 있는 것이다. 어떻게 그것이 가능할까? 여러분은 '잠재'라는 말을 넘어설 수 없는 한계로 받아들일 수 있지만 경제학자들이 의미하는 잠재산출량은 그런 의미가 아니다.

예를 들어, 크리스마스와 새해의 필수 선물인 어린이들이 꼭 가져야 하는 새로운 장난감이 있다고 하자. 기업은 급증하는 연말 수요에 맞춰 그 장난감의 생산라인을 더 활성화할 것이다. 생산기계의 유지·보수를 뒤로 미루고 근로자에게는 정상 임금보다 높은 초과근무수당을 지급하면서 더 오래 작업하도록 할 것이다. 이러한 일시적 조치로 기업의 단기생산량은 확대될 수 있다.

그런데 이 경우 장난감의 가격은 두 가지 요인으로 인해 상승하게 된다. 첫째, 근로자에 대한 초과근무수당 등에 의한 생산비용의 상승이다. 둘째, 기업의 생산 확대에도 불구하고 어린이를 기쁘게 해주고 싶은 부모들의 경쟁적 구매로 장난감이 계속 희소할 수 있다. 이와 같은 상황에 처하면 기업들은 높아진 생산비용과 급증한 수요를 더 많은 이윤을 얻는 계기로 이용하기 위해 가격을 인상할 것이다. 예를 들어, 만약 장기 인플레이션율이 3%라면 보통 때는 기업이 생산물의 가격을 3% 인상하겠지만 위의 장난감의 경우에는 인상률을 5%로 높일 것이다. 모든 기업들이 그와 같이 행동하면 인플레이션율이 3%에서 5%로 올라갈 것이다.

반대로 산출량이 잠재수준보다 낮은 상태인 침체일 때는 기업들이 생산물에 대한 적은 수요에 직면하여 근로자들을 해고할 것이다. 기업들은 위축된 수요에 대응하여 가격인상을 가급적 억제하려고 할 것이다. 모든 기업들이 그렇게 행동하면 필립스곡선의 예상처럼 인플레이션율이 떨어지게 된다.

이상의 논의를 요약하면 다음과 같다. **단기에서는 호황이 인플레이션율의 상승을 초래하고, 침체가 인플레이션율의 하락을 가져온다**. 이에 대해 정부는 통화정책과 재정정책을 통하여 경제활동에 영향을 주고 인플레이션도 변동하도록 한다.

3 오쿤의 법칙

경기변동을 분석할 때 산출 이외에 실업을 이용할 수도 있다. 일반적으로 침체에서는 실업이 늘어나고 호황 때는 실업이 줄어든다. 우리는 분석의 편의를 위해 단기모형에서 실업보다 산출에 초점을 맞출 것인데 이는 두 가지 접근 방식이 오쿤의 법칙에 의해 동일한 결과로 귀결되기 때문이다.

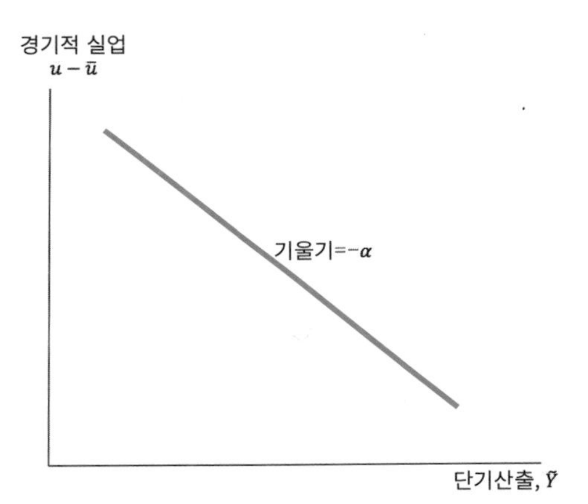

[그림 8-7] 오쿤의 법칙

수평축에 단기산출 $\tilde{Y}$를, 수직축에 실제 실업률에서 자연실업률을 뺀 경기적 실업률을 각각 놓고 산점도(scatter graph)를 그리면 일반적으로 [그림 8-7]과 같이 단기산출과 실업률은 음의 관계를 가지는 것으로 나타난다. 즉 산출이 잠재수준을 초과하는 호황기에는 실업률이 자연실업률보다 낮아지고, 산출이 잠재수준을 밑도는 침체기에는 실업률이 자연실업률보다 높아지는 모습을 보인다. 이와 같은 산출과 실업률 간 음의 관계를 나타낸 식 (8.2)를 **오쿤의 법칙**(Okun's law)이라고 한다.

$$u_t - \bar{u}_t = -\alpha \cdot \tilde{Y}_t \quad (8.2)$$

4 〈부록〉 거시경제이론의 시야: 장기와 단기

경제학자들이 말하는 장기와 단기는 어떻게 다른가? 경제학자들은 경제적 조건이 변화할 때 가격 움직임의 차이에 주목하여 장기와 단기를 구분한다. 장기에서는 재화와 서비스의 가격은 물론 임금이나 이자율 같은 생산요소의 가격도 수요와 공급이 일치하는 장기균형 수준으로 완전히 조정된다. 그래서 신축적(flexible)이라고 하거나 시장이 청산된다고 말한다. 가격이 장기균형수준으로 빨리 조정된다고 믿는 경제학자들은 거시경제와 관련된 이슈 분석에 3장~7장에서 살펴본 고전학파 모형의 이용을 선호한다.

반면 케인지언(Keynesian) 경제학자들은 수요와 공급의 변화에 대해 가격이 서서히 반응하는 데 주목한다. 이들은 장기균형을 향해 시간을 두고 천천히 조정되는 경직적 가격(sticky price)의 영향을 강조한다.

고전학파의 견해

고전학파 학자들은 경기변동을 분석할 때 모든 가격이 신속히 조정되어 경제가 일반균형에 이른다는 가정과 함께 시장청산모형을 선호한다. 항상 실제 산출이 완전고용수준의 산출량과 일치하며 그런 일반균형 산출량이 변화하기 때문에 산출량이 호황에서는 증가하고 침체 때는 감소한다고 본다. 즉, 호황과 침체를 실제 산출이 일반균형수준에서 벗어나는 불균형 상태라고 보는 케인지언의 견해를 부정한다.

고전학파의 경기변동이론을 대표한다고 할 수 있는 에드워드 프레스콧(Edward C. Prescott)과 핀 키들랜드(Finn E. Kydland)의 **실물경기변동**(real business cycle, RBC)**모형**은 3장이나 4장의 생산함수에서 생산성이 변동하는 실질충격(real shock)이 경기변동을 가져오는 주요 요인이라고 본다. RBC모형은 현실 경제에서 관측되는 고용, 실질임금, 노동생산성의 경기순응적(procyclical) 움직임을 잘 설명하지만 인플레이션이 경기역행적

(countercyclical)이라는 현실 경제의 움직임과 다른 분석 결과를 제시하였다.

고전학파도 생산성 이외의 재정정책 같은 충격에 의한 경기변동을 인정한다. 다만, 재정정책이 고용, 산출 등에 영향을 미치지만 비용과 편익을 비교하여 결정되어야 하며 경기순환의 평탄화를 목적으로 사용되지 말아야 한다고 주장한다. 보이지 않는 손이 정부의 개입 없이도 경제의 효율적 성과를 가져온다고 보기 때문이다.

고전학파 모형에서는 화폐가 경기에 대해 중립적이다. 즉 화폐가 실질변수에 영향을 미치지 못하며 화폐의 선행적 경기순응성은 역의 인과관계(reverse causation)가 있을 때 가능한 것으로 설명한다. 예를 들어, 기업들이 미래의 산출량 증가를 예상하여 화폐수요를 늘릴 때 중앙은행이 화폐수요 증가를 수용하여 공급을 확대하면 화폐량 증가가 산출 증가에 선행하게 된다는 것이다.

그러나 역사적으로 볼 때 화폐는 중립적이지 않다. 밀턴 프리드먼과 안나 슈워츠(Anna J. Schwartz)는 금광 발견 등으로 화폐공급이 변화할 때 산출이 같은 방향으로 변화한다고 하였다.[3] 특히 1980년대 초반 미국 연준 폴 볼커 의장의 긴축적 통화정책이 단기적으로 실업을 크게 늘렸는데 이는 화폐의 비중립성을 확실히 보여준 사례다.

케인지언의 견해

케인지언은 모든 실업을 근로자와 일자리 간의 불일치로 설명하는 고전학파 이론에 회의적이었다. 어떤 실업은 임금이 경직적이고 노동시장의 균형보다 높은 수준이기 때문에 나타난다고 주장한다. 임금의 경직성을 설명하는 모형으로 효율임금모형을 들 수 있다. 효율임금모형에서는 노동의 한계생산과 효율임금이 일치되는 수준에서 기업의 고용이 결정된다. 고용은 노동수요에 의해 결정되므로 효율임금이 시장청산임금보다 높으면 노동공급과의 차이만큼 실업으로 나타나게 된다.

케인지언은 장기적으로는 통화공급의 증가가 물가수준을 상승시켜 실질효과를 가져오지 못한다는 화폐의 중립성에 동의하지만, 단기에는 가격경직성 때문에 통화가 비중립적이라고 본다. 가격경직성은 재화와 서비스에 대한 수요나 공급의 변화에도 불구하고 기업들이 단기에 가격을 변경하지 않기 때문에 발생하며 고전학파의 가격신축성 가정과 반대

3 Milton Friedman and Anna J. Schwartz, "*A Monetary History of the United States, 1867-1960*," Princeton University Press for NBER, 1963.

되는 것이다. 가격경직성은 가격결정력을 보유하고 메뉴비용에 직면하는 독점적 경쟁기업들이 이윤극대화를 추구하는 과정에서 나타난다. 가격설정자인 기업은 가격을 결정한 이후에는 고정된 가격에서 수요에 직면하게 되는데 그 가격 하에서 수요량에 맞추어 얼마든지 생산할 수 있기 때문에 단기산출이 완전고용산출량을 벗어날 수 있다.

한편 케인지언에 따르면 재정지출 증가는 단기에 산출량 증가와 이자율 상승을 초래한다. 장기에는 산출이 완전고용수준으로 회복되지만 이자율이 상승한다. 이처럼 재정정책은 이자율의 변경을 통해 총수요의 구성을 변화시키기 때문에 장기에도 비중립적이라고 하였다.

케인지언은 경기변동이 대부분 총수요충격에 의해 발생하는 것으로 본다. 총수요충격의 중요성을 강조하는 케인지언의 경기변동이론은 고용, 통화, 인플레이션, 투자 등의 경기순행성을 잘 설명한다. 특히 노동생산성의 경기순행성을 설명하기 위해서 기업의 과잉노동력 유지(labor hoarding) – 침체 때 필요 이상으로 고용을 유지하는 것 – 를 가정한다.

요약

1 장기모형은 잠재산출량과 장기 인플레이션을 결정한다. 단기모형은 어떤 기간 중의 실제 산출량과 실제 인플레이션을 결정한다.

2 실제 산출량은 잠재산출량과 연관되는 장기추세와 경기변동을 나타내는 단기산출로 구성된다. 즉, 단기산출($\tilde{Y}_t$)은 실제 산출량과 잠재산출량 간의 차이로 단기모형이 설명하고자 하는 대상이다.

3 경제가 호황이면 실제 산출량이 잠재수준을 웃돌아 $\tilde{Y}$의 값이 양이며, 경제가 침체이면 실제 산출량이 잠재수준보다 작아 $\tilde{Y}$가 음의 값을 가진다.

4 일반적으로 인플레이션은 호황 때 상승하고 침체 때 하락하는 경기순응적 모습을 나타낸다. 이와 같은 산출과 인플레이션 간의 동태적 상충관계를 나타내는 필립스곡선이 단기모형에서 핵심적 역할을 한다.

5 단기모형에서는 경제적 충격이 지속적으로 발생한다. 정책당국은 그러한 충격에 통화 및 재정 정책으로 대응하여 산출과 인플레이션을 안정시키려고 노력한다.

6 경기변동의 분석에 산출 이외에 실업을 이용할 수도 있다. 그런데 두 접근 방식은 오쿤의 법칙에 의해 동일한 결과를 가져다준다.

연습문제

1 아래 표는 우리나라의 실질GDP, 소비자물가 상승률, 실업률이다. 그리고 《OECD Economic Outlook(2017, 9)》은 우리나라의 잠재GDP 성장률을 2015~2016년 3% 초반으로 추정하고 있다. 이를 분기 성장률로 환산하면 전분기대비 0.75%이다. 그리고 2015년 3/4분기 중 실질GDP가 잠재GDP와 같았다고 가정하자. 이상의 정보를 이용하여 다음 물음에 답하라.

분기	실질GDP (계절조정, 조원)	소비자물가 상승률 (전년동기대비, %)	실업률 (계절조정, %)
2015년 3/4	369	0.6	3.6
2015년 4/4	371	0.9	3.5
2016년 1/4	373	0.9	3.8
2016년 2/4	377	0.8	3.7
2016년 3/4	378	0.7	3.8
2016년 4/4	380	1.5	3.6

(1) 2015년 3/4분기 이후 단기산출을 계산하고 소비자물가 상승률과 동일한 그래프에 그려보라.

(2) 2015년 3/4분기~2016년 4/4분기 중의 평균실업률을 자연실업률로 가정하여 경기적 실업을 계산하고, 위에서 구한 단기산출과 동일한 그래프에 그려보라.

(3) 실제 실업률에서 자연실업률을 뺀 경기적 실업과 인플레이션율을 동일한 그래프에 산점도로 그려보라.

(4) (1), (2)의 그래프를 이용하여 인플레이션과 실업이 경기순응적인지 경기역행적인지 혹은 경기변동과 무관한지 평가해보라.

2 위의 데이터를 이용하여 필립스곡선을 그려보라.

9장

IS곡선

1929년 시작된 대공황으로 미국 경제는 총산출이 대공황 이전보다 1/4이나 감소하고 실업률이 3%에서 최고 25%로 치솟았다. 유례가 없던 극심한 불황을 설명하기 위해 1936년 출간한 《고용, 이자 및 화폐에 관한 일반이론(*The General Theory of Employment, Interest, and Money*)》에서 케인즈는 총수요라는 새로운 개념을 제시했다. 총수요의 개념은 뒤에서 고찰할 총수요/총공급(AD/AS)모형의 핵심 요소이다.

우리는 3장에서 재화와 서비스 시장(이하 재화시장)이 이자율에 의해 균형을 달성한다는 것을 살펴보았다. 재화시장이 균형일 때의 실질이자율과 총산출 간의 관계를 나타내는 것을 **IS곡선**(IS curve)이라고 하는데 이는 총수요를 이해하는 첫 단계라 할 수 있다. IS곡선은 다음 장에서 논의할 MP곡선, 필립스곡선과 함께 경제의 단기변동을 설명하는 모형을 구성한다.

한국은행에서 1년에 8회 개최하는 통화정책결정회의는 사업가, 금융인, 그리고 집을 살 계획이 있는 가계 등으로부터 큰 관심을 받는다. 특별히 국민들이 다른 경제회의보다 관심을 기울이는 이유는 한국은행이 이 회의에서 한국은행 기준금리(줄여서 '기준금리')를 결정하기 때문이다. 기준금리의 변경은 금융시장의 차입 및 대출 이자율을 변화시켜 단기의 경제활동에 큰 영향을 미친다.

이 장에서는 이자율의 변화가 왜, 그리고 어떻게 단기적으로 경제활동에 영향을 미치는지 살펴볼 것이다. 이자율이 상승하면 투자의 위축으로 총수요가 둔화되어 단기산출이 줄어드는 과정에 대해 논의하려는 것이다. 실질이자율이 상승하면 기업과 가계의 차입비용이 증가한다. 기업은 공장이나 기계를 덜 구매하고 가계는 새집 구입에 필요한 차입을 줄인다. 이러한 두 경로는 투자의 감소를 가져온다.[1] 투자의 감소는 기업들의 생산 감축을 초래하여 단기적으로 산출수준을 떨어뜨린다.

IS곡선은 이처럼 이자율의 상승이 투자의 감소로 단기산출을 감소시키는 것을 나타낸다. [그림 9-1]에 이자율과 단기산출 간의 음의 관계를 보이는 IS곡선이 그려져 있다. 한편 문자 I는 투자를, S는 저축을 각각 의미하며 IS는 투자와 저축이 일치한다는 것을 뜻한다. 투자와 저축의 일치는 3장에서 살펴본 바와 같이 재화시장의 균형조건이다.

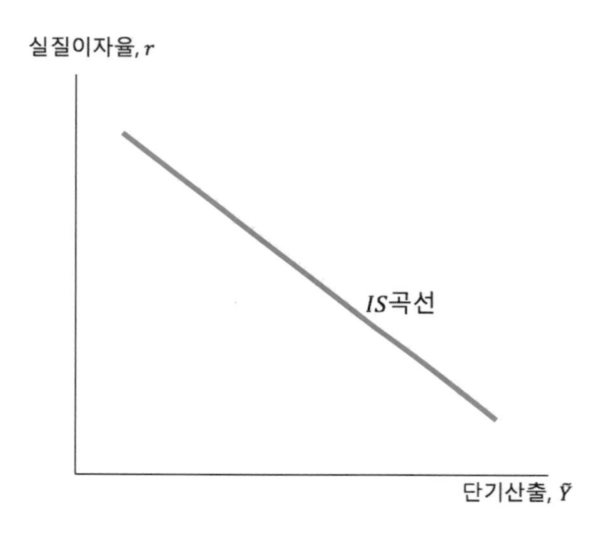

[그림 9-1] IS곡선

이 장에서 우리는 먼저 재화시장의 균형으로부터 IS곡선을 유도할 것이다. 그런 다음 산출의 단기변동을 이해하는 데 IS곡선이 어떤 도움을 주는지 여러 사례를 통해 논의할 것이다. 끝으로 IS곡선을 구성하는 소비, 투자 등을 좀 더 자세히 살펴보기로 한다.

1 국민소득계정에서 집의 매입은 투자나 소비에 포함되지 않지만 새집의 매입 수요가 증가하면 그만큼 새집의 건축이 활발해져 투자가 증가하게 된다.

1 재화시장의 균형

단기모형의 구성 요소 가운데 하나인 IS곡선은 식 (9.1)의 국민소득 항등식으로부터 유도된다. 국민소득 항등식은 총산출 Y_t가 소비 C_t, 투자 I_t, 정부구매 G_t, 순수출 $EX_t - IM_t$ 등 네 가지 경로 가운데 하나로 지출되는 것을 나타낸다.

$$Y_t = C_t + I_t + G_t + EX_t - IM_t \tag{9.1}$$

식 (9.1)은 1개 방정식과 6개 미지의 변수로 구성되어 있다. 따라서 해를 구하기 위해서는 5개의 방정식이 추가로 필요하다. 이를 위해 총산출이 소비, 투자, 정부구매, 순수출로 지출되는 방정식을 다음과 같이 설정하기로 한다. 소비, 정부구매, 수출과 수입이 각각 잠재산출량 $\bar{Y}_t$에 의해 결정되는 것으로 하였다. $\bar{Y}_t$는 잠재GDP로 장기모형에서 결정되므로 단기에는 외생변수이다.

$$C_t = \bar{a}_c \bar{Y}_t \tag{9.2}$$

$$G_t = \bar{a}_g \bar{Y}_t \tag{9.3}$$

$$EX_t = \bar{a}_{ex} \bar{Y}_t \tag{9.4}$$

$$IM_t = \bar{a}_{im} \bar{Y}_t \tag{9.5}$$

$$I_t = \left[\bar{a}_i - \bar{\beta}_i(r_t - \bar{r})\right] \bar{Y}_t \tag{9.6}$$

소비는 식 (9.2)와 같이 잠재GDP의 일정 비율 $\bar{a}_c$만큼 이루어지는 것으로 가정한다. 이는 **항상소득가설**(permanent income hypothesis)이라는 소비행태이론에 따른 것인데 이에 대해서는 9장 4절에서 다시 논의할 것이다.

소비가 잠재GDP의 일정 비율로 이루어지면 소비가 GDP보다 평탄한 움직임을 보이게 된다. 8장의 [그림 8-2]와 같이 GDP보다 평탄한 잠재GDP에 의해 소비가 결정되기 때문이다. 소비가 GDP보다 평탄한 움직임을 보인다는 것은 무엇을 의미하는가? 침체가 발생하여 현재의 산출, 즉 소득이 감소했다고 하자. 실제 GDP는 감소하지만 잠재GDP $\bar{Y}_t$는 장기모형에 의해 결정되므로 변화하지 않는다. 소비도 식 (9.2)에 의해 변화하지 않는다. 침체 동안 사람들은 저축을 축소하거나 과거의 저축을 사용하여 소비를 안정된 수준으로 유지하려 하기 때문이다. 식 (9.3)~(9.5)의 정부지출, 수출, 수입도 소비와 같이 잠재GDP의 일정 비율 $\bar{a}_g, \bar{a}_{ex}, \bar{a}_{im}$로 이루어지는 것으로 설정되어 있다.

반면 식 (9.6) 투자 방정식은 다른 변수들과 달리 두 부분으로 구성되어 있다. 첫째 항 $\bar{a}_i$는 소비처럼 잠재GDP의 일정 비율에 의해 결정되는 부분이다. 둘째 항 $\bar{\beta}_i(r_t - \bar{r})$는 실질이자율($r_t$)과 자본의 한계생산($\bar{r}$) 간의 차이에 의해 결정되는 부분이다. r_t는 기업이 금융시장에서 자본을 차입할 때 실제로 부담하는 실질이자율이다. 자본의 한계생산 $\bar{r}$는 장기모형에서 결정되는 외생의 파라미터다. 그리고 자본의 한계생산은 균형성장경로에 따라 일정하기 때문에 $\bar{r}$에 시간을 나타내는 아래첨자가 없다. 반면 잠재GDP는 시간의 경과에 따라 변화하기 때문에 시간을 뜻하는 아래첨자가 포함되어 있다.

$r_t > \bar{r}$이면 실질이자율이 자본의 한계생산을 초과하므로 차입에 의한 투자는 손실을 가져오고, 보유자금을 재화와 서비스의 생산에 투자하는 대신 금융상품을 매입하면 더 큰 수익을 얻을 수 있다. 따라서 투자를 위한 수요가 저조하게 된다. 반면 $r_t < \bar{r}$로 실질이자율이 자본의 한계생산보다 낮으면 차입에 의한 투자가 이익을 가져오며, 보유자금도 금융시장에서의 운용보다 투자를 통해 더 높은 수익을 얻을 수 있다. 따라서 투자가 늘어나게 된다. $\bar{\beta}_i$는 실질이자율에 대해 투자가 얼마나 민감하게 반응하는가를 나타내는 파라미터이다.

장기에는 기업들이 자본의 한계생산과 이자율이 같아질 때까지 자본을 임대하므로 $r_t = \bar{r}$이다. 이처럼 장기에서는 $r_t = \bar{r}$이므로 투자도 소비와 마찬가지로 잠재GDP의 일정 비율 $\bar{a}_i$만큼 이루어진다. 그러나 단기에는 실질이자율과 자본의 한계생산이 다를 수 있다. 새로운 자본을 투입할 경우 한계생산과 실질이자율이 같아지기까지 시간이 필요하기 때문이다. 예를 들어, 새로운 공장을 건설하고 기계를 설치하여 생산을 할 때까지 시간이 필요하기 때문에 자본의 한계생산이 변화하는 데는 시간이 소요되지만 실질이자율은 중앙은행의 이자율 변경에 따라 즉각 변화한다.

단기에 외생으로 간주하는 자본의 한계생산 $\bar{r}$와 달리 실질이자율 r_t에는 윗줄이 없다. 실질이자율이 어떻게 결정되는지에 대해서는 다음 장에서 살펴볼 것이다. 이 장에서는 r_t가 주어진 것으로 가정한다. 외생으로 간주하는 만큼 윗줄을 붙여야 하지만 다음 장에서 내생변수로 되기 때문에 혼동을 피하기 위해 r_t를 이 장에서만 외생변수로 생각하자.

2 IS곡선의 유도

IS곡선은 다음과 같이 유도한다. 먼저 식 (9.2)~(9.6)을 식 (9.1)에 대입한 후 양변을 $\bar{Y}_t$로 나누어 다음 식을 구한다.

$$\frac{Y_t}{\bar{Y}_t} = \bar{a}_c + \bar{a}_i - \bar{\beta}_i(r_t - \bar{r}) + \bar{a}_g + \bar{a}_{ex} - \bar{a}_{im} \tag{9.7}$$

식 (9.7)을 단기산출 $\tilde{Y}_t \equiv (Y_t - \bar{Y}_t)/\bar{Y}_t$에 대입하면 IS곡선 식 (9.8)이 도출된다.

$$\tilde{Y}_t = \frac{Y_t}{\bar{Y}_t} - 1 = \bar{a}_c + \bar{a}_i + \bar{a}_g + \bar{a}_{ex} - \bar{a}_{im} - 1 - \bar{\beta}_i(r_t - \bar{r}) \tag{9.8}$$

여기서 $\bar{a}_c + \bar{a}_i + \bar{a}_g + \bar{a}_{ex} - \bar{a}_{im} - 1 \equiv \bar{a}$라고 정의하면 식 (9.8)이 다음과 같이 간략하게 된다.

$$\tilde{Y}_t = \bar{a} - \bar{\beta}_i(r_t - \bar{r}) \tag{9.9}$$

식 (9.9)가 IS곡선으로 [그림 9-1]과 같이 단기산출과 실질이자율이 음의 관계를 가지며 우하향한다. 식 (9.9)의 IS곡선은 우리가 이 장을 처음 시작할 때 이야기했던 실질이자율과 단기산출 간의 단순한 관계에 두 가지 새로운 사실이 추가된 형태이다. 첫째, 실질이자율과 자본의 한계생산 간의 차이 $r_t - \bar{r}$가 단기산출에 중요하다는 것이다. 그 이유는 앞에서 살펴본 대로 기업들은 새로운 투자를 통해 언제나 자본의 한계생산만큼의 수익을 얻을 수 있기 때문이다. 둘째, 수요함수들의 파라미터 값을 합친 $\bar{a}$가 포함되었다는 점이다.

IS곡선을 이해하기 위해 경제가 장기 값에서 안정된 경우, 즉 $Y_t = \bar{Y}_t$인 상태를 생각해 보자. 먼저 산출이 잠재수준이므로 단기산출은 0, 즉 $\tilde{Y}_t = 0$이다. 그리고 장기에는 금융시장의 실질이자율이 자본의 한계생산과 동일하므로 $r_t = \bar{r}$이다. 이들 값을 식 (9.9)에 대입하면 IS방정식은 단순히 $0 = \bar{a}$가 된다. 장기에는 $C + I + G + EX - IM$이 $\bar{Y}$와 일치하기 때문에 파라미터의 합 $\bar{a}_c + \bar{a}_i + \bar{a}_g + \bar{a}_{ex} - \bar{a}_{im}$이 1이고 그에 따라 $\bar{a} = 0$인 것이다.

이처럼 장기에는 $\bar{a}=0$이지만 경제에 대한 충격은 단기적으로 $\bar{a}$를 0에서 이탈시킨다. $\bar{a}$가 소비, 투자 등 총수요 방정식들에서 도출되었기 때문에 이러한 $\bar{a}$의 변동을 **총수요충격**(aggregate demand shock)이라 부른다. 다음 절에서 총수요충격이 어떻게 IS곡선을 이동시켜 경제활동의 변동을 가져오는지 살펴보기로 한다.

3 IS곡선의 활용

앞에서 유도된 IS곡선을 그리면서 총수요충격이 없는 장기균형 상태를 나타낸 것이 [그림 9-2]이다. 실질이자율 r_t가 자본의 한계생산 $\bar{r}$와 일치하며 그때의 단기산출 $\tilde{Y}_t$는 0이다. 즉 GDP가 잠재GDP와 동일한 상태이다.

IS곡선이 $\tilde{Y}_t=\bar{a}-\beta_i(r_t-\bar{r})$로 주어진 만큼 단기산출은 실질이자율의 함수이다. 그런데 그래프에서는 내생변수인 산출이 수평축에 놓여 있다. 수직축으로 바꾸어야 보다 자연스럽지 않을까? 두 가지 측면에서 단기산출을 수평축에 두기로 한다. 첫째, 바로 다음 장에서 실질이자율 r_t가 내생변수로 바뀌게 되므로 2개의 내생변수 가운데 하나는 수평축에 놓아야 한다. 둘째, 경제학의 오랜 전통은 가격을 수직축으로, 수량을 수평축으로 한다.

이제 경제적 충격이 단기산출에 미치는 영향을 분석하는 데 IS곡선을 활용해보자.

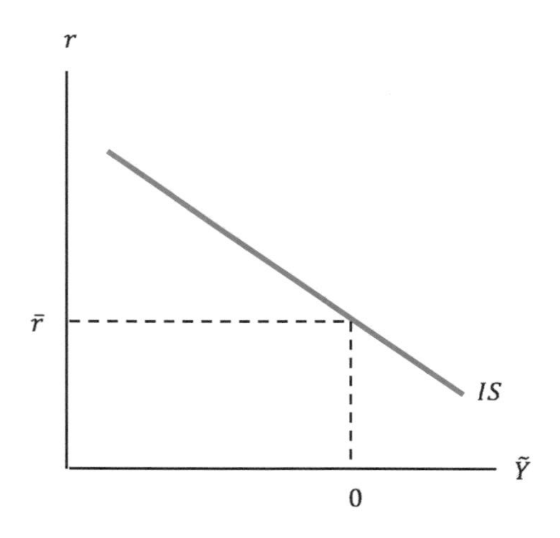

[그림 9-2] IS곡선과 장기 균형

이자율 변화의 영향

모형 활용의 첫 시도로 금융시장에서 실질이자율이 상승하는 경우를 고려해보자. 실질이자율이 상승하면 IS곡선 상의 움직임(movement)이 발생할까 아니면 IS곡선이 이동할까? 그 해답은 그래프에 대해 생각해보면 분명하게 얻을 수 있다. IS곡선은 실질이자율의 함수로 단기산출의 변화를 그린 곡선이다. 그러므로 실질이자율이 변동하면 단기산출은 IS곡선 위에서 움직인다.

[그림 9-3]처럼 산출이 잠재산출량과 같고 실질이자율이 자본의 한계생산과 일치하는 장기균형인 점 A에서 경제가 시작한다고 하자. 그런 상태에서 실질이자율이 상승하면 경제가 IS곡선 상의 점 A에서 점 B로 움직여 단기산출이 음의 값을 가지게 된다. 실질이자율이 상승하면 차입비용이 증가하여 투자수요가 감소하고 그에 따라 산출이 잠재수준 아래로 낮아지기 때문이다.

식 (9.9) IS곡선을 수치의 예로 확인해보자. $\bar{a} = 0$, $\bar{\beta}_i = 2$, $r = \bar{r} = 5\%$, 그리고 $r' = 6\%$라고 가정하자. 이러한 수치의 예는 경제가 잠재수준의 산출, $\tilde{Y} = 0\%$에서 출발하는 것이다. 실질이자율이 1%p 상승하면 단기산출이 어떻게 될까? 가정한 수치들을 식 (9.9)에 대입하면 단기산출이 –2%로 된다. 즉 실질이자율이 1%p 상승하면 경제가 잠재수준보다 2% 아래로 이동한다.

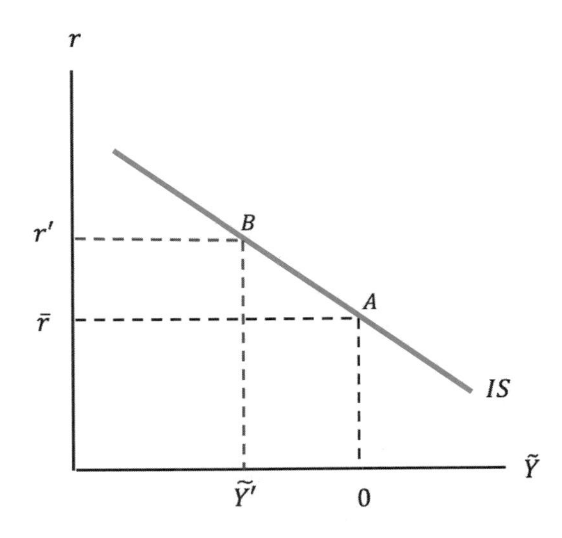

[그림 9-3] 실질이자율의 상승과 IS곡선

이러한 결과는 단기산출이 실질이자율의 변화에 얼마나 민감하게 반응하는가를 나타내는 $\bar{\beta}_i$의 값이 2인 데 기인한다. **$\bar{\beta}_i$가 클수록 IS곡선이 평평해지고 실질이자율의 변화에 대해 단기산출이 더 크게 변화한다**. 투자가 실질이자율에 더욱 민감하게 반응하기 때문이다.

총수요충격

다음 실험으로 정보기술(information technology, IT) 발전에 대한 기대가 미래 경제에 대한 낙관을 불러와 주어진 실질이자율 수준에서 기계, 컴퓨터 장비, 공장 등에 대한 투자붐이 초래되는 경우를 가정해보자. 이는 식 (9.6)에서 $\bar{a}_i$가 상승한 것으로 주어진 실질이자율 하에서 투자가 늘어나는 것이다.

$\bar{a}_i$가 상승하면 IS곡선이 어떻게 반응할까? $\bar{a}_i$가 상승하면 총수요충격 파라미터 $\bar{a}$가 0보다 큰 어떤 양의 값 $\bar{a}'$으로 상승하게 된다. 이와 같은 **양**(positive)**의 총수요충격**이 발생하면 IS곡선 상의 움직임이 발생할까, 아니면 IS곡선이 이동할까? IS곡선은 단기산출을 실질이자율의 함수로 나타낸 곡선임을 기억하자. $\bar{a}$가 0보다 큰 어떤 양의 값 $\bar{a}'$으로 상승하는 것은 모든 이자율에 대해 산출이 증가하는 것을 의미한다.

IS곡선 $\tilde{Y}_t = \bar{a} - \bar{\beta}_i(r_t - \bar{r})$에서 $\bar{a}$가 상승하면 실질이자율 r이 주어진 가운데 단기산출이 증가하는 것이므로 IS곡선이 오른쪽으로 이동하게 된다. 이와 같이 총수요충격 파라미터 $\bar{a}$를 구성하는 그 어떤 것의 값이 양의 방향으로 커지는 총수요충격은 IS곡선을 오른쪽으로 이동시킨다.

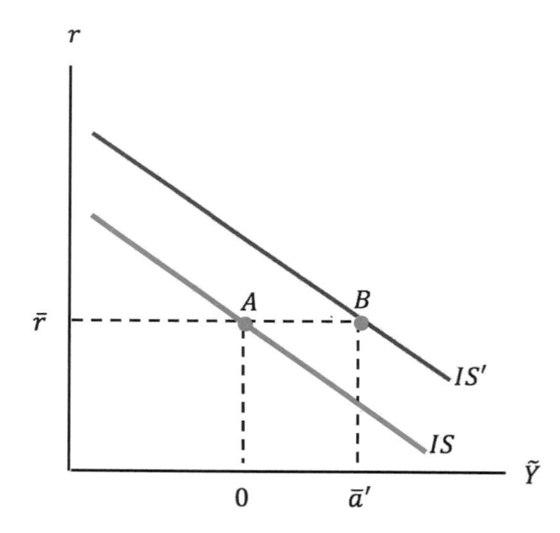

[그림 9-4] 총수요충격

[그림 9-4]에 원래의 IS곡선 IS와 새로운 IS곡선 IS'가 그려져 있다. 새로운 IS곡선은 점 B를 지나며 점 B에서는 초기의 점 A와 실질이자율이 같지만 단기산출은 $\bar{a}'$로 증가한다. 일반적으로 총수요충격은 단기산출에 1:1로 영향을 미친다. 예를 들어, $\bar{a}$가 0에서 1%p 증가하면 산출량도 잠재산출량보다 1%p 높아진다.

잠재산출량에 대한 충격

경제성장이론에서 보았듯이 신기술의 개발이나 자본의 상당한 감소를 가져오는 지진 같은 충격은 잠재산출량을 변화시킨다. $\bar{Y}_t$가 단기모형에서 외생변수로 간주되는 만큼 그와 같은 잠재산출량의 변화에 IS곡선이 어떤 영향을 받을 것인지 생각해볼 필요가 있다.

잠재산출량 $\bar{Y}_t$는 IS곡선의 방정식 $\tilde{Y}_t = \bar{a} - \bar{\beta}_i(r_t - \bar{r})$에 포함되어 있지 않다. 따라서 잠재산출량의 변화는 IS곡선에 아무런 변화를 주지 못한다. IS곡선 위에서의 움직임이나 IS곡선의 이동이 나타나지 않는다. 즉, 잠재산출량의 변화에 단기산출 $\tilde{Y}$는 영향을 받지 않는다.

이와 같은 결과는 설정된 모형에서 잠재산출량 $\bar{Y}_t$에 대한 충격이 동일한 크기로 실제 산출량 Y_t를 변화시키기 때문이다. 예를 들어, 신기술 개발은 잠재산출량을 증가시키는 한편 실제 산출량도 증가시킨다. 그리고 지진으로 인한 자본의 파괴는 생산에 사용 가능한 자본의 양을 감소시킴으로써 잠재산출량을 줄이는 동시에 실제 산출량도 감소시킨다.

그러나 중요한 것은 신기술이나 지진이 $\bar{Y}_t$의 변화보다 더 큰 변화를 가져올 수 있다는 점이다. 신기술개발은 자본의 한계생산, 즉 $\bar{r}$를 상승시킴으로써 실질이자율이 자본의 한계생산보다 낮아지게 된다. 이에 따라 신기술을 이용하기 위해 새로운 공장을 건설하려는 기업들의 투자수요가 증가할 수 있다. 이는 IS곡선을 오른쪽으로 이동시키고 경제활력을 높인다. 흥미로운 것은 지진도 자본의 한계생산을 증가시킨다는 점이다. 지진은 실제 산출량과 잠재산출량을 감소시키지만 자본의 한계생산 $\bar{r}$가 높아져 주어진 실질이자율에서 투자가 증가하고 그에 따라 단기산출이 증가하게 된다.

여타 충격

미국의 보호무역 강화로 우리나라 상품에 대한 수요가 감소하면 한국경제는 어떤 영향을 받을까? 미국의 보호무역 강화는 우리나라 IS곡선 식 (9.8)에서 $\bar{a}_{ex}$가 일시 하락하는 것이다. $\bar{a}_{ex}$의 하락은 $\bar{a}$를 감소시키는 것으로 IS곡선을 왼쪽으로 이동시킨다. 이처럼 미국의 보호무역 강화는 우리나라의 단기산출을 감소시킨다. 이는 앞에서 살펴본 양의 총수요충격과 달리 음의 총수요충격이 발생하는 것이다.

이 밖에 소득세율의 영구적 인하나 장래 경제에 대한 낙관으로 소비자들의 소비심리가 개선되면 $\bar{a}_c$가 상승하고 정부가 지출을 늘리면 $\bar{a}_g$가 올라가게 되는데 이는 모두 양의 총수요충격에 해당한다. 반면 외국으로부터 수입이 늘어나면 $\bar{a}_{im}$이 상승하는데 이는 음의 총수요충격과 같다.

4 IS곡선의 미시적 기초

앞에서 살펴본 IS곡선은 소비, 투자, 정부구매, 수출, 수입 등 5개 방정식으로 식별되는 수요에 기초하고 있다. 이 절에서는 소비, 투자, 정부지출, 순수출 등을 설명하는 미시경제적 행태, 즉 미시적 기초(microfoundation)에 대해 좀 더 살펴보기로 한다. 보다 자세한 논의는 15장에서 할 것이다.

4-1 소비

개인들은 소득 가운데 오늘 얼마를 소비하고, 장래의 소비를 위해 얼마만큼 저축할지를 어떻게 결정할까? 소비자행태에 대한 현대적 이론은 1950년대 두 경제학자에 의해 시작되었다. 밀턴 프리드먼(Milton Friedman)의 항상소득가설(permanent-income hypothesis)과 프랑코 모딜리아니(Franco Modigliani)의 생애주기가설(life-cycle hypothesis)이 그것이다. 두 이론은 사람들이 많은 변동을 수반하는 경로보다 평탄한(smooth) 경로의 소비를 더 선호한다는 추론에서 시작하였다. 예를 들어, 대부분의 사람은 자장면을 일주일 동안 매일 한 그릇씩 먹는 것을 특정 요일에 일곱 그릇을 먹고 나머지 엿새 동안 전혀 먹지 않는 것보다 선호한다. 이는 전통적인 한계효용 감소의 이론에 기초한 것으로 볼 수 있다.

항상소득가설은 이러한 추론을 적용하여 사람들이 현재의 소득보다 시간을 두고 발생하는 소득의 평균에 의해 소비를 결정한다고 결론지었다. 예를 들어, 당신이 무급 휴가를 떠나면 소득은 줄어들지만 일반적으로 당신의 소비는 여전히 안정적이다. 계절적 직업에 종사하다 할 일이 없어진 건설노동자나 농부, 그리고 복권에 당첨된 행운아까지 소비를 평준화하는 경향을 보인다.

생애주기가설은 위와 같은 추론을 사람들의 생애에 적용한 것이다. 이 이론에 의하면 소비는 어떤 주어진 나이에서의 소득이 아니라 생애소득의 평균에 의해 결정된다. 젊을 때는 소득보다 소비를 더 많이 하다가 나이가 들면서 소득이 늘어나면 소비의 증가가 둔화되고 저축이 더 많아진다. 그리고 은퇴하면 축적한 저축으로 생활에 필요한 소비를 영위하게 된다.

항상소득가설과 생애주기가설이 공통으로 통찰한 것은 사람들이 소득에 비해 소비를 평탄화한다는 것이다. 이러한 통찰을 기초로 소비를 식 (9.2) $C_t = \bar{a}_c \bar{Y}_t$와 같이 GDP보다 잠재GDP에 의해 결정되는 것으로 가정한 것이다. 항상소득가설과 생애주기가설은 잠재산출량이 일정한 가운데 실제 산출량이 변동하면 사람들이 저축을 소비의 평탄화에 사용함으로써 소비가 상대적으로 안정될 것이라고 예상할 수 있게 한다.

이러한 소비의 평탄화는 차입에 제약이 없을 때 가능한데 현실적으로는 여러 이유로 인해 차입의 제약을 받는 소비자가 많이 존재한다. 이러한 소비자의 경우 현재의 소득이 변화하면 그에 따라 소비도 변화할 수밖에 없는 만큼 소비가 생애소득이 아닌 현재의 소득에 의해 이루어질 것이다.

요약하면, 개인들의 소비는 그들의 항상소득과 생애주기의 단계에 의해 결정되는 한편 소득의 일시적 변화에도 반응한다. 따라서 국민경제 전체로 볼 때 소비가 잠재산출에 비례한다는 설정이 IS곡선을 설명하는 데 큰 문제가 없지만 소비가 소득의 일시적 변화에 반응한다는 사실도 중요한 만큼 이에 대한 논의를 추가하자.

승수효과

소비가 일시적인 소득의 변화에 반응한다면 어떤 일이 일어나게 될까? 이 경우 중요한 경제적 현상인 **승수**(multiplier)가 나타난다.

소득의 일시적 변화에 소비가 반응하는 것으로 가정하여 소비함수식 (9.2)에 단기산출을 포함하면 새로운 소비함수는 식 (9.10)과 같아진다. 경제가 일시적으로 호황이면 소비가 증가하는데 $\bar{x}$의 값에 의해 그 규모가 결정된다는 것을 이 식이 나타내고 있다. 우리는 $\bar{x}$가 0과 1 사이의 값을 가지는 것으로 가정한다.

$$\frac{C_t}{\bar{Y}_t} = \bar{a}_c + \bar{x}\tilde{Y}_t \tag{9.10}$$

새 소비함수에 의한 IS곡선은 식 (9.11)과 같이 유도되는데 이는 원래의 IS곡선 식 (9.9)와 매우 비슷한 형태이다.[2] 차이점은 승수 $1/(1-\bar{x})$이 총수요충격과 실질이자율의 항에 추가된 것이다. 그리고 $0 < \bar{x} < 1$이므로 승수는 1보다 크다.

$$\tilde{Y}_t = \frac{1}{1-\bar{x}} \times \left[\bar{a} - \bar{\beta}_i(r_t - \bar{r})\right] \tag{9.11}$$

승수의 경제적 의미는 무엇일까? 예를 들어, 소비자들이 단기산출의 1/3을 소비로 지출한다면 $\bar{x}$가 1/3인데 그때의 승수는 1.5이다. 경제가 잠재수준으로 $\bar{a} = 0$, $\tilde{Y}_t = 0$인 상황에서 발생한 총수요충격으로 $\bar{a}$가 1%로 증가하면 단기산출이 1.5%로 된다. 그리고 만약 식 (9.9)의 기본 IS곡선에서 이자율의 상승으로 단기산출이 1%p 감소하면 새 IS곡선에서는 단기산출이 1.5%p 감소한다.

이처럼 단기산출의 변동폭이 확대되는 것은 경제의 한 부문에 발생한 충격의 영향이 다른 부문으로 확산되기 때문이다. 실질이자율의 상승으로 투자가 감소하면 일자리가 줄어들고 그로 인해 소비가 위축된다. 소비가 저조하게 되면 다른 기업들의 판매와 생산이 감소하면서 고용도 줄어들어 또 다른 소비의 감소를 가져온다. 이와 같이 경제의 한 부문에 발생한 충격은 다른 부문에까지 영향을 미쳐 경제 전반으로 확산된다.

식 (9.11)의 또 다른 요점은 승수가 IS곡선의 기본적 형태를 변화시키지는 않는다는 것이다. 새 IS곡선은 승수효과로 원래의 IS곡선에 비해 절편과 기울기가 더 커졌을 뿐 형태가 변한 것은 아니다. 따라서 소비가 단기산출에 영향을 받는 경우에도 IS곡선을 식 (9.9)

2 IS곡선의 유도에 있어서 식 (9.2) 대신 식 (9.10)을 식 (9.8)에 대입하면 $\tilde{Y}_t = \bar{a} + \bar{x}\tilde{Y}_t - \bar{\beta}_i(r_t - \bar{r})$가 유도된다. 이를 $\tilde{Y}_t$에 대해 정리하면 식 (9.11)을 얻게 된다.

와 같이 나타내도 문제되지 않는다. 다만, 승수효과로 인해 $\bar{a}$와 $\bar{\beta}_i$의 값이 최초로 설정했던 총수요와 투자 파라미터에 의한 값보다 더 커진다는 것을 인식하면 된다.

4-2 투자

기업이 투자를 결정할 때 고려하는 두 가지 주요 요인이 식 (9.6)에 포함되어 있다. 첫째는 실질이자율과 자본의 한계생산의 차이다. 예를 들어, 반도체 업체의 MPK가 금융시장의 실질이자율보다 높다면 공장의 추가 건설이 수익성 있는 일이므로 투자를 확대할 것이다. 따라서 기업이 투자를 결정할 때 중요한 것은 자본에 대한 수익률을 측정하는 것이다. 단순한 모형에서는 수익률을 자본의 한계생산에서 감각상각을 차감한 것으로 사용한다. 좀 더 자세한 방식의 수익률 산출에서는 자본의 한계생산과 감가상각은 물론 법인소득세(corporate income tax), 투자세액공제(investment tax credit), 감가상각충당금(depreciation allowances) 등도 포함한다.

두 번째 중요한 투자결정 요인은 기업의 **현금흐름**(cash flow)이다. 현금흐름이란 비용을 지불한 이후 회사가 보유하고 있는 내부자금, 즉 현금수입과 현금지출의 차이를 말한다. 현금흐름이 좋은 기업은 투자재원 조달이 용이하지만 그렇지 못하면 금융시장에서 투자재원을 차입해야 한다. 일반적으로 기업이 투자자금을 조달하는 데 있어서 외부자금은 대리인 문제(agency problems)로 인해 자체 내부자금의 사용에 비해 비용이 높다. 대리인 문제란 거래 쌍방이 가지고 있는 정보의 비대칭성 때문에 발생하는 역선택(adverse selection)과 도덕적 해이(moral hazard)를 말한다.

언뜻 보면 기업들의 현금흐름이 투자함수에 포함되지 않은 모습이지만 식 (9.6) $I_t = \bar{a}_i \bar{Y}_t - \bar{\beta}(r_t - \bar{r})\bar{Y}_t$의 잠재GDP $\bar{Y}_t$에 포함된 것으로 볼 수 있다. 경제 내 모든 기업의 현금흐름을 합계한 것은 잠재GDP와 관련이 있기 때문이다. 현금흐름을 고려하는 더 나은 방법은 소비에서처럼 투자방정식에 단기산출 $\tilde{Y}_t$를 포함하는 것일 수 있다. 그런데 이는 또 다른 승수를 식 (9.11)에 추가하는 것과 같다. 따라서 그와 같이 확장된 IS곡선도 식 (9.9)와 같은 형태이며 $\bar{a}$와 $\bar{\beta}_i$에 또 다른 승수효과가 추가될 뿐이다.

4-3 정부구매

정부의 재화와 서비스 구매는 단기의 경제활동에 두 가지 경로로 영향을 미친다. 경기변동을 초래하는 충격일 수도 있고 경기변동을 축소하는 데 사용되는 정책수단일 수도 있다. 우리나라의 경우 공무원 임금 등 소비지출과 고속도로나 학교 건축 같은 투자를 합한 정부의 총지출은 2000~2016년중 연평균 GDP의 19%(2010년 불변가격기준)이다. 정부지출은 예상치 못한 사건이 발생하면 변화할 수 있는데 이는 식 (9.8)에서 $\bar{a}_g$의 일시적 변동으로 나타난다.

정부구매는 때에 따라 재량적이다. IS곡선을 왼쪽으로 이동시켜 침체를 가져오는 충격이 발생했을 때 정부는 재정확장을 통해 재화와 서비스에 대한 수요를 잠재산출량 수준으로 되돌리려 할 수 있다. 이는 정부가 재량적으로 $\bar{a}_g$를 높이는 것이다. 재량적 재정정책은 재화와 서비스의 구매에 국한되지 않고 세율에도 사용된다. 예를 들면, 경제의 활력이 떨어진 상황에서 투자세액공제를 실시하여 투자유인을 제공함으로써 기업의 투자를 증가시키려 할 수 있다.

또 다른 중요한 재정수단은 이전지출이다. 침체로 실직한 사람들에게 지급하는 실업보험이나 다양한 복지프로그램 등은 침체 때 자동으로 지출이 증가하여 소득감소를 완화시키는 작용을 한다. 이러한 제도들을 **자동안정화장치**(automatic stabilizer)라고 한다.

한편 재정정책이 경제에 미치는 효과와 관련해서는 두 가지 문제, **시기선택의 문제**와 **공짜 점심은 없다는 원칙**(no-free-lunch principle)을 고려해야 한다. 시기선택의 문제란 입법, 의회 승인, 집행절차 확정 등에 따른 시간 소요로 인해 정책이 집행될 때는 이미 충격이 해소된 이후여서 재정정책이 오히려 경기변동을 심화시킬 수 있을 가능성을 말한다. 두 번째 문제는 좀 더 중요하다. 정부도 가계나 기업과 같이 예산제약에 직면한다. 오늘의 지출을 늘리기로 결정하면 장래의 지출을 줄이거나 언젠가는 세금을 늘려 지출 증가를 보전해야 한다. 정부가 오늘 채권을 발행하여 지출을 보전하더라도 언젠가는 채권 상환을 위한 세금 인상이 불가피하다. 오늘의 지출 증가는 오늘 아니면 미래의 어떤 시점에 반드시 보상되어야 하므로 공짜 점심은 없다는 원칙이 작동하는 대상인 것이다.

공짜 점심은 없다는 원칙이 적용되는 경우 세금의 증가나 장래 지출의 축소는 현재 재정확장이 경제에 미치는 긍정적 효과를 일부 상쇄시킨다. 항상소득가설에 따르면 오늘의 소비에 중요한 것은 세금을 제외한 평생소득의 현재할인가치인 항상소득이다. 정부가 세금을 부과할 경우 항상소득은 세금을 납부하는 시기와 관계없이 감소한다. 따라서 소비 또한 감소하며 그로 인해 정부지출의 증가 효과가 완전히 상쇄될 수도 있다. 따라서 정부지출을 현재의 조세로 충당하든, 국채발행을 통한 적자 재정으로 조달하든 경제에 미치는 효과는 동일할 수 있다. 이를 **리카르도 등가**(Ricardian equivalence)라고 한다. 그러나 고속도로 건설과 같이 오늘의 지출 증가가 지출 시기를 변화시킨 것으로서 미래의 지출 감소를 의미한다면 새로운 지출이 조세부담을 증가시키는 것은 아니다. 따라서 이 경우에는 항상소득이 변화하지 않고 그에 따라 소비도 감소하지 않아 정부의 지출 증가가 오늘의 경제활력을 촉진하는 데 도움을 줄 수 있다.

이상에서 살펴본 것처럼 재정지출의 효과는 불확실하지만 실증분석을 바탕으로 많은 경제학자들은 대체로 다음의 사실에 의견을 같이한다. 정부지출이 조세 증가를 바탕으로 할 경우 IS곡선에 다소(modest) 영향을 미쳐 단기에 GDP가 소폭 늘어나는 데 그친다. 정부지출 증가가 불확정한 미래에서의 세금 증가나 재정 삭감을 전제로 할 경우 IS곡선에 적당한(moderate) 영향을 미친다. 그리고 이와 같은 재정지출의 효과는 자원의 상당 부분이 활용되지 못하는 불황에 더 커진다.

이처럼 정부가 지출의 적기를 찾기 어렵고, 공짜 점심은 없다는 원칙에 의해 부여되는 예산제약의 규율로 인해 경제상황이 심각한 때를 제외하고는 재량적 재정정책이 실행되기 쉽지 않다.

4-4 순수출

앞에서 IS곡선을 유도할 때 수출과 수입은 각각 식 (9.4)와 식 (9.5)와 같이 단순하게 설정하였다. 두 변수 모두 잠재산출량의 일정 비율로 가정했으므로 순수출도 잠재산출량의 일정 비율이다. 순수출은 무역수지라고도 한다.

무역수지는 경제가 국외부문을 통해 영향을 받는 주요 경로이다. 우리나라 상품에 대한 국외 수요가 증가하여 $\bar{a}_{ex}$가 상승하면 IS곡선이 오른쪽으로 이동하여 우리 경제가 활성화된다. 반대로 외국 상품에 대한 우리나라의 수요가 증가하여 $\bar{a}_{im}$이 상승하면 IS곡선이 왼쪽으로 이동하여 단기산출이 감소하게 된다.

대외교역과 관련해서는 환율 등을 포함하여 14장에서 보다 자세히 논의할 것이다.

요약

1 IS곡선은 실질이자율과 단기산출 간의 관계와 함께 총수요충격에 대해 단기산출이 어떻게 반응하는지를 분석하는 데 이용된다.

2 실질이자율이 상승하면 기업과 가계의 차입비용이 증가하므로 기업은 공장이나 기계의 구매를 축소하고 가계는 새집 구입을 미루는데 이는 산출을 잠재수준 아래로 떨어뜨린다. 이러한 실질이자율과 단기산출 간의 음의 관계를 나타낸 것이 IS곡선이다.

3 실질이자율이 변동하면 단기산출이 IS곡선 상에서 움직인다. 총수요에 대한 충격은 IS곡선의 이동을 초래한다. 소비심리의 개선, 주어진 실질이자율 하에서의 투자수요 증가, 정부지출 확대, 해외여건 호전 등은 양의 총수요충격으로 IS곡선을 오른쪽으로 이동시킨다.

4 항상소득가설과 생애주기가설에 의하면 개인들의 소비는 현재의 소득보다 생애평균소득에 의해 결정된다. 그리고 개인들의 소비는 소득의 일시적 변화에도 반응하는데 이를 IS곡선에 반영할 경우 승수효과가 발생한다. 승수효과는 경제의 한 부문에 발생한 충격이 다른 부문에까지 영향을 미쳐 경제 전반으로 확산되면서 나타난다.

5 기업 투자의 주요 결정요인은 수익률과 실질이자율의 차이, 그리고 현금흐름이다. 수익률은 자본의 한계생산과 감가상각은 물론 법인소득세, 투자세액공제, 감가상각충당금 등도 포함하여 측정한다. 현금흐름이란 비용을 지불한 이후 회사가 보유하고 있는 내부자금, 즉 현금수입과 현금지출의 차이를 말한다.

6 정부구매는 $\bar{a}_g$를 바로 변화시킨다. 그러나 정부도 예산제약으로 인해 공짜 점심은 없다는 원칙을 적용받으므로 재정정책의 단기 효과가 축소될 수 있다.

연습문제

1 어떤 경제의 IS곡선 $\tilde{Y}_t = \bar{a} - \bar{\beta}(r_t - \bar{r})$에서 파라미터가 각각 $\bar{a} = 0$, $\bar{\beta} = 0.8$, $\bar{r} = 2\%$이고 실질이자율 r_t가 2%라고 하자. 다음과 같은 개별적 사건에 대해 단기산출이 어떻게 되는지 설명하라.

(1) 실질이자율이 2%에서 3%로 상승

(2) 실질이자율이 2%에서 1%로 하락

(3) $\bar{a}_c$가 2%p 감소

(4) $\bar{a}_g$가 2%p 상승

(5) $\bar{a}_{ex}$가 2%p 감소

2 다음과 같은 거시경제 여건의 변화가 단기산출 $\tilde{Y}_t$에 미치는 영향과 그 원인을 IS곡선을 이용하여 설명하라.

(1) 한국은행이 실질이자율을 자본의 한계생산 아래로 낮추는 정책을 실시하였다.

(2) 장래의 경제상황과 생산성 증가에 대한 소비자들의 태도가 비관적으로 변화하였다.

(3) 정부가 한시적으로 투자세액공제제도를 실시하였다.

(4) 북한의 핵, 미사일 개발에 대응한 첨단 무기를 대량 수입하였다.

(5) 아파트 가격의 거품이 꺼지면서 우리나라의 아파트 가격이 평균 10% 하락하고 그에 따라 아파트 건설이 감소하였다.

3 현재의 소비가 평생소득의 현재할인가치에 의해 결정된다는 주장을 IS곡선에 반영하기 위해 식 (9.2)의 소비함수를 실질이자율이 포함되는 $C_t = \bar{a}_c\bar{Y}_t - \bar{\beta}_c(r_t - \bar{r})\bar{Y}_t$로 변경하였다. 다음 물음에 답하라.

(1) 새로운 소비함수에 의한 IS곡선을 도출하라.

(2) 원래의 IS곡선 식 (9.9)와의 차이점과 그 이유를 설명하라.

4 철수의 소비함수는 항상소득가설이 적용되며 철수의 삶은 영구적이라 할 때, 다음의 경우 철수의 소비는 어떤 영향을 받을 것으로 보이는지 답하라.

(1) 상속할 직계 후손이 없는 먼 친척이 철수에게 10억원을 유산으로 남겼다.

(2) 정부가 과다 채무를 해소하기 위해 철수에게 금년 한해의 세금을 1,000만원 더 부과하였다.

(3) 철수가 5억원을 일시에 지급받는 로또에 당첨되었다.

(4) 철수가 예상보다 빨리 승진하여 연봉이 500만원 높아졌다.

5 정부가 65세 이상인 노인 가운데 소득하위 70%에게 지급되는 기초연금액을 내년 4월부터 25만원으로 인상한다고 발표하였다. 리카도 등가가 적용되는 경우와 그렇지 않은 경우를 고려하여 다음 물음에 답하라.

(1) 기초연금액 인상이 어떤 총수요 파라미터에 영향을 미치는지 그리고 어떻게 영향을 미치는지 설명하라.

(2) 기초연금액 인상이 IS곡선에 미치는 영향을 설명하라.

10장

통화정책곡선

중앙은행들은 일반적으로 물가의 안정과 함께 적정 경제성장을 통한 고용의 안정을 위하여 통화정책을 수행한다. 이와 같은 고결한 목적을 달성하기 위하여 중앙은행이 사용하는 주요 정책수단은 한국은행의 기준금리나 미국 연준(Fed)의 페더럴펀드금리(federal funds rate) 같이 어쩌면 하잘것없어 보이는 이자율이다. 그것도 한 은행이 다른 은행으로부터 하룻밤 동안 자금을 빌리는 대가로 지급하는 이자율에 영향을 미치려는 것이다. 은행 간 초단기금리가 어떻게 한 나라의 금융시장을 움직이는 힘을 가지며 민간부문의 투자계획을 변경시켜 GDP를 변화시킬까?

우리는 9장에서 단기산출을 결정하는 실질이자율이 중앙은행에 의해 선택되는 것으로 가정하였다. 10장에서는 이처럼 외생으로 간주했던 실질이자율이 어떻게 결정되는가를 보여주는 MP곡선에 대해 살펴볼 것인데 MP란 통화정책(monetary policy)을 의미한다. 한편 과거 통화량을 중시할 때 총수요를 결정하는 모형에서 사용하였던 LM곡선은 이 장의 부록에서 참고로 설명한다.

1 통화정책과 이자율

오늘날 대부분 선진 경제의 중앙은행들은 통화정책을 수행하는 핵심적 수단으로 단기 명목이자율을 사용한다. 대표적인 예로 미국의 중앙은행인 Fed의 페드럴펀드금리, 영국 중앙은행의 정책금리(Bank Rate), 일본은행의 콜금리 등을 들 수 있다.

한국은행이 사용하는 단기 명목이자율은 기준금리(base rate)이다. 기준금리는 한국은행이 금융기관과 환매조건부증권 매매, 자금조정 예금 및 대출 등의 거래를 할 때 기준이 되는 정책금리로서 금융통화위원회가 물가 동향, 국내외 경제상황, 금융시장 여건 등을 종합적으로 고려하여 연 8회 결정한다. 한편 [그림 10-1]에서 보는 것처럼 한국은행은 콜금리가 기준금리 수준에서 크게 벗어나지 않도록 하고 있다. 이는 콜금리가 통화정책 파급경로의 시발점이 되는 시장금리로서의 기능을 수행하기 때문이다.

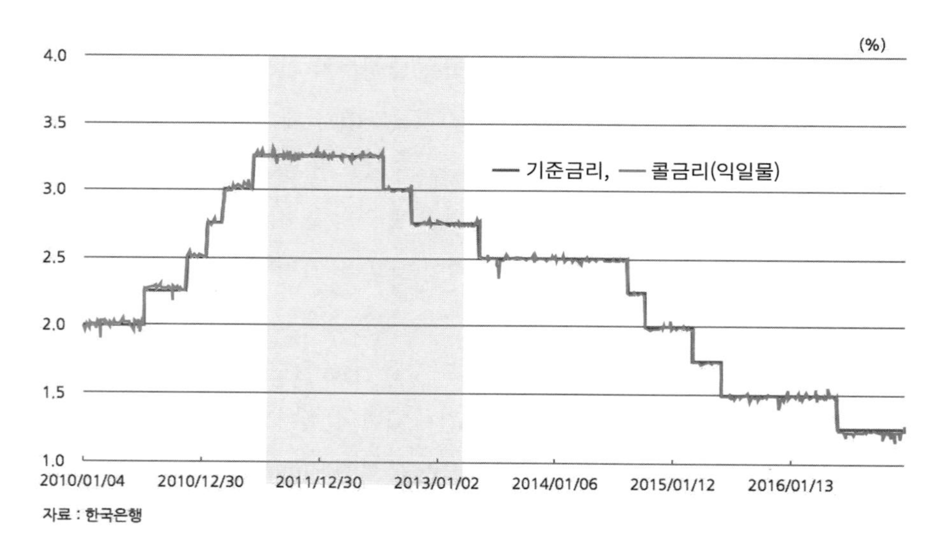

[그림 10-1] 한국은행 기준금리와 콜금리

한국은행은 어떻게 콜금리를 기준금리 수준으로 조절할까? 대형은행을 비롯한 금융기관들은 여러 이유로 중앙은행을 통하여 하룻밤 동안 서로 자금을 차입하거나 대여하는데 우리나라의 경우 그와 같은 거래가 이루어지는 곳이 콜시장이다. 한국은행은 콜시장에 참여하여 금융시스템의 유동성을 조절함으로써 콜금리가 기준금리 수준을 크게 벗어나지 않도록 한다. 한국은행이 유동성 공급을 늘리면 은행들 상호 간에 대출할 자금이 증가하여 콜금리가 하락하게 된다. 반대로 한국은행이 유동성을 환수하면 은행들의 대출가용자금이 감소하여 콜금리가 상승하게 된다. 한국은행이 기준금리를 결정하면 이러한 과정을 통해 초단기금리인 콜금리가 즉시 영향을 받고 이어서 단기 및 장기 시장금리, 그리고 예금 및 대출 금리도 움직이게 된다.

명목이자율에서 실질이자율로

한국은행이 결정하는 기준금리는 명목이자율이다. 그런데 9장 IS곡선에서 기업이나 가계에 영향을 미쳐 단기산출을 변화시키는 것은 실질이자율이라는 것을 살펴보았다. 그렇다면 중앙은행이 설정하는 명목이자율이 어떻게 실질이자율에 영향을 미치게 될까? 7장에서 살펴본 대로 명목이자율은 실질이자율 r_t와 기대인플레이션율 π_t^e의 합이다.

$$i_t = r_t + \pi_t^e \tag{10.1}$$

따라서 실질이자율은 명목이자율에서 기대인플레이션율을 차감한 것이다. 식 (10.2)에 의하면 명목이자율이 변동할 때 기대인플레이션율이 그 변화를 상쇄하지 않으면 실질이자율도 변동한다.

$$r_t = i_t - \pi_t^e \tag{10.2}$$

8장에서 인플레이션의 경직성에 대해 논의했는데 그러한 **경직적 인플레이션 가정**(sticky inflation assumption)이 단기모형의 핵심이다. 단기모형에서는 인플레이션율이 관성(inertia) 혹은 경직성으로 인해 시간을 두고 서서히 조정된다고 본다. 단기적으로 인플레이션이 경직적이면 통화정책의 변화에 대해 실제 인플레이션율이나 기대인플레이션율이 즉각 반응하지 않는다. 따라서 인플레이션이 경직적인 상황에서 명목이자율을 변경하는 중앙은행의 통화정책은 실질이자율의 변동을 초래한다. 이는 단기에 중앙은행이 실질이자율에 대한 결정력을 가지고 있음을 의미한다. 그러나 장기에서는 중앙은행이 실질이자율을 조정할 수 없다. 장기에서 실질이자율은 3장에서 살펴본 대로 재화시장의 균형을 가져오는 저축과 투자의 상호작용에 의해 결정된다.

IS-MP 도해

[그림 10-2]의 MP곡선은 중앙은행이 경제를 위해 선택하는 실질이자율을 그래프로 나타낸 것이다. 중앙은행이 실질이자율 r_t를 정하므로 MP곡선은 선택된 값 r에서 수평인 직선이다.

9장에서 도출한 IS곡선을 MP곡선에 추가하면 경제분석에 활용할 수 있는 IS-MP 도해가 [그림 10-2]와 같이 완성된다. 그래프에서처럼 중앙은행이 실질이자율(r)을 자본의 한계생산 $\bar{r}$과 일치하도록 설정하고 총수요충격이 없는 상태일($\bar{a} = 0$) 때는 단기산출 $\tilde{Y}$가 0이다. 이는 경제가 잠재산출수준의 정상상태에 있다는 뜻이다.

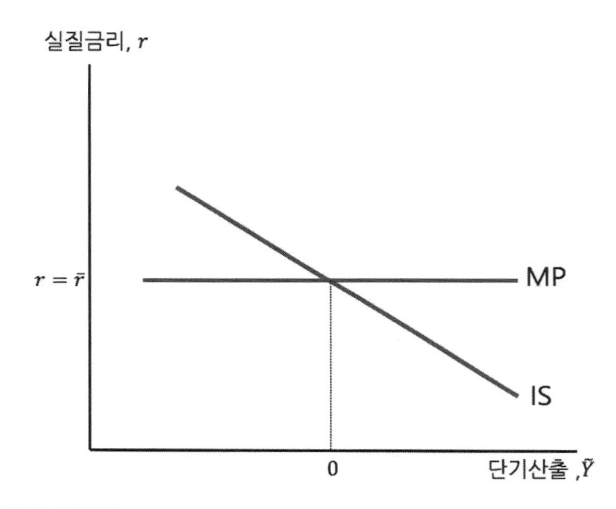

[그림 10-2] IS-MP 도해의 MP곡선

만약 잠재산출수준 상태에서 중앙은행이 명목이자율 i를 인상하면 경제가 어떻게 될까? [그림 10-3]이 금리인상에 따른 경제의 변화를 보여준다. 인플레이션이 서서히 조정되므로 중앙은행이 명목이자율을 올리면 실질이자율이 r에서 r'로 상승하여 자본의 한계생산보다 높아진다. 실질이자율이 자본의 한계생산을 웃돌면 투자가 감소하여 단기산출이 줄어들어 음(–)으로 된다. 즉, $\tilde{Y}' < 0$인 침체가 발생하게 된다. 이는 중앙은행이 경기침체를 초래할 수 있다는 것을 의미한다.

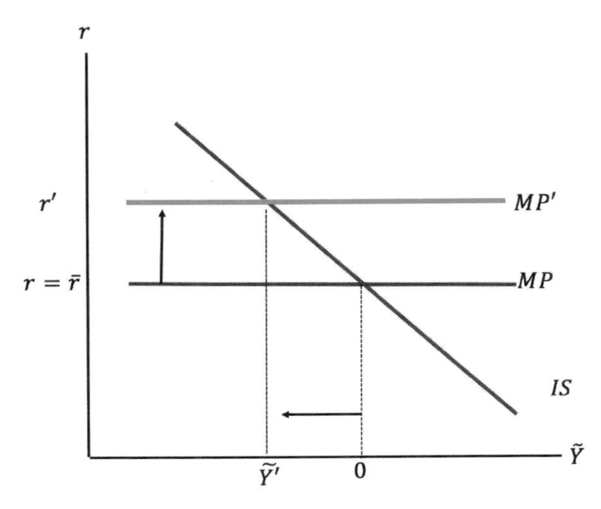

[그림 10-3] MP곡선과 이자율 상승의 영향

IS-MP 도해의 활용

이제 주택가격 거품의 붕괴 같은 음의 (혹은 부정적인) 총수요충격이 경제에 미치는 영향을 분석하는 데 IS-MP 도해를 활용해보자. 수년간 지속적으로 상승하던 주택가격이 갑자기 큰 폭으로 떨어졌다고 가정하자. 정책당국은 주택가격 거품이 붕괴되면서 가계의 부가 감소하고 소비자신뢰가 하락하여 경제가 침체로 빠져드는 것을 우려할 것이다.

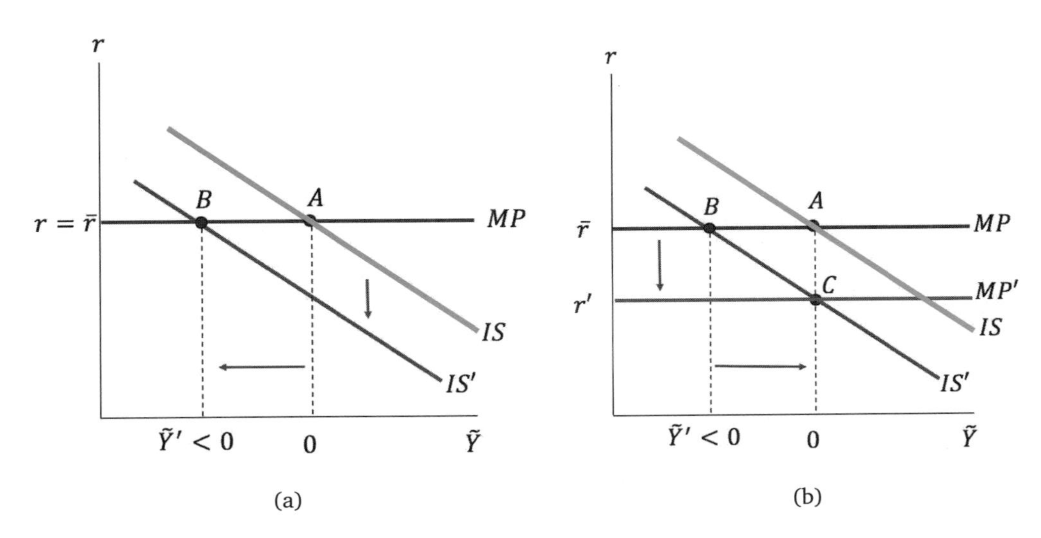

[그림 10-4] 주택가격 거품 붕괴와 경제안정화

이런 상황은 총수요충격 파라미터 $\bar{a}$가 하락하는 것에 해당하므로 IS곡선이 왼쪽으로 이동한다. 이에 따라 경제는 주어진 실질이자율 하에서 [그림 10-4] (a)에 나타나 있듯이 초기의 점 A에서 점 B로 이동한다. 산출이 잠재수준을 밑돌아 $\tilde{Y}$가 음의 값을 가지는 침체가 발생한다.

이에 대응하여 중앙은행이 명목이자율을 낮추면 인플레이션의 경직성으로 실질이자율이 자본의 한계생산보다 낮은 수준으로 떨어진다. r이 $\bar{r}$보다 낮아지면 기업은 투자를 확대하게 된다. 투자 증가로 $\bar{a}$의 감소가 보전되어 경제는 다시 잠재산출 수준으로 회복될 것이다. [그림 10-4] (b)에서처럼 정책당국이 이자율을 충분히 낮추어 경제의 활력을 촉진하면 경제가 잠재산출 수준인 점 C로 되돌아갈 수 있다.

최선의 경우 중앙은행이 주택가격 거품의 붕괴에 정확히 맞추어 통화정책을 조정하면 경제가 산출 감소를 겪을 필요가 없다. 그러나 현실적으로는 그와 같은 경제의 미세 조정이 매우 어렵다. 자산가격 거품 붕괴의 본질과 경제충격의 정도를 확인하는 데 시간이 소요될 뿐만 아니라 금리인하 이후 투자와 산출이 영향을 받기까지 상당한 시차가 존재하기 때문이다. 통화정책을 연구하는 학자들은 이자율의 변화가 경제활동에 충분히 영향을 미치기까지 6~18개월이 걸리는 것으로 분석하고 있다.

좀 더 알아보기 이자율의 기간구조

앞에서 초단기금리인 콜금리가 한국은행의 기준금리에 반응하면 그에 따라 단기 및 장기 시장금리가 변동한다고 했다. 어떻게 그런 움직임이 나타나는지 이자율의 기간구조를 통해 살펴보기로 하자.

MP곡선을 비롯한 거시경제이론을 보다 쉽게 설명하기 위해 흔히 이자율이 마치 하나인 것처럼 간주한다. 그러나 이는 사실이 아니다. 우리나라 정부가 발행하는 채권만 하더라도 만기가 1년, 3년, 5년, 10년, 30년 등 매우 다양하고 그 이자율(만기수익률)도 각각 다르다. 채권의 이자율은 채무불이행 위험, 유동성, 세금부과 차이, 만기 등 여러 요인에 영향을 받는다. 이러한 요인들 가운데 다른 요인들은 동일하고 만기의 차이로 인해 채권의 이자율이 달라지는 것을 **이자율의 기간구조**(term structure of interest rate)라고 한다.

이자율의 기간구조를 그래프로 나타낸 것을 **수익률곡선**(yield curve)이라 한다. 이 곡선은 일반적으로 우상향하는데 이는 장기이자율이 단기이자율보다 높은 것을 나타낸다. 그러나 항상 우상향하지는 않으며 때에 따라서는 장기이자율이 단기이자율보다 낮아 우하향하는 등 다양한 모습을 보일 수도 있다.

그런데 채권의 이자율은 만기별로 어떻게 결정될까? 투자자가 3년 동안 투자하고자 할 때 3년 만기 채권을 매입하여 만기까지 보유하는 방식과 3년 동안 매년 1년 만기 채권을 연속해서 사고파는 방식을 생각해볼 수 있다. 만약 투자자가 두 방식의 수익이 동일하지 않을 것으로 예상하면 더 높은 수익이 예상되는 투자방식을 선택할 것이다. 이는 3년 만기 채권의 이자율이 1년 만기 채권의 3년 평균 이자율과 같아야 할 거라는 짐작을 가능하게 한다. 즉, 장기채권의 이자율과 투자자들이 예상하는 미래의 단기채권 이자율들의 평균이 같아야 할 것이다.

이와 함께 가까운 장래에 비해 먼 장래는 더 많은 불확실성이 잠재하고 있으므로 위험회피성향이 큰 투자자들은 일반적으로 단기채권을 선호한다. 불확실성이 높은 장기채권이 금융시장에서 거래되는 것은 수익률 측면에서 제공되는 유인이 있기 때문일 것이다.

이처럼 장기채권의 이자율은 그 수명 동안 예상되는 단기이자율들의 평균과 그 채권의 수요와 공급이 반응하도록 하는 유인, 즉 유동성 프리미엄(liquidity premium) 또는 기간 프리미엄(term premium)의 합과 같게 된다. 이와 같이 이자율의 기간구조를 설명하는 것을 **유동성 프리미엄 이론**(liquidity premium theory)이라 한다.

한국은행이 기준금리를 변경하면 장기이자율도 변화하는데 왜 그렇게 될까? 주요 요인으로는 두 가지를 들 수 있다. 첫째, 금융시장은 일반적으로 기준금리 조정이 상당 기간 지속될 것으로 기대한다. 한국은행이 기준금리를 올리면 짧은 시일 내에 방향을 바꾸어 기준금리를 내리지 않는 것이 통상적이다. 둘째, 오늘의 기준금리 변경은 장래에 이자율이 비슷한 방향으로 조정될 것이라는 신호로 해석될 수도 있다. 예를 들어, 2010년 이후에 한국은행이 기준금리를 조정한 모습을 나타낸 [그림 10-1]을 보면 오랜 기간에 걸쳐 소폭으로 조정이 이루어지는 것을 알 수 있다. 이는 기준금리가 한번 인상되면 상당 기간에 걸쳐 조금씩 상향 조정될 수 있다는 판단을 가능하게 한다. 이처럼 한국은행이 기준금리를 조정하면 단기이자율에 대한 예상이 변하고, 단기이자율 예측이 장기이자율을 결정하는 한 요인이기 때문에 단기 및 장기 이자율이 같은 방향으로 움직이게 된다.

2 통화정책준칙

중앙은행이 단기에 실질이자율을 조정할 때 무엇을 고려할까? 우리나라, 미국, 영국 등 대부분 국가의 중앙은행은 물가안정목표제(inflation targeting)를 채택하여 인플레이션율 목표를 명시적으로 발표하고 있다. 이는 중앙은행들이 인플레이션의 변동에 반응한다는 것을 함축하는 것으로 볼 수 있다.

인플레이션율 상승과 같이 경제에서 발생할 수 있는 상황에 대해 중앙은행의 통화정책이 가져야 할 태도에 대한 지침을 **통화정책준칙**(monetary policy rule)이라고 한다. 중앙은행의 통화정책은 여러 경제적 요인을 고려하여 결정되는 만큼 통화정책준칙에 인플레이션, 단기산출, 총수요충격 등 다양한 요인이 반영되도록 할 수 있다. 여기서는 먼저 식 (10.3)과 같이 현재의 인플레이션율 π_t와 중앙은행의 인플레이션율 목표 π^T에 의해 결정되는 단순한 형태로 통화정책준칙을 설정하기로 한다. 이와 같은 단순한 통화정책준칙은 실질이자율을 인플레이션의 함수로 설정하여 인플레이션이 높아지면 실질이자율이 어떤 특정한 양만큼 높아지도록 한 것이다.

$$r_t - \bar{r} = \bar{m}(\pi_t - \pi^T) \tag{10.3}$$

인플레이션율 목표 π^T는 미국, 영국 등 대부분 선진국 중앙은행에서 2%이며 한국은행도 2%로 하고 있다. 이러한 인플레이션율 목표가 결국 단기모형의 정상상태 인플레이션율과 같아지는 것을 뒤에서 확인하게 될 것이다.

식 (10.3)의 통화정책준칙에 의하면 실질이자율은 현재의 인플레이션율이 목표보다 높은지 낮은지에 따라 결정된다. 즉 $\pi_t > \pi^T$이면 실질이자율을 높이는 긴축적 통화정책을 선택하고, $\pi_t < \pi^T$이면 실질이자율을 하락시켜 경제의 활력을 촉진하는 정책을 채택한다는 것을 나타낸다. $\bar{m}$은 통화정책이 인플레이션에 얼마나 적극적으로 반응해야 하는가를 나타내는 파라미터이다. 예를 들어, $\bar{m} = 1/2$인데 인플레이션율이 목표보다 2%p 높아지면 정책당국은 실질이자율을 1%p 높여야 한다는 의미이다.

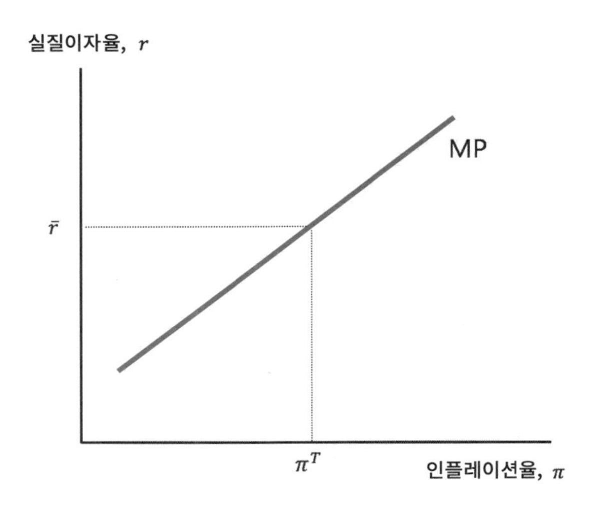

[그림 10-5] MP곡선

이와 같은 통화정책준칙을 그래프로 나타낸 것이 [그림 10-5]의 MP곡선이다. 그림은 중앙은행이 실질이자율을 자본의 한계생산($\bar{r}$)과 동일하게 설정하면 인플레이션율이 중앙은행의 인플레이션율 목표와 같아짐을 나타낸다.

3 중앙은행의 이자율 조절에 대한 미시적 기초

대부분의 중앙은행들이 이자율을 조정하는 방법으로 정책을 운영하고 있는데도 불구하고 통화정책, 통화긴축 등과 같이 '통화'라는 말이 사용되고 있다. 왜 통화라는 용어가 사용되는 것일까? 그 답은 중앙은행이 원하는 이자율 수준에서 수요되는 만큼의 통화량 공급을 통해 이자율을 조절하기 때문이다.

우리는 7장에서 통화공급은 중앙은행의 본원통화 공급으로부터 시작된다는 점을 보았다. 또 10장 1절에서 중앙은행을 통한 은행들 간의 자금 거래에서 결정되는 초단기금리가 여타 시장금리들에 영향을 미친다는 것을 살펴보았다.

민간의 현금수요와 은행들의 지급준비금 수요의 합인 본원통화에 대한 수요가 중앙은행의 본원통화 공급에 의해 충족되는 금융시장, 즉 본원통화시장을 생각해보자. 먼저 명목이자율은 현금 보유의 기회비용이다. 예를 들어, 명목이자율이 1%일 때는 사람들이 현금을 보유하려 할 수 있지만 만약 이자율이 10%라면 될 수 있는 대로 현금 보유를 가급적 줄이고 보다 많은 자산을 저축성예금으로 보유하려 할 것이다. 따라서 민간의 현금수요는 명목이자율의 감소함수이다. 은행의 지급준비금 수요도 이자율의 감소함수이다. 이자율이 높을수록 가계나 기업의 대출수요가 줄어들기 때문에 은행들이 초과지급준비금을 덜 보유하려고 할 것이기 때문이다. 따라서 본원통화에 대한 수요곡선 H^d는 명목이자율과 음의 관계이므로 우하향한다.

한편 본원통화는 중앙은행이 공개시장운영 등 통화정책수단을 통해 얼마든지 공급할 수 있다. 따라서 공급되는 본원통화량 수준을 H^*라고 하면 공급곡선 H^s는 H^*에서 수직이다.

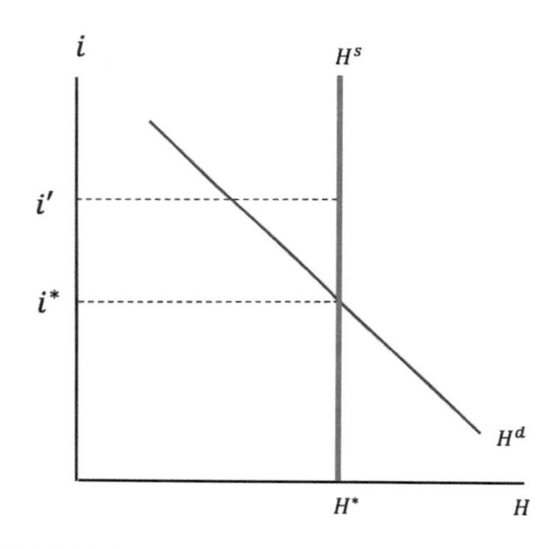

[그림 10-6] 중앙은행의 명목이자율 설정

[그림 10-6]은 본원통화시장에서 중앙은행에 의해 명목이자율이 결정되는 것을 보여준다. 은행들과 가계들은 중앙은행이 공급하는 본원통화량 만큼을 기꺼이 보유하려 한다. 이자율이 균형수준 i^*보다 높으면 중앙은행의 본원통화 공급이 수요를 초과하게 되어 명목이자율이 낮아진다. 반대로 이자율이 i^*보다 낮으면 수요가 공급을 초과하여 명목이자율이 높아진다. 위에서 현실적으로 서로 다른 개인에 대한 이자율과 은행들 간의 이자율을 마치 동일한 것처럼 설명하였는데, 두 이자율이 기간구조에 의해 같이 움직인다고 생

각하면 그렇게 간주하는 것이 크게 문제되지 않을 것이다.

이자율 조정

한국은행이나 Fed가 명목이자율의 상승을 원한다고 가정하자. 그러한 변화를 위해 중앙은행은 어떤 수단을 사용할까? 그 답은 [그림 10-7]에 나타나 있는 것처럼 중앙은행이 본원통화공급을 H^*에서 H^{**}로 줄이는 것이다. 공급이 감소하면 수요가 공급을 초과하여 이자율이 상승하게 된다. 예를 들어, 사람들이 은행에서 현금을 인출하려 하는데 중앙은행이 현금공급을 줄였기 때문에 은행은 사람들의 현금인출 요구를 모두 수용하지 못할 수 있다. 이에 따라 은행은 예금자들에게 저축계정에 대한 높은 이자율(i^{**})을 제의하여 현금수요가 중앙은행의 공급에 맞도록 조정할 것이다. 본원통화의 공급 축소, 즉 통화긴축은 이렇게 명목이자율을 상승시킨다.

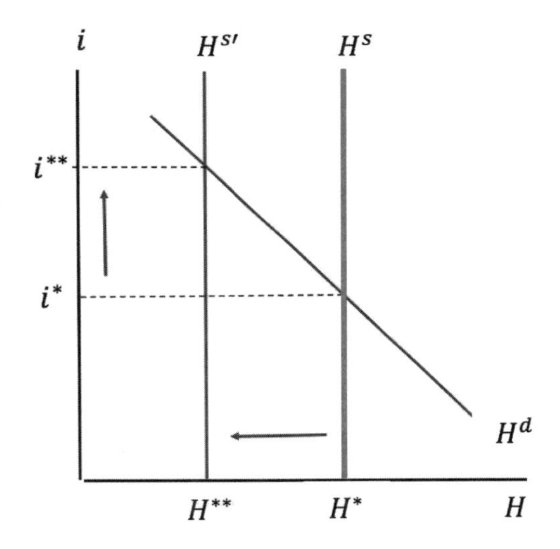

[그림 10-7] 명목이자율 상승

이자율 중시

선진 경제의 중앙은행들은 단기 명목이자율을 공표하는 방식으로 통화정책 태도를 밝힌다. 역사적으로 보면 미국, 유럽 등의 중앙은행들은 1970년대와 1980년대 초까지 통화정책의 초점을 통화량에 두다가 그 이후 이자율을 중시하는 방향으로 전환하였다. 우리나라도 1998년 이후 통화정책에서 통화량보다 이자율을 중시하고 있다.

왜, 통화정책이 이자율을 중시하게 되었을까? 첫째, 통화공급의 변화는 실질이자율의 변화를 통해 실물경제에 영향을 미치는 만큼 중앙은행이 통화공급에 초점을 맞출 때에도 이자율은 매우 중요하였다.

둘째, 통화수요는 여러 충격을 받기 쉽다. 명목이자율뿐만 아니라 물가수준과 실질 GDP 수준이 통화수요를 결정한다. 또한 ATM 보급, 신용카드와 현금카드의 사용 증가, 다양한 금융상품의 등장과 같은 충격도 통화수요곡선을 이동시킨다. 따라서 중앙은행이 통화공급을 일정하게 유지하더라도 통화수요를 변화시키는 충격이 발생하면 명목이자율의 변동과 그로 인한 실질이자율의 조정으로 단기산출이 변화하게 된다. 반면 이자율을 직접 목표로 하여 중시할 경우 중앙은행은 자동적으로 통화수요 충격을 수용하여 통화공급을 조절하는 정책을 채택해야 한다. 그러한 정책은 통화수요 변화의 충격이 산출과 인플레이션에 미치는 영향을 줄여 중앙은행의 경제안정화에 도움을 준다.

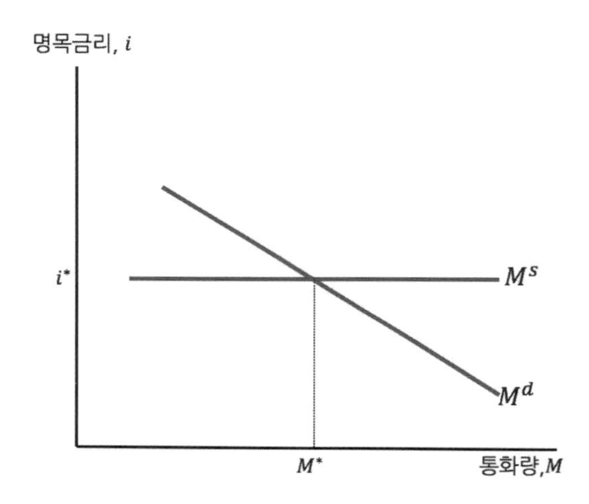

[그림 10-8] 명목이자율 설정

[그림 10-8]은 명목이자율이 중앙은행이 바람직하다고 평가하는 수준으로 유지되는 것을 보여준다. 통화공급곡선은 중앙은행이 원하는 이자율에서 수평인데 이는 그 이자율에서 수요되는 어떤 규모의 통화량도 본원통화의 조절을 통해 기꺼이 공급함으로써 이자율이 고정되는 모습이다. 그래프에서 통화수요곡선의 이동은 이자율에 아무런 영향을 미치

지 못한다.

중앙은행이 은행 간의 초단기금리를 조정하면 이자율의 기간구조에 의해 만기가 더 긴 여러 시장금리들이 영향을 받게 된다. 금융시장에서 중앙은행의 금리조정이 동일한 방향으로 장기에 걸쳐 이루어질 것으로 예상하거나 미래의 통화정책 변화에 대한 정보를 주는 신호로 작용하기 때문이다.

요약하면, 중앙은행은 단기 명목이자율을 통하여 통화정책에 대한 태도를 표현한다. 그리고 설정된 이자율에서의 통화수요에 맞추어 통화를 공급한다. 완화적 통화정책은 통화공급을 늘려 명목이자율을 낮추는 것이며 긴축적 통화정책은 통화공급을 줄여 명목이자율을 높이는 것이다.

4 〈부록〉 화폐시장의 균형과 LM곡선

단기모형의 설정에 통화정책곡선 대신 화폐시장의 균형을 나타내는 LM곡선이 사용되기도 한다. MP곡선과 LM곡선 가운데 어떤 것으로 단기모형을 설정하여도 분석의 결과는 동일하다. 다만 과거 통화량을 중시할 때는 단기모형에 LM곡선이 주로 사용되었으나 최근 중앙은행의 통화정책이 이자율을 중시하고 있어 MP곡선으로 단기모형을 설정한 것이다. 이하에서는 참고로 LM곡선에 대하여 간략히 살펴보기로 한다.

케인즈는 유동성선호이론(theory of liquidity preference)에서 경제주체들이 화폐를 보유하려는 세 가지 동기, 즉 거래적 동기, 예비적 동기, 투자적 동기로 화폐에 대한 수요를 설명하였다. 거래적 수요(transaction demand)란 소득과 소비 사이에 시간적 간격이 있기 때문에 소비지출을 위해 소득의 일부를 화폐로 보유하려는 것을 말한다. 일반적으로 소득이 증가할수록 지출규모도 증가하므로 거래적 화폐수요는 소득의 증가 함수이다. 예비적 수요(precautionary demand)는 계획되지 않은 거래의 이행, 즉 예상치 못했던 지출을 위한 화폐수요로 소득에 비례하고 이자율과 역의 관계이다. 이자율이 상승하면 예비적 화폐보유의 기회비용이 상승하기 때문이다. 투자적 수요(speculative demand)는 수익이 수반되는 금융자산에 대한 투자의 기회를 모색하거나 채권 같은 금융자산의 보유로 발생할 수 있는 자본손실을 회피하기 위하여 화폐를 보유하는 것이다. 명목이자율이 상승하면 투자적으로 화폐를 보유하는 기회비용이 증가하므로 투자적 화폐수요가 감소한다.

또한 케인즈는 명목통화량과 실질통화량을 구별하였다. 명목통화량이란 예를 들어 100억원처럼 화폐단위로 측정된다. 그런데 만약 물가가 2배로 높아지면 동일한 100억원으로 구입할 수 있는 재화와 서비스의 양은 이전의 절반으로 감소한다. 이에 케인즈는 사람들이 화폐 보유를 결정할 때 화폐의 실질구매력을 나타내는 **실질통화잔액**(real money balance)을 고려한다고 본 것이다. 화폐시장의 균형은 실질 화폐수요와 실질 화폐공급이 일치될 때 이루어진다. 세 가지 동기를 종합하면 통화수요함수는 식 (10.4)와 같이 실질 통화수요가 명목이자율(i)과 역의 관계이고 실질GDP(Y)와 플러스 관계인 것으로 나타난다.

$$(M/P)^d = L(Y,i), \quad L'_y > 0, \; L'_i < 0 \tag{10.4}$$

한편 실질 통화공급은 $(M/P)^s$인데 M은 중앙은행에 의해 결정되고 P는 단기에 경직적이므로 단기에서는 고정이다. 화폐시장의 균형에서는 실질 통화잔액에 대한 공급과 수요가 일치해야 하므로 식 (10.5)가 만족되어야 한다. 예를 들어, 화폐시장에서 이자율이 균형수준을 상회하면 실질 통화공급이 실질 통화수요를 초과하므로 과다 화폐 보유자의 수요가 이자수익이 있는 금융자산으로 이동한다. 그 결과 통화 공급과 수요가 일치되는 균형수준을 회복할 때까지 이자율이 하락하게 된다.

$$\bar{M}/\bar{P} = L(Y,i) \tag{10.5}$$

LM곡선이란 화폐시장의 균형을 가져오는 이자율 i와 소득 Y의 조합을 그래프에 나타낸 것이다. [그림 10-9] (a)에서처럼 화폐시장이 균형인 상태에서 소득이 Y_1에서 Y_2로 증가하면 거래적 수요 등에 의해 실질 통화수요가 $L(Y_2,i)$로 늘어나 통화수요곡선이 오른쪽으로 이동하고 균형이자율이 i_2로 상승한다. 즉, 소득이 증가하면 통화수요 곡선이 오른쪽으로 이동하므로 통화공급이 주어진 상황에서 이자율이 상승하게 된다. 이를 소득과 이자율의 평면에 나타낸 것이 바로 LM곡선이다. LM곡선 상의 모든 점은 소득수준이 높아지면 실질 통화수요가 증가하고 그 결과 이자율이 높아지는 화폐시장의 균형을 나타낸다.

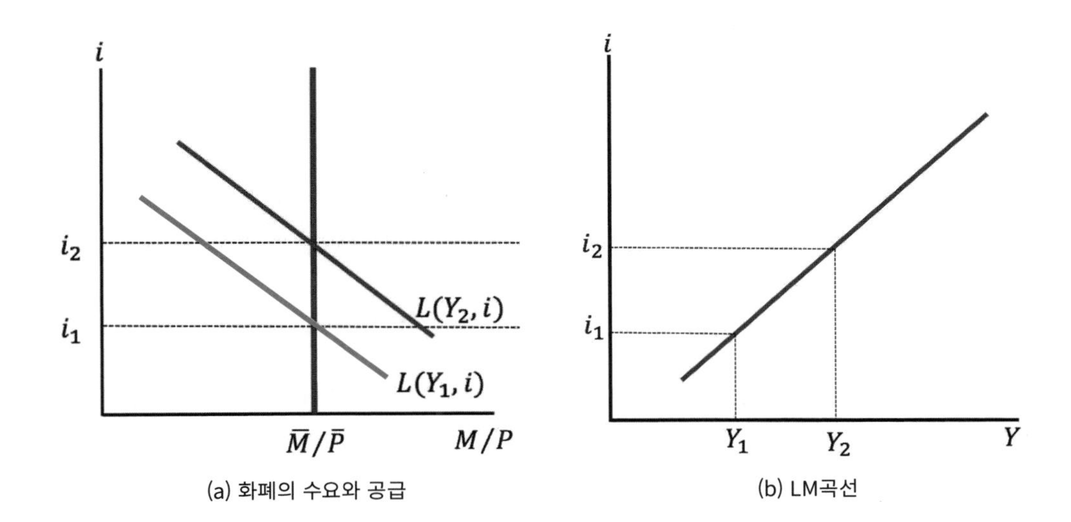

[그림 10-9] 화폐의 수요-공급과 LM곡선

요약

1 대부분의 중앙은행은 명목이자율의 조정을 통화정책의 주요 수단으로 사용한다. 중앙은행에 의해 설정되는 명목이자율은 인플레이션의 경직성으로 실질이자율의 변화를 초래한다.

2 실질이자율은 IS곡선을 통해 단기산출에 영향을 미친다. IS-MP 도해는 단기에서 통화정책과 경제적 충격을 분석하는 데 매우 유용하다.

3 중앙은행들은 특정 이자율에서 금융시장이 수요하는 만큼의 통화를 기꺼이 공급하여 초단기 시장금리(우리나라의 경우 콜금리)를 조절한다.

4 중앙은행이 초단기 시장금리를 조정하면 이자율의 기간구조에 의해 만기가 더 긴 여러 시장금리들이 영향을 받게 된다. 금융시장에서 중앙은행의 이자율 조정이 동일한 방향으로 장기에 걸쳐 이루어질 것으로 예상하거나 미래의 통화정책 변화에 대한 정보를 주는 신호로 작용하기 때문이다.

연습문제

1 한국은행은 기준금리를 주요 수단으로 통화정책을 운용한다. 기준금리 변경이 어떻게 장기 실질이자율과 실물경제에 영향을 미치게 되는지 설명하라.

2 한국은행이 오늘 기준금리를 0.25%p 인상한다고 발표했다고 가정하자. 단기적으로 경제활동에 어떤 영향을 미칠지 IS-MP 도해를 이용하여 설명해보라.

3 당신이 한국은행 총재로 지명되어 물가 및 경제활동의 안정, 즉 잠재GDP 수준의 생산을 유지하는 것을 목표로 한다고 가정하자. 다음과 같은 충격에 직면했을 때 이자율을 어떻게 조정하여 무엇을 달성하려 할 것인지 IS-MP 도해를 이용하여 논하라.

(1) 현재 및 미래의 경제상황에 대한 가계의 태도가 비관적으로 변화했다.

(2) 기술혁신의 정체로 생산성 증가가 둔화되면서 자본의 한계생산이 감소했다.

(3) 주요 교역 상대국의 보호무역이 강화되었다.

11장

필립스곡선

1958년 올번 윌리엄 필립스(Alban William Phillips)는 영국의 1861년~1957년 통계를 이용하여 명목임금 변동률과 실업률 사이에 마이너스 상관관계가 있다는 사실을 발견하였다.[1] 이후 거시경제적 관심이 실업과 인플레이션 간의 관계로 이어졌고 1960년 폴 새뮤얼슨(Paul Samuelson)과 로버트 솔로우는 미국의 인플레이션율과 실업률 사이의 마이너스 상관관계로부터 미국 경제가 감내할 수 있는 연 4.5%의 인플레이션 하에서 3%의 실업률을 달성할 수 있다고 하였다.[2]

이렇게 실업과 인플레이션 간에 음의 관계가 존재한다는 사실이 확인되자 정책입안자들은 필립스곡선이 선택 가능한 인플레이션율과 실업률의 조합에 관한 메뉴를 제공하는 것으로 인식하였다. 통화정책과 재정정책을 통해 높은 실업률과 낮은 인플레이션율, 낮은 실업률과 높은 인플레이션율의 조합은 선택이 가능하지만 낮은 인플레이션율과 낮은 실업률은 실현할 수 없는 선택으로 받아들였다.

그런데 1960년대 끝 무렵 밀턴 프리드먼과 에드먼드 펠프스(Edmund Phelps)에 의해 필립스곡선의 이론적 결함이 지적되었다. 그들은 잠재수준보다 높은 산출을 유지하려는 노

1 A.W. Phillips, "The Relationship Between Unemployment and Rate of Change of Money Wages in the United Kingdom, 1861-1957," *Economica*, vol. 25, 1958.

2 Paul A. Samuelson and Robert M. Solow, "Analytical Aspects of Anti-Inflation Policy," *American Economic Review*, vol. 50, 1960.

력이 실패로 귀결될 것이라고 주장하였다. 경제 활성화를 도모하면서 높은 인플레이션율을 허용하면 일시적으로 산출을 늘릴 수 있다. 그러나 결국에 가서는 기업들이 높아진 인플레이션율을 반영하여 가격을 인상하고 산출은 잠재수준으로 되돌아간다. 그러므로 최종적 성과는 장기적인 산출의 증가 없이 높아지는 인플레이션이라고 하였다.[3]

이러한 경제적 논리는 1970년대의 인플레이션율 상승으로 정당성이 입증되었다. 그 이후 프리드먼과 펠프스를 지지하는 현대적 필립스곡선은 거시경제모형에서 핵심적 역할을 하고 있다. 이 절에서는 단기모형의 마지막 구성 요소인 필립스곡선에 대해 8장에서보다 좀 더 자세히 논의하기로 한다.

1 새케인지언 필립스곡선

필립스곡선에 대한 손쉬운 이해를 위해 기업의 가격 설정을 예로 하여 시작한다. 노트북 생산에 투입되는 액정을 생산하여 납품하는 기업이 어떻게 가격을 결정할지 살펴보기 위해 다음과 같이 가정하자. 지난 3년 동안 나라 경제의 인플레이션율이 5%로 안정적이었고 GDP가 자연산출량 수준을 유지하였다. 그러나 금년 들어 노트북 생산 기업은 경기가 둔화되고 있다면서 최근 몇 달 동안 액정 주문량을 감축하였다. 이러한 상황에서 액정 생산업체는 어떻게 반응할까? 과거와 같은 정상상태라면 전반적인 물가수준의 상승률을 5%로 예상하고 액정 가격도 5% 올리려 할 것이다. 그러나 노트북 업계의 업황이 둔화된 상황에서는 자사 제품에 대한 수요를 확보하기 위해 액정 가격의 인상률을 종전의 5%보다 낮출 것이다.

앞의 예로부터 필립스곡선의 기초가 되는 기업의 가격결정 행태를 추론할 수 있다. 기업들은 제품 가격의 인상률을 경제 전반의 인플레이션에 대한 기대와 그들 제품에 대한 수요상황에 기초하는 식 (11.1)과 같이 결정한다. 여기서 π_t^e는 기대인플레이션율로 기업들

3 Milton Friedman, "The Role of Monetary Policy," American Economic Review Vol. 58, 1968; Edmund S. Phelps, "Money-Wage Dynamics and Labor-Market Equilibrium," *Journal of Political Economy*, vol. 76, 1968.

이 예상하는 다가올 해의 인플레이션율이다. 식 (11.1)은 인플레이션율이 5% 유지될 것으로 예상되는 상황에서 경제가 위축되면 기업들이 생산품의 가격을 덜 인상하여 – 예를 들어 인상률을 3%로 낮추어 – 저조해진 수요에 대응하려는 기업들의 행태를 반영하고 있다. 모든 기업들이 그와 같이 가격을 설정하면 다가오는 해의 인플레이션율은 기대인플레이션율 5%에서 경기위축에 따른 조정이 반영되어 – 예를 들어, 2% 포인트를 뺀 – 3%로 낮아질 것이다. 식 (11.1)에서 단기산출 $\tilde{Y}_t$는 바로 경기위축을 반영하기 위한 변수이다. 즉 $\pi_t^e = 5\%$인 상태에서 $\tilde{Y}_t = 0$일 때는 기업들이 가격 인상률을 5%로 설정하지만, $\tilde{Y}_t < 0$일 때는 제품 가격 인상률을 5%보다 낮게 설정하고, $\tilde{Y}_t > 0$일 때는 제품 가격 인상률을 5%보다 높게 설정한다는 것이다.

$$\pi_t = \pi_t^e + \bar{\nu}\tilde{Y}_t \tag{11.1}$$

식 (11.1)과 같이 나타낸 필립스곡선을 **새케인지언 필립스곡선**(new Keynesian Phillips curve, NKPC)이라고 부른다. NKPC는 인플레이션과 실업 간 관계로 나타내던 원래의 필립스곡선과 달리 인플레이션과 산출갭 간의 관계를 나타낸다. 그 차이는 산출갭과 실업률 간에 안정적 관계가 존재한다는 오쿤의 법칙에 의해 해소될 수 있다. 또 다른 큰 차이는 현재의 인플레이션율 π_t가 현재 시점에서 예상하는 인플레이션율, 즉 기대인플레이션율에 영향을 받는다는 점이다. 케인즈 이론에 대한 고전학파의 비판 대상이었던 경제주체의 합리적 선택과 기대 형성을 수용한 것이라 하겠다. 그리고 기존의 거시모형에서 암묵적으로 가정했던 완전경쟁 대신 독점적 경쟁을 고려하여 기업이 가격을 설정할 수 있도록 한 것도 다른 점이다. 독점적 경쟁에서는 완전경쟁과 비슷한 수준의 경쟁이 이루어지지만 기업들이 제품의 차별화에 따른 독점력을 어느 정도 보유하고 있어 가격을 결정할 수 있다.

기대의 형성

기업들은 다가오는 해의 인플레이션율을 어떻게 예상할까? 먼저 단순하게 기업들이 다가올 해의 인플레이션율이 지난해의 인플레이션율과 같을 것이라고 예상하는 것을 상정할 수 있다. 이와 같은 기대 형성을 **적응적 기대**(adaptive expectation) 또는 **과거 지향적 기대**(backward-looking expectation)라고 하는데 이 경우 기업들의 인플레이션에 대한 예측이 천천히 조정된다.

적응적 기대는 단기모형에서 가정하고 있는 경직적 인플레이션을 구체적으로 반영한 것으로 볼 수 있다. 기업들이 식 (11.2)와 같이 다음 해의 인플레이션을 가장 최근의 인플레이션율과 같을 것으로 예상하는 것이다. 적응적 기대는 여러 상황에서 타당한 가정이면서 간편하고 유용하다.

$$\pi_t^e = \pi_{t-1} \tag{11.2}$$

식 (11.1)과 식 (11.2)를 합치면 다음과 같은 적응적 기대의 필립스곡선이 유도된다.

$$\pi_t = \pi_{t-1} + \bar{\nu}\tilde{Y}_t \tag{11.3}$$

식 (11.3)의 필립스곡선은 인플레이션이 단기산출의 함수로서 시간에 따라 어떻게 변화하는지를 나타낸다. 경제가 정상상태여서 산출이 잠재수준으로 $\tilde{Y}_t = 0$이면 인플레이션은 전기의 인플레이션율에서 안정을 유지한다. 산출이 잠재수준을 밑돌면 경기침체로 인플레이션율이 과거보다 낮아지게 된다. 그리고 산출이 잠재수준을 넘어서는 경기호황에서는 기업들이 잠재수준 이상으로 산출을 확대하면서 정상상태 때보다 가격을 더 올림으로써 인플레이션율이 과거보다 높아지게 된다. 즉 π_t가 π_{t-1}보다 높아진다.

식 (11.3)에서 $\bar{\nu}$는 인플레이션이 수요상황에 얼마나 민감하게 반응하는가를 나타내는 파라미터로 곡선의 기울기이다. $\bar{\nu}$가 클수록 기업들이 경기변동에 더 민감하게 반응하고 그에 따라 인플레이션율도 상대적으로 크게 변동한다. $\bar{\nu}$는 가격신축성이 높을수록 커진다. $\bar{\nu}$가 낮으면 인플레이션율을 낮추는 데 더 큰 침체가 요구된다.

한편 $\Delta\pi_t = \pi_t - \pi_{t-1}$이라고 하면 식 (11.3)의 필립스곡선은 식 (11.4)와 같이 나타낼 수 있다.

$$\Delta\pi_t = \bar{\nu}\tilde{Y}_t \tag{11.4}$$

이는 경기호황으로 산출갭이 양의 값을 갖게 되면($\tilde{Y}_t > 0$) 인플레이션율이 상승하고 경기침체로 산출갭이 음의 값을 갖게 되면($\tilde{Y}_t < 0$) 인플레이션율이 하락한다는 의미이다. 식 (11.4)는 양의 산출갭이 커질수록 인플레이션율이 더 높아져 가속화되는(accelerate) 것을 나타낸다. 이와 같은 형태의 필립스곡선을 **가속주의자 필립스곡선**(accelerationist

Phillips curve)이라고 부른다.

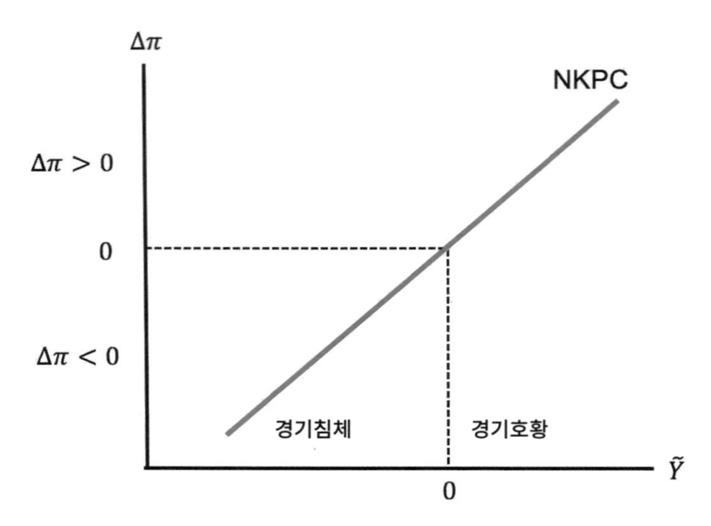

[그림 11-1] 가속주의자 필립스곡선

가격충격과 필립스곡선

단기모형에서 인플레이션율은 대부분 기간에서 [그림 11-1]이 제시하는 동학에 따라 변동한다. 그러나 때에 따라서는 충격에 큰 영향을 받을 수도 있다. 1970년대와 2000년대 후반의 유가충격으로 인플레이션율이 급격히 상승한 것을 예로 들 수 있다. 이와 같은 충격은 노동시장의 경색이나 기대인플레이션과는 무관하게 발생하는 **가격충격**(price shock)이다.

가격충격을 식 (11.3)의 가격결정행태식에 추가하면 식 (11.5)가 유도된다.

$$\pi_t = \pi_{t-1} + \bar{\nu}\tilde{Y}_t + \bar{\epsilon}_t \tag{11.5}$$

이 식은 인플레이션율이 세 가지 요인에 의해 결정됨을 나타낸다. 첫째, 기업들의 인플레이션 예상으로 적응적 기대 하에서는 최근의 인플레이션율이다. 둘째, 경기상황 $\tilde{Y}_t$에 대해 민감한 정도이다. 그리고 새로운 항목 $\bar{\epsilon}_t$로 표시된 인플레이션에 대한 충격이다. 식 (11.5)를 인플레이션율의 변화로 다시 쓰면 식 (11.6)과 같다.

$$\Delta\pi_t = \bar{\nu}\tilde{Y}_t + \bar{\epsilon}_t \tag{11.6}$$

가격충격 $\bar{\epsilon}_t$는 대부분의 기간에서 0이고 인플레이션율을 일시적으로 높이는 충격이 발생할 때 양의 값이 된다. 예를 들어 원유가격의 상승은 경제 내 많은 재화와 서비스의 가격에 즉각적으로 큰 영향을 미친다. 휘발유 가격, 비행기 요금, 난방비 등 수많은 재화와 서비스의 가격이 직·간접적 영향으로 상승하므로 전반적인 물가가 바로 상승하게 된다. 원유는 에너지뿐만 아니라 플라스틱, 화학섬유 등 수많은 제품들을 만드는 중요한 원재료이기 때문에 유가가 상승하는 충격이 발생하면 기업들은 생산비용 상승을 반영하여 제품가격을 인상하기 때문이다. 그 결과 유가상승은 광범위한 재화와 서비스의 가격상승으로 파급된다.

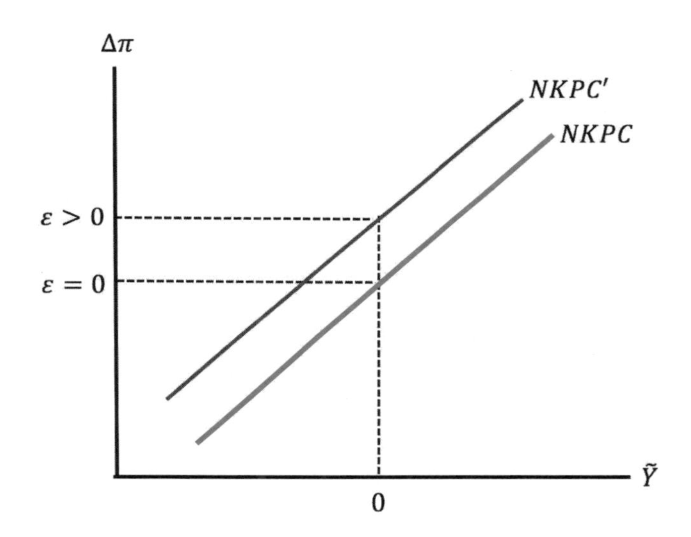

[그림 11-2] 유가상승 충격

전반적인 물가의 상승을 초래하는 유가상승과 같은 가격충격은 [그림 11-2]에서처럼 필립스곡선을 일시적으로 상향 이동시킨다. 경제가 잠재산출수준에 있다 하더라도 유가상승 충격은 인플레이션율을 높인다.

비용상승 인플레이션과 수요견인 인플레이션

가격충격은 표준적 선례인 유가충격 이외에도 생산성 증가보다 높은 임금상승으로 원가가 상승하는 비용상승충격(cost-push shock)이나 수입가격의 상승에 의해서도 발생한다. 일반적으로 이러한 가격충격으로 발생하는 인플레이션을 **비용상승 인플레이션**(cost-push inflation)이라고 하는데 식 (11.5) 또는 식 (11.6)에서 $\bar{\epsilon}_t$에 해당된다.

한편 필립스곡선에서 단기산출의 변화에 따라 발생하는 부분, $\nu\tilde{Y}_t$에 의한 인플레이션을 **수요견인 인플레이션**(demand-pull inflation)이라 한다. 이는 경제 내 총수요가 증가하면서 초래되는 인플레이션이다.

좀 더 알아보기 필립스곡선과 화폐수량이론

화폐수량이론에 따르면 실질GDP 성장률이 높아지면 인플레이션율은 낮아진다. 그러나 필립스곡선에 의하면 경기호황은 인플레이션율을 높이는 것으로 설명되므로 화폐수량이론과 상반된다. 과연 무엇이 옳은 것일까?

7장에서 살펴본 화폐수량이론은 장기모형으로 실질GDP의 증가는 재화공급의 증가를 나타내며 그에 따라 물가가 낮아진다. 인플레이션은 '과다한 화폐가 적은 재화를 추적하기(too much money chasing too few goods)' 때문에 발생한다는 프리드먼의 말이 이를 잘 표현해준다. 반면 필립스곡선은 단기모형의 한 부분으로 단기산출의 증가는 재화에 대한 수요의 증가를 반영하는 것이다. 수요가 증가하면 기업들은 당연히 제품 가격을 올린다. 이처럼 화폐수량이론은 총공급 측면에서, 필립스곡선은 총수요 측면에서 각각 인플레이션을 설명한다는 점에서 차이가 나타나는 것으로 이해할 수 있다.

2 단기모형의 활용

우리는 이제 세 가지 요소로 구성되는 단기모형을 완성함으로써 경제의 산출과 인플레이션의 동태적 움직임이 어떻게 결정되는지 설명할 수 있다. 먼저 1979년 미국 연준 의장으로 임명된 폴 볼커가 10%를 웃돌던 인플레이션율을 어떻게 수속하였는지 알아볼 것이다. 그런 다음 1970년대에 전 세계적으로 매우 높은 인플레이션이 초래된 원인을 미국의 사례를 통해 살펴보기로 한다.

디스인플레이션(disinflation)

우리는 장기 인플레이션이론을 통해 인플레이션율을 낮추려면 통화 증가율을 떨어뜨려야 한다는 사실을 잘 알고 있다. 이와 같은 긴축적 통화정책은 명목이자율의 상승과 동등하다. 고전적 이분법이 장기에서처럼 단기에서도 성립된다면 통화 증가율의 하락으로 인플레이션율을 즉각 낮출 수 있다. 그러나 단기에는 인플레이션의 경직성으로 이분법이 성립되지 못하고 명목이자율을 올리면 실질이자율이 상승한다.

실질이자율의 상승이 경제에 미치는 영향이 [그림 11-3]에 나타나 있다. 실질이자율이 상승하여 자본의 한계생산보다 높아지면 기업의 투자수요가 줄어들고 그에 따라 단기산출이 감소한다. 경제가 점 A에서 점 B로 옮겨가 침체가 발생한다.

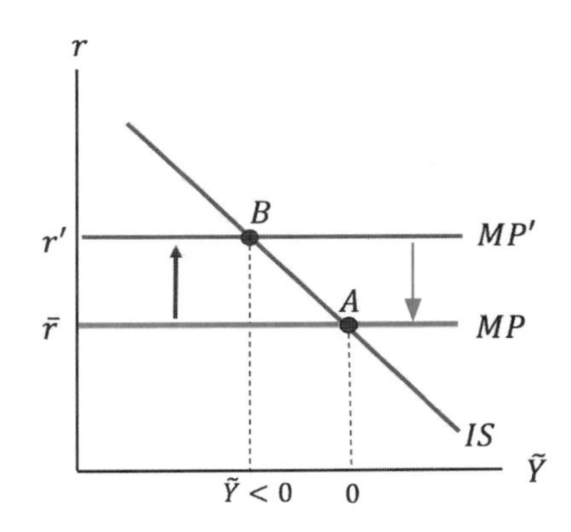

[그림 11-3] 긴축적 통화정책

경기침체 때는 [그림 11-4]의 필립스곡선에 의해 인플레이션율의 변화율이 음의 값으로 된다($\Delta\pi < 0$). 즉 인플레이션율이 낮아지는데 그 이유는 기업들이 자사 제품의 수요 둔화에 대응한 판매 회복을 위해 가격을 덜 인상하기 때문이다.

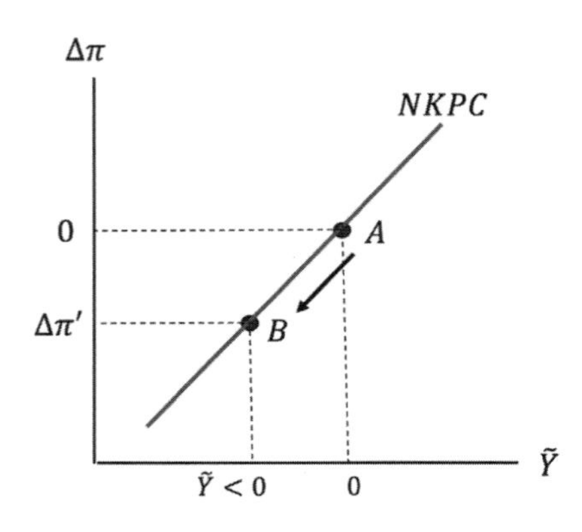

[그림 11-4] 경기침체와 인플레이션율 하락

디스인플레이션은 인플레이션율이 적정 수준으로 낮아질 때까지 실질이자율을 높은 수준으로 유지하여 산출이 자연산출량보다 낮은 상태가 지속되도록 한다. 그 과정에서 인플레이션율의 하락이라는 이득이 발생하지만 그 대가로 경기침체와 실업 증가를 부담해야 한다. 이때 경제의 동태적 움직임은 [그림 11-5]와 같은 모습일 것이다.

[그림 11-5]는 디스인플레이션이 0시점에서 시작하여 t^*에 종료되는 것을 나타낸 것이다. 실질이자율이 높아진 기간 동안 (b)와 같이 산출이 자연산출량보다 낮은 상태가 지속된다. 그에 따라 인플레이션은 필립스곡선 상에서 점차 낮아져 (c)와 같은 모습을 보이게 된다. 0시점에서 경기침체가 발생하면서 인플레이션율이 하락하기 시작하고 기업들도 0시점의 경기침체를 보고 다음 시점의 가격 인상률을 낮춘다. 그러한 과정을 거쳐 인플레이션율이 목표까지 충분히 낮아지면 중앙은행은 실질이자율을 자본의 한계생산 수준으로 내려 산출량이 자연산출량 수준으로 회복되도록 한다. 그렇게 하면 인플레이션이 새로이 낮은 수준에서 안정되므로 디스인플레이션이 완료된다.

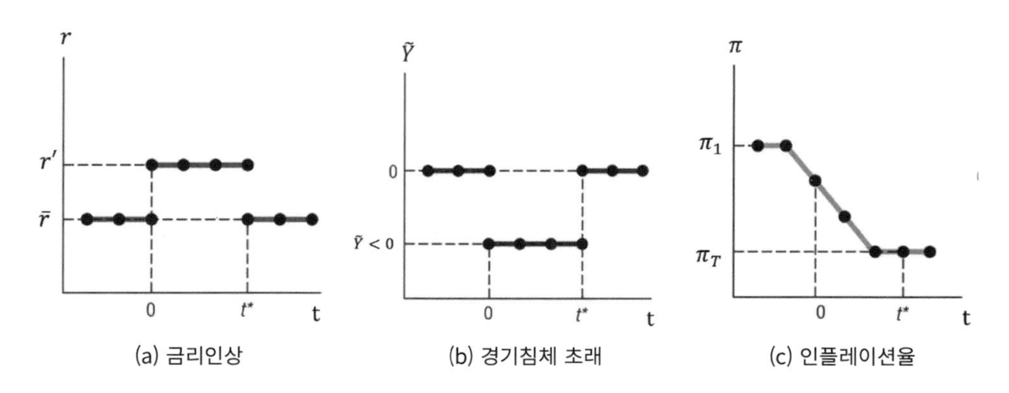

(a) 금리인상 (b) 경기침체 초래 (c) 인플레이션율

[그림 11-5] 디스인플레이션의 동태적 과정

1970년대 미국의 높은 인플레이션

미국의 인플레이션율은 1960년대 중반까지 2%대로 매우 낮았으나 1960년대 말부터 계속 올라가 1980년에는 13%를 상회할 정도였다. 1970년대에는 전 세계적으로 높은 인플레이션이 지속되었는데 경제학자들은 그 시기를 **대인플레이션**(Great Inflation)이라 부르기도 한다. 이처럼 인플레이션율이 상승한 원인으로 다음의 세 가지를 든다.

첫째는 OPEC의 원유 감산으로 발생한 1974년과 1979년의 두 차례 오일쇼크이다. 둘째는 미국 연준의 완화적인 통화정책이다. 1960년 필립스곡선 관련 논문들이 발표된 이후 많은 경제학자들이 인플레이션과 실업이 영구적인 상충관계를 갖고 있다는 주장에 동조하여 인플레이션의 수속은 항구적으로 실업률을 높여야 가능한 것으로 생각하였다. 이에 따라 통화긴축이 용이하지 않은 상황이었다. 그런데 1960년대 후반부터 1970년대 초반 디스인플레이션은 산출의 영구적 감소가 아니라 일시적 침체로 가능하다는 주장이 밀턴 프리드먼, 에드먼드 펠프스, 로버트 루카스(Robert Lucas) 등을 중심으로 제기되었다. 그러한 경제이론을 폴 볼커가 수용한 결과 미국 경제는 3년의 경기침체를 겪은 후 다시 활기를 되찾았고 실업도 정상상태를 회복하였다.

그리고 셋째는 뒤늦게 확인된 것으로 미국 연준이 경제상황에 대해 정확한 정보를 가지고 있지 못했다는 것이다. 1970년대 초반 이후 생산성의 현저한 하락이 장기에 걸쳐 지속되었다. 그러나 당시 연준은 일시적인 수요충격이 발생하여 산출이 자연산출량보다 작은 침체 상태에 빠진 것으로 판단하였다. 생산성 둔화는 잠재산출량의 감소를 초래하는데 통화정책을 통해 극복할 수 있는 문제가 아니다.

세번째 원인에 대해 좀 더 자세히 살펴보기로 하자. 생산성 둔화로 잠재산출량의 증가세가 낮아지면서 실제 산출량의 증가 속도, 즉 GDP 성장률이 낮아졌다. 그러나 정책당국은 잠재산출량이 과거와 같은 성장을 지속하는 것으로 판단하고 성장률의 둔화를 일시적인 $\tilde{Y} < 0$로 생각하여 완화적 통화정책을 실시하였던 것이다. 그에 따라 단기산출이 증가하였는데 사실은 잠재산출수준을 넘어선 상태를 지속하려 한 것이고 그로 인해 인플레이션이 가속화되었던 것이다. 요약하면, 경제상황에 대한 정보의 부족으로 잠재GDP의 둔화를 일시적 수요충격에 의한 경기침체로 잘못 판단한 정책당국의 완화적인 통화정책이 높은 인플레이션을 초래한 요인으로 작용한 것이다.

3 경직적 인플레이션에 대한 미시적 기초

단기모형의 핵심은 경직적 인플레이션 가정이다. 이 가정에 따라 인플레이션이 즉각 조정되지 않기 때문에 명목금리의 변화가 실질금리의 변화를 초래하는 MP곡선을 설정할 수 있다. 또한 경직적 인플레이션은 필립스곡선에도 중요하다. 실제 인플레이션이 천천히 조정되기 때문에 기대인플레이션도 어느 정도 시간을 두고 서서히 조정된다. 그래서 경직적 인플레이션이 적응적 기대의 가정을 뒷받침한다.

이와 같은 인플레이션의 경직성은 적어도 단기에 있어서 고전학파의 이분법을 부정하는 것이다. 고전학파의 이분법에 따르면 명목변수의 변화는 경제에 명목 효과만 있으며 실질측면의 효과는 실질변수의 변화에 의해서만 결정된다. 따라서 만약 통화정책이 실질변수에 영향을 미친다면 적어도 단기적으로는 고전학파의 이분법이 성립되지 않는다.

왜 단기에는 이분법이 적용되지 못할까? 고전학파의 이분법이 성립하려면 7장에서 살펴본 것처럼 명목임금, 임대료 등을 포함하는 모든 가격이 동시에 같은 비율로 조정되어야 한다. 그러나 현실적으로 기업들은 가격을 변경해야 할 요인이 발생해도 다음과 같은 이유로 바로 조정하기 어렵다.

첫째, 불완전한 정보(imperfect information)와 가격산출비용(costly computation)을 들

수 있다. 기업은 경영과 관련된 사항과 경제상황이 변화할 때마다 바로바로 최적의 가격을 설정해야 하지만 그렇게 하지 못한다. 기업이 영향을 받는 관련 정보를 자세히 수집하고 정확한 가격을 산출하는 데 비용과 시간이 소요되기 때문이다. 둘째, 가격이나 임금을 결정하는 계약들이 대부분 실질 조건이 아니라 명목 조건으로 이루어진다. 예를 들어, 이분법이 성립되기 위해서는 기업이 근로자 임금, 건물임차료, 원자재 가격, 생산품 가격 등을 모두 같은 비율로 조정해야 하지만 임금이나 임차료 같은 경우 계약이 완료되기 이전에는 조정하기 어렵다. 셋째, 가격이나 임금을 결정하는 과정에서 수반되는 협상비용(bargaining cost)이 가격조정을 제약한다. 마지막으로, 사회규범(social norms)과 화폐환상(money illusion)이 이분법의 설득력을 떨어뜨린다. 사회규범에는 공평성에 대한 관례와 임금 조정 방법이 포함된다. 화폐환상이란 사람들이 때로는 실질보다 명목적 크기에 초점을 두는 것을 말한다. 사회규범과 화폐환상 때문에 사람들은 전반적인 물가수준에 상관하지 않고 명목임금의 등락에 집착할 수도 있다.

애덤 스미스(Adam Smith)의 보이지 않는 손이 시장에서 평균적으로 잘 작동하지만 어떤 장소나 시점에서는 가격이나 임금이 완벽하게 조정되지 않을 수도 있다. 주어진 정보와 가격 설정의 계산 비용으로 인해 어떤 기업이나 지역에 발생하는 모든 충격에 반응하여 가격이 정확하게 변동하지 못할 수도 있기 때문이다. 이 모든 요인들로 인해 단기에는 고전학파의 이분법이 성립되지 못한다.

4 〈부록〉 단기 총공급곡선

앞에서 살펴본 새케인지언 필립스곡선은 가격경직성모형에 의한 단기 총공급곡선으로 인플레이션율과 단기산출의 평면에서 우상향한다. 우상향의 단기 총공급곡선은 케인즈의 임금경직성모형(sticky-wage model), 루카스의 불완전정보모형(imperfection information model) 등에 의해서도 유도된다. 그 설명에 앞서 결론부터 이야기하면 어떤 모형으로 유도하더라도 단기 총공급곡선은 식 (11.7)과 같다.

$$Y = \bar{Y} + \alpha(P - P^e) \quad (11.7)$$

여기서 $\bar{Y}$는 자연산출량이고 P^e는 예상 물가수준이며 $\alpha > 0$는 예상하지 못한 물가수준의 변화에 대한 산출량의 변화 정도를 나타낸다. 식 (11.7)은 물가수준이 기대를 벗어날 때 산출량이 자연산출량 수준을 벗어난다는 것이다.

임금경직성모형

단기에는 명목임금이 경제여건 변화에 신축적으로 대응하여 변동하지 못하고 경직적(sticky)이며 서서히 조정된다. 장기계약에 의한 임금결정이나 임금결정에 영향을 미치는 사회적 규범이나 관습 등에 따른 것이다.

기업과 근로자가 예상 물가수준(P^e)을 토대로 명목임금을 결정하였는데 만약 실제 물가수준이 예상했던 물가수준보다 높아지면($P > P^e$) 노동비용은 불변인 가운데 가격이 상승하는 것이다. 따라서 기업은 더 많은 수입과 이윤을 얻게 되므로 생산과 고용을 더 늘릴 것이다. 예를 들어, 물가가 100일 것으로 예상하고 임금을 시간당 1만원에 합의하여 근로자를 고용하였는데 실제로 물가가 110이라면 수입은 10% 증가한 반면 비용은 불변이므로 기업은 더 많은 이윤을 추구하기 위해 고용과 생산을 늘릴 것이다. 이는 예상보다 높아진 물가수준으로 인해 산출이 많아지는 것이므로 단기총공급곡선이 식 (11.7)과 같음을 의미한다.

불완전정보모형

불완전정보모형은 임금경직성모형과 달리 **시장청산을 가정**한다. 단기에서 총공급곡선이 우상향하는 것은 불완전한 정보가 마찰적 요인으로 작용하여 장기 균형으로 가지 못하기 때문이라고 설명한다. 직관적으로 볼 때 기업은 자사 제품의 가격이 전반적인 물가수준보다 더 높게 상승하면 산출량을 늘려 이윤을 확대하려 할 것이다. 이는 개별 기업의 입장에서 전반적인 물가수준과 자사 제품의 상대가격 변동을 잘 구별하는 것이 매우 중요하다는 것을 함축한다. 개별 기업의 제품 가격이 올라도 일반 물가수준과 동반하여 상승한 것이라면 생산을 확대할 유인이 없기 때문이다. 기술이나 소비자 기호의 변화로 자사 제품의 가격만 올랐을 때 생산 증대의 유인이 발생한다.

그러나 개별 기업은 상대가격의 변동과 물가수준의 전반적인 상승을 정확하게 구별하기 쉽지 않다. 즉 자사 제품의 가격이 상승했을 때 상대가격의 상승인가를 정확하게 판단하지 못할 수 있다. 생산자가 자사 재화의 가격은 주의 깊게 관찰하지만 무수히 많은 다른 재화들의 가격 변화에는 주의를 덜 기울이기 때문이다. 이러한 불완전한 정보로 인해 생산자가 전체 물가의 변화와 상대가격의 변화를 혼동하여 자사 제품의 가격상승을 상대가격의 상승으로 착각(misperceptions)할 경우 생산량을 늘릴 것이다.

이와 같은 개별 기업들의 공급곡선을 모두 합친 경제의 총공급곡선은 물가와 산출량이 플러스 관계를 가지는 모습이 된다. 불완전정보모형의 단기 총공급곡선도 식 (11.7)과 같게 된다. 이를 루카스 공급곡선 또는 새고전학파 공급곡선이라 한다.

이상의 두 모형으로 유도한 단기 총공급곡선은 우리가 11장 1절에서 얻은 필립스곡선과 동일한 것이다. 식 (11.7)을 물가수준에 대하여 정리하면 다음과 같다.

$$P = P^e + \frac{1}{\alpha}(Y - \bar{Y})$$

그리고 양변에 전기의 물가수준을 빼면 다음과 같아진다.

$$P - P_{-1} = P^e - P_{-1} + \frac{1}{\alpha}(Y - \bar{Y})$$

여기서 $P - P_{-1}$이 인플레이션이므로 π로, $P^e - P_{-1}$은 기대인플레이션이므로 π^e로 각각 나타낼 수 있다. 그리고 산출갭 $Y - \bar{Y}$를 비율로 나타내면 $\tilde{Y}$이다. 따라서 위 식은 식 (11.8)로 나타낼 수 있는데 이는 식 (11.1)의 필립스곡선과 같은 모습이다.

$$\pi = \pi^e + \frac{1}{\alpha}\tilde{Y} \tag{11.8}$$

요약

1 필립스곡선은 개별 기업들의 가격결정 행태를 반영하는 것으로 $\pi_t = \pi_t^e + \bar{\nu}Y_t + \bar{\epsilon}_t$와 같다. 인플레이션율은 기대인플레이션율($\pi_t^e$), 현재의 수요상황($\tilde{Y}_t$), 가격충격($\bar{\epsilon}_t$)에 의해 결정된다.

2 적응적 기대는 기업들이 다음 해의 인플레이션을 가장 최근의 인플레이션율(π_{t-1})과 같을 것으로 예상하는 것이다. 적응적 기대는 단기모형에서 가정하는 경직적 인플레이션을 잘 반영한다.

3 필립스곡선은 $\Delta\pi_t = \bar{\nu}\tilde{Y}_t$와 같이 나타낼 수도 있는데 이를 가속주의자 필립스곡선이라고 부른다. 양의 산출갭이 커질수록 인플레이션율이 더 높아져 가속화되는 것을 나타낸다.

4 유가충격, 생산성 증가보다 높은 임금상승, 수입가격 상승 등에 따른 가격충격으로 초래되는 인플레이션을 비용상승 인플레이션이라고 한다. 경제 내의 총수요 변화에 따른 인플레이션을 수요견인 인플레이션이라고 한다.

5 단기 총공급곡선이 우상향하는 것을 설명하는 이론에는 새케인지언학파의 가격경직성모형 이외에 케인즈의 명목임금경직성모형과 루카스의 불완전정보모형이 있다.

연습문제

1 고전학파의 이분법이 장기는 물론 단기에도 성립하여 통화공급의 변화에 인플레이션이 신축적으로 바로 조정된다고 가정하고 다음 물음에 답하라.

(1) 중앙은행의 명목이자율 조정이 경제에 미치는 영향은?

(2) 총수요충격이 경제에 미치는 영향은?

(3) 인플레이션충격이 경제에 미치는 영향은?

2 낮은 수준에 머물던 국제유가가 상승하는 충격은 필립스곡선에서 $\bar{\epsilon}$가 일시적으로 양의 값으로 되었다가 제로(0)로 되돌아가는 것을 의미한다. 다음 물음에 답하라.

(1) 유가상승 충격에 중앙은행이 아무런 정책 대응을 하지 않을 경우 산출과 인플레이션이 시간의 흐름에 따라 어떤 모습을 보이게 되는지 IS곡선, MP곡선, 필립스곡선으로 구성되는 단기모형을 이용하여 논하라.

(2) 당신이 중앙은행 총재라면 통화정책을 어떻게 운영할 것인지, 그러한 결정을 한 배경은 무엇인지 설명하라. 단, 단기모형을 사용하여 문제에 대해 논하고 정책 결정 후에 예상되는 경제 모습을 (1)의 결과와 비교하여 설명하라.

3 생산성 증가의 둔화를 인식하지 못할 경우 인플레이션이 가속화될 수 있다. IS-MP 도해와 필립스곡선을 사용하여 다음에 대해 답하라.

(1) 실제 총산출(GDP)의 증가율이 낮아지고 있는데 중앙은행은 부정적인 수요충격에 따른 것으로 판단하였다고 가정하자. IS-MP 도해를 이용하여 중앙은행이 판단한 상황에 대해 설명하라.

(2) 경제안정화를 추구하는 중앙은행은 위와 같은 판단 하에서 어떤 정책을 선택할지 논하여라.

(3) 그런데 총산출의 증가율이 낮아진 것은 실제로 수요충격 때문이 아니라 생산성 증가의 둔화로 잠재산출량증가율이 둔화된 데 따른 것이었다. 이런 사실을 반영하여 IS-MP 도해에 중앙은행이 선택한 통화정책이 단기산출에 어떤 결과를 가져오는지 나타내보라.

(4) 그와 같은 통화정책이 필립스곡선에 어떤 영향을 미치는지 설명하라.

(5) 위의 (1)과 (2)의 판단이 잘못된 것이라는 것을 중앙은행이 어떻게 알게 될지 설명하라.

12장

총수요/총공급모형과 안정화정책

우리는 9장~11장에서 단기모형을 구성하는 IS곡선, MP곡선, 그리고 필립스곡선에 대해 살펴보았다. 단기모형의 구성요소들은 총수요나 인플레이션에 대한 여러 종류의 충격이 발생했을 때 경제가 어떻게 반응하는지를 분석하는 데 이용되며 그 분석 체계는 [그림 12-1]과 같이 요약될 수 있다. MP곡선은 중앙은행이 설정하는 명목이자율에 의해 실질이자율이 결정되는 것을 나타낸다. 그렇게 결정된 실질이자율은 IS곡선을 통해 단기산출에 영향을 미친다. 그리고 필립스곡선은 경제의 호황과 침체가 인플레이션에 어떤 영향을 미치는지를 나타낸다.

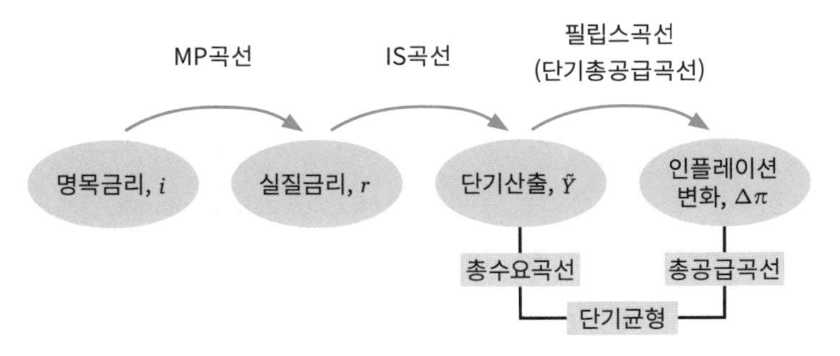

[그림 12-1] 단기모형의 구조

한편 지금까지는 어떤 충격이 발생했을 때 단기모형을 구성하는 3곡선 가운데 적절한 것을 이용하여 거시경제적 영향을 분석하고 적절한 정책 대응을 모색하였다. 다양한 종류의 충격이 경제에 미치는 영향을 보다 체계적으로 분석함으로써 효율적인 정책수행이 가능하도록 하는 모형을 상정한다면 어떤 모습일까?

우리가 이 장에서 논의할 **총수요/총공급**(AD/AS)**모형**은 거시경제의 단기변동을 이해하고 총산출과 인플레이션이 어떻게 결정되는지를 분석하는 데 매우 유용한 체계다. 또한 바람직한 경제정책을 모색하는 데도 큰 도움이 된다. 총수요/총공급모형은 솔로우모형과 로머모형에 이어 세번째로 우리가 다루는 동태일반균형모형이며 테일러준칙(Taylor's rule)이 포함된 새케인지언모형이다. 이를 통해 인플레이션율목표를 달성하는 데 초점을 맞춘 중앙은행의 통화정책준칙이 단기산출을 안정시킬 수 있다는 것을 알게 될 것이다.

그리고 앞에서 IS곡선과 필립스곡선을 이용하여 디스인플레이션 등을 분석하면서 동학을 살펴보았는데 여기서는 한 걸음 더 들어갈 것이다. 동학이 포함되는 일부 부분은 이해하기 힘들 수 있다. 그 부분은 현재의 인플레이션 변화가 미래의 인플레이션에 대한 예상을 변화시키는 것이다. 그리고 기대인플레이션율의 변화로 인해 총공급곡선이 단기산출의 경기적 변동에 대해 안정되지 못하고 이동한다는 점이다.

1 총수요(AD)곡선

MP곡선과 IS곡선의 결합을 생각해보자. IS곡선 $\tilde{Y}_t = \bar{a} - \bar{\beta}_i(r_t - \bar{r})$의 $(r_t - \bar{r})$에 MP곡선 $r_t - \bar{r} = \bar{m}(\pi_t - \pi^T)$을 대입한다. 그러면 단기산출이 인플레이션율의 함수로 표현되는 식 (12.1)이 유도된다. 이 식을 우리는 **총수요곡선**(aggregate demand(AD) curve)이라고 부른다. 식 (12.1)은 단기산출이 시장과 통화정책의 양 측면에서 영향을 받는 것을 나타낸다. 실질이자율에 대한 투자의 민감도를 나타내는 $\bar{\beta}_i$와 총수요 파라미터 $\bar{a}$가 시장에 의해 결정되며 인플레이션에 대한 통화정책의 민감도를 나타내는 파라미터 $\bar{m}$과 인플레이션율 목표 π^T는 중앙은행에 의해 정책적으로 결정되는 것이다.

$$\tilde{Y}_t = \bar{a} - \bar{\beta}_i \cdot \bar{m}(\pi_t - \pi^T) \tag{12.1}$$

식 (12.1)의 총수요곡선은 [그림 12-2]와 같이 나타낼 수 있으며 중앙은행이 인플레이션율에 대해 단기산출을 어떻게 선택하는가를 보여주는 것으로 이해할 수도 있다. 인플레이션이 목표수준보다 높으면 중앙은행은 이자율을 올려 산출을 잠재수준 아래로 떨어뜨려 장래의 인플레이션율을 억제하기 때문이다.

총수요곡선은 겉으로 보기에는 가격과 수요량 간의 관계를 우하향하는 기울기의 그래프로 그린 개별 상품의 수요곡선과 같은 모습이다. 그러나 총수요곡선 배후의 경제학은 근본적으로 다르다. 상품의 수요곡선은 각각 다른 가격에 대해 소비자가 수요하는 상품의 양을 나타내는 반면, 총수요곡선은 각각 다른 인플레이션율에 대해 중앙은행이 단기산출을 어떻게 설정하는지를 나타낸다.

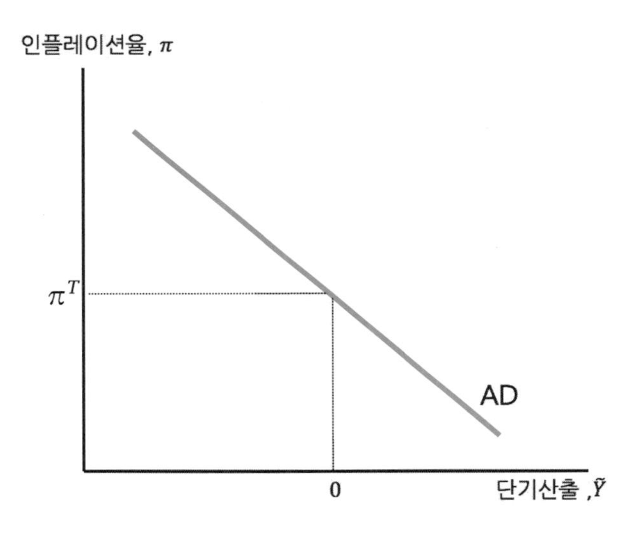

[그림 12-2] 총수요곡선

총수요곡선이라 부르는 또 다른 이유는 경제의 수요 측면으로부터 도출되었기 때문이다. 그리고 앞으로 살펴보겠지만 총수요 파라미터 $\bar{a}$에 대한 충격은 IS곡선의 이동을 초래하기 때문에 총수요곡선도 이동시킨다.

총수요곡선 위에서의 움직임과 총수요곡선의 이동

정상상태에서 출발한 경제의 인플레이션율 π^T가 π'로 상승하는 충격이 발생했다고 가정하자. 경제에 어떤 변화가 나타날까? 그 답은 [그림 12-3]이 잘 보여준다. 경제가 정상상태이고 총수요충격도 없다면 식 (12.1)에서 $\tilde{Y}_t$ 및 $\bar{a}$가 모두 0이다. 따라서 정상상태에서는 [그림 12-3]의 총수요곡선에 표시된 점 A와 같이 인플레이션율이 중앙은행의 목표와 동일하다. 반면 충격으로 인플레이션율이 중앙은행의 목표 π^T보다 높아져 π'가 되면 MP곡선에 의해 실질이자율이 상승하여 투자가 감소하고 그에 따라 단기산출이 음의 값으로 되는 경기침체가 발생한다. 이처럼 인플레이션율을 상승시키는 충격이 발생하면 경제가 [그림 12-3]의 점 A에서 점 B로 옮겨가는 AD곡선 위에서의 움직임이 나타난다.

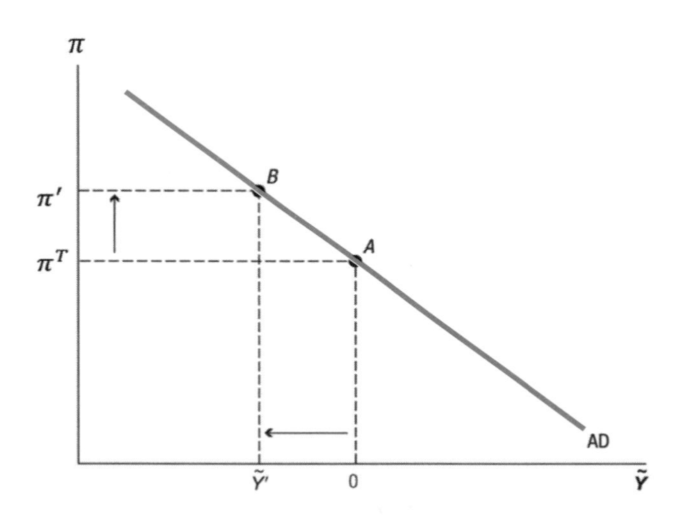

[그림 12-3] 인플레이션충격과 총수요곡선

한편 파라미터 $\bar{m}$는 인플레이션에 대해 통화정책이 얼마나 적극적인지를 나타낸다. 예를 들어, $\bar{m}$가 큰 값을 가질수록 인플레이션율의 상승에 대해 이자율을 더 높게 올린다는 것이며 그로 인해 침체 강도는 더 커진다. 이 경우 AD곡선은 [그림 12-4]처럼 상대적으로 평평하게 되며 인플레이션율의 동일한 하락을 위해서 상대적으로 더 심한 침체를 감내해야 한다는 것을 함축한다.

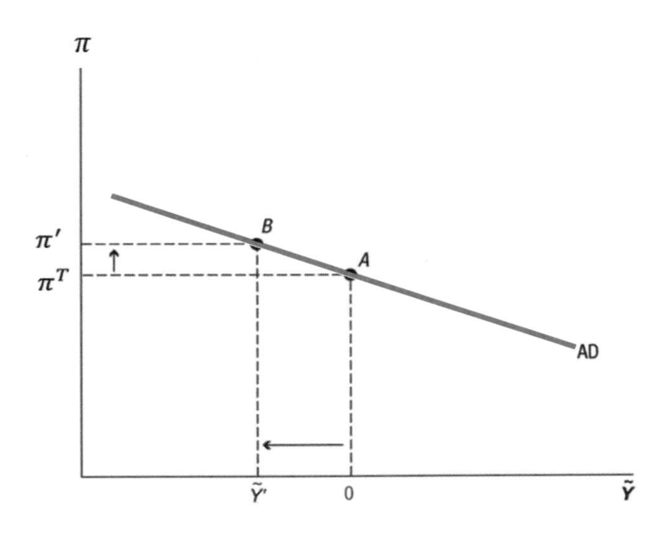

[그림 12-4] 적극적인 통화정책준칙

이처럼 인플레이션율 π의 변화는 총수요곡선 위에서의 움직임을 초래하고 $\bar{m}$ 또는 $\bar{\beta}_i$가 변화하면 곡선의 기울기가 바뀐다. 다른 파라미터 $\bar{a}$와 π^T가 변화하면 어떻게 될까? 뒤에서 사례를 통해 살펴볼 것이지만 우선 결론을 이야기하면 총수요충격($\bar{a}$)과 인플레이션 목표(π^T)의 변화는 총수요곡선을 이동시킨다. 즉 주어진 모든 인플레이션율에서 단기산출이 변동한다.

2 총공급(AS)곡선

총수요곡선을 인플레이션과 단기산출 간의 관계를 나타내는 그래프에 표시한 만큼 같은 평면에 우상향하는 총공급곡선이 필요하다. 그러한 필연은 앞에서 살펴본 방정식의 이름을 변경하는 것으로 충분하다. 필립스곡선은 경제 내 기업들의 가격결정행태식(price-setting equation)이고 t기에서는 전기의 인플레이션율 π_{t-1}이 주어진 것이므로 단기산출($\tilde{Y}_t$)과 인플레이션율(π_t) 간의 관계를 나타낸다. 게다가 서로 정(+)의 관계로 [그림 12-5]에서와 같이 우상향의 기울기를 가진다. 따라서 식 (12.2)의 필립스곡선이 바로 총공급곡선이다.

$$\pi_t = \pi_{t-1} + \bar{\nu}\tilde{Y}_t + \bar{\epsilon}_t \tag{12.2}$$

한편 [그림 12-5]의 총공급곡선에서 인플레이션충격이 없고 단기산출이 0($\tilde{Y}_t = 0$)이면 $\pi_t = \pi_{t-1}$이다. 여기서 π_{t-1}은 적응적 기대에 의한 기대인플레이션율인 만큼 인플레이션율이 변화하면 기대인플레이션율이 시간 흐름에 따라 변화하게 되고 그 결과 총공급곡선이 이동하게 된다는 것을 함축한다. 예를 들어, $\pi_{t-1} = 2\%$이고 $\pi_t = 3\%$라면 t기와 $t+1$기의 기대인플레이션율이 각각 2% 및 3%라는 것이다. 따라서 $t+1$기의 AS곡선은 t기의 AS곡선보다 1%p 높은 곳에 위치한다. 이와 같이 π_{t-1}이 기대인플레이션으로 해석되는 것은 앞으로 살펴볼 단기모형에서 중요한 역할을 한다.

총공급곡선은 인플레이션충격에 의해서도 이동한다. 인플레이션충격이 발생하여 $\bar{\epsilon}_t > 0$이 되면 모든 단기산출에서 인플레이션율이 그만큼 높아지는 것이므로 총공급곡선이 위로 이동하게 된다.

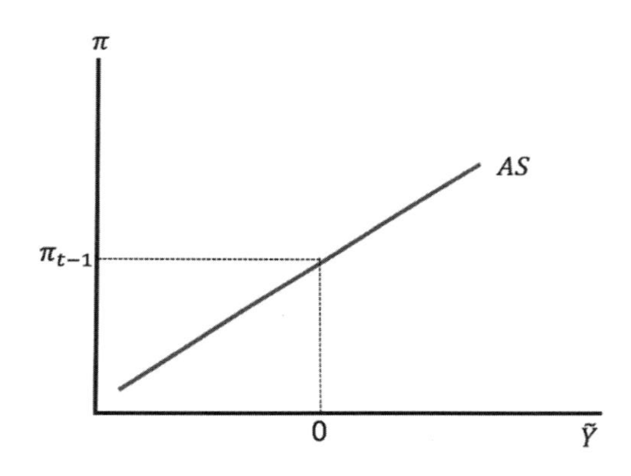

[그림 12-5] AS곡선

3 총수요/총공급모형

총수요곡선과 총공급곡선을 결합하면 경기분석에 매우 유용한 AD/AS모형이 된다. AD/AS모형은 [표 12-1]에 요약되어 있는 것처럼 2개의 방정식과 2개의 내생변수 π_t, $\tilde{Y}_t$로 구성된다. 그리고 AD/AS모형은 π_{t-1}을 포함하고 있는 동태일반균형모형이므로 해를 구하는 것이 좀 복잡하다.

[표 12-1] AD/AS모형 요약

내생변수	$\tilde{Y}_t$, π_t
총수요곡선	$\tilde{Y}_t = \bar{a} - \bar{\beta}_i \cdot \bar{m}(\pi_t - \pi^T)$
총공급곡선	$\pi_t = \pi_{t-1} + \bar{\upsilon}\tilde{Y}_t + \bar{\epsilon}_t$
파라미터	$\bar{\beta}_i$, $\bar{m}$, π^T, $\bar{\upsilon}$, $\bar{\epsilon}_t$

정상상태

동태모형의 정상상태에서 모든 내생변수는 시간이 지나도 일정하고 경제에 어떤 충격도 없는 상태이다. 즉 $\bar{a} = 0$, $\bar{\epsilon}_t = 0$이다. 이를 이용하면 정상상태의 해를 쉽게 얻을 수 있다. 정상상태에서는 내생변수인 인플레이션율이 일정하므로 $\pi_t = \pi_{t-1} = \bar{\pi}$와 같이 나타낼 수 있다. 따라서 식 (12.2) AS곡선에서 정상상태의 단기산출이 $0(\tilde{Y}^* = 0)$이라는 것을 알 수 있다. 이렇게 구한 것을 AD곡선 식 (12.1)에 대입하면 $\bar{\pi} = \pi^T$가 유도된다.

이상의 결과로부터 다음과 같은 사실이 확인된다. AD/AS모형에서 정상상태의 인플레이션율은 중앙은행의 인플레이션목표와 일치하고($\bar{\pi} = \pi^T$), 산출은 잠재수준($\tilde{Y}_t = 0$)이다.

AD/AS그래프

[그림 12-6]은 AD/AS모형에서 경제가 정상상태에 있는 모습을 나타낸 것이다. 우리는 거시경제분석에서 그동안 사용했던 대로 경제가 정상상태에서 시작한다고 가정한다. 따라서 정상상태에서 인플레이션율은 π^T이며 식 (12.2) AS곡선의 π_{t-1} 또한 π^T와 일치한다.

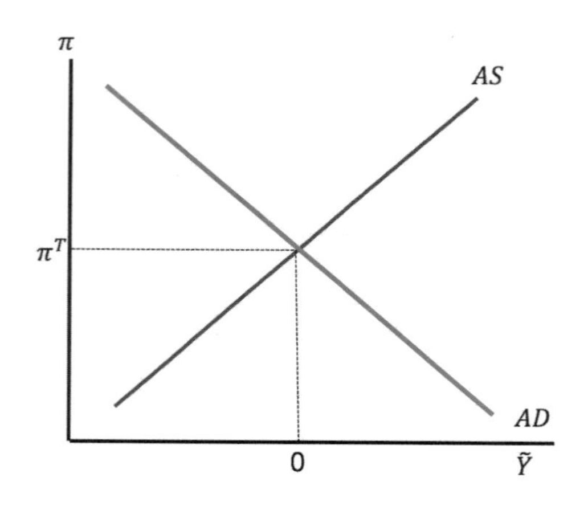

[그림 12-6] AD/AS모형

왜 AD곡선은 우하향하고 AS곡선은 우상향할까? AD곡선이 우하향하는 것은 중앙은행이 인플레이션에 대해 반응하기 때문이다. 중앙은행은 인플레이션율이 높다고 판단하면 통화정책준칙에 따라 실질이자율이 상승하도록 한다. 높아진 이자율은 투자수요를 위축시켜 산출을 감소시킨다. 이처럼 중앙은행이 높은 인플레이션에 대응하여 경기 둔화를 유도하는 것은 그렇게 해야 인플레이션이 이전 수준으로 다시 낮아진다는 것을 알기 때문이다.

AS곡선이 우상향하는 것은 기업들의 가격결정행태가 반영된 것이다. 잠재수준을 초과하는 실제 산출은 기업들이 증가한 수요에 맞춰 생산을 더 늘린 결과이다. 생산을 확대하면 생산비용이 상승하므로 기업들은 평상시보다 더 큰 폭으로 가격을 인상한다. 모든 기업이 이렇게 가격을 올리면 인플레이션율이 높아지게 된다. 따라서 산출과 인플레이션이 정(+)의 관계를 가지는데 이를 그래프로 나타낸 것이 AS곡선이므로 우상향하는 모습이다.

4 총수요/총공급모형과 거시경제적 충격

AD/AS모형은 하나의 단순한 그래프를 통해 인플레이션과 산출의 동학을 분석할 수 있게 한다. 이하에서는 인플레이션충격, 디스인플레이션, 총수요충격 등 세 가지 거시경제적 사건에 대해 살펴보기로 한다. 여러분은 첫번째 충격을 학습하는 과정에서 모형의 동학이

다소 장황하게 설명된 느낌을 받을 수 있다. 그러나 그 과정을 잘 이해하면 동태모형의 분석에 익숙해지고 다음 충격들을 보다 쉽게 이해할 수 있다.

인플레이션충격

정상상태의 경제에서 유가상승처럼 인플레이션율을 높이는 충격이 발생하였다고 하자. 이는 식 (12.2)에서 $\bar{\epsilon}$의 값이 일시적으로 양으로 되었다가 0으로 되돌아가는 상황을 의미한다. 한편 인플레이션충격은 일시적으로 발생하더라도 물가수준을 영구히 높인다.

[그림 12-7]은 인플레이션충격이 발생했을 때의 초기 영향을 AD/AS모형으로 나타낸 것이다. 인플레이션충격이 t기에 발생하면 $\bar{\epsilon}_t > 0$이 되어 AS곡선이 위쪽으로 이동한다. AS곡선 $\pi_t = \pi_{t-1} + \nu\tilde{Y}_t + \bar{\epsilon}_t$에서 $\bar{\epsilon}$가 0에서 양의 값이 됨에 따라 모든 $\tilde{Y}$에서 π가 높아지기 때문이다.

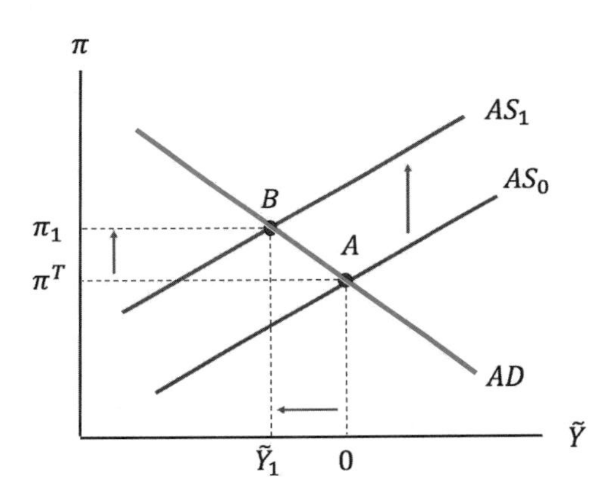

[그림 12-7] 인플레이션충격 직후 경제

인플레이션충격에 $\tilde{Y}$의 변화가 없다면 충격에 대해 인플레이션율이 1대1로 반응할 것이다. 그러나 인플레이션율이 상승하면 통화정책준칙에 따라 실질이자율이 높아지기 때문에 단기산출이 감소한다($\tilde{Y} < 0$). 이에 따라 경제가 점 A에서 점 B로 이동하므로 높은 인플레이션과 동시에 경기침체가 발생한다. 이를 **스태그플레이션**(stagflation)이라고 한다. 우리나라는 1970년대 두 차례 석유파동 때 경험하였다.

다음으로 인플레이션충격이 발생한 이후에는 경제가 어떻게 되는지 생각해보자. 충격이 한 기간만 발생하는 것으로 가정했으므로 충격 발생 이후 2기에는 충격이 사라져 $\bar{\epsilon}$가 다시 0으로 된다. 이에 따라 AS곡선이 원래 위치로 바로 되돌아갈 것으로 생각할 수 있으나 그렇게 되지 않는다. 왜 그럴까? 먼저 인플레이션과 관련한 다음의 사실을 기억하자. AS곡선 식 (12.2)의 $\pi_t = \pi_{t-1} + \bar{\nu}\tilde{Y}_t + \bar{\epsilon}_t$에서 π_{t-1}은 적응적 기대의 가정에 따라 기대인플레이션율 π^e를 대체한 것이다. 그리고 [그림 12-7]의 π^T는 정상상태의 인플레이션율이 중앙은행의 목표와 같아짐을 나타낸 것이다.

한편 2기의 AS곡선은 [그림 12-8]에서 보는 바와 같이 정상상태의 AS_0가 아닌 AS_2까지만 이동한다. 그 이유를 살펴보기 위해 먼저 2기의 AS곡선이 $\pi_2 = \pi_1 + \bar{\nu}\tilde{Y}_2 + \bar{\epsilon}_2$임을 기억하자. 2기에는 충격이 사라져 $\bar{\epsilon}_2 = 0$이므로 $\tilde{Y}_2 = 0$이라면 위의 2기 AS곡선에 의해 $\pi_2 = \pi_1$로 인플레이션율이 정상상태의 π^T보다 높다. 이는 2기의 AS곡선이 [그림 12-8] (a)에서와 같이 $\tilde{Y}_2 = 0$에서 인플레이션율이 π^T보다 높은 π_1인 점을 교차한다는 것이다. 유가충격이 기대인플레이션을 높였고 그렇게 높아진 기대인플레이션이 경직성으로 인해 서서히 조정되면서 낮아짐에 따라 AS곡선도 천천히 아래로 이동하는 모습을 보이는 것이다.

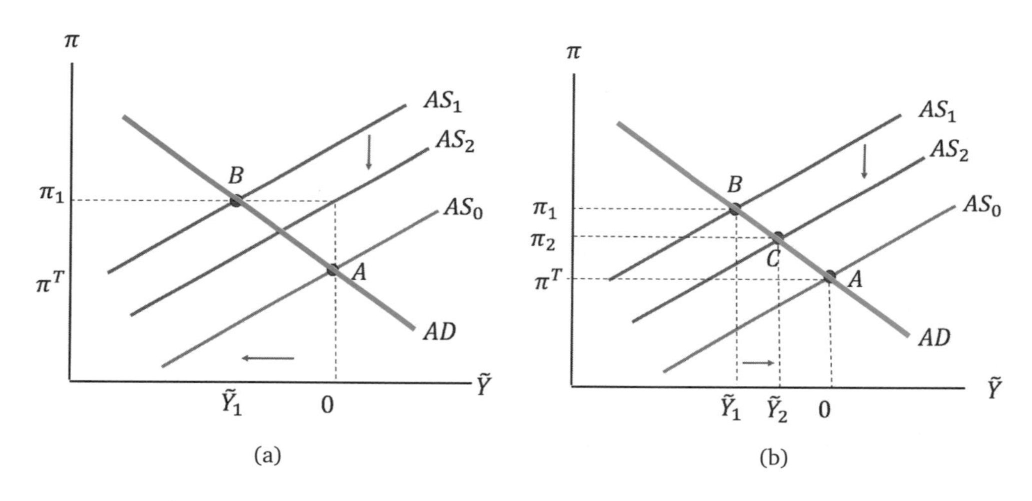

[그림 12-8] 인플레이션충격 이후 2기의 경제

따라서 2기에서는 [그림 12-8] (b)에서 보는 것처럼 경제가 충격 발생 초기의 점 B에서 점 C로 이동한다. 경제활동의 둔화가 인플레이션율을 점진적으로 떨어뜨린다. 인플레이션이 낮아지면서 통화정책준칙에 의해 산출이 잠재수준 아래에서 어느 정도 늘어나 경제가 다소 개선된다.

3기에도 AS곡선은 2기와 같이 원래 위치를 향한 이동을 지속한다. 3기의 AS곡선은 2기처럼 $\tilde{Y}_3 = 0$에서 인플레이션율이 π^T보다 높은 π_2인 점을 교차하여 경제가 [그림 12-8] (b)의 점 C와 점 A 사이로 이동할 것이다. 이러한 과정이 지속되는데 AS곡선은 동학의 원리에 따라 경제가 정상상태에서 멀리 떨어져 있을수록 빠르게 아래로 이동하고 정상상태에 가까워질수록 그 이동이 점점 느려진다.

인플레이션충격에 따른 단기산출과 인플레이션율의 동태적 움직임을 AD/AS모형으로 요약해서 나타낸 것이 [그림 12-9]이다. 인플레이션충격이 발생하면 경제는 바로 점 A에서 점 B로 이동하였다가 시간을 두고 점진적으로 정상상태인 점 A로 되돌아가는 움직임을 보여주고 있다. 이는 기대인플레이션율이 서서히 낮아지면서 AS곡선이 원래 위치로 이동하기 때문이다.

인플레이션충격의 영향은 다음과 같이 요약된다. 가격충격은 인플레이션율을 바로 상승시킨다. 인플레이션율이 높아지면 중앙은행은 장기목표수준으로 인플레이션율을 낮추기 위해 통화정책준칙에 따라 경기침체를 유도한다. 인플레이션충격이 단지 한 기간에서 발생하더라도 인플레이션은 경직성으로 인해 오랜 기간 당초의 정상상태보다 높은 수준을 유지한다. 충격으로 높아진 기대인플레이션이 정상상태 수준으로 회복될 때까지 경기침체가 지속된다. 그 기간 동안 경제는 정상상태에서보다 높은 인플레이션율과 경기부진이 동시에 나타나는 스태그플레이션을 겪는다.

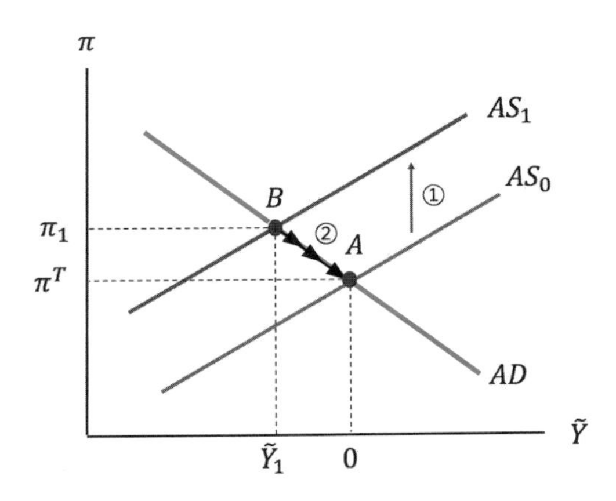

[그림 12-9] 인플레이션충격의 영향 요약

디스인플레이션(disinflation)

다음으로 통화정책준칙을 변경하는 경우를 생각해보자. 경제가 정상상태이지만 인플레이션율이 높은($\pi_0 = \pi^T_{old}$) 상태에서 시작하는 것으로 가정하자. 중앙은행이 인플레이션 목표를 π^T_{old}보다 낮은 π^T_{new}로 변경하면 경제가 시간의 흐름에 따라 어떻게 반응할까?

이에 대한 분석도 AD곡선 $\tilde{Y}_t = \bar{a} - \bar{\beta}_i\bar{m}(\pi_t - \pi^T)$와 AS곡선 $\pi_t = \pi_{t-1} + \bar{\nu}\tilde{Y}_t + \bar{\epsilon}_t$로 접근한다. 모형에서 인플레이션 목표는 AD곡선에 포함되어 있다. 따라서 "인플레이션 목표를 낮추면 총수요곡선이 이동할까?"라고 질문하면 바로 "그렇다"고 답할 것이다. 총수요곡선의 방정식에서 인플레이션이 π_t로 주어진 가운데 π^T가 하락하면 $\tilde{Y}_t$가 감소하는 것을 잘 알기 때문이다. 즉, 중앙은행이 인플레이션 목표를 낮추는 새로운 준칙의 시행과 동시에 [그림 12-10]에서처럼 AD곡선이 아래로 이동한다.

변경된 새로운 통화정책준칙 하에서 초기 인플레이션, 즉 초기의 인플레이션 목표 π^T_{old}는 매우 높은 수준이다. 따라서 새로운 통화정책준칙에 의해 실질이자율이 상승하며 그에 따라 단기산출이 감소하고 인플레이션율이 하락한다. 경제가 점 A에서 점 B로 옮겨가고 인플레이션율이 낮아지지만 π_1으로 원래의 인플레이션 목표 π^T_{old}와 새로운 목표 π^T_{new} 사이의 수준이다.

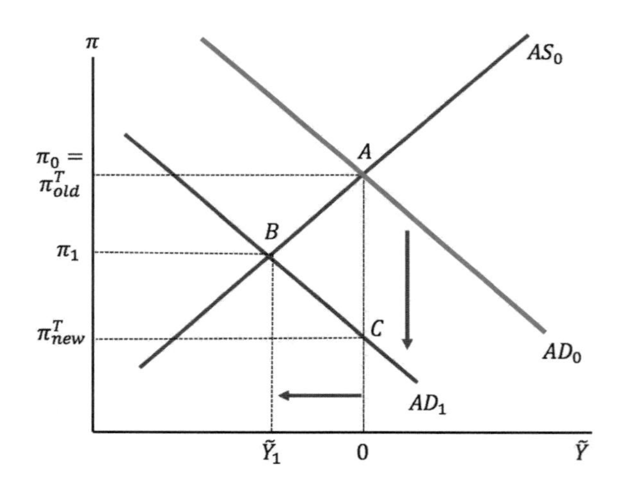

[그림 12-10] 디스인플레이션의 초기 반응

경제가 시간을 두고 어떻게 되는지를 분석하기 위해 우리는 충격으로 정상상태를 벗어난 경제는 그 회복이 서서히 이루어지는 동학의 원리를 이용한다. 여기서 미묘한 차이는 통화정책준칙의 변경으로 정상상태의 인플레이션율이 바뀌었다는 것이다. 즉 새로운 정상상태의 인플레이션율이 π^T_{new}로 낮아진 점이다.

새로운 인플레이션 목표가 채택되면 AD곡선이 얼마나 이동하여야 하는가? 우리는 새로운 준칙 하에서 실제 산출이 잠재수준이면 인플레이션율이 π^T_{new}와 같아진다는 것을 AD곡선에서 쉽게 알 수 있다. 새로운 정상상태를 [그림 12-11]에서 점 C라고 표시하였다.

어떻게 경제가 시간의 흐름에 따라 점 B에서 점 C로 옮겨갈까? 그 답은 AS곡선의 이동에서 찾을 수 있다. 인플레이션충격에서 살펴본 것처럼 인플레이션율이 π_0에서 π_1로 변하면 그 다음 기간 AS곡선이 이동을 하게 된다. 기대인플레이션율이 π_0에서 π_1로 낮아졌지만 여전히 새로운 목표 π^T_{new}보다 높으므로 통화정책준칙에 의해 중앙은행은 실제 산출을 잠재수준 아래로 유지하는 정책을 지속하여 인플레이션율이 더 낮아지도록 유도한다. 그와 같은 경제의 동태적 움직임이 [그림 12-11]에 화살표로 표시되어 있다. 경제의 동학은 새로운 정상상태인 점 C에 도달하면 그친다. 인플레이션율은 항구적으로 π^T_{new}로 낮아지고 단기산출은 정상상태인 0으로 회복된다.

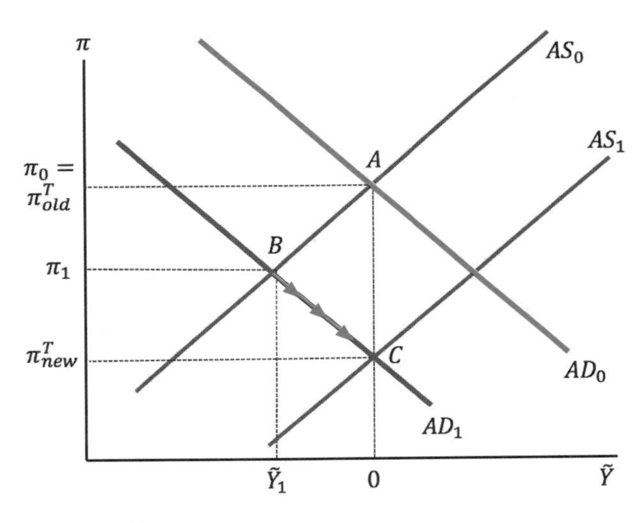

[그림 12-11] 디스인플레이션의 동학

이상의 분석에서 우리는 다음과 같은 질문을 던질 수 있다. 중앙은행이 인플레이션 목표를 낮춘다고 발표하면 왜 경제가 낮아진 인플레이션으로 즉각 옮겨가지 못하는 것일까? 만약 중앙은행이 정책 변화를 발표하고 경제 내 모든 가격설정자들이 그것을 믿어 기대 인플레이션을 π^T_{new}로 조정하면 경제가 점 A에서 점 C로 즉각 옮겨갈 것이다. AD곡선과 AS곡선이 즉각적으로 동시에 이동하므로 산출이 감소하는 손실을 겪지 않고 낮은 인플레이션율이 달성될 수 있을 것이다.

이와 같은 가능성에 대한 생각이 바로 고전학파 이분법과 인플레이션 경직성 간의 갈등이라 하겠다. 만약 고전학파 이분법이 단기에 성립한다면 즉각적 조정이 나타날 것이다. 그러나 실제 인플레이션과 기대인플레이션이 경직적이면 가격설정자인 기업들이 확신을 갖고 인플레이션에 대한 기대를 낮추기까지 침체가 필요하다.

이처럼 인플레이션 목표 같은 통화정책준칙을 변경하는 과정에서는 정책당국에 대한 신뢰성과 함께 가격설정자들의 기대가 어떻게 형성되는가에 따라 디스인플레이션의 성과가 달라질 수 있다. 이에 대해서는 이 장의 뒷부분에서 다시 논의하기로 한다.

양의 총수요충격

마지막으로 중요한 경제적 충격인 총수요충격에 대해 살펴보자. 세계경제의 회복으로 우리나라 재화에 대한 수요가 증가하여 수출이 늘어나는 경우를 예로 한다. 이와 같은 양의 총수요충격은 AD곡선의 $\bar{a}$를 일시적으로 증가시킨다. 양의 총수요충격에 대한 경제의 초기의 반응이 [그림 12-12]에 나타나 있다.

총수요곡선이 $\tilde{Y}_t = \bar{a} - \bar{\beta}_i \bar{m}(\pi_t - \pi^T)$이므로 $\bar{a}$가 일시적으로 증가하면 AD곡선이 오른쪽으로 이동한다. 주어진 인플레이션 수준에서 높아진 $\bar{a}$와 관련된 산출이 늘어나기 때문이다. 이에 따라 경제는 [그림 12-12]에서 보듯이 점 A에서 점 B로 이동한다. 기업들이 제품의 수요 증가에 반응하여 생산을 늘리는 과정에서 가격을 인상함으로써 인플레이션율이 상승한다. 양의 총수요충격이 발생하면 일부는 산출 증가로, 일부는 인플레이션율 상승의 형태로 그 효과가 나타나는 모습이다.

충격의 초기 효과가 나타난 이후에는 경제가 어떻게 전개될까? 아마 여러분은 동학에 대한 직관으로 AS곡선의 점진적인 이동이 경제를 원래의 정상상태로 되돌릴 것으로 연상할 것이다. 그러나 [그림 12-12]를 자세히 보면 그것이 가능하지 않다는 것을 알 수 있다.

AS곡선이 오른쪽으로 이동하면 인플레이션율은 하락하지만 산출이 더 크게 증가한다. 왼쪽으로 이동하면 단기산출은 0으로 낮아지나 인플레이션율이 더 높아진다. AS곡선의 이동만으로는 경제가 정상상태로 돌아가지 못한다.

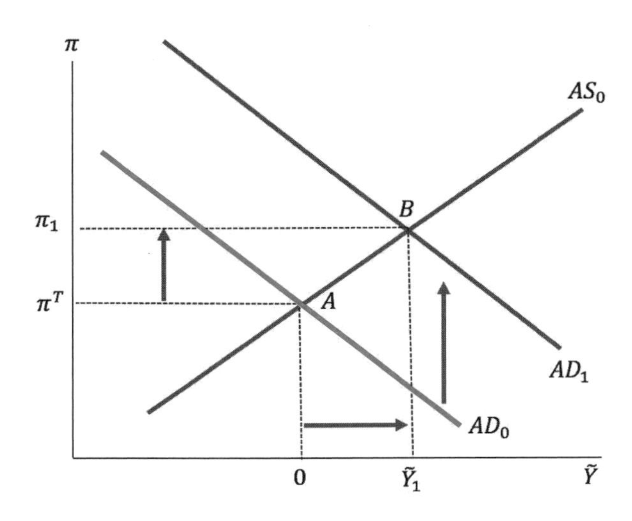

[그림 12-12] 양의 총수요충격

총수요충격의 발생 이후 경제가 장기적으로 어떻게 정상상태로 되돌아갈까? 먼저 AS곡선 $\pi_t = \pi_{t-1} + \bar{\nu}\tilde{Y}_t + \bar{\epsilon}_t$에서 단기산출 $\tilde{Y}_t$가 0이고 인플레이션충격이 없는 상태에서는 인플레이션율이 π_{t-1}이다. 충격이 발생한 직후인 1기의 인플레이션율 π_1이 정상상태의 인플레이션율(π^T)보다 높으므로 기업들은 장래의 인플레이션이 높아질 것으로 예상한다. 따라서 AS곡선은 시간을 두고 위쪽으로 이동한다. 기대인플레이션이 높아진 만큼 경제는 높은 수준의 인플레이션으로 이동하면서 단기산출은 0으로 줄어든다. 이와 같은 동태적 움직임이 [그림 12-13]에 나타나 있는데 AS곡선이 시간의 흐름에 따라 점진적으로 AS_0에서 AS_2로 이동하고 그 결과 경제는 점 B에서 점 C로 옮겨간다.

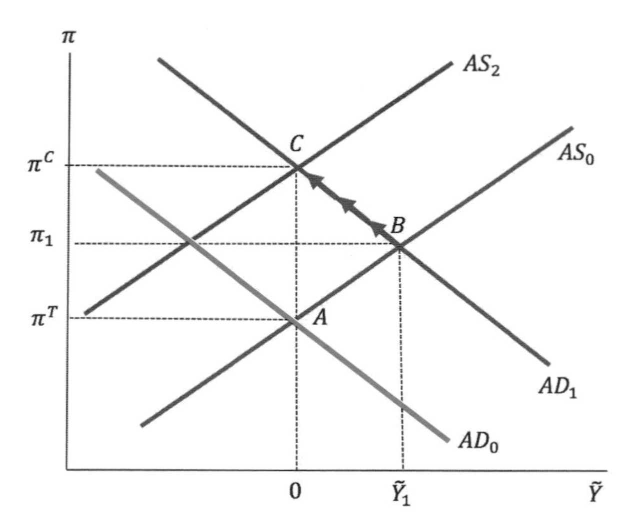

[그림 12-13] AS곡선의 이동

점 C에서 단기산출이 0이므로 인플레이션율이 $\pi_t = \pi_{t-1} + 0 + 0$으로 안정적이다. 다른 어떤 변화도 없으면 경제는 점 C에서 머무를 것이다. 그런데 점 C에서의 인플레이션율을 π^C라고 하면 AD곡선은 다음을 만족해야 한다.

$$\tilde{Y}_t = 0 = \bar{a} - \bar{\beta}_i \bar{m}(\pi^C - \pi^T)$$

따라서 점 C에서의 인플레이션율은 $\pi^C = \pi^T + \bar{a}/(\bar{\beta}_i \bar{m})$이다. 이는 인플레이션율이 총수요충격의 영향으로 정상상태의 인플레이션율보다 높아졌다는 것을 나타낸다. 점 C에서의 인플레이션율은 중앙은행의 목표(π^T)보다 높다. 따라서 점 C는 정상상태가 아니다. 그러면 경제가 어떻게 다시 정상상태인 점 A로 되돌아가는가?

총수요충격은 특성상 일시적이며 장기에는 $\bar{a} = 0$이다. 장기에는 잠재산출량에 대한 소비, 투자, 정부구매, 순수출의 비율의 합이 1이기 때문이다. 예를 들어, 세계경제의 활기가 정상상태로 돌아가면 우리나라의 수출도 장기적 수준으로 되돌아가게 되어 마치 음의 총수요충격이 발생한 것과 같게 된다. 이런 일이 발생하면 [그림 12-14]와 같이 AD곡선은 $AD_3(= AD_0)$의 원래 위치로 되돌아가고 경제는 점 C에서 점 D로 이동한다. 점 C에서 단기산출이 0이었기 때문에 음의 수요충격과 같아서 점 D에서는 단기산출이 0보다 낮은 침체 상태이다. 이는 인플레이션율의 하락 압력으로 작용하며 그에 따라 기대인플레이션이 낮아지면서 AS곡선이 천천히 원래 위치로 이동하게 된다. 시간의 경과와 함께 경제는 원래의 AD곡선을 따라 최초의 정상상태 점 A로 되돌아간다.

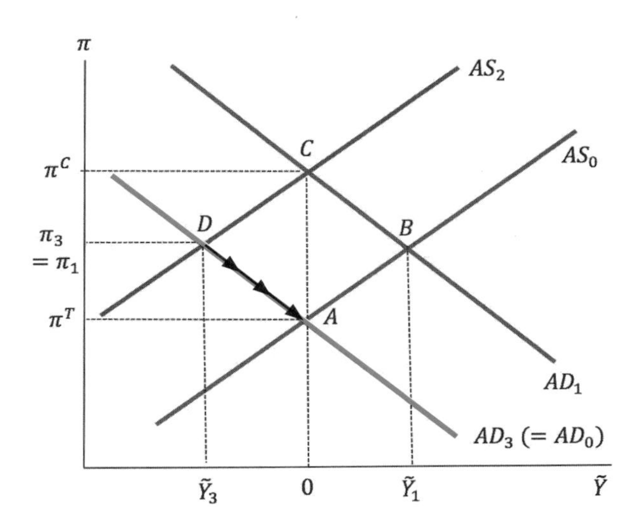

[그림 12-14] 양의 AD충격 종료 후 동학

양의 총수요충격에 대한 경제의 동태적 반응이 [그림 12-15]에 요약되어 있다. 여기서 중요한 가정은 AD충격이 양의 상태에서 사라지면 AD곡선은 충격의 소멸과 함께 바로 원래의 위치로 되돌아간다는 것이다.

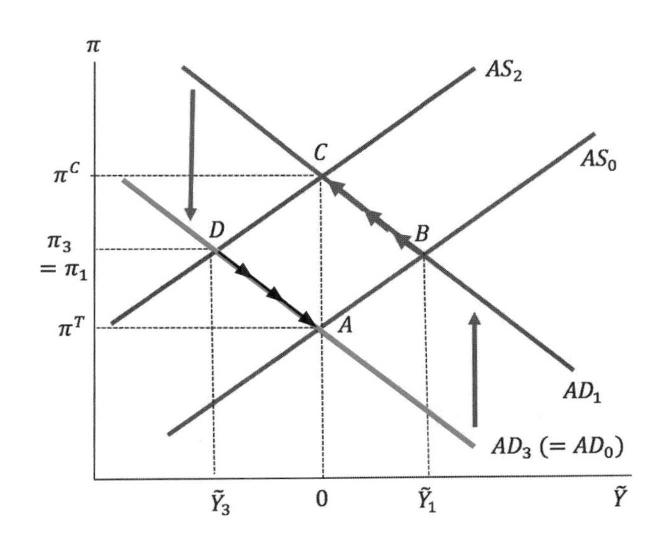

[그림 12-15] 양의 총수요충격 요약

총수요충격의 분석이 시사하는 점은 호황은 침체로 연결된다는 것이다. AD충격에 따른 호황을 누리는 대가로 인플레이션율이 상승하는데 높아진 인플레이션율은 침체에 의해서만 다시 낮아진다. 평균적 개념으로 볼 때 호황은 침체로 상쇄되기 때문에 산출에 관한 한 양의 총수요충격으로 경제가 얻는 것은 없다. 그러나 인플레이션율이 높아지면서 초래된 비용은 경제의 순손실이다. 사람들은 경제가 점 A에서 머무는 것을 경기변동과 일시적으로 높은 인플레이션의 고통을 겪는 것보다 더 선호할 것이다. 이것이 중앙은행이 단기 산출의 안정을 추구하는 근본적 이유이다.

이론적으로 통화정책은 AD충격으로부터 경제를 보호하는 데 사용될 수 있다. 그런데 지금까지는 통화정책의 대상으로 인플레이션만 고려하고 산출 변화는 고려하지 않았다. 뒤에서 산출까지 고려하는 경우에 대해 논의할 것이다.

5 안정화 정책: 통화정책을 중심으로

정책당국은 경기변동에 어떻게 대응해야 하는가? 1951년부터 1970년까지 미국 연준 의장을 역임한 윌리엄 맥체스니 마틴(William McChesney Martin) 같은 경제학자는 경제가 원래 불안정하기 때문에 총수요 또는 총공급 충격이 자주 발생한다고 말한다. 그래서 통화 및 재정 정책으로 경제의 안정화를 도모하지 않으면 충격이 산출, 실업, 인플레이션 등에 불필요하고 비효율적인 변동을 가져오는 만큼 경제가 위축되면 부양하고 과열되면 진정시켜야 한다고 주장한다. 반면 밀턴 프리드먼 같은 경제학자는 경제는 본래 안정적이며 때때로 겪는 비효율적인 변동은 경제정책의 오류 때문에 발생한다고 말한다. 따라서 경제정책은 경제활동의 미세한 부분까지 조정하려 해서는 안 되며 경제에 해가 되지 않는 수준에 그쳐야 한다고 주장한다.

이와 같은 논쟁은 오랜 기간 지속되어 왔다. 특히 금융위기 같은 사건으로 경제가 큰 침체를 겪을 때는 더욱 가열되었다. 근본적인 문제는 중앙은행이 앞에서 살펴본 단기모형을 복잡한 현실 경제에 어떻게 이용하는가이다. 예를 들어, 1980년대 중반 이후 선진국을 중심으로 현저히 안정된 인플레이션을 두고 의견이 나누어졌다. 1970년대 같은 오일쇼크가운 좋게 발생하지 않았기 때문이라는 주장과 그동안의 연구와 운영 경험에 힘입어 통화정책이 과거보다 효율적으로 수행된 데 힘입은 것이라는 견해로 엇갈렸다.

이하에서는 경제안정화정책과 관련한 이슈들을 통화정책 중심으로 논의하기로 한다.

테일러준칙

여러분이 경제학을 공부하고 있다고 하면 주위 사람들로부터 "그래, 이자율이 어떻게 될 것 같아?"라는 질문을 가끔 받을 수 있다. 이자율의 향방을 정확하게 알 수 있다면 아마 여러분은 큰 부자가 되었거나 앞으로 그렇게 될 것이다. 이자율을 예측하는 것은 그만큼 어렵다. 그렇지만 현실적으로 통화정책준칙 $r_t - \bar{r} = \bar{m}(\pi_t - \pi^T)$은 이자율을 예측하는 데 유용한 길잡이 역할을 한다. 실질이자율로 설정되어 있는 통화정책준칙은 피셔방정식에 의해 다음과 같이 명목이자율로 나타낼 수 있다.

$$i_t = r_t + \pi_t = \bar{r} + \pi_t + \bar{m}(\pi_t - \pi^T) \quad (12.3)$$

통화당국이 정책을 수행하는 데 식 (12.3)을 준칙으로 활용하기 위해서는 파라미터들의 값이 필요하다. 1990년대 초 스탠포드대학교의 존 테일러(John Taylor) 교수는 $\bar{r} = 2\%$, $\bar{m} = 1/2$, $\pi^T = 2\%$로 하고 단기산출 변수를 추가하여 다음과 같은 준칙을 제시하였다.[1]

$$i_t = 2.0 + \pi_t + \frac{1}{2}(\pi_t - \pi^T) + \frac{1}{2}\tilde{Y}_t \quad (12.4)$$

식 (12.4)를 **테일러준칙**이라고 한다. 이 식은 미국 연준이 인플레이션과 산출량의 변화에 대응하기 위해 이자율을 어떻게 설정해야 하는가를 구체적으로 제시한 것이다. 식 (12.4)에 따르면 인플레이션율이 1%p 상승하면 명목이자율을 1.5%p 올려 실질이자율이 0.5%p 상승하도록 해야 한다.

테일러준칙이 식 (12.3)의 단순한 준칙과 달리 단기산출을 포함한 것은 단기산출이 변

---

1 John Taylor, "Discretion Versus Policy Rule in Practice," Carnegie-Rochester Conference Series on Public Policy, 1993.

동하면 통화정책으로 즉시 대응할 것을 주문하는 것이다. 이는 총수요충격에 즉각적으로 반응함으로써 시차를 두고 나타나는 인플레이션의 변동에 보다 손쉽게 대응하는 것이 바람직하다고 본 것이다.

한편 테일러준칙은 산출갭의 추가로 다소 복잡해졌으나 단순한 준칙을 상정한 AD/AS모형과 비슷한 결과를 나타낸다. 단순한 준칙도 총수요충격에 의한 인플레이션의 변화가 암묵적으로 반영되어 있기 때문이다. AD/AS모형에서는 단기산출의 변화에 따라 인플레이션율이 변화하면 준칙에 의해 통화정책이 반응한다. 이는 인플레이션 변동의 원인인 단기산출의 변동에 대해서도 암묵적으로 통화정책이 반응하는 것이다.

중앙은행이 단순히 테일러준칙에 의존하여 통화정책을 운영하지는 않는다. 그러나 테일러준칙은 금융시장이 장래의 이자율을 예상하거나 중앙은행이 통화정책을 실행하는 데 길잡이로서 활용성이 크다. 중앙은행은 준칙이 안내하는 방향과 달리 통화정책을 운영하기도 하는데 이는 경제상황에 대해 더 우월한 정보를 가지고 있기 때문이다.

한편 잘 설정한 테일러류의 통화정책준칙은 중앙은행의 통화정책에 대한 태도를 판단하거나 평가하는 데 이용할 수 있다. 이는 통화정책준칙에 파라미터 값, 인플레이션율, 산출갭을 대입하여 얻는 명목이자율과 중앙은행이 실제로 운용한 명목이자율의 비교를 통해 가능하다. 사후적으로 산출된 명목이자율이 실제 중앙은행의 명목이자율보다 높으면 통화정책이 완화적으로 운용된 것으로 평가할 수 있다. 반대로 사후적으로 산출된 명목이자율이 실제 중앙은행의 명목이자율보다 낮으면 통화정책이 긴축적으로 운용된 것으로 평가할 수 있다.

경제활동 안정을 위한 개입

모든 경제학자는 고용증대와 물가안정의 추구라는 동일한 정책목표를 가지고 있지만 목표 달성을 위한 접근방법에서는 의견이 다른 경우가 많다. AD/AS모형에서 살펴본 것처럼 통화 및 재정 정책이 총수요의 변동을 초래하여 총산출과 인플레이션에 영향을 미친다면 지속적으로 발생하는 경제적 충격에 적극적으로 대응하는 것이 바람직해 보인다. 그런데 왜 견해가 엇갈리는 것일까?

케인지언이라고도 불리우는 **개입주의자**(activist)들은 임금과 가격이 경직적이기 때문에 경제의 자기교정메커니즘이 매우 느리게 작동한다고 본다. 이에 따라 경제가 장기에 도달하는 데 매우 오랜 시간이 걸린다고 믿으며 "장기에는 우리 모두 죽는다"라는 케인즈의 말에 동의한다. 따라서 이들은 실업이 증가하면 정부가 적극적인 정책으로 경제활동의 안정을 도모해야 한다고 주장한다. 반면 **비개입주의자**(nonactivist)들은 임금과 가격이 매우 신축적이어서 자기교정메커니즘이 빠르게 작동한다고 믿는다. 즉 총공급곡선이 신속히 이동하여 경제가 완전고용수준으로 빠르게 회복된다고 본다. 이들은 대체로 고전학파에 속하며 실업을 없애기 위한 경제정책은 불필요하다고 생각한다.

경제적 충격이 발생할 때 정책당국이 총수요곡선을 즉각 이동시킬 수 있다면 정책적 개입이 타당할 것으로 보이는데도 비개입주의 견해가 설득력을 얻는 배경에는 정책의 시차와 경제예측의 문제가 있다. 경제학자들은 안정화정책의 시행에 있어서 두 가지 시차, 즉 내부시차(inside lag)와 외부시차(outside lag)를 고려한다. **내부시차**는 충격의 발생과 정책 시행 간의 기간을 뜻한다. 정책당국이 경제상황을 판단하기 위한 자료를 얻고 그것을 통해 경제의 미래 경로에 관한 신호를 확인하려면 시간이 필요하다. 또한 재정정책 같은 경우에는 필요성이 확인된 이후에도 실행을 위한 입법절차에 상당한 시간이 소요된다.

외부시차는 정책의 시행 시점과 시행된 정책이 경제에 영향을 미치는 사이의 기간을 의미한다. 정책이 시행되어도 즉각적으로 지출, 소득, 고용 등에 영향을 미치지 못한다. 통화정책은 재정정책과 달리 중앙은행이 경제상황에 따라 정책의 변화를 즉각 결정하여 시행할 수 있어 내부시차가 상대적으로 짧지만 상당한 외부시차가 존재한다. 통화정책은 이자율을 변화시켜 투자에 대한 기업의 태도에 영향을 미침으로써 효과를 나타내는데 이미 결정된 투자계획을 변경하는 데는 상당한 시간이 필요하다. 또한 이와 같은 시차들의 크기가 때에 따라 변화하는 것도 경제안정화를 위한 정책의 실행을 제약한다.

정책당국이 장래의 경제상황을 정확하게 예측할 수 있다면 시차가 있어도 안정화정책을 성공적으로 수행할 수 있을 것이다. 그러나 경제에 대한 현재의 이해수준으로는 앞으로의 경제상황을 제대로 예측할 수 없는 경우가 너무 자주 발생한다. 대부분의 경제예측은 다양하고 규모가 큰 거시계량모형을 사용하여 통화 및 재정 정책이나 유가 같은 외생변수의 변화 경로에 대한 가정을 토대로 GDP, 인플레이션 등 내생변수들의 예상치를 도출한다. 그러나 이러한 예측은 모형이 잘 설계되고 외생변수에 대한 가정이 타당할 때만 유효한 것임에 유의해야 한다.

합리적 기대

우리가 단기모형에서 가정했던 적응적 기대는 직관적이기는 하지만 견고한 미시경제학적 기초를 배경으로 하지 않는다. 기대가 과거에 전적으로 의존하고 미래에 관한 새로운 정보를 포함하지 않는 것은 현실적이지 못하다. 예를 들어, 인플레이션에 대한 기대는 과거와 현재의 통화정책에 영향을 받을 뿐만 아니라 미래의 통화정책에 대한 예상에도 영향을 받는다. 더욱이 일반적으로 사람들은 새로운 정보가 들어오면 예상을 빠르게 바꾼다.

적응적 기대의 이러한 문제들을 고려하여 1961년 존 무스(John Muth)는 합리적 기대(rational expectation)라는 최적화 행동에 기초를 둔 새로운 이론을 주장하였다.[2] **합리적 기대**란 사람들이 자신의 이익을 위해 최적화 행동을 하는 과정에서 '합리적'으로 기대를 형성한다는 것이다. '합리적'이란 사람들이 자신이 예측하려는 변수에 관해 얻을 수 있는 모든 정보를 이용하여 기대를 형성하고 모든 정보를 올바른 방식으로 이용할 줄 안다는 것을 의미한다.

합리적 기대는 주어진 정보를 다 사용하여 최적의 예측을 하지만 항상 정확하지는 않고 많은 경우에 틀린다. 불확실성과 인간 지식의 한계 때문이다. 다만 모든 정보를 올바르게 이용하여 기대를 형성했다면 사후에 오류로 판명된 부분은 기대형성 시점에서는 도저히 예상할 수 없었던 뜻밖의 일(surprise)에 해당한다.

합리적기대이론은 1970년대 거시경제학에 매우 광범위하게 확산되면서 거시경제학자들의 사고를 혁신적으로 변화시켰다. 로버트 루카스는 사람들이 장래에 대한 기대를 어떻게 형성하는지에 대해 보다 많은 주의를 기울여야 한다고 강조하였다. 예를 들어, 장래 소득에 대한 기대가 현재의 소비를 결정하고 기업은 장래 수익성에 대한 기대를 기초로 투자를 결정한다. 이와 같은 기대들 가운데 루카스는 특히 경제정책의 변화에 사람들의 기대가 어떻게 반응하는지를 잘 파악하여 정책의 변화를 결정해야 한다고 강조하였다.

루카스는 합리적 기대를 반영하지 않은 계량경제모형은 기대의 변화로 생기는 효과를 무시하므로 정책의 효과를 제대로 평가하기 어렵다고 하였다. 즉, 전통적인 계량경제모형을 정책평가에 사용해서는 안 될 뿐만 아니라 정책에 대한 민간의 기대가 달라지면 반응도 달라진다는 것이다. 이와 같은 전통적 정책평가 방법에 대한 비판을 **루카스 비판**

---

2 John Muth, "Rational Expectaions and Theory of Price Movements," *Econometrica*, vol. 29, 1961.

(Lucas critique)이라고 한다.[3]

합리적 기대 하에서는 중앙은행의 인플레이션 안정 의지가 기대인플레이션율을 결정하는 핵심요인이다. 적응적 기대의 가정을 적용하지 않으면 AS곡선은 식 (12.5)와 같다.

$$\pi_t = \pi_t^e + \bar{\nu}\tilde{Y}_t + \bar{\epsilon}_t \tag{12.5}$$

적응적 기대 하에서는 중앙은행이 인플레이션 목표를 인하하면 AS곡선이 서서히 이동하기 때문에 경제가 침체를 겪은 후 정상상태를 회복하면서 인플레이션율이 점차 새로운 목표로 낮아진다는 것을 앞에서 살펴보았다. 합리적 기대 하에서도 그러할까?

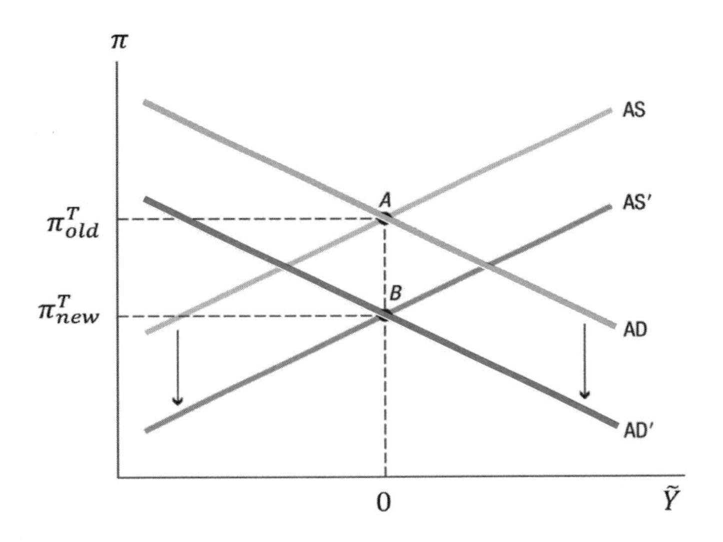

[그림 12-16] 합리적 기대와 고통 없는 디스인플레이션

합리적 기대 하에서는 사람들이 모든 정보를 사용함으로써 인플레이션에 대한 기대가 바로 조정되어 AS곡선이 즉각 아래로 이동하고 그에 따라 인플레이션율이 새로운 목표 수준으로 낮아진다. 즉 경제가 [그림 12-16]에서와 같이 점 A에서 점 B로 즉각 이동하므로 경기침체의 비용을 수반하지 않고 인플레이션율이 하락한다. 이는 통화정책 수행에서 인플레이션 기대의 조정이 중요하다는 사실을 보여주는 것이다. 인플레이션 기대의 조정

3 Robert E. Lucas, Jr., "Econometric Policy Evaluation: A Critique," Carnegie Rochester Conference on Public Policy 1, 1976.

은 신뢰성(credibility)과 투명성(transparency)이 높을 때 효율적으로 이루어진다. 중앙은행이 인플레이션율을 목표 수준에서 유지할 것이라는 믿음이 강하면 기업들은 인플레이션충격이 발생할 때 가격인상에 신중한 태도를 보일 것이기 때문이다.

준칙과 재량

경제학자들은 통화정책을 준칙(rule)에 의해 수행할 것인지, 재량(discretion)에 의존할 것인지에 대한 견해를 달리하기도 한다. **준칙**이란 실업과 인플레이션과 같은 특정 데이터에 대하여 정책이 어떻게 대응해야 하는가를 규정한 구속력을 지닌 계획을 말한다. **재량**은 정책당국이 미래의 정책을 미리 약속하지 않고 경제상황에 따라 그 시점에서 최적이라고 판단하는 정책적 조치를 취하는 것이다.

재량이 초래하는 문제는 핀 키들랜드와 에드워드 프레스콧의 연구로 처음 소개된 동태적 비일관성 문제(time-inconsistency problem)를 통해 큰 설득력을 얻었다.[4] **동태적 비일관성 문제**란 단기적 결정을 내릴 때 장기적으로 최적인 계획으로부터 이탈하려는 경향을 말한다. 정책당국은 단기에 확장적 정책을 통한 경제활성화를 추구하려는 유혹에 빠질 수 있는데 최선의 정책은 확장적 정책을 추구하지 않는 것이다. 예를 들어, 중앙은행이 재량으로 확장적 정책을 펴고 있다는 것을 근로자나 기업이 알아채면 미래의 인플레이션이 높아질 것이라는 예상으로 인해 임금과 가격이 상승하게 된다. 이는 더 높은 인플레이션으로 이어질 뿐 장기적으로 더 많은 산출을 가져오지 못한다.

이와 같은 동태적 비일관성 문제를 어떻게 다루어야 할까? 행동규칙을 정하고 그것을 준수하도록 해야 한다. 예를 들어, 부모는 자녀들의 요구를 모두 들어주면 아이를 망친다는 것을 알고 있다. 그런데도 불구하고 아이가 격렬하게 떼를 쓰면, 특히 사람들 앞에서 그러면 상황을 무마하기 위해 아이가 원하는 것을 들어준다. 이처럼 부모들이 '굴복하지 마라'는 계획을 지키지 못하므로 아이는 못된 행동이 보상을 줄 것으로 예상하고 떼쓰는 것을 반복할 것이다. 좋은 부모가 되는 법은 바로 규칙을 정하고 준수하는 것이다. 바로 동태적 비일관성 문제를 해결하는 방법이다.

준칙을 지지하는 견해는 다음과 같은 이유를 근거로 한다. 먼저 정책당국이 재량을 사

4 Finn E. Kydland and Edward C. Prescott, "Rules rather than Discretions: The Inconsistency of Optimal Plans," *Journal of Political Economy*, vol. 85, 1977.

용하지 못하게 하고 인플레이션과 실업 간의 단기적 상충관계를 이용하지 못하게 함으로써 동태적 비일관성의 문제를 해결할 수 있다는 것이다. 그리고 정책당국과 정치인을 신뢰할 수 없다는 것이다. 정책당국은 때에 따라 문제 해결에 능동적이지 않고 정치인은 차기 선거에 도움이 되는 확장적 정책을 추구하려는 강한 동기를 갖고 있기 때문에 정치적 경기변동을 야기할 수 있음을 그 이유로 한다.

반면 재량을 지지하는 견해는 준칙의 문제점을 다음과 같이 지적하고 있다. 모든 상황을 예견할 수 없기 때문에 준칙은 너무 경직적일 수 있으며 수시로 변화하는 경제상황에 대한 판단을 정책에 반영하지 못한다. 또한 중앙은행은 통화정책의 수행을 위해 광범위한 정보를 살펴볼 필요가 있는데 어떤 정보는 계량화하기가 쉽지 않다. 그리고 실제 경제의 진정한 모형을 알 수 없기 때문에 특정 모형에 근거한 준칙은 잘못될 수 있으며 모형이 정확할지라도 경제의 구조가 변하면 모형의 파라미터 값도 변할 수 있다.

이와 같은 재량과 준칙의 문제점과 장점을 고려한 것이 **제약적 재량**(constrained discretion)이다.[5] 제약적 재량은 벤 버냉키(Ben Bernanke)와 프레드릭 미시킨(Frederic Mishkin)에 의해 제시되었으며 단기적으로 경제적 충격에 대해 산출과 인플레이션을 안정시킬 수 있도록 중앙은행에 신축성을 부여한다. 그러나 장기적으로는 특정 인플레이션율의 준수와 같은 정책당국의 내재된 원칙을 지키도록 한다.

물가안정목표제

중앙은행은 어떻게 인플레이션 기대를 잘 관리할 수 있을까? 거시경제적으로 바람직한 수준으로 기대인플레이션을 묶어둘 수 있으면 중앙은행은 단기산출, 즉 경제활동을 보다 쉽게 안정시킬 수 있다. 인플레이션 기대를 고정(anchor)시키는 데 유용하다고 평가받는 통화정책체제가 **물가안정목표제**(inflation targeting)이다. 일시적 인플레이션충격이 발생한 이후 기업들이 가격을 결정할 때 중앙은행의 인플레이션 목표가 기업과 노동자의 인플레이션의 안정에 대한 협조를 이끌어내므로 큰 폭의 산출 감소를 수반하지 않을 수 있다. 그리고 명시적 인플레이션 목표는 경제활동의 안정에도 도움이 된다. 중앙은행이 경제의 활성화를 위해 완화적 통화정책을 취하더라도 기업들과 근로자들이 장기 인플레이션에 대

---

5 Ben S. Bernanke and Frederic S. Mishkin, "Inflation Targeting: A New Framework for Monetary Policy?" *Journal of Economic Perspectives*, vol. 11, 1997.

한 약속을 신뢰하여 정상적인 가격결정행태에서 이탈하지 않으면 통화정책을 보다 적극적으로 운영할 수 있기 때문이다.

물가안정목표제는 1990년 뉴질랜드에서 최초로 도입한 이후 캐나다(1991), 영국(1992), 스웨덴과 핀란드(1993) 등이 차례로 채택하였다. 미국이 명시적으로 동 제도를 채택한 것은 2012년이다. 우리나라는 물가안정목표제를 1998년에 도입하여 운영해오고 있다. 한국은행은 정부와 협의하여 중기 물가안정목표를 설정한다. 2016년 이후 물가안정목표는 소비자물가 상승률 기준 2%이며 한국은행은 물가 상승률이 중기적 시계에서 물가안정목표에 근접하도록 정책을 운영한다.

한국은행은 물가목표 운영상황을 연 4회 점검하여 그 결과를 국회 제출 법정보고서인 통화신용정책보고서를 통해 국민들에게 설명한다. 아울러 소비자물가 상승률이 6개월 연속 물가안정목표를 ±0.5%p 초과하여 벗어나는 경우 총재 기자간담회 등을 통해 물가안정목표와의 괴리 원인, 소비자물가 상승률 전망 경로, 물가안정목표 달성을 위한 통화신용정책 운영방향 등을 국민들에게 직접 설명한다. 이후에도 물가가 목표를 ±0.5%p 초과하여 벗어나는 상황이 지속되면 3개월마다 후속 설명 책임을 이행해야 한다. 현재의 물가안정목표는 2016년부터 2018년까지 적용되며 다음 물가안정목표는 2018년 말 이전에 경제여건을 점검하여 다시 설정한다.

6 동태확률일반균형(DSGE)모형

1970년대와 1980년대 로버트 루카스, 핀 키들랜드, 에드워드 프레스콧, 톰 사전트(Tom Sargent), 크리스 심스(Chris Sims) 등 후일에 모두 노벨 경제학상을 수상한 저명 경제학자들에 의해 경기변동 모형에 대한 일련의 혁신적인 논문들이 발표되었다. 그들은 거시경제 모형을 강건한 미시경제적 기초에 의해 설정하였다. 그들이 개발하고 이후 여러 학자들이 괄목한 만한 개선을 이룬 모형들을 우리는 **동태확률일반균형**(dynamic stochastic general equilibrium, DSGE)**모형**이라 부른다.

DSGE모형은 미시경제학적 기초를 바탕으로 시간의 흐름에 따른 거시경제의 동태적

(dynamic) 과정을 분석하는 것을 목적으로 한다. 따라서 DSGE모형은 거시경제의 변동을 초래하는 경제적 충격(stochastic)을 포함하고 노동시장, 자본시장, 생산물시장 등 여러 시장이 내생적으로 청산되도록(general equilibrium) 한다. 이 장에서 고찰한 AD/AS모형은 DSGE모형을 매우 단순화해서 설명한 것으로 볼 수 있다.

최초의 DSGE모형은 실물경기순환(real business cycle, RBC)모형이다. 키들랜드와 프레스콧의 RBC모형은 거시경제의 변동을 연구하는 데 솔로우성장모형을 이용하여 총요소생산성 충격을 경기변동에 반영하였다.[6] 즉 TFP 파라미터가 일정한 상수이거나 일정한 비율로 증가하는 것이 아니라 시간에 따라 변동하는 것으로 가정하였다. 예를 들어, 인터넷의 도입은 정(+)의 기술 충격으로 생산성을 높여 경제의 호황을 초래한다. 반면 경제활동에 해를 끼치는 좋지 못한 제도가 새로이 시행되면 생산성을 떨어뜨려 경제활동을 위축시킨다.

RBC모형이 경기변동을 완벽하게 설명하지는 못했지만 그 기법은 거시경제의 변동을 연구하는 데 새로운 지평을 열었다. 특히 모형이 정교화되면서 통화정책 충격까지 모형 체계에 포함되었고 그 결과 경기변동의 원인을 분석하는 데 실물에만 의존하지 않게 되었다. 가격 경직성과 통화정책 충격이 중요한 역할을 하는 모형들이 개발되었는데 이를 새케인지언모형(new Keynesian models)이라고도 하지만 일반적으로 DSGE**모형**이라고 부른다.

현대 DSGE모형은 정부구매, 금융마찰, 소비 충격 같은 다른 여러 충격들을 포함하는데 스메츠-바우터스(Smets-Wouters)모형은 가능한 한 모든 충격들을 넣고 임금 및 가격 경직성을 포함하고 있다.[7] 스메츠-바우터스모형 버전들은 거시경제 전망이나 정책효과 분석에 사용되고 있으며 미국 연준(Fed)과 유럽중앙은행(ECB)을 포함한 여러 나라의 중앙은행들이 이용하고 있다. 한국은행도 2007년 처음으로 DSGE모형을 구축하였고[8] 2014년에는 더 정교한 모형을 구축하여 경제전망과 정책분석에 이용하고 있다.[9]

---

6 Finn Kydland and Edward Prescott, "Time to Build and Aggregate Fluctuation," *Econometrica*, vol. 50, 1982.

7 Frank Smets and Rafael Wouters, "Shocks and Frictions in U.S. Business Cycles: A Bayesian DSGE Approach," *American Economic Review*, vol. 97, 2007.

8 강희돈·박양수, "한국은행 동태적 최적화 모형의 개요," 한국은행 조사통계월보, 2007.9.

9 배병호, "경제전망 및 정책분석을 위한 New BOK-DSGE모형 구축 결과," 한국은행 조사통계월보, 2014.5.

충격반응함수

DSGE모형은 다양한 충격에 대한 거시경제변수들의 동태적 반응을 알 수 있게 해준다. 어떤 충격이 발생했을 때 무슨 일이 일어나는지는 물론이고 시간의 경과에 따라 전체 거시경제 모습이 전개되는 과정도 보여준다. 우리가 앞에서 살펴본 AD/AS모형이 충격의 영향을 정성적으로 보여주었는데 DSGE모형은 이에 더해 경제변수들의 반응을 정량적으로 제시한다. DSGE모형의 정량적 결과를 나타내는 데 널리 사용되는 것이 **충격반응함수**(impulse response function)이다. 충격반응함수는 어떤 경제충격에 대하여 GDP 같은 관심의 대상인 거시경제변수가 시간 경과에 따라 어떻게 반응하는지를 보여준다.

[그림 12-17]은 배병호(2014)의 DSGE모형에 의한 우리나라 통화정책의 충격반응함수이다. 콜금리 25bp 상승의 충격이 주요 거시경제변수에 미치는 영향을 나타낸 것이다. GDP의 반응을 예로 살펴보면 긴축적 통화정책의 충격이 GDP에 미치는 영향은 앞에서 살펴본 AD/AS모형에서의 움직임과 대체로 같은 방향이다. 그런데 AD/AS모형보다 더 많은 정보를 제공한다. 예를 들어, GDP의 가장 큰 감소가 이자율을 인상하는 시점이 아니라 2~3분기 정도 이후라는 것과 시간의 흐름에 따른 통화정책의 효과에 대한 정량적 분석 결과를 알려준다.

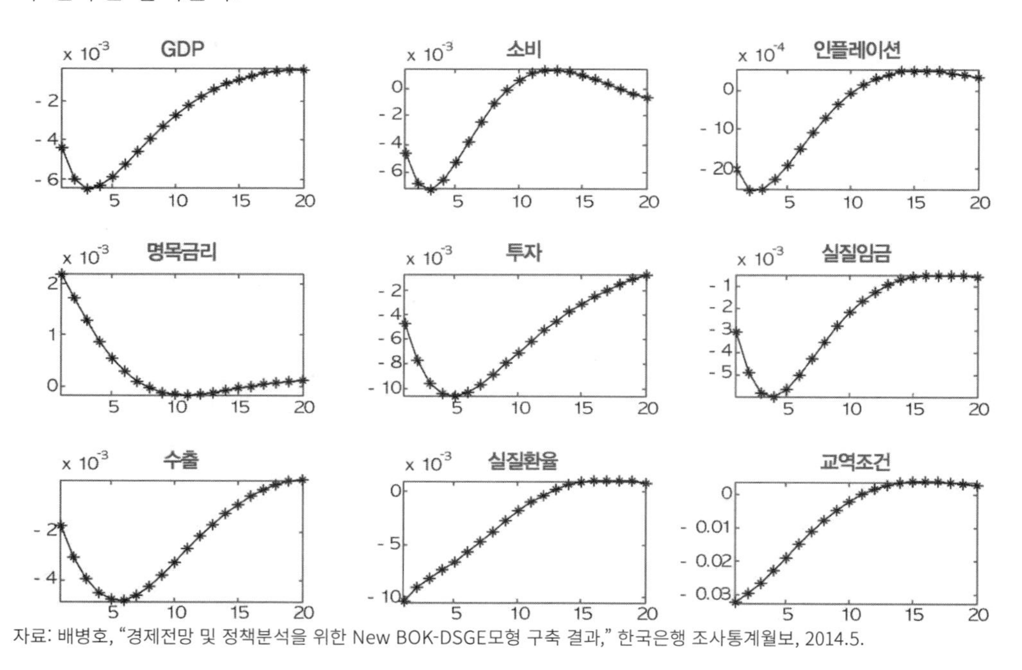

자료: 배병호, "경제전망 및 정책분석을 위한 New BOK-DSGE모형 구축 결과," 한국은행 조사통계월보, 2014.5.

[그림 12-17] 콜금리 25bp 상승 충격의 반응

요약

1 MP곡선과 IS곡선을 결합하면 총수요곡선이 유도된다. 총수요곡선은 중앙은행이 인플레이션율에 대해 단기산출을 어떻게 선택하는지를 나타내는 것으로 이해할 수도 있다. 인플레이션율이 목표보다 높으면 중앙은행은 산출을 잠재수준 아래로 떨어뜨리기 위해 이자율을 높인다. AD곡선은 $\tilde{Y}_t = \bar{a} - \bar{\beta}_i \cdot \bar{m}(\pi_t - \pi^T)$이다.

2 필립스곡선의 다른 이름인 총공급곡선은 인플레이션율이 단기산출과 정(+)의 관계인 것을 나타낸 것이다. 경제호황은 기업으로 하여금 가격을 장기 인플레이션 수준보다 더 높게 인상하도록 함으로써 다가올 해의 인플레이션율을 상승시킨다. 적응적 기대를 가정한 AS곡선은 $\pi_t = \pi_{t-1} + \nu\tilde{Y}_t + \bar{\epsilon}_t$이다.

3 AD/AS모형은 하나의 그래프 내에서 인플레이션충격, 총수요충격, 물가목표 변경 등의 영향을 동태적으로 분석할 수 있게 한다. 충격이 발생한 이후 경제는 서서히 정상상태로 되돌아간다. 그와 같은 동학은 기대인플레이션의 점진적 조정에 의한 AS곡선의 이동으로 나타난다.

4 테일러준칙은 단기산출이 변동하면 바로 통화정책으로 대응할 것을 주문한다. 이는 총수요충격에 즉각적으로 반응함으로써 시차를 두고 나타나는 인플레이션의 변동에 보다 손쉽게 대응할 수 있도록 하는 것이 바람직하다고 본 것이다.

5 최근의 통화정책에서는 인플레이션 기대의 관리가 경제안정화의 주요 수단이다. 중앙은행은 체계적 통화정책, 명성 그리고 물가안정목표 등을 이용하여 인플레이션 기대를 관리한다. 중앙은행은 인플레이션 기대의 고정을 통해 최소한의 비용으로 인플레이션율과 산출의 안정을 달성한다.

6 동태확률일반균형(DSGE)모형은 거시경제의 변동을 초래하는 경제적 충격(stochastic)을 포함하고 노동시장, 자본시장, 생산물시장 등 여러 시장이 내생적으로 청산되도록(general equilibrium) 한다. 여러 가지 충격에 대한 정량적 분석 결과를 나타내는 데 널리 사용되는 것이 충격반응함수이다. 충격반응함수는 경제충격에 대하여 GDP 같은 관심의 대상인 거시경제변수가 시간 경과에 따라 어떻게 반응하는지를 보여준다.

연습문제

1 한국은행은 2018년 1월 전망보고서에서 국제유가가 셰일오일 생산 증대 등으로 2018년 중 다소 낮아질 가능성이 있다고 하였다. 한국은행의 예상대로 유가가 하락할 경우 우리나라 경제에 미칠 영향을 AD/AS모형을 이용하여 논의하라.

2 적응적 기대의 총공급곡선 $\pi_t = \pi_{t-1} + \bar{\nu}\,\tilde{Y}_t + \bar{\epsilon}_t$에 대한 다음 물음에 답하라.

(1) 총공급곡선은 왜 우상향하는가?

(2) 총공급곡선의 기울기가 상대적으로 더 가파른 경우 $\bar{a}$가 상승하는 양의 총수요충격에 대해 경제는 어떻게 반응하는가?

(3) 총공급곡선의 기울기가 상대적으로 더 가파른 경우 $\bar{\epsilon}$가 양의 값으로 되는 총공급충격에 대해 경제는 어떻게 반응하는가?

(4) 어떤 경제적 변화가 총공급곡선의 기울기를 더 가파르게 하는가?

3 총수요곡선 $\tilde{Y}_t = \bar{a} - \bar{\beta}_i \cdot \bar{m}\,(\pi_t - \pi^T)$에 대한 다음 물음에 답하라.

(1) 총수요곡선은 왜 우하향하는가?

(2) 총수요곡선의 기울기가 상대적으로 더 가파른 경우 $\bar{a}$가 상승하는 양의 총수요충격에 대해 경제는 어떻게 반응하는가?

(3) 총수요곡선의 기울기가 상대적으로 더 가파른 경우 $\bar{\epsilon}$가 양의 값으로 되는 총공급충격에 대해 경제는 어떻게 반응하는가?

(4) 어떤 경제적 변화가 총수요곡선의 기울기를 가파르게 하는가?

4 A 국가의 총수요곡선과 단기 총공급곡선 및 파라미터의 값이 다음과 같다고 하자. 경제가 정상상태에서 시작하는 것으로 가정하고 아래 물음에 답하여라.

$$\text{AD: } \tilde{Y}_t = \bar{a} - \bar{\beta} \cdot \bar{m}\,(\pi_t - \pi^T),\ \bar{a} = 0\%,\ \bar{\beta} = 1/2,\ \pi^T = 2\%,\ \bar{m} = 1/2$$

$$\text{AS: } \pi_t = \pi_{t-1} + \bar{\nu}\,\tilde{Y}_t + \bar{\epsilon}_t,\ \bar{\nu} = 1/2,\ \bar{\epsilon}_t = 0\%$$

(1) 일시적 인플레이션충격이 발생하여 $\bar{\epsilon}_t = 2\%$로 될 경우 충격 이후 5년 동안의 단기산출과 인플레이션율의 값을 계산하여라.

(2) 양의 총수요충격이 발생하여 $\bar{a} = 2\%$로 되었다고 가정하자. 충격이 3년에 걸쳐 지속되었다면 단기산출과 인플레이션율이 어떻게 변화할지 계산해보라. 그리고 4년 이후에는 경제가 어떤 모습을 보일지에 대해 논하여라.

5 테일러는 다음과 같은 통화정책준칙을 제안하였다.

$$r_t - \bar{r} = \bar{m}(\pi_t - \pi^T) + \gamma \tilde{Y}_t$$

위 준칙을 IS곡선과 결합하여 새로운 AD곡선을 유도해보라. 단기산출에 대한 반응이 고려되지 않았던 통화정책준칙의 AD곡선과 어떠한 차이가 있는지 설명해보라.

13장

금융위기와 거시경제

2007~2009년의 금융위기는 그 진원인 미국은 물론 세계경제를 대공황 이후 가장 깊은 침체에 빠뜨렸다. 경기침체와 디플레이션이 악순환하였던 대공황 같은 사태는 피했으나 침체가 생각조차 못할 정도로 심해서 경제학자들은 **대침체**(the Great Recession)라고도 부른다.

미국은 실질GDP가 위기 이전의 고점에 비해 4%나 감소했고 일자리 900만 개가 사라지면서 실업률이 10%까지 상승하였다. 유로지역, 일본 등 대부분의 선진국들이 마이너스 성장을 하면서 2009년 세계경제 성장률은 대공황 이후 유례를 찾기 어려운 –1.7%를 기록하였다. 우리나라도 2007년 5.5%였던 GDP 성장률이 2008년 2.8%로 낮아진 데 이어 2009년에는 0.7%로 겨우 마이너스 성장을 피했다. 실업자는 2008~2009년 두 해 동안 15만 명 증가했다.

대침체를 초래한 글로벌 금융위기는 금융시장과 거시경제의 변동에 대해 다시 생각하는 계기가 되었다. 그리고 거시경제학에 대한 이해의 전환이 필요하다는 인식도 확산되었다. 이 장에서는 금융이 거시경제에 어떤 영향을 미치는지 알아보기로 한다. 이를 위해 먼저 대차대조표와 레버리지, 그림자금융, 금융마찰, 제로 하한(zero lower bound) 등에 대해 설명한다. 그런 다음 금융위기의 발생과 그에 대한 정책대응에 대해 살펴보자.

1 대차대조표와 레버리지

대차대조표

금융위기와 관련된 쟁점들은 금융기관, 기업 및 가계의 **대차대조표**(balance sheet)에서 대부분의 실마리를 찾을 수 있다. 대차대조표는 2개의 열로 구성된다. 왼쪽(차변)에는 자산(assets) 항목이, 오른쪽(대변)에는 부채(liabilities) 항목과 자본(equity)이 기록된다. **자산**이란 그 기관 또는 회사가 보유하고 있는 것의 내역을 말하며 **부채**는 그 기관 혹은 회사가 다른 경제주체에게 지고 있는 빚의 내역이다. **자본**은 자산과 부채의 차이로 주주 혹은 소유주가 갖고 있는 그 기관 또는 회사의 가치다.

이해를 돕기 위해 가상은행의 대차대조표가 [표 13-1]과 같다고 하자. 가상은행의 자산은 2,000억원으로 다음과 같이 구성되어 있다. 가계, 기업 등에 대한 대출이 1,000억원이고 국고채, 회사채, 주식 등에 투자한 금액이 900억원이다. 그리고 지급준비금이 100억원인데 이는 은행이 예금주의 예금인출 요구 등에 원활히 대응할 수 있도록 자체 금고에 보유하는 현금과 중앙은행에 예치한 자금의 합이다.

[표 13-1] 가상은행의 대차대조표

(억원)

자산		부채와 자본	
대출	1,000	예금	1,000
투자(주식 등)	900	단기 차입	400
지급준비금	100	장기 차입	400
		부채 합계	1,800
자산 합계	2,000	자본	200

부채는 예금과 장·단기 차입으로 나누었다. 예금은 은행의 주요 부채이다. 예금 1,000억원과 장·단기 차입 800억을 합친 1,800억원이 가상은행의 총부채이다. 그리고 대차대조표의 차변과 대변의 합이 일치되도록 하는 자본은 200억원이다.

한편 은행들은 통화금융당국의 다양한 규제를 받는다. 은행들은 예금의 일정 비율만큼을 중앙은행에 예치하거나 현금으로 보유해야 하는데 이를 **필요지급준비금**(reserve requirement)이라고 한다. 또한 자본을 총자산의 일정 비율(예: 8%) 이상 보유해야 하는데 이를 **필요자본**(capital requirement)이라 부른다. [표 13-1] 가상은행은 예금의 10%(=100/1,000)를 지급준비금으로 보유하고 있고 총자산 대비 자본의 비율도 10%(=200/2,000)이다.

레버리지

레버리지(leverage)란 수익을 높이기 위해 자금을 빌려 자산에 투자하는 것을 말한다. **레버리지 비율**(leverage ratio)은 자본 대비 자산의 비율이다. 이처럼 빚을 지렛대로 투자하여 수익률을 높이는 레버리지는 경기가 좋아 투자자산의 가격이 상승할 때는 매우 효과적이다. 그러나 경기침체 등으로 자산가격이 하락하면 위험한 상황에 처할 수 있다.

레버리지의 이러한 특성을 이해하기 위해 두 은행 A와 B의 대차대조표를 [표 13-2]와 같이 자산, 부채, 자본으로 단순화해보자. A은행의 레버리지 비율은 10(= 100/10)이다. 이는 A은행이 보유하고 있는 자산 10원 가운데 9원을 부채로 조달하고 1원을 주주들의 돈으로 충당하였다는 것이다. B은행의 레버리지 비율은 20(=100/5)이다.

[표 13-2] 은행 A, B의 대차대조표

A은행		B은행	
자산 100	부채 90 자본 10	자산 100	부채 95 자본 5

경제상황이 좋아져 두 은행의 자산가치가 10% 상승하면 자산이 모두 100에서 110으로 되고 동일한 수익 10을 얻는다. 부채의 가치는 변동이 없으므로 자산가치의 상승에 따른 수익은 자본에 추가되어 A은행과 B은행의 자본은 [표 13-3]과 같이 각각 20, 15가 된다. 그리고 A은행과 B은행의 자본수익률은 각각 100%(=10/10)와 200%(=10/5)이다. 이 예는 자산가치가 상승할 때 레버리지 비율이 높을수록 자본수익률이 더 높아진다는 것을 보여준다.

[표 13-3] 자산가치 10% 상승 후 은행 A, B의 대차대조표

A은행		B은행	
자산 110	부채 90	자산 110	부채 95
	자본 20		자본 15

이제 두 은행의 자산 가운데 일부가 부실화되는 경우를 보자. 예를 들어, 일부 차입자가 파산하여 은행들이 대출을 상환받을 수 없거나 투자한 자산의 가치가 하락하는 경우를 상정하는 것이다. 두 은행 모두 자산의 가치가 10% 하락하여 90으로 되었다고 하자. 부채는 변동이 없으므로 A은행의 자본은 0, B은행의 자본은 –5로 [표 13–4]와 같이 된다. B은행은 부채가 자산보다 많기 때문에 파산 상태에 이른다. 자본이 잠식된 A은행도 자산 매각이나 공모를 통해 필요자본을 확충해야 한다.

[표 13-4] 자산가치 10% 하락 후 은행 A, B의 대차대조표

A은행		B은행	
자산 90	부채 90	자산 90	부채 95
	자본 0		자본 -5

만약 많은 은행들이 위와 같은 상황에 처하게 된다면 어떤 일이 발생할까? 파산 상태의 은행은 다른 금융기관에 인수 또는 합병되는 것을 시도하겠지만 그것이 이루어지지 못하면 법적인 파산에 들어가야 한다. 그리고 경제상황이 좋지 못한 상태에서는 많은 은행들이 동시에 자본을 확충하기도 쉽지 않을 것이다.

2008년 3월 JP 모건 체이스에 인수된 베어 스턴스(Bear Sterns)의 레버리지 비율이 35를 넘어서는 수준이었다. 그렇게 높은 레버리지 비율 하에서 자산가격이 하락하자 주요 투자은행들은 위태로운 상황에 처하게 되어 조그마한 금융시장의 충격에도 지급불능의 벼랑으로 내몰리게 되었다. 글로벌 금융위기 때 베어 스턴스, 리먼 브라더스(Lehman Brothers), 메릴린치(Merrill Lynch) 등 투자은행과 와코비아(Wachovia) 은행, 저축은행 워싱턴뮤추얼(Washington Mutual) 등 수많은 금융기관이 파산 또는 인수되거나 정부의 구제금융을 받을 수밖에 없었던 배경에는 과도한 레버리지가 있다. 그렇다면 왜 레버리지가 과도했을까? 레버리지는 위의 예에서 살펴본 바와 같이 이윤 증가의 기대를 내포하기 때문이다.

2 그림자금융

금융안정위원회(Financial Stability Board, FSB)는 **그림자금융**(shadow banking)을 은행시스템 밖에서 은행과 비슷한 신용중개 기능을 제공하는 기관 및 활동이라고 정의하였다. '은행시스템 밖에서'란 중앙은행의 유동성 지원, 예금보호제도 등 공적 지원을 받을 수 없다는 것을 의미한다.

한편 Fed는 그림자금융을 중앙은행이 제공하는 유동성이나 공적부문의 신용보증을 이용할 수 없이 만기변환(maturity transformation), 신용변환(credit transformation), 유동성변환(liquidity transformation)을 하는 금융중개기관이라고 정의하였다.[1] 즉 그림자금융을 투자은행, 헤지펀드, 사모펀드, 구조화 투자회사(structured investment vehicle, SIV) 등과 같이 은행과 비슷한 역할을 하면서도 중앙은행이나 감독당국의 규제와 감독을 받지 않는 금융회사라고 한 것이다.

전통적 은행제도에서는 신용중개가 은행이라는 하나의 기관에 의해 이루어지는 반면 그림자금융에서는 일련의 비은행 금융중개기관들이 다단계로 신용을 중개한다. 그림자금융이 신용을 중개하는 핵심은 증권화와 단기도매금융이다.

증권화

2000년대 들어 빠르게 발전한 정보기술과 금융공학이 가져온 가장 중요한 금융혁신의 하나로 증권화(securitization)를 들 수 있다. **증권화**란 주택저당대출(mortgage), 자동차대출, 매출채권 등과 같이 유동성이 낮은 금융자산들을 한데 묶어 금융시장에서 거래할 수 있는 표준화된 증권으로 새로 만들어내는 것을 말한다.

전통적 은행업에서는 유동성이 높고 위험이 낮은 예금 등으로 조달한 자금을 유동성이 낮고 수익률이 높은 대출 등과 같은 자산을 매입하는 자산변환(asset transformation)이 단일 기관에 의해 이루어진다. 반면 증권화는 다수의 서로 다른 금융기관들이 함께 자산변환을 수행한다.

1 Zoltan Pozsar, et al., "Shadow Banking," *FRBNY Economic Policy Review*, December 2013.

[그림 13-1]의 주택저당증권(mortgage backed securities, MBS) 발행을 예로 하여 증권화 과정을 살펴보자. 먼저 주택저당대출 후 그 채권을 보유하고 있는 금융기관 또는 다른 금융기관의 모기지대출채권을 매입한 자산보유자는 그 자산을 대차대조표에서 분리하기로 결정하면 그런 자산들을 한데 묶는다. 그렇게 한데 묶은(pooling) 것을 준거 포트폴리오(reference portfolio)라고 하는데 자산보유자는 이를 MBS 발행자인 특수목적기구(special purpose vehicle, SPV)에 매각한다.

SPV는 자산보유자와 기초자산의 법률적 관계를 분리하고 회계의 부외처리를 위해 자산보유자가 설립한 회사로 MBS의 발행 및 상환과 이에 부속된 업무만 수행한다. SPV는 준거 포트폴리오의 원리금에 대한 청구권을 표준화된 금액으로 분리한 증권인 MBS를 만들어 자본시장의 연기금, MMF 등 여타 금융기관에 매각한다. SPV는 MBS를 매각한 대금을 자산보유자에게 지급한다. 그리고 투자자는 준거 포트폴리오에서 발생하는 현금흐름에서 고정부 혹은 변동부의 보상을 지급받는다.

MBS 발행은 주택저당대출을 실행한 금융회사나 대형 투자은행 같은 제3의 금융회사, 그리고 패니메(Fannie Mae)와 프레디맥(Freddie Mac) 같은 공적 주택담보금융기관에 의해 이루어진다. 한편 MBS는 준거 포트폴리오의 수익을 여러 개의 조각으로 나누어 청구권을 달리하는 방식으로도 발행될 수 있다. 이를 트란쉐(tranche)라고 하는데 준거 포트폴리오에서 발생하는 수익을 먼저 선순위 증권(senior tranche)에 지급한 다음 남는 것을 순차적으로 후순위에 지급한다.

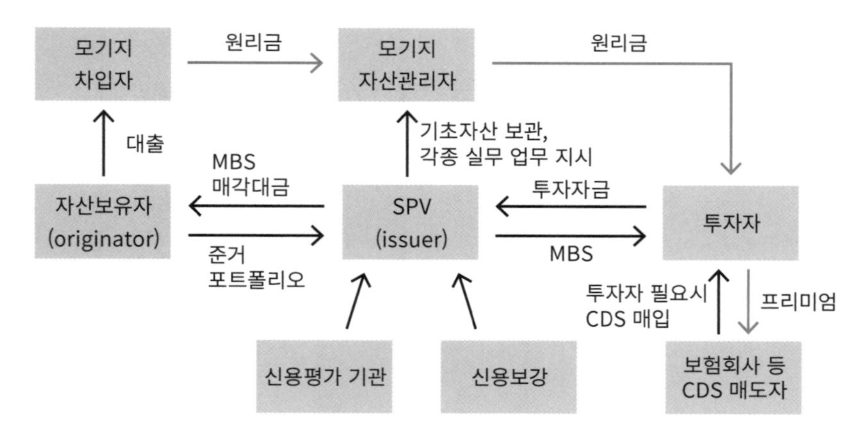

[그림 13-1] MBS 발행 과정

금융공학은 기초자산에서 발생하는 현금흐름을 이용하여 선호가 다른 다양한 투자자를 만족시킬 수 있는 특정한 위험 특성을 가지도록 설계한 구조화신용상품(structured credit product)을 만들어냈다. 그 가운데 가장 독성이었던 상품이 채권담보부 유동화증권(collateralized debt obligation, CDO)이다. CDO는 2000년대 들어 기초자산 묶음에 MBS가 포함되는 것이 허용되면서 발행이 급격히 증가했다. 이는 고수익에도 불구하고 수요가 없었던 A, BBB 등 하위 신용등급의 MBS를 묶은 다음 신용보강을 통해 상당 부분이(예: 80%) AAA 등급의 CDO로 발행된 데 기인하였다. CDO는 금융시장에서 매력적 투자 상품으로 탈바꿈되면서 모기지 시장의 자금 공급을 더욱 원활하게 하였다.

도매금융

금융위기의 고전적 형태로는 대차대조표를 이용하면 쉽게 이해되는 **예금인출**(bank run)을 들 수 있다. 어떤 연유에서든 예금자들은 은행의 도산으로 예금을 되돌려 받을 수 없을 가능성을 우려할 수 있다. 이런 상황은 때에 따라 모든 예금자들의 예금인출 요구로 이어지면서 은행에 큰 어려움을 초래하기도 한다. [표 13-1] 가상은행의 대차대조표를 보면 문제를 바로 알 수 있다. 은행 자산의 대부분은 상대적으로 유동성이 낮아 단기에 정당한 가치로 현금화하기 어려운 대출과 투자이다. 예금 인출요구가 늘어나면 예금자에 대한 예금 환불을 위해 은행은 대출을 회수하거나 투자한 자산을 매각해야 한다. 이런 사태가 지속되면 자산가치가 떨어져 은행의 자본이 잠식되는 위험한 상태로 진전될 수 있다.

이와 유사한 문제가 2007~2009년의 금융위기 때처럼 부채 측면에서 나타날 수도 있다. 증권화로 만들어진 저위험-고수익 증권을 매입하기 위한 거액의 자금은 주로 다른 금융기관이나 투자자로부터의 단기 차입에 의존하여 조달되는데 이를 **도매금융**(wholesale funding)이라고 한다. 예를 들면, 투자은행들은 만기가 상대적으로 길고 수익률이 높은 CDO 같은 자산을 매입하기 위해 짧은 만기의 **자산담보부기업어음**(asset backed commercial paper, ABCP)을 발행하여 자금을 조달한다. 이때 거래 당사자는 약속으로 정한 기준에 따라 ABCP를 일일 단위로 관리한다.

만약 거액의 자금이 단기로 거래되는 상황에서 어떤 금융기관의 지급능력에 대한 회의가 발생하면 다른 금융기관들은 해당 기관과의 단기금융거래를 극도로 꺼리게 될 것이다. 그러면 해당 금융기관이 단기차입에 대한 이자율을 크게 높여도 ABCP 같은 단기금융수단을 이용하여 유동성을 확보하기가 매우 어려워진다. 그렇게 단기로 자금을 조달하는 것이 곤란해지면 해당 은행은 지급불능 사태를 막기 위해 유동성이 낮은 보유자산들을 염가로 판매할 수밖에 없다. 이는 그 금융기관을 순자산 감소와 자산 염가매도의 악순환에 빠지도록 할 것이다. 이런 사태는 초기에 일부 금융기관에서 발생한 뒤 자칫 금융제도 전반으로 확산되어 **시스템 리스크**(systemic risk)로 이어질 수 있다. 금융제도는 복잡한 네트워크를 통해 통합되어 있기 때문이다.

 좀 더 알아보기

신용부도스왑

신용파산스왑(credit default swap, CDS)은 그 성격이 지급보증과 유사하다. CDS 거래에서 보장매입자는 보장매도자에게 정기적으로 일정한 프리미엄을 지급하고, 그 대신 계약기간 동안 기초자산에 신용사건이 발생할 경우 보장매도자로부터 손실액 또는 사전에 합의한 일정금액을 보상받거나 문제가 된 채권을 넘기고 채권의 원금을 받기도 한다. 만약 기초자산에 신용사건이 발생하지 않으면 보장매입자는 프리미엄만 지급하고 그 프리미엄은 보장매도자의 수익이 된다.

예를 들어 투자자 A가 어떤 CDO를 1,000만 달러에 매입하였는데 최근 그 증권의 채무이행이 걱정되는 상태라고 하자. 그런 경우 A는 채무불이행 리스크에 대비하여 [그림 13-2]와 같은 CDS 거래를 통해 리스크를 회피할 수 있다. A는 보유하고 있는 CDO가 채무불이행 상태로 될 경우 1,000만 달러를 되돌려 받는 조건으로 매년 50bp의 프리미엄을 AIG 등과 같은 보장매도자에게 지급하는 계약을 하는 것이다.

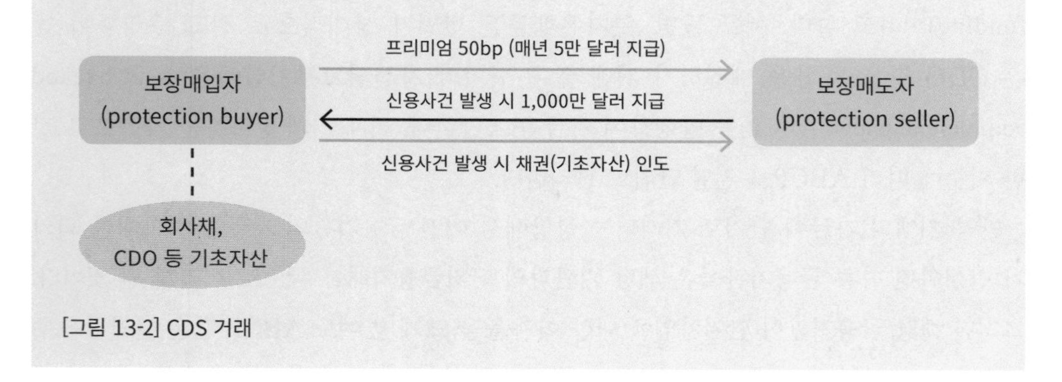

[그림 13-2] CDS 거래

트란싱

구조화 증권(structured security)이란 기초자산에 특정한 구조가 내장된 증권으로 기초자산들을 묶은 증권에 신용을 보강하거나 기초자산에 스왑(swaps) 같은 파생상품을 내장한 것을 말한다. 구조화 증권은 발행자와 투자자의 기호에 맞추어 다양하게 설계될 수 있기 때문에 양자 모두의 요구를 충족시킬 수 있다는 장점을 가진다.

구조화신용상품(structured credit product)은 신용이 보강되어 만들어진 증권인데 신용보강의 가장 전형적인 방법은 기초자산 묶음을 **선·후순위로 구조화**(tranching)하는 것이다. **트란싱**이란 [그림 13-3]의 예와 같이 모기지 채권들을 묶어 하나의 MBS로 발행할 때 원리금 지급의 우선순위가 다른 두 종류 이상으로 조각을 내는(tranche) 것을 말한다. 구조화된 하나의 MBS가 투자자에게 판매되면 준거 포트폴리오에서 나오는 현금흐름은 선순위 증권(senior tranche)을 우선으로 하여 순위에 따라 차례대로 지급된다.

트란싱은 기초자산 다수가 동시에 부실화될 확률이 매우 낮다는 가정 하에서 이루어진다. 예를 들어, [그림 13-3]이 100건의 서브프라임 모기지 대출을 묶어 하나의 MBS를 만들면서 AAA 신용등급의 최상위 트란쉐를 80%로 한 것을 나타낸다고 하자. 100건의 서브프라임대출에 채무불이행이 발생할 사건이 독립적이고 최하위 신용 2건의 부도 확률이 각각 10%라면 이 MBS 가운데 최하위 트란쉐 2%가 동시에 부도날 확률은 1%(= 0.1×0.1)이다. 하위 트란쉐가 부도나고 중위 트란쉐(예: 18%)가 부도날 확률은 극히 낮다. 이렇게 해서 고위험-고수익의 서브프라임 모기지 채권이 저위험-고수익 MBS로 탈바꿈된다.

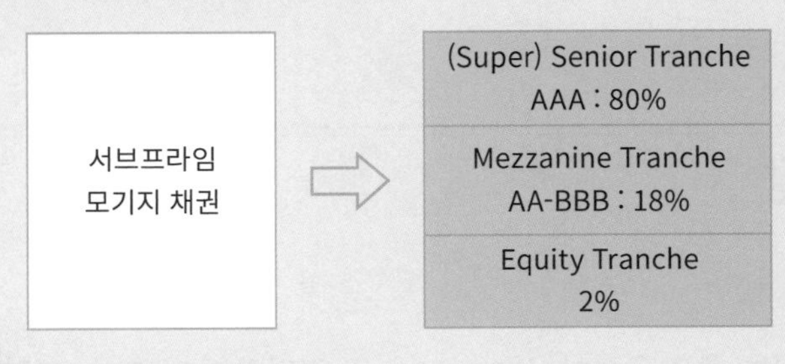

[그림 13-3] 트란싱

자산담보부기업어음

자산담보부기업어음(asset backed commercial paper, ABCP)이란 국채, MBS 등 다른 금융자산에 의해 보증이 되어 있는 기업어음을 말한다. 기관투자자들은 보통 자신들의 자산 구조를 다양화하고 단기수익을 얻기 위해 ABCP 같은 금융상품을 매입한다.

ABCP는 후원(sponsoring) 금융기관이 설립하는 콘딧(conduit)에 의해 단기(만기 1일~270일)로 발행된다. 이 과정에서 고신용 금융자산을 담보로 하는 한편, 후원은행은 콘딧에 신용한도(credit line)를 제공하는 공식보증 이외에 부도 시 변제에 대한 암묵적 약속 같은 평판보증까지 추가한다. 이에 따라 ABCP는 현금과 같은 리스크 없는 투자수단으로 평가받기도 했다.

콘딧은 ABCP를 MMF, 연기금 등 외부 투자자에게 판매하여 조달한 자금을 장기 저유동성 금융자산에 투자하여 수익을 얻는다.

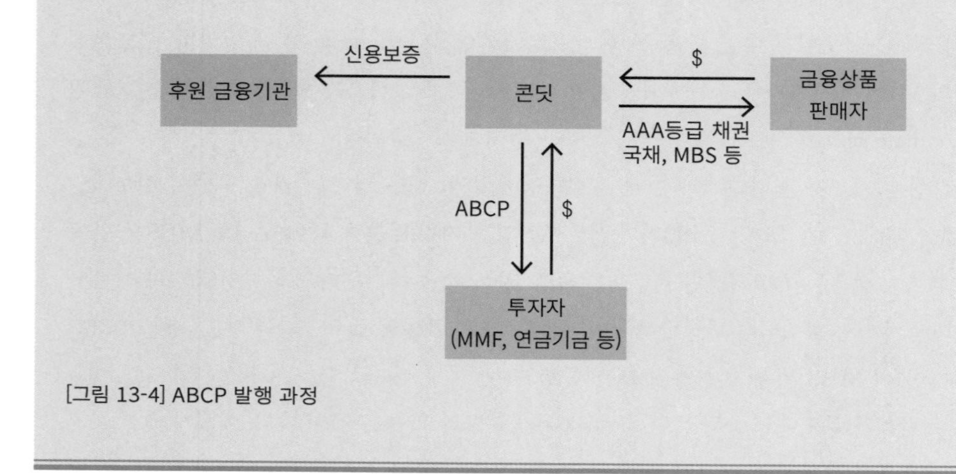

[그림 13-4] ABCP 발행 과정

3 금융마찰

10~12장에서 우리는 중앙은행이 실질이자율을 결정한다고 했다. 그런데 경제가 정상적인 평상시와 달리 금융위기가 닥치면 국채 같은 안전자산의 이자율과 가계나 기업이 차입하는 이자율 간 격차가 확대된다. [그림 13-5] (a)는 한국의 3년 만기 국고채와 회사채(AA-등급) 간의 이자율 격차(스프레드)를, (b)는 미국의 10년 만기 국채와 회사채(BAA등급) 간의 스프레드를 각각 그린 것이다. 두 나라 모두 글로벌 금융위기 때 안전자산과 위험자산 간의 스프레드가 대폭 확대된 모습이다.

특히 이자율 격차가 크게 확대된 기간에 한국은행과 Fed가 정책금리를 큰 폭으로 인하했음에도 불구하고 회사채 금리는 오히려 상승하였다. 이와 같이 국채와 같은 안전한 금융자산의 이자율과 기업 혹은 가계의 차입금리 간의 스프레드가 확대될 때 **금융마찰**(financial frictions)이 심화되었다고 말한다. 금융마찰이 심해지면 중앙은행이 금리를 인하해도 기업과 가계의 차입금리는 오히려 상승할 수 있고 그 결과 경제는 침체가 완화되기보다 더 악화될 수 있다.

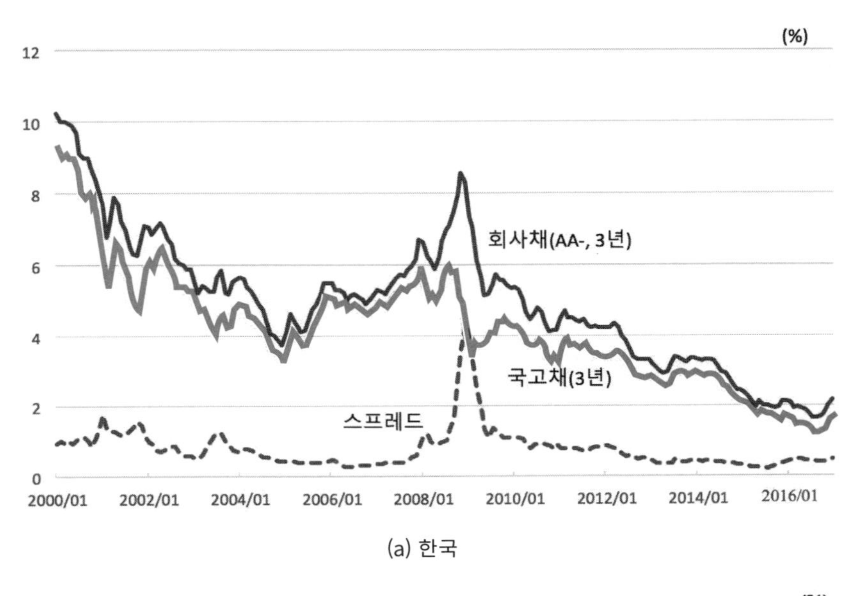

(a) 한국

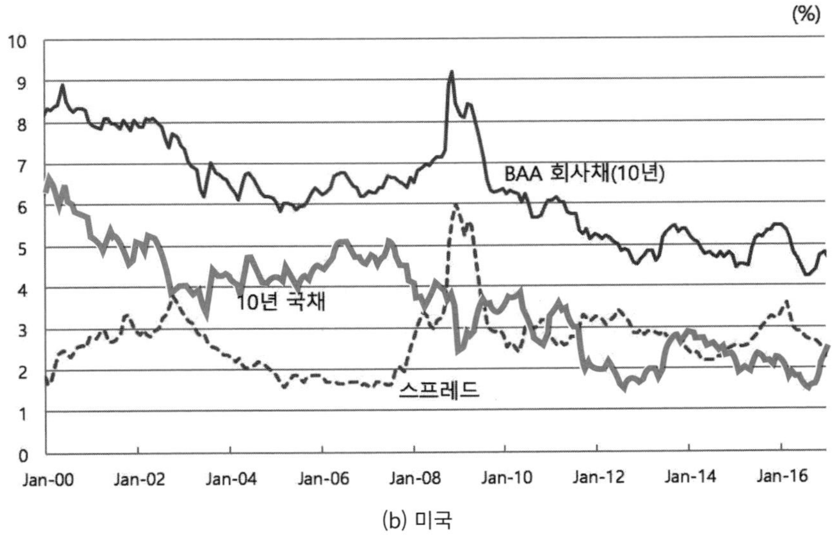

(b) 미국

[그림 13-5] 정부 채권과 회사채 간 이자율 격차

이와 같은 상황을 단기모형에 반영하기 위해서 중앙은행이 설정하는 평상시의 실질금리를 r^{cb}, 실제 금융시장의 실질금리를 r이라 하고 두 이자율 간의 차이를 금융마찰로 인한 외생적 리스크 프리미엄 $\bar{f}$라고 하면 기업이나 가계가 금융시장에서 빌리는 자금의 실질이자율은 다음과 같이 나타낼 수 있다.

$$r_t = r_t^{cb} + \bar{f} \tag{13.1}$$

경제가 평상의 정상적인 상태에서는 $\bar{f} = 0$이며 중앙은행이 실질이자율을 경제상황에 적합하게 설정할 수 있다. 그러나 금융위기가 심화되면 $\bar{f}$가 상승하므로 중앙은행이 금리를 제로 수준까지 낮추어도 경제활력이 좀처럼 되살아나지 못할 수 있다.

IS/MP모형과 금융마찰

2007~2009년의 금융위기를 사례로 금융마찰의 확대가 거시경제에 미치는 영향을 살펴보기로 하자. 금융위기는 미국에서 주택시장의 버블붕괴로 집값, 주식가격 등 자산가격이 크게 하락하면서 시작되었다.

자산가격의 하락은 소비를 위축시킨다. 이는 $\bar{a}$가 감소하는 음의 총수요충격이므로 [그림 13-6] (a)에서처럼 IS곡선이 왼쪽으로 이동한다. 중앙은행이 정책 대응을 하지 않으면 경제가 점 A에서 점 B로 옮겨가 침체가 초래될 것이다. 따라서 중앙은행은 금리를 인하하여 MP곡선을 아래로 이동시킴으로써 경제가 점 C로 옮겨가기를 기대한다. 그런데 금융시장까지 불안해지면 $\bar{f}$가 급격히 상승한다. 중앙은행의 이자율 인하에도 불구하고 금융마찰의 심화는 실질이자율을 [그림 13-6] (b)에서처럼 $r^{cb} + \bar{f}$로 오히려 더 상승시킨다. $\bar{f}$의 급등으로 투자까지 감소하므로 경제는 중앙은행의 기대와 달리 더욱 악화된다. 당초 정상상태인 점 A에 있던 경제는 소비 감소로 점 B로 이동하고 이후 실질이자율의 상승까지 겹쳐 점 D로 이동하게 되어 침체가 더욱 심화된다.

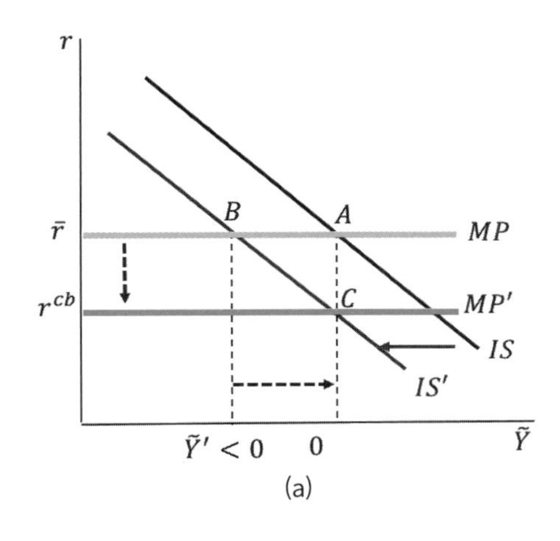

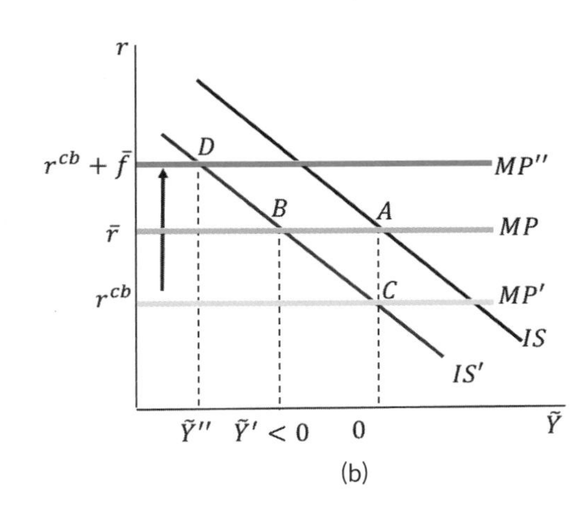

[그림 13-6] 금융마찰과 IS/MP모형

이런 상황에서 중앙은행은 어떻게 해야 할까? AD/AS모형을 학습한 여러분은 명목금리를 더 내려 금융시장의 실질금리가 충분히 낮아지도록 해야 한다고 답할 것이다. 실제로 글로벌 금융위기 때 미국의 Fed는 명목금리를 0%까지 떨어뜨렸다. 그런데도 침체는 더 심화되었다. 이처럼 명목금리를 더 이상 낮출 수 없게 되면 중앙은행은 점점 깊어지는 침체에 대응할 수 있는 아무런 수단도 없는 것일까? 이에 대한 답은 이 장 4절로 미룬다.

AD/AS모형과 금융마찰

금융마찰이 경제에 미치는 영향은 AD/AS모형으로 분석할 수도 있다. 금융마찰을 포함하는 MP곡선과 IS곡선을 결합하면 AD곡선이 유도되는 만큼 금융마찰은 AD/AS모형에서도 총수요충격이다.[2] 따라서 금융마찰이 커지면 총수요곡선은 왼쪽 아래 방향으로 이동한다.

[그림 13-7]은 금융위기로 높아진 금융마찰에 경제가 어떻게 반응하는지를 AD/AS모형으로 나타낸 것이다. 우리는 12장의 AD/AS모형에서 살펴보았던 충격에 대한 경제의 동태적 변화에 두 가지 연관된 충격을 고려할 수 있다. 첫째는 주택, 주식 등의 가격 하락으

2 금융마찰을 포함하는 총수요곡선은 $\tilde{Y}_t = \bar{a} - \bar{\beta}_i \bar{f} - \bar{\beta}_i \cdot \bar{m}(\pi_t - \pi^T)$이다. 통화정책준칙 $r_t^{cb} - \bar{r} = \bar{m}(\pi_t - \pi^T)$에 식 (13.1) $r_t = r_t^{cb} + \bar{f}$를 대입하면 $r_t - \bar{r} = \bar{f} + \bar{m}(\pi_t - \pi^T)$이다. 이를 IS곡선과 결합하면 위 식이 유도된다. 새로운 AD곡선에서 총수요충격은 $\bar{a} - \bar{\beta}_i \bar{f}$ 이다.

로 가계의 부가 감소하는 충격이다. 둘째는 금융마찰이 커져 가계와 기업의 실질이자율이 높아지는 충격이다. 두 충격은 모두 AD곡선을 왼쪽 아래로 이동시켜 경제를 점 A에서 점 B로 움직이게 한다. 단기산출이 크게 감소하는 침체가 발생하면서 인플레이션율이 하락한다. 12장에서 살펴본 AD/AS모형에 의하면 시간이 지남에 따라 기업들은 침체에 반응하여 가격인상을 억제하고 그 결과 AS곡선은 아래로 이동할 것이다. 그에 따라 경제는 점 C로 되돌아간다.

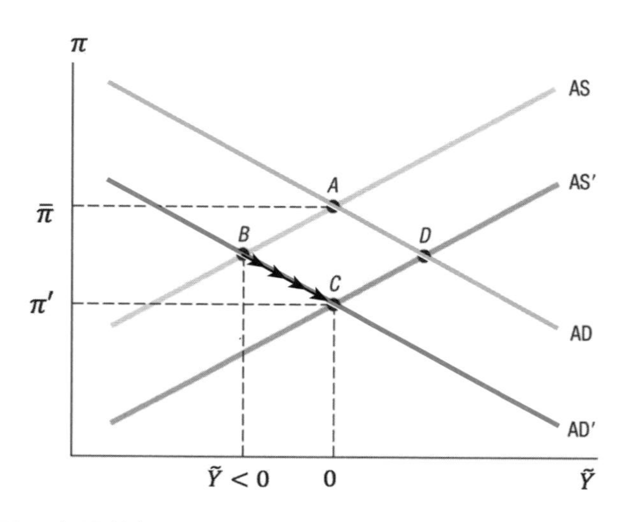

[그림 13-7] 금융마찰과 AD/AS모형

그런데 이와 같은 AD/AS모형에 의한 분석은 경제가 정상적인 상황에서 잘 설계된 통화정책준칙이 시행되는 경우 바람직하다. 그리고 하나의 그래프에서 경제의 동태적 변화를 분석할 수 있다는 장점도 있다.

금융위기 때처럼 침체가 발생하기 이전에 이미 인플레이션율이 낮은 수준이었다면 앞에서 살펴본 것처럼 장기적으로 정상상태의 경제로 돌아갈 수 있을까? 예를 들어 [그림 13-7] 점 B에서의 인플레이션율이 0%에 근접하여 AS곡선이 조금만 아래로 내려가도 인플레이션율이 마이너스로 될 경우 경제가 최초의 정상상태로 되돌아갈 수 있을까? 결론부터 이야기하면 경제가 침체인 가운데 인플레이션율이 음의 값을 갖는 디플레이션(deflation)에 빠지면 위와 같은 AD/AS모형의 동태적 메커니즘이 작동하지 못한다. 이는 바로 정책당국이나 경제학자들이 가장 우려하는 상황이다.

디플레이션에 대한 우려를 언급한 만큼 좀 더 자세히 논의해보자. 경제를 침체에 빠뜨리는 충격이 발생한 이후 디플레이션이 나타나면 대공황 때처럼 국가경제가 피폐해진다. 왜 그런지 살펴보기 위해 명목이자율과 실질이자율 간 관계를 나타내는 피셔방정식 $i_t = r_t + \pi_t$를 되새기자. 이 식을 실질이자율에 대해 다시 정리하면 $r_t = i_t - \pi_t$이다.

인플레이션율이 양의 값인 경우에는 인플레이션율이 높아질수록 실질이자율이 낮아진다. 반면 음의 인플레이션율은 실질이자율을 높이는 요인이 된다. 인플레이션율이 음으로 된 이후 더 낮아지면 실질이자율이 더 큰 폭으로 상승하면서 산출 감소가 더욱 확대된다.

음의 인플레이션 하에서라도 명목이자율이 높아 인하할 수 있는 여지가 크면 중앙은행이 i_t를 낮추어 실질이자율을 떨어뜨릴 수 있다. 그러나 명목이자율이 이미 낮은 상태라면 어떨까? 명목이자율은 음이 될 수 없다. 예를 들어, 은행이 예금에 대한 이자율을 –2%로 설정했다고 가정하자. 이는 여러분이 100만원을 은행에 예금하면 1년 후에 98만원을 되돌려 받는다는 것이다. 아무도 예금하지 않고 현금을 집에 보관하여 0% 이자율을 선택할 것이다. 이처럼 명목이자율이 **제로 하한**(zero lower bound)에 접근하게 되면 중앙은행은 이자율을 낮추기 어렵게 된다.

$i_t = 0$인 상황에서 인플레이션율이 더 낮아지면 어떻게 될까? $i_t = 0$인 상태에서는 실질이자율이 $r_t = -\pi_t$이다. 만약 자본의 한계생산(MPK)이 1%이고 인플레이션율이 +2%라면 실질이자율이 –2%로 MPK보다 낮기 때문에 경제가 침체에서 벗어날 수 있을 것이다. 그러나 디플레이션이 발생하여 인플레이션율이 –2%로 되면 실질이자율이 +2%로 MPK보다 높아져 투자가 위축되고 침체가 깊어질 것이다. 그런데도 중앙은행은 더 이상 이자율을 떨어뜨릴 수 없다. 이처럼 디플레이션은 전통적 접근 방식에 의한 경제활력의 회복을 어렵게 한다.

4 제로 하한에서의 통화정책

경제가 정상적인 상황에서 충격으로 인해 산출이 잠재수준을 밑돌게 되면 통화정책준칙에 의해 실질이자율이 낮아지고 그에 따라 총수요가 증가하여 경제가 회복된다. 그런데 중앙은행이 명목이자율을 제로 수준까지 낮춘 이후에는 더 인하할 수 없다. 이런 상황에서 디플레이션이 발생하면 경제가 정상상태로 회복될 수 없다고 앞 절에서 이야기했다.

인플레이션율이 매우 낮거나 음의 영역으로 진입한 상황에서 정책금리가 제로 수준이면 중앙은행은 이자율 인하가 불가능해져 경제활력의 회복을 위해 아무런 역할도 할 수 없는 것인가? 2007~2009년의 금융위기 때 많은 선진 경제는 제로 하한에 도달한 가운데 침체가 심화되었는데 이런 상황과 그에 대한 대응정책을 AD/AS모형으로 분석할 수 있을까?

질문에 대한 답을 얻기 위해서 먼저 제로 하한에서의 통화정책곡선과 총수요곡선을 다시 생각해보자. 10장에서 살펴본 정상적인 상태에서는 인플레이션율의 상승에 대해 실질이자율을 인상하는 통화정책준칙이 반영되므로 MP곡선이 실질이자율과 인플레이션의 평면에서 우상향한다. 그러나 제로 하한에 도달한 이후에는 인플레이션율이 하락하면 실질금리가 상승하게 된다. 제로 하한에서의 실질이자율이 $r_t = -\pi_t$이기 때문이다. 이는 정상적인 상태에서와 달리 경제가 제로 하한에 도달한 경우, 인플레이션율이 더 낮아지는 구간에서는 [그림 13-8] (a)에서와 같이 MP곡선이 우하향하는 모습을 나타낸다는 의미다. MP곡선이 AD곡선에 반영되는 만큼 총수요곡선도 [그림 13-8] (b)에서와 같이 굴절된 모습을 갖게 된다.

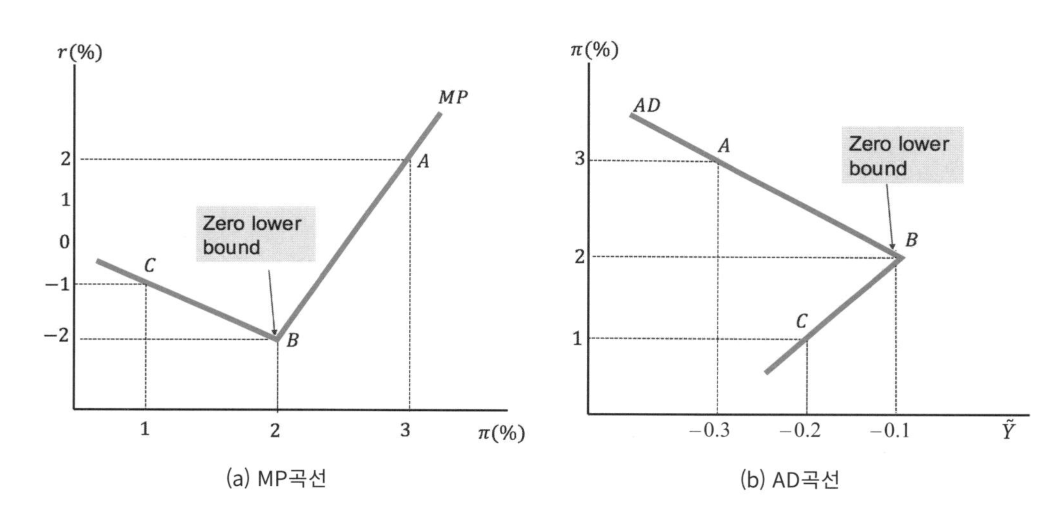

[그림 13-8] 제로 하한의 MP곡선과 AD곡선

굴절된 MP곡선과 AD곡선을 보다 쉽게 이해할 수 있도록 수치를 예로 들어 [그림 13-8]을 확인해보자. 경제가 점 A에서 $\pi = 3\%$, $r = 2\%$이고 점 B에서 $i = 0$인 제로 하한에 도달했다고 하자. π가 2%로 낮아질 때까지 중앙은행은 명목금리를 제로 퍼센트까지 떨어뜨려 r을 –2%로 낮출 수 있는 만큼 점 A와 점 B 사이에서의 MP곡선은 정상적으로 우상향한다. 제로 하한에 도달한 이후 π가 2%보다 더 낮아지면 예를 들어 1%로 되면 r이 –2%에서 –1%로 상승한다. 따라서 MP곡선은 점 B와 점 C 사이에서 우하향하게 되어 [그림 13-8] (a)에서와 같이 점 B의 제로 하한에서 굴절되는 모습을 갖는다.

이제 총수요곡선을 보자. 경제의 단기산출이 점 A에서 –0.3이었다면 점 B에서는 이론적으로 –0.3보다 커야 한다. 점 B에서의 실질이자율이 점 A보다 낮기 때문이다. 여기서는 –0.1로 가정했다. π가 1%로 낮아진 점 C에서는 r이 –1%로 점 B에서의 실질이자율 –2%보다 높아졌으므로 단기산출이 –0.1보다 작아야 한다. 여기서는 –0.2로 하였다. 이는 인플레이션율과 산출이 함께 낮아져 두 변수가 정(+)의 관계임을 의미한다. 따라서 AD곡선이 점 A와 점 B의 구간에서는 정상적으로 우하향하다가 제로 하한인 점 B와 점 C의 구간에서는 우상향하는 굴절된 모습을 나타낸다.

새로이 유도된 AD곡선에 AS곡선을 결합한 AD/AS모형으로 제로 하한에서의 경제를 생각해보자. 먼저 AD곡선이 어디에 위치할까? 산출이 잠재수준보다 낮은 상태에서 중앙은행이 명목이자율을 제로까지 낮춘 것인 만큼 [그림 13-9]에서와 같이 AD곡선이 정상상태의 단기산출 $\tilde{Y}=0$의 왼쪽에 위치할 것이다. 그리고 AS곡선은 AD곡선의 굴절된 부분 아래 부분에서 교차할 것이다. 산출이 감소하면서 인플레이션율이 낮아지는 상태의 경제를 가정하고 있기 때문이다. 여기서는 AD곡선이 굴절된 부분보다 조금 아래인 점 A에서 교차하여 단기산출이 $\tilde{Y}_1$이고 인플레이션율이 π_1이라고 설정하였다.

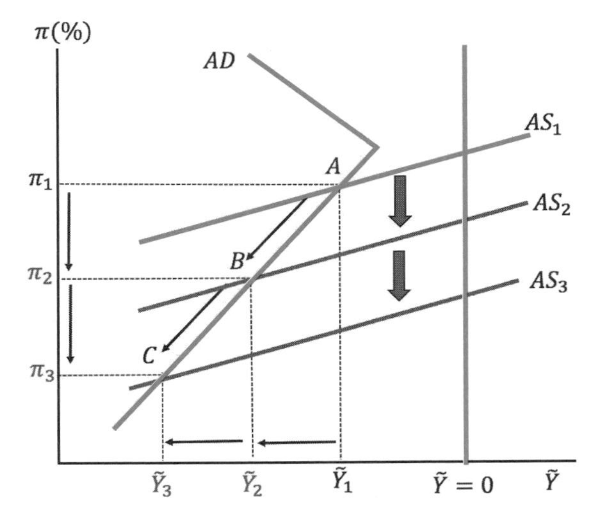

[그림 13-9] 제로 하한의 AD/AS모형

중앙은행이 금리정책수단의 상실로 아무런 정책대응을 하지 않을 경우 경제는 어떻게 될까? 점 A에서는 단기산출이 $\tilde{Y}_1 < 0$이다. 따라서 아무런 정책이 없을 경우에는 평상시 경제충격 이후의 동태적 움직임처럼 AS곡선이 아래로 이동한다. 이동 후에는 단기산출의 마이너스 폭이 더 커지고 그에 따라 AS곡선이 더욱더 아래로 이동하는 과정이 반복될 것이다. 그 결과 경제침체가 점점 더 확대되면서 인플레이션율이 하락하거나 디플레이션에 진입하게 될 것이다. 즉 정상적인 경제에서 작동되는 **자기교정메커니즘**(self-correction mechanism)이 소멸되면서 최악의 경우 경제는 물가가 하락하는 디플레이션과 단기산출의 감소가 가속화되는 **디플레이션의 악순환**(deflationary spiral)에 빠지게 된다.

이처럼 경제가 제로 하한에 도달한 이후에는 어떤 통화정책을 통해 산출을 잠재수준으로 회복시킬 수 있을까? 앞에서 논의하였던 금융마찰 $\bar{f}$를 떨어뜨리면 가능한데 그 방법은 중앙은행이 **유동성 제공**, **자산매입**(양적 완화), **기대 관리** 등 **비전통적 통화정책수단**을 사용하는 것이다.

$\bar{f}$가 금융마찰뿐만 아니라 신용 스프레드, 장·단기금리 스프레드로도 해석할 수 있는 만큼 비전통적 수단을 사용하여 $\bar{f}$를 낮출 수 있다. 중앙은행은 금융기관 간 자금이 거래되는 단기금융시장(money market)에 다양한 방법으로 유동성 제공을 확대하여 위험자산에 대한 수요 증대를 유도하고 이로써 단기금리를 하락시킬 수 있다. 단기금리가 낮아지면 장기금리도 하락하는 것이 일반적이지만 그러지 않을 경우 중앙은행은 직접 국채 등 장기채권을 매입하는 양적완화를 통해 장기금리를 떨어뜨릴 수 있다.

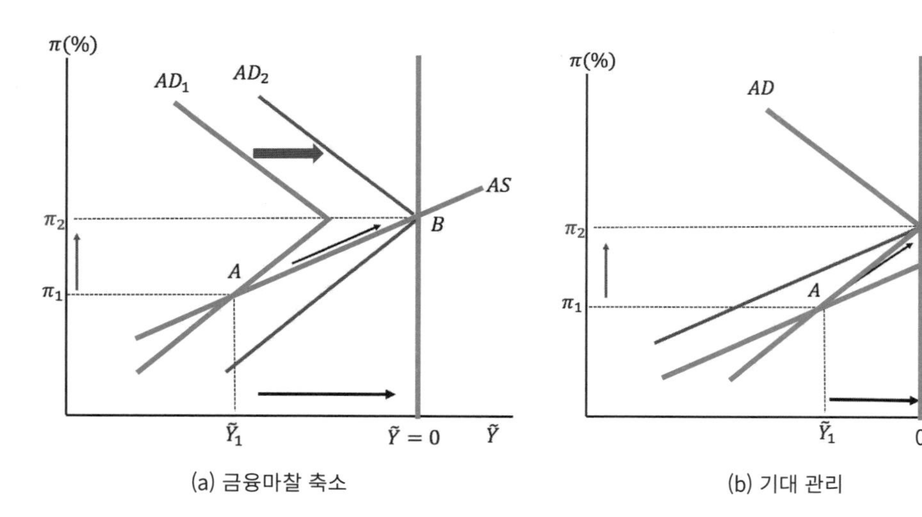

[그림 13-10] 비전통적 통화정책

유동성 제공 또는 양적 완화로 가계와 기업이 돈을 빌릴 때 기준이 되는 장기실질금리가 낮아지면 총수요곡선이 [그림 13-10] (a)에서처럼 AD_1에서 AD_2로 오른쪽으로 이동하고 그에 따라 경제가 점 A에서 점 B로 이동하게 된다. 그 결과 단기산출이 높아져 정상상태를 회복하고 인플레이션율도 π_1에서 π_2로 높아져 디플레이션 발생의 우려가 해소될 수 있다.

이와 함께 **장래 정책에 대한 예고**(forward guidance)는 인플레이션 기대를 높여 AS곡선을 위로 이동시키고 산출이 잠재수준을 회복하는 데 도움을 줄 수 있다. 이는 [그림 13-10] (b)에 나타나 있는데 완화적 통화정책의 장기 약속 같은 인플레이션 기대를 높이는 정책 예고를 통해 AS곡선을 위로 이동시킴으로써 경제가 점 A에서 점 B로 옮겨가도록 하는 것이다. 단, 정책 예고는 중앙은행이 인플레이션을 높일 거라는 약속이 국민의 신뢰를 받을 때 가능하다.

5 글로벌 금융위기의 발생과 정책 대응

금융위기의 촉발

글로벌 금융위기는 과열되었던 미국 주택시장의 붕괴를 도화선으로 시작되었다. 주택시장에 거품이 형성된 주된 원인은 2000년대 들어서 컴퓨터 기술과 새로운 통계분석 기술이 발전하고 증권화의 영향으로 신용위험이 높은 서브프라임 모기지(subprime mortgage)가 폭발적으로 증가했기 때문이다.

미국의 주택가격은 [그림 13-11]에서 보듯이 2000년 이후 큰 폭으로 상승하여 2016년 봄에는 2000년에 비해 2배 이상 높아졌다. 이와 같은 주택가격의 상승은 여러 요인이 복합적으로 작용한 결과다. IT 붐의 붕괴 이후 Fed가 페더럴펀드금리 목표를 1%까지 인하함으로써 낮은 수준의 시장금리가 장기간 지속되어 모기지 금리가 낮았던 것이 주택가격 상승의 촉매제 역할을 했다. 그리고 주택가격 상승에 대한 기대가 매우 컸던 가운데 신용도가 높은 가계의 주택에 대출되던 주거용 모기지가 증권화와 금융공학의 발전으로 저신용(subprime) 가계까지 가능했던 것도 중요한 원인으로 작용하였다.

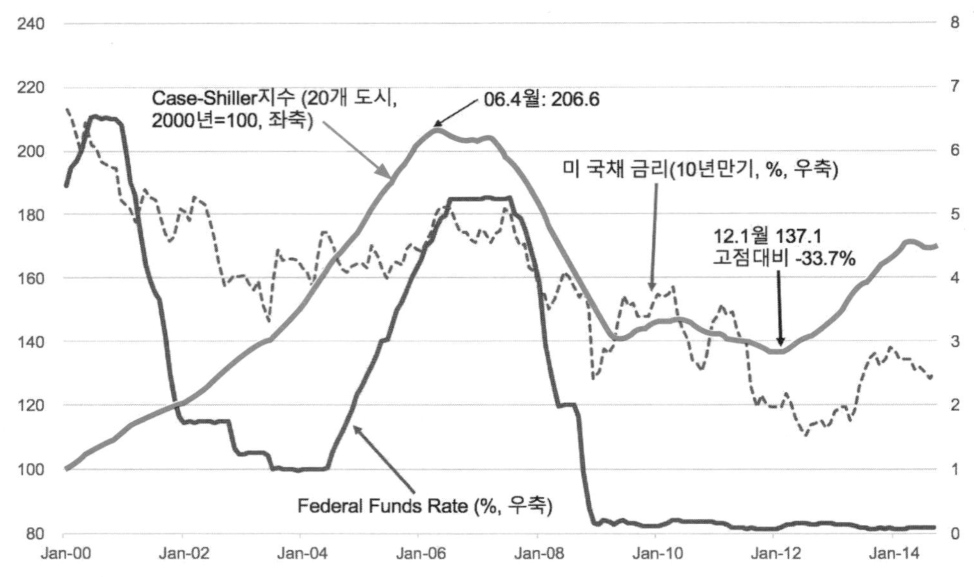

자료: FRED(Federal Reserve Economic Data), FRB of St. Louis

[그림 13-11] 미국 주택가격의 버블과 붕괴

이런 상황에서 금융기관의 풍부해진 대출 자금이 주택 수요를 뒷받침하면서 가격을 상승시켰다. 증권화의 발전으로 MBS는 물론 다양한 위험을 추구하는 투자자를 만족시키는 구조화 신용상품들이 만들어지면서 주택시장에서 자금이 풍부해졌던 것이다. 그 결과 모기지 대출 → MBS, 구조화 증권 발행 → 대출재원 조달 → 대출 확대가 반복되면서 신용이 크게 팽창하였다.

2004년 들어 경기 상승에 따른 인플레이션 우려로 통화정책의 기조 전환이 불가피해진 Fed가 2004년 6월에 페더럴펀드 금리 목표를 1%에서 1.25%로 처음 인상한 이후 2006년 6월 5.25%까지 높였다. 그 과정에서 단기금리는 Fed의 금리인상에 따라 상승하였으나 장기금리는 크게 오르지 않아 집값은 계속 상승하고 모기지 차입도 증가세를 지속하였다.

그런데 계속 상승할 것으로 생각했던 주택가격은 2006년 4월을 정점으로 하락하여 2012년 2월까지 33.7%나 떨어졌다. 주택가격이 내려가면서 모기지 연체가 늘어나자 2007년 들어 서브프라임 대출을 기초로 하는 증권들이 문제를 드러내기 시작하고 투자자들은 이들 증권을 점차 회피하였다. 그 결과 서브프라임 대출이나 관련 증권을 많이 보유한 금융회사부터 유동성 압박을 크게 받기 시작하였다.

금융위기의 확산

모기지 관련 채권을 중심으로 금융자산의 가치가 급락하자 상업은행 수준의 규제를 받지 않았던 투자은행, 헤지펀드 및 여타 비예금 금융기관 등으로 이루어진 그림자금융에서 자금 이탈이 촉발되었다. 이들 금융기관은 주요 자금조달 수단으로 MBS, CDO 등을 담보로 하는 ABCP와 환매조건부매매(repurchase agreement, RP)를 이용했는데 주택가격의 하락으로 담보자산의 가치가 떨어지자 ABCP와 RP의 담보에 대한 요구 수준이 강화되었다. 요구에 부응하기 위한 자산의 매각이 투매(fire sale)로 이어지고 그에 따른 자산가치 하락은 또 다른 투매를 불러오는 악순환을 초래했다.

MBS, CDO 등을 미국계 금융기관뿐만 아니라 유럽계 은행들도 많이 보유하고 있었는데 RP나 ABCP 시장에서 단기차입으로 자금을 조달했던 이들 금융기관들이 먼저 유동성 위기에 처하거나 파산하였다. 2007년 10월 미국의 메릴린치와 씨티그룹(Citigroup)이 예상을 넘는 손실을 발표한 이후에는 모기지 관련 채권에서의 자금 이탈이 더욱 확대되고, 2008년 3월에는 미국의 대형 투자은행 베어 스턴스가 JP 모건 체이스에 인수되었다. 이후 공적 주택담보금융기관인 패니메와 프레디맥, 그리고 최대 보험회사 AIG가 정부의 구제금융을 받아 파산을 모면하는 상황에 이르렀다. 그리고 2008년 9월 BOA(Bank of America)가 메릴린치를 인수한 다음 날인 9월 15일, 리먼 브라더스가 파산을 신청하였다.

자료: FRED. FRB of St. Louis

[그림 13-12] TED 스프레드

자산 6,000억 달러의 4대 투자은행이 미국 역사상 최대 규모의 파산을 신청하자 신뢰의 위기가 급속히 확산되었다. [그림 13-12]의 3개월 만기 미국 국채 이자율과 유로달러 이자율 간의 격차로 측정되는 TED(treasury bill-to-eurodollar rate) 스프레드가 당시의 금융시장의 불안이 어느 정도였는지 보여준다. 리먼 브라더스의 파산으로 미국과 선진국을 중심으로 진행되던 금융위기가 전 세계로 확산되었다.

정책 대응

금융위기에 대한 대응은 중앙은행에서 시작되었다. Fed의 벤 버냉키 의장은 대공황의 재연을 방지하기 위해 '할 수 있는 것은 무엇이든지' 하겠다는 의지를 시사했고 유럽중앙은행인 ECB를 비롯해 다른 중앙은행들도 비슷한 입장을 나타냈다. 금융위기가 거시경제의 위기로 확산되는 조짐이 뚜렷해지자 각국 정부도 적극적 재정정책을 통해 총수요가 감소하는 것을 억제하였다. 총수요의 감소에 따른 산출의 감소로 디플레이션 현상이 발생하여 물가 하락과 산출 감소가 이어지는 악순환을 막기 위해서였다.

최초로 중앙은행이 취한 조치는 2007년 8월 Fed와 ECB가 금융시장에 각각 620억 달러와 1,300억 유로의 유동성을 공급한 것이다. 그리고 Fed는 페더럴펀드금리 목표를 2007년 9월 0.5%p 인하한 이후 공격적으로 낮추어 2008년 중반 2%까지, 그리고 2008년 12월에는 0% 수준에 이르게 하였다.

정책금리의 인하와 함께 Fed는 금융시장의 유동성 경색을 방지하기 위해 다양한 수단을 새로 만들어 금융시스템에 유동성을 제공했다. 초기에는 공개시장운영 대상의 금융기관들을 중심으로 유동성을 제공하다가 금융시장의 불안이 심해지자 여타 금융기관까지로 유동성 제공 대상을 확대하였다. 그리고 금융기관들이 Fed로부터 자금을 차입할 때 사용할 수 있는 담보를 확대했다. 이와 같은 유동성 제공은 금융기관들이 자산을 매각하지 않고 투자자의 자금을 상환할 수 있도록 하는 한편, 금융기관의 파산 위험을 줄여 투자자들의 자금 상환 요구를 줄이려는 조치였다. 또한 Fed는 유동성 제공에도 불구하고 일부 금융시장의 기능 회복이 지연되는 것을 우려하여 국채와 모기지 채권을 직접 매입하는 **양**

적 완화(quantitative easing)를 2008년 12월부터 실시하였다.[3]

한편 미국 정부는 예금 인출 사태를 방지하기 위해 MMF에 대한 원금 보장과 함께 예금보호한도를 10만 달러에서 25만 달러로 확대하였다. 그리고 은행들이 도매금융을 통해 자금을 보다 원활히 조달할 수 있도록 새로 발행되는 부채를 보증하는 프로그램을 제공하였다. 또한 은행의 정상화를 목적으로 부실자산구제 프로그램(troubled asset relief program, TARP)이라 불리는 제도를 도입하였다. 2008년 10월에 시행된 7,000억 달러 프로그램의 목표는 초기에 은행의 대차대조표에서 독성 자산을 제거하여 불확실성을 감소시키는 것이었으나, 자산 가치의 평가상 문제 등으로 은행들의 자본규모를 늘리는 방향으로 목표를 변경하였다. 정부가 주식을 매입하여 대규모 은행들에 자금을 공급함으로써 자본비율의 상승과 그에 따른 레버리지의 하락으로 파산을 피할 수 있게 하여 시간이 경과함에 따라 은행들이 정상화되도록 한 것이다.

2009년 미국 행정부가 새로이 출범할 때 가장 우선시한 경제정책은 총수요를 증가시켜 경기침체의 정도를 약화시킬 수 있는 재정 프로그램을 설계하는 것이었다. 이를 뒷받침하는 **미국 경제회복 및 재투자법**(The American Recovery and Reinvestment Act)이 2009년 2월 의회를 통과하여 확정되었다. 2009~2010년 중의 세금 인하와 지출 증가를 담은 7,800억 달러 규모의 새로운 경기부양 조치였다.

이 밖에 글로벌 금융위기를 극복하기 위한 금융정책에 대한 국제협력도 강화하였다. 특히 리먼 브라더스 파산 이전까지 주로 선진국 간에 이루어졌던 정책 공조를 금융위기가 세계로 확산된 이후에는 G20까지 확대하였다. 2008년 10월 초, 주요 선진국 중앙은행들이 정책금리를 동조 인하하고 Fed와 주요 선진국 중앙은행 간의 통화스왑 한도를 무제한으로 확대하였으며 유럽 정부들도 주요 상업은행의 자본 확충을 지원하기로 했다. 10월 말에는 Fed의 통화스왑 대상에 한국, 브라질, 멕시코, 싱가포르를 추가하였고 11월 15일 G20 정상회의에서는 세계경제의 성장과 금융시스템의 개혁을 위한 협력 강화를 약속했다. 그리고 미래를 위한 정책의 일환으로 2009년 4월 미국이 G20 산하에 FSB의 설치를 제안하고 정상회의가 이를 받아들임으로써 IMF, World Bank 등과 함께 금융개혁을 위

3 1차는 2009년 3월까지 1조 7,500억 달러의 국채와 MBS를 매입하였고 그 이후 매월 300억 달러씩 매입하다가 2010년 3월 말에 종료하였다. 그리고 2차로 2010년 11월 3일에 6,000억 달러 규모의 추가 양적 완화를 시작하여 2011년 6월 말 종료했다. 3차 양적 완화는 2012년 9월 13일에 매월 400억 달러의 MBS 매입을 결정하였고, 12월 3일에는 국채매입을 추가하여 매입규모를 850억 달러로 확대했다. 2014년 1월부터 양적 완화를 축소하기 시작하여 2014년 10월 29일 약 4조 5,000억 달러의 자산을 보유한 상태에서 양적 완화의 종료를 선언하였다.

한 새로운 축이 마련되었다.

미국 정부와 Fed의 정책적 노력이 효과를 나타내면서 국제금융시장은 2009년 3월 이후 불안이 진정되기 시작했다. TED 스프레드가 2009년 1월에 1%p대로 떨어진 이후 점차 낮아져 8월 이후에는 금융위기 이전 수준을 회복하였다. 미국의 주가도 2009년 3월 5일을 최저점으로 상승세를 지속하였다. 이처럼 금융시장이 안정을 되찾아가자 미국의 실물경제도 하반기부터 회복세를 나타내기 시작했다. GDP 성장률이 2009년 3/4분기 이후 플러스 추세를 유지하는 가운데 실업률도 2009년 10월 10%를 고점으로 하락세를 지속하고 비농업취업자수도 2010년 10월 이후에는 매월 증가하였다.

금융위기에 대한 소고

글로벌 금융위기가 발생한 이후 그 원인에 대해 다양한 의견이 개진되었다. IT버블 붕괴 이후의 장기 저금리, 투자은행들의 과도한 수익률 추구로 급등한 레버리지와 만기불일치(maturity mismatch)의 심화, 대마불사의 기대에 빠진 대형은행들의 도덕적 해이, 1999년 글라스 스티걸법(Glass-Steagall Act)의 폐지로 인한 위험추구 문화의 확산, 과거 역대 정부의 주택소유 확대 정책 등 많은 요인들이 위기를 초래한 요인으로 분석되었다.

이러한 의견에 대해 저자는 동의하는 면도 있으나 그렇지 못한 면도 있다. 먼저 1999년 글라스 스티걸법의 폐지가 원인이라는 주장에 대해 이야기해보자. 글로벌 금융위기의 중심이 베어 스턴스, 리먼 브라더스, AIG, 패니메, 프레디맥 등 글라스 스티걸법 폐지와 관계없는 비은행 금융기관들이었다는 점에서 그런 주장에 동의하기 어렵다. 위기로 사라진 수많은 저축은행들도 능력 이상으로 외형을 확장한 것이 파산의 주요 원인이었다.

크기를 문제로 제기한 견해에 대해서도 의견을 좀 달리한다. 대공황도 소규모 은행의 파산에서 시작되었으며 글로벌 금융위기의 서막이라 할 수 있는 서브프라임 금융의 불안을 현재화한 베어 스턴스도 미국 금융기관 가운데 15번째 정도의 규모였다. 금융시스템의 상호 연계로 인해 베어 스턴스의 문제가 파생금융시장, 환매시장, 그리고 전체 금융시장에 공황상태(panic)를 초래한 것이다. 이는 장기간 신용 붐의 결과로 시스템이 충격에 취약해진 상태에서는 상대적으로 작은 규모의 기관도 시스템적 위험을 초래할 수 있음을 보여준 것이라 하겠다. 만약 JP 모건, BOA, 웰스 파고(Wells Fargo) 등이 대형은행이 아니었다면 베어 스턴스, 워싱턴뮤추얼, 메릴린치, 와코비아 등을 인수하지 못했을 것이다. 그렇게 되었다면 금융시장의 충격이 흡수되지 못해 금융시스템은 정지되고 경제는 더 큰 불황에 빠졌을 것이다.

금융위기는 근본적으로 찰스 킨들버거(Charles P. Kindleberger)의 주장처럼 열광(mania)에 연유한 것이었다.[4] 금융위기란 과거의 일이며 장래의 침체는 완만하고 집값은 떨어지지 않을 것이라는 과신에 의해 형성된 열광이 신용팽창과 금융시스템의 과다한 레버리지를 가속화한 것이다. 장기 저금리에 자극받은 열광이 거품을 키워 더 많은 차입을 부추기고 더 많은 집을 짓고 위험을 더 많이 감수한 결과 금융위기가 초래된 것이다.

그런데 이는 필요조건이며 충분조건은 아니다. 마치 소형화재가 대형화재의 필요조건이지만 충분조건이 아닌 것과 같다. 가장 큰 문제는 많은 사람들이 지적한 금융위기의 원인들로부터 금융시스템을 보호할 수 있는 능력을 금융당국이 갖고 있지 못했다는 점일 것이다.

현실적으로 금융위기는 예측하기 힘들고 따라서 예방하기도 어렵다. 신용팽창, 소득대비 차입의 급증과 같은 경고신호는 알고 있다. 그러나 어리석음과 비이성적 과열(irrational exuberance) 또는 집단적 행동(herd behavior)을 불법화할 수 없으며 오류를 범할 수 있는 중앙은행이나 감독당국이 금융 붐의 위험에 처하기 전에 멈추게 하도록 할 수도 없다. 위험하다는 것이 분명해질 때는 이미 시간이 늦었기 때문이다.

다만 언제 어디서나 발생할 수 있는 금융위기의 피해를 줄일 수는 있다. 금융위기를 완전히 없앨 수는 없지만 위기에 대한 시스템의 취약성을 줄일 수 있고 금융위기가 억제 불가능하게 확산되는 것도 줄일 수 있다. 마치 뛰어난 소방제도가 심각하게 확대될 수 있는 화재를 초기에 진압하여 피해를 줄이는 것처럼 효율적인 금융규제감독제도는 언제 발생할지 모르는 금융위기로부터 금융시스템을 보호할 수 있을 것이다.

---

4 Charles P. Kindleberger, "*Manias, Panics, and Crashes*", John Wiley & Sons, 1978.

요약

1 빚을 지렛대로 투자하여 수익률을 높이는 레버리지는 경기호황으로 투자자산의 가격이 상승할 때는 높은 수익을 얻을 수 있다. 그러나 침체 등으로 자산가격이 하락하면 매우 위험한 상황에 처할 수 있다.

2 그림자금융이란 투자은행, 헤지펀드, 사모펀드, 구조화 투자회사 등과 같이 은행과 비슷한 역할을 하면서도 중앙은행이나 감독당국의 규제와 감독을 받지 않는 금융회사를 말한다. 그림자금융의 핵심은 증권화와 도매금융이다. 증권화란 주택저당대출, 매출채권 등과 같이 유동성이 낮은 금융자산들을 한데 묶어 금융시장에서 거래될 수 있는 표준화된 증권을 새로 만들어내는 것을 말한다. 도매금융이란 그림자금융이 고수익 증권에 대한 투자를 위한 거액의 자금을 ABCP, RP 등을 이용하여 단기로 차입하는 것을 말한다.

3 국채와 같은 안전한 금융자산의 이자율과 기업 혹은 가계의 차입금리 간의 스프레드가 확대될 때 금융마찰이 심화되었다고 한다. 금융마찰이 심해지면 중앙은행이 금리를 인하해도 기업과 가계의 차입 금리는 오히려 상승하고 그 결과 경제는 침체가 완화되기보다 더 악화될 수 있다.

4 금융마찰의 심화는 IS/MP-Phillips 곡선과 AD/AS모형으로 분석할 수 있다. AD/AS모형은 잘 마련된 통화정책준칙이 원활하게 작동되는 정상적 상태에서 매우 유용하다. 디플레이션, 제로 하한 도달 등 비정상적인 상황에서는 굴절된 MP곡선과 AD곡선을 이용하여 접근해야 한다.

5 명목이자율이 주어진 상태에서 디플레이션은 실질이자율을 상승시킨다. 디플레이션은 특히 명목이자율이 제로 하한에 도달한 이후 큰 경제적 문제를 초래한다. 디플레이션은 실질이자율을 높여 침체를 가속화시키고 그에 따라 디플레이션이 심화되어 실질이자율을 더욱 높이는 악순환에서 벗어나기 어렵게 할 수 있다.

6 경제가 제로 하한에 도달하여 디플레이션의 우려가 커질 때 사용할 수 있는 정책수단은 중앙은행의 유동성 제공, 양적 완화, 기대 관리 등 비전통적 통화정책과 확장적 재정정책이다.

7 현실적으로 금융위기는 예측하기 힘들고 따라서 예방하기도 어렵다. 다만 언제 어디서나 발생할 수 있는 금융위기의 피해를 줄일 수는 있다. 금융시장의 건전성을 높이는 금융개혁은 위기에 대한 시스템의 취약성을 줄이고 금융위기가 억제 불가능하게 확산되는 것을 방지할 수 있다.

연습문제

1 A나라 경제는 정상상태에 있었다고 한다. GDP가 잠재산출량 수준이고 실질이자율과 자본의 한계생산이 각각 2%이며 인플레이션율도 2%에서 안정되어 있었다. 그런데 국제금융시장의 불안으로 금융마찰이 제로에서 2%로 상승했다고 한다. 다음 물음에 답해보자.

(1) 금융마찰이 증가한 충격의 영향을 IS/MP모형으로 분석하라.

(2) 만약 당신이 A나라의 중앙은행 총재라면 충격에 어떤 정책으로 대응할 것인가? 그러한 정책대응의 효과는 어떠할 것으로 판단하는가?

(3) 만약 금융불안이 심화해 금융위기로 진화하면서 금융마찰이 6%로 높아진다면 어떤 정책을 실시할 것인가?

(4) (3)의 경우 다른 정책적 대응으로 고려할 수 있는 것은 없는가?

2 B나라는 GDP가 95로 잠재GDP 100보다 낮은 수준인 가운데 인플레이션율은 2%이고 실질이자율은 1%였다고 한다. 그런 상황에서 이웃 C나라에서 발생한 금융 및 정치 불안의 충격으로 총수요가 크게 위축되었다. 이에 B나라의 중앙은행이 경기후퇴를 방지하기 위하여 정책금리를 0%까지 인하했지만 기업과 가계의 장래 경제에 대한 불안이 해소되지 못하고 있는 상황이다. 다음 물음에 답해보자.

(1) B나라의 MP곡선과 AD곡선을 그려보라. 그리고 현재 B나라의 경제상황을 AD곡선과 AS곡선으로 나타내보라.

(2) 위와 같은 경제상황에서 만약 당신이 B나라의 중앙은행 총재라면 어떤 정책을 사용하겠는지 논하라.

3 우리나라는 최근 집값 상승에 대한 기대가 되살아나면서 이미 과다한 것으로 평가되고 있는 가계부채가 더욱 크게 증가하고 있다. 이는 2000년대 중반의 미국과 똑같다고 할 수는 없다 하더라도 닮은 점이 많다. 그리고 우리나라는 외환위기를 경험하기도 했다. 우리나라에서의 금융위기 발생 가능성에 대해 논해보라.

4부

개방경제 및 미시적 기초

14장

개방경제 거시경제이론

우리나라에 살면서 경제적 의사결정을 하더라도 많은 경우 세계경제와 연계된다. 예를 들어 포도를 살 때 국내산과 칠레산 가운데 선택하고 스마트폰을 구입할 때도 삼성과 애플 중에서 고를 수 있다. 그리고 국내 은행에 저축을 하면 그 돈이 국내에 거주하고 있는 어떤 사람에게 대출될 수 있지만 미국에서 사업을 시작하려는 재미 교포나 외국인에게 대출될 수도 있다. 이처럼 세계화된 경제에서 개인들은 보다 다양한 재화와 서비스를 선택할 수 있고 다양한 금융자산을 대상으로 거래할 수 있다.

그리고 여러분은 경제학을 처음으로 접할 때 비교우위에 의한 교역이 참가자 모두의 후생을 증가시킨다는 것을 학습했다. 교역의 이득은 국가 간, 즉 국제무역에도 적용된다. 국제무역은 재화의 생산을 위한 대안적 기술과 같이 인식되기도 한다. 새로운 기술은 경제의 생산 가능성을 확대하여 후생이 증가하도록 하는데 무역도 그런 역할을 하기 때문이다. 예를 들어 우리나라는 대형 여객기를 생산하지 않는다. 그러나 스마트폰을 수출하여 여객기를 구입한다면 그것은 우리가 사용하는 여객기를 마치 스마트폰이라는 기술을 이용하여 생산·사용하는 것과 마찬가지로 후생수준을 높인다.

9장에서는 분석의 편의를 위해 수출과 수입을 잠재GDP의 일정 비율로 단순하게 가정했다. 이 장에서는 시각을 다소 달리하여 무역수지를 설명하는 다음 두 가지를 추가하여 개방경제를 논의하기로 한다. 첫째로, 개방경제의 중요한 주제인 환율과 그 결정을 장기와 단기로 나누어 살펴볼 것이다. 둘째로, 환율을 단기모형에 결합하여 환율이 무역수지에 어떤 영향을 미치는지 고찰하고 마지막으로 환율제도를 개관할 것이다.

1 무역수지와 자본유출입

소규모 개방경제인 우리나라는 세계에서 대외교역의 비중이 매우 높은 국가에 속한다. [그림 14-1]에서 보는 바와 같이 대외지향적 경제개발로 전체 경제에서 차지하는 무역의 비중이 빠르게 높아졌다. 2011~2012년중에는 수출 및 수입 비중이 각각 56%, 54%에 달해 무역의 GDP 비중이 110%를 기록하였다. 이후 글로벌 경기 둔화의 영향 등으로 무역 비중이 크게 낮아졌으나 2015년과 2016년에도 80% 내외로 여전히 높은 수준이다.

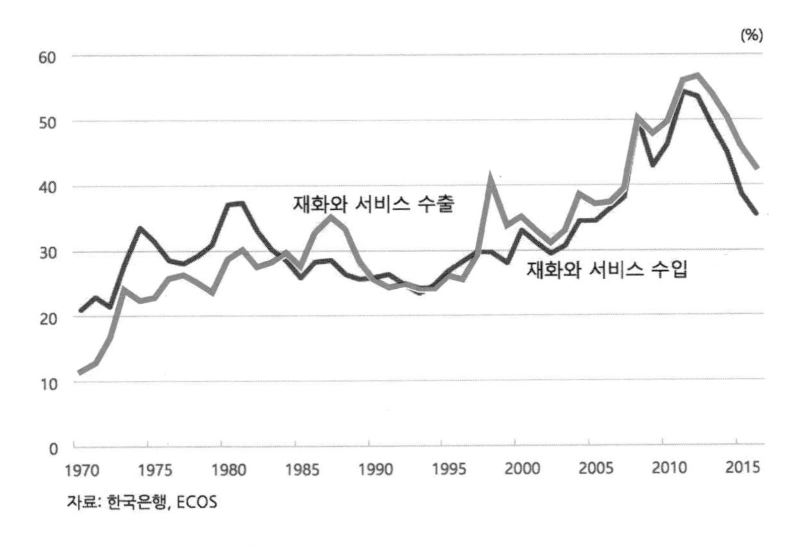

[그림 14-1] 우리나라 수출입의 GDP 비중

또 흥미로운 것은 수출보다 수입이 많아 적자를 지속해오던 무역수지가 1980년대 중반 이후 기조적인 흑자로 바뀐 점이다. [그림 14-2]를 보면 무역수지가 1984년에 흑자로 돌아선 데 이어 1987년과 1988년에는 GDP 대비 무역수지 흑자의 비율이 6%대까지 높아졌다. 1990년대에는 몇몇 연도에 적자를 기록하기도 했으나 전체적으로는 무역수지 흑자가 GDP의 1%를 기록하였다. 그리고 1998년 이후에는 무역수지가 매년 흑자를 지속하고 있으며 2013년부터는 GDP의 5% 이상 수준을 유지하고 있다.

무역수지가 적자를 보이다가 어떻게 흑자로 전환되었을까? 무역수지를 설명하는 데 유용한 것은 국민소득 항등식 $Y \equiv C + I + G + NX$이다. 간단한 조작을 하면 국민소득 항등식은 다음과 같이 변환된다.

$$NX = S - I \tag{14.1}$$

식 (14.1)은 무역수지로 나타나는 재화의 국제적인 흐름을 저축과 투자의 차이로 초래되는 자본의 국제적 흐름과 연계하고 있다. 과거 우리나라는 고도성장 과정에서 국내투자가 국민저축을 초과하여 무역수지 적자가 오랫동안 지속되었다. 그러다가 최근에 와서는 국민저축 가운데 국내에서 투자하고 남은 자원을 계속 해외에 투자하고 있다.

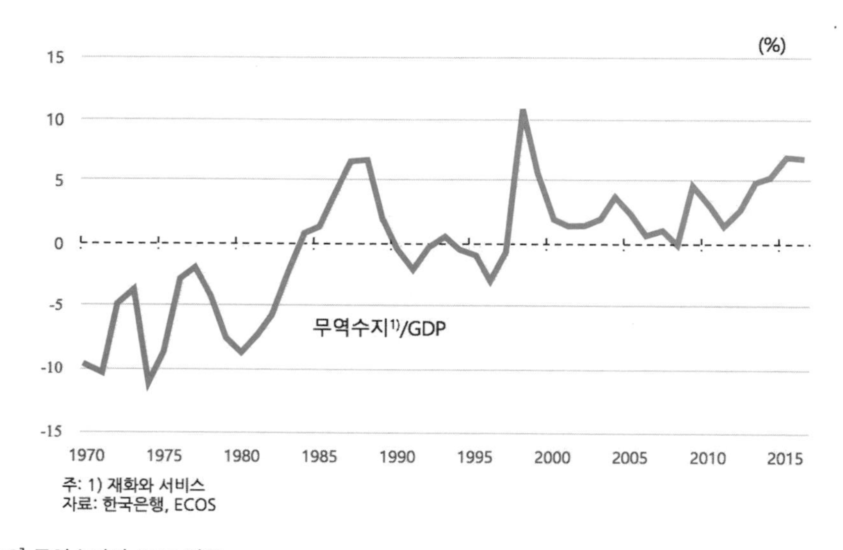

[그림 14-2] 무역수지의 GDP 비중

한국이 무역흑자라면 해외로 내보내는 재화의 양이 해외에서 한국으로 보내는 재화의 양보다 많은 상태이다. 이러한 거래는 한국이 해외로부터 무엇인가 되돌려 받는 약속을 기초로 하여 이루어진다. 그 보상은 장래에 한국이 해외로부터 다른 형태로 더 많은 재화를 되돌려 받을 수 있는 어떤 종류의 금융 약속이다.

이러한 금융 약속은 어떻게 이루어질까? 단순한 방법은 미국 달러 같은 화폐로 받는 것이다. 화폐는 그 자체로 미래에 재화를 구매할 때 사용할 수 있다. 그러나 달러화는 이자가 없으므로 한국은 달러화로 보유하기보다 미국의 국채 혹은 주식 등 다른 금융자산을 매입할 수 있다. 요지는 한국이 재화를 해외에 공짜로 내보내지 않으며 해외로 내보내는 재화와 교환하여 받는 것은 미래의 재화를 요구하는 데 사용할 수 있는 금융수단이라는 것이다.

그러므로 순수출로 나타나는 재화의 순흐름은 그 반대 방향으로 일어나는 금융자산의 순흐름과 연관된다. 무역흑자는 해외에서 이루어지고 있는 외국인들의 투자에 대해 우리 국민이 자금을 융자하는 것과 같다. 과거 우리나라의 무역수지 적자는 국내투자에 필요한 자금을 외국으로부터 대여받은 것과 같다.

[표 14-1] 우리나라의 국제수지

(10억 달러)

	1980	1990	2000	2010	2015	2016
경상수지	-6.8	-2.4	10.4	28.9	105.9	98.7
(상품수지)	-6.6	-3.3	15.6	47.9	122.3	120.4
(서비스수지)	1.3	0.5	-1.0	-14.2	-14.9	-17.6
자본수지	0.0	0.0	0.0	-0.1	-0.1	0.0
금융계정	-6.3	-3.5	9.6	23.2	106.3	100.4
(직접투자)	0.0	0.1	-6.7	18.8	19.7	16.4
(증권투자)	-0.1	-0.2	-12.2	-42.4	49.5	66.3
오차 및 누락	0.6	-1.1	-0.9	-5.6	0.4	1.7

자료: 한국은행, ECOS

이와 같이 무역수지가 금융자산의 흐름과 일치하는 것은 [표 14-1] 국제수지표에 잘 나타나 있다. **국제수지표**란 일정 기간 동안 한 나라의 거주자와 비거주자 사이에 발생한 모든 경제적 거래를 체계적으로 기록한 표이다. 경제적 거래는 상품과 서비스 등을 사고파는 경상거래와 자본거래 및 금융거래로 나눌 수 있다. 그러므로 국제수지표는 거래들을 경상수지, 자본수지 및 금융계정으로 구분하여 기록한다. 경상수지는 상품수지, 서비스수지, 본원소득수지, 이전수지를 합한 것인데 앞의 설명에서는 순수출 혹은 무역수지라고 하였다. 표에서 자본수지와 금융계정을 합친 것이 바로 금융자산의 대외순흐름이다. 그리고 오차 및 누락은 통계를 작성하는 과정에서 발생하는 것으로 자본수지와 금융계정수지의 합과 경상수지의 차이이다.

2 외환시장과 환율

세계 대부분의 나라들은 고유의 통화를 가지고 있다. 우리나라는 원, 미국은 달러, 영국은 파운드, 유로지역은 유로, 일본은 엔, 중국은 위안이라 부르는 통화를 사용하고 있다. 이처럼 국가별로 통화가 다르기 때문에 재화와 서비스의 무역이나 금융거래에서 서로 다른 통화 간에 교환이 필요하게 된다.

서로 다른 통화의 교환과 다른 통화로 표시된 금융수단의 거래는 외환시장(foreign exchange market)에서 이루어지며 여기서 환율이 결정된다. 즉 **외환시장**은 무역, 금융 등의 국제거래에서 발생하는 외환의 수요와 공급을 청산하는 역할을 한다. 예를 들면, 외환의 수요자인 수입업자나 공급자인 수출업자는 환율을 매개로 외환시장을 통하여 그들이 필요로 하는 대외거래를 결제한다.

2-1 명목환율과 실질환율

명목환율

우리가 일상생활에서 그냥 환율이라고 부르는 **명목환율**(nominal exchange rate)은 한 나라 통화와 다른 나라 통화 간 교환비율로 두 나라 통화의 상대적 가치를 나타낸다. 예를 들어 2017년 초에 우리나라 국민은 1달러를 매입하기 위해 약 1,210원을 지불하고 1위안을 사는 데는 170원 정도를 지불해야 했다. 이처럼 원화의 명목환율은 단순히 외국 통화에 대한 우리나라 원화의 가치를 표시한다.

한편 환율을 표시하는 방법에는 두 가지가 있다. 우리는 원화와 달러의 교환비율을 1달러당 1,210원으로 표현하는 데 익숙하지만 1원당 0.000826달러로 표시할 수도 있다. 전자와 같이 환율을 외국통화 한 단위당 자국통화 단위수로 표시하는 경우를 자국통화표시법 또는 직접표시법(direct quotation)이라 한다. 반대로 후자처럼 자국통화 한 단위당 외국통화 단위수로 표시하는 경우를 외국통화표시법 또는 간접표시법(indirect quotation)이라고 한다.

이와 같은 환율은 시시각각 변화하는데 한 나라 통화의 대외가치가 높아지는 것을 **절상**(appreciation)이라고 하고 반대로 대외가치가 떨어지는 것을 **절하**(depreciation)라고 한다. 예를 들어, 원화의 대미달러 환율이 1,210원에서 1,200원으로 하락하면 원화의 가치가 상승한 것이며 반대로 1,220원으로 올라가면 원화의 가치가 하락한 것이다.

그런데 외국통화표시법을 사용할 경우 환율의 하락은 가치하락이며 환율의 상승은 가치상승이다. 앞의 예에서 원화의 대미달러화 환율을 원화 기준으로 바꾸면 1,200원은 0.000833달러, 1,220원은 0.000820달러다. 따라서 달러/원 환율이 0.000826달러에서 0.000833달러로 상승하면 달러화에 대해 원화의 가치가 상승하는 것이고 0.000820달러로 낮아지면 원화 가치가 하락하는 것이다.

[그림 14-3]은 우리나라 원화의 미국 달러화에 대한 환율의 변화 추이를 나타낸 것이다. 1997년 연말 무렵과 2008년 4/4분기에 원/달러 환율이 각각 우리나라의 외환위기와 글로벌 금융위기의 충격으로 급격히 상승했던 모습을 볼 수 있다.

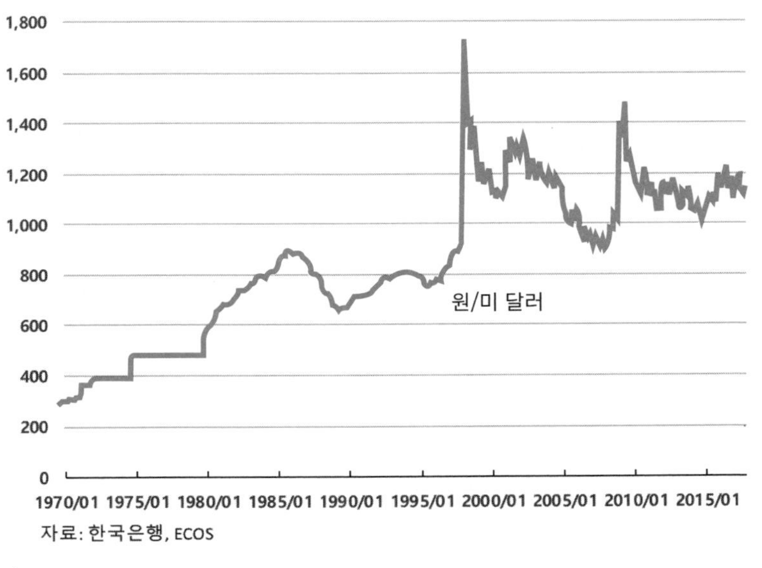

[그림 14-3] 원/달러 환율

한편 외환거래에는 외환의 매매가 바로 이루어지는 현물거래와 미래의 특정 시점에 금융자산을 교환하기로 약속하는 방식의 선물거래가 있다. 현물거래를 위한 환율을 **현물환율**(spot exchange rate)이라고 하는데 외환거래 당사자가 매매계약을 체결한 후 통상 2영업일 이내에 외환의 결제가 이루어지는 환율을 말한다. 반면 **선물환율**(forward exchange rate)은 외환의 매매계약 체결일로부터 2영업일 경과 후 장래의 특정일에 결제가 이루어지는 환율을 말한다.

실질환율

'명목'환율이 있으면 반드시 '실질'환율이 있을 거라는 생각이 들 것이다. 명목환율이 국가 간 통화의 교환비율인 반면 **실질환율**(real exchange rate)은 국가 간 재화와 서비스의 교환비율이다. 예를 들어 명목환율이 1,000원/달러, 우리나라 맥주 한 캔 가격은 2,000원, 미국 맥주 한 캔 가격은 1달러라고 하자. 이때 실질환율은 다음과 같이 계산한다.

0.001(달러/원) × [(2,000원/한국 맥주 1캔) ÷ (1달러/미국 맥주 1캔)]
=미국 맥주 2캔 / 한국 맥주 1캔

즉 한국 맥주 1캔으로 미국 맥주 2캔을 살 수 있으므로 한국 맥주와 미국 맥주의 교환비율은 1:2이다. 이를 전반적인 물가수준으로 변경하면 실질환율은 다음 식으로 나타낼 수 있다.

$$\varepsilon \equiv \frac{E \times P}{P^*} \tag{14.2}$$

여기서 ε은 실질환율, E는 명목환율(외국통화표시법), P는 자국 물가수준, P^*는 외국 물가수준이다. 일반적으로 실질환율은 자국 상품의 수출경쟁력을 평가하는 지표로 이용된다. 가령 원화의 실질환율이 하락하면 국제시장에서 우리나라의 상품 가격이 상대적으로 싸져 가격경쟁력이 높아지는 것을 나타내며, 반대로 실질환율이 상승하면 외국 상품에 비해 우리나라 상품의 가격이 높아져 가격경쟁력이 떨어지는 것을 의미한다.

2-2 장기의 환율

앞에서 환율은 외환시장의 수요와 공급에 의해 결정된다고 하였는데 먼저 장기에 어떻게 결정되는지 알아보기로 한다. 장기의 환율 결정은 일물일가의 법칙에서 시작한다.

일물일가의 법칙

일물일가의 법칙(law of one price)이란 동일한 물품이 동일한 시기에 다른 장소에서 다른 가격으로 팔릴 수 없다는 것을 의미한다. 장기적으로는 국제무역에서도 일물일가의 법칙이 성립하여 재정거래 유인이 없어지는 것으로 본다. 재정거래 유인이 사라지기 위해서는 모든 나라의 시장에서 판매되는 재화의 가격이 동일하도록 명목환율이 결정되어야 한다.

앞의 두 나라 맥주가 품질과 양이 동일하고 운송비 같은 마찰도 없다는 가정 하에서 일물일가의 법칙을 생각해보자. 한국 소비자는 1,000원으로 미국 맥주 한 캔을 살 수 있지만 한국 맥주는 구입할 수 없다. 동일한 품질의 미국 맥주가 더 싸므로 한국 소비자는 모두 미국 맥주만 구매할 것이다. 반대로 미국의 소비자는 한국 맥주가 2배나 비싸므로 미국 맥주만 구매할 것이다. 결국 두 나라의 소비자들은 한국 맥주를 전혀 구매하지 않게 된다.

한국의 맥주가 시장에서 판매되기 위해서는 환율이 2,000원으로 되어야 한다. 즉 한국 맥주 한 캔의 가격을 P, 명목환율을 E, 미국 맥주 한 캔의 가격을 P^*라고 할 때 두 나라 재화에 대한 재정거래 유인이 없어지기 위해서는 다음 식이 만족되어야 한다.

$$E\ \frac{\text{미 달러}}{\text{원}} \times P\ \frac{\text{원}}{\text{한국 맥주}} = P^*\ \frac{\text{미 달러}}{\text{미국 맥주}} \tag{14.3}$$

이로부터 우리는 일물일가의 법칙이 성립되도록 하는 환율을 식 (14.4)와 같이 나타낼 수 있다.

$$E \times P = P^* \tag{14.4}$$

여기서 P는 국내물가수준, P^*는 외국물가수준, E는 외국통화표시법으로 나타낸 명목환율이다. 식 (14.4)는 다음과 같이 다시 쓸 수 있다.

$$\frac{E \times P}{P^*} = 1 \tag{14.5}$$

식 (14.5)는 일물일가의 법칙이 성립할 경우 실질환율이 1이 된다는 것이다. 현실적으로는 각종 세금의 차이, 운송비용 등과 같은 마찰로 인해 일물일가의 법칙이 정확하게 성립하지 않는다. 그렇지만 마찰을 반영할 경우 일물일가의 법칙은 환율 분석에 매우 유용한 이론이다.

구매력평가이론

구매력평가(purchasing power parity, PPP)**이론**은 환율이 두 나라 통화의 실질 구매력이 같아지도록 결정된다는 이론이다. 즉 일물일가의 법칙을 개별 상품의 가격보다 나라의 전반적 물가수준에 적용한 것이다.

구매력평가이론이 적용되는 장기의 실질환율은 식 (14.5)에서와 같이 1이다. 따라서 변수 위에 윗줄을 사용하여 장기임을 표시하면 장기 명목환율은 다음과 같다. 이는 장기 명목환율이 두 나라 물가수준의 비율과 일치한다는 것이다.

$$\bar{E} = \frac{\bar{P}^*}{\bar{P}} \tag{14.6}$$

PPP를 이용하여 어떤 나라의 환율 수준을 평가하는 대표적 사례로 이코노미스트지(The Economist)의 빅맥지수(Big Mac index)를 들 수 있다. 2017년 7월 보고에 따르면 미국의 빅맥 가격은 5.3달러이고, 스위스의 빅맥 가격은 명목환율에 의해 달러화로 환산하면 6.74달러다. 한편 우리나라의 빅맥 가격 4,400원은 3.84달러다. 따라서 스위스의 빅맥 가격이 미국과 같아지기 위해서는 스위스 프랑의 환율이 상승해야 하고 한국의 경우는 환율이 하락해야 한다. 이는 빅맥지수로 환율을 평가하면 스위스 프랑은 미 달러화에 비해 과대평가(overvalue)되고 한국 원화는 과소평가(undervalue)되어 있다는 것이다. [표 14-2]는 빅맥지수로 2017년 7월의 각국 환율을 미 달러화에 대해 평가한 것이다. 스위스와 노르웨이의 환율은 미 달러화에 비해 과대평가되고 나머지 나라들의 환율은 과소

평가된 모습이다.

그런데 빅맥 가격이 차이를 보이는 데는 다른 중요한 원인들이 있다. 빅맥의 판매가격에는 햄버거, 피클 등 재료뿐만 아니라 임대료, 임금 등도 포함된다. 소득이 낮은 국가에서는 임금, 임대료 등이 상대적으로 낮은 것이 일반적이다. 일물일가의 법칙은 교역이 용이한 재화에 대해 적용되며 비교역재의 경우에는 싸게 사서 비싸게 파는 재정거래가 가능하지 않다.

[표 14-2] 빅맥지수

	현지 통화 빅맥 가격	대미달러 환율	달러 표시 빅맥 가격	각국 통화 가치 평가
미국	5.3 미달러	1.00	5.30	0.0
스위스	6.5 스위스프랑	0.96	6.74	27.2
노르웨이	49 크로네	8.29	5.91	11.6
캐나다	5.97 캐나다달러	1.28	4.66	-12.2
유로지역	3.91 유로	0.88	4.47	-15.8
영국	3.19 파운드	0.78	4.11	-22.4
한국	4,400 원	1144.65	3.84	-27.5
일본	380 엔	113.06	3.36	-36.6
중국	19.8 위안	6.79	2.92	-45.0
홍콩	19.2 홍콩달러	7.81	2.46	-53.6
러시아	137 루블	60.14	2.28	-57.0

자료: www.economist.com/content/big-mac-index, july 2017.

2-3 단기의 환율

단기 명목환율

단기에는 환율이 어떻게 결정될까? 이 물음에 답하려면 사람들이 통화를 교환하는 이유를 먼저 생각해볼 필요가 있다. 통화 교환의 첫번째 이유는 국제무역을 하기 위해서다. 예를 들어 독일 자동차를 수입해 판매하는 한국 판매업자는 판매대금을 원화로 수취한 후 유로화로 바꾸어 수입대금을 결제한다. 두번째는 금융거래를 하는 금융시장 참가자들이 다른 나라의 통화를 필요로 하기 때문이다. 예를 들어 미국의 금융회사가 한국 국고채의 매입을 원할 경우 먼저 달러화로 원화를 매입해야 한다.

금융시장에서 거래되는 외환의 규모는 전 세계에서 일평균 약 5조 달러로 엄청나게 많다. 미국의 2016년 GDP가 18조 6,000억 달러였으므로 이를 하루 산출금액으로 바꾸어 계산하면 매일 외환시장에서 거래되는 규모가 미국 일일 GDP의 100배 정도 되는 수준이다. 미국의 GDP가 전 세계의 1/4이면 외환시장에서 하루에 거래되는 금액이 전 세계가 하루 동안 생산하는 재화와 서비스 금액의 25배인 것이다.

따라서 명목환율은 국제금융시장에서의 외환거래에 의해 결정된다. 통화공급은 각국의 중앙은행에 의해 이루어지고 여러 나라의 통화에 대한 수요는 국제금융시장에서 발생한다. 한 나라 통화의 환율은 외환시장에서 그 통화의 공급과 수요가 청산되는 가격이라고 볼 수 있다. 그런데 중앙은행은 통화공급량을 정하지 않고 명목이자율을 설정하는 방식으로 통화정책을 운영한다. 그러므로 조금 다른 방법으로 외환시장을 분석하는 것이 현실적으로 바람직할 수 있다.

다른 나라 중앙은행들의 정책금리가 불변인 상태에서 한국은행이 기준금리의 인상을 결정했다고 하자. 이 경우 우리나라 금융시장의 명목이자율이 상대적으로 높아질 텐데 이때 원화의 대외가치, 즉 환율은 어떤 영향을 받게 될까? 해외의 투자자들 입장에서 생각해 보자. 먼저, 한국의 채권이 이전보다 높은 이자율을 지급하는 만큼 투자자들의 매입 수요가 늘어날 것이다. 그러면 투자자들의 한국 채권 매입에 필요한 원화 수요가 증가하여 원화의 가치가 상승한다. 이처럼 한국은행이 기준금리를 인상하면 원화의 가치가 상승하여 원/달러 환율은 하락한다. 반대로 한국은행이 기준금리를 인하하면 원화의 가치가 하락하여 원/달러 환율이 상승하게 된다.

이는 통화정책과 환율 간의 중요한 관계를 설명해준다. 다른 나라들의 이자율이 일정한 상태에서 자국의 명목이자율이 상승하면 그 나라 통화의 가치도 상승하여 환율이 절상된다. 반대로 자국의 명목이자율이 하락하면 통화의 가치도 하락하여 환율이 절하된다. 즉, **한 나라 통화의 대외가치는 그 나라 이자율의 변동과 같은 방향으로 움직인다**.

단기 실질환율

장기적으로 실질환율은 일물일가의 법칙에 의해 결정되지만 단기에는 그 법칙이 성립하지 않는다. 명목환율은 금융시장에 의해 결정되는 가격으로 금융뉴스에 따라 시시각각 변동한다. 그런데 단기에는 인플레이션이 경직적이므로 국내 및 외국의 물가가 시간을 두고 서서히 조정된다. 그래서 환율에 영향을 미치는 충격이 발생하면 명목환율 E는 즉각 변화하지만 P와 P^*는 천천히 변화한다. 이에 따라 $(E \times P)/P^*$가 1에서 벗어난다. 단기에서는 예상하지 못한 명목환율의 변동이 경직적 인플레이션으로 인해 실질환율의 변화로 연결된다. 예를 들어 명목환율이 상승하면 단기에는 실질환율도 상승한다.

$$E\uparrow \Rightarrow \frac{EP}{P^*}(=\varepsilon)\uparrow$$

3 개방경제 단기모형

9장에서는 무역수지를 잠재산출량의 일정 비율로 가정하였다. 그런데 우리는 앞 절에서 실질환율의 변화가 무역수지에 영향을 미친다는 것을 알았다. 실질환율이 상승하여 국내 상품이 외국 상품보다 비싸지면, 즉 EP/P^*가 상승하면 국내 소비자와 기업들은 외국 상품을 더 구입하고 외국 소비자는 국내 상품을 덜 구입하므로 순수출이 감소하게 된다.

그리고 단기에서는 이자율의 변동에 환율이 같은 방향으로 움직이는 것이 이자율과 순수출 간의 관계를 제공한다. 이는 단기모형에 환율을 반영시키는 핵심적 연결 고리이다. 순수출이 중기 무역수지와 실질이자율 변화에 의한 단기 이탈(deviation)에 의해 결정되는 것으로 가정하면 순수출은 식 (14.7)로 나타낼 수 있다. $\bar{\beta}_{nx}(r_t - \bar{r}^*)$는 경기변동이 고려된 것으로 양국 간 실질이자율의 차이에 의해 결정되는 항목이다. $\bar{r}^*$는 해외 실질이자율로 외생변수이다. $\bar{a}_{nx}$는 9장의 IS곡선에서 가정했던 GDP에 대한 순수출의 기본 비율로 자본의 차입과 대여에 의해 좌우되는 중기 무역수지로 생각할 수 있다.

$$\frac{NX_t}{\bar{Y}_t} = \bar{a}_{nx} - \bar{\beta}_{nx}(r_t - \bar{r}^*) \tag{14.7}$$

먼저 국내 실질이자율의 영향을 생각해보자. 식 (14.7)에 따르면 국내 실질이자율이 상승할 경우 순수출이 감소하게 된다. 그런 영향이 초래되는 과정을 명목이자율의 상승부터 나타내면 다음과 같다.

명목금리 상승 → 실질금리 및 명목환율 상승 → 실질환율 상승
→ 수출 감소 및 수입 증가 → 순수출 감소

한국은행이 기준금리를 인상하면 금융시장의 명목이자율이 상승하고 인플레이션의 경직성으로 인해 실질이자율이 높아진다. 실질이자율의 상승은 해외자금이 유입되는 유인으로 작용하여 원화의 가치를 상승시킨다. 이는 한국의 상품 가격이 상대적으로 비싸지는 것인 만큼 수출은 줄어들고 수입은 늘어나 순수출이 감소한다.

해외 실질이자율의 상승이 우리나라의 순수출에 미치는 영향은 쉽게 이해할 수 있을 것이다. 미국의 실질이자율이 상승하면 우리나라 자산에 대한 매력이 떨어져 원화 수요가 줄어들게 된다. 그에 따라 원화 가치가 하락하여 순수출이 증가한다.

새 IS곡선

9장의 IS곡선(이하, 기본 IS곡선)은 실질이자율과 자본의 한계생산 간 차이에 의해 단기산출이 결정되도록 하였다. 이를 고려하여 식 (14.7)의 우변에 $\bar{r}$를 더하고 빼면 순수출이 식 (14.8)과 같이 된다.

$$\frac{NX_t}{\bar{Y}_t} = \bar{a}_{nx} - \bar{\beta}_{nx}(r_t - \bar{r}) + \bar{\beta}_{nx}(\bar{r}^* - \bar{r}) \tag{14.8}$$

순수출을 식 (14.8)과 같이 변환한 이점은 순수출이 투자처럼 $r_t - \bar{r}$에 의해 결정된다는 것이다. 투자 방정식 형태의 순수출 식 (14.8)을 단기모형에 적용하면 개방경제의 새 IS곡선이 식 (14.9)로 유도되는데 그 형태는 기본 IS곡선과 같다.

$$\text{IS}: \quad \tilde{Y}_t = \bar{a} - \bar{\beta}(r_t - \bar{r}) \tag{14.9}$$

여기서 $\bar{\alpha} \equiv \bar{a}_c + \bar{a}_i + \bar{a}_g + \bar{a}_{nx} - 1 + \bar{\beta}_{nx}(\bar{r}^* - \bar{r})$이고 $\bar{\beta} \equiv \bar{\beta}_i + \bar{\beta}_{nx}$이다.

새 IS곡선에서는 총수요 파라미터 $\bar{\alpha}$에 새로운 항목인 해외 실질이자율과 자본의 한계생산 간의 차이 $\bar{r}^* - \bar{r}$가 포함되어 있다. 장기적으로는 국내 경제에서와 마찬가지로 그 차이가 0이 된다. 따라서 장기에 $\bar{\alpha} = 0$이 되는 단기모형의 특성을 유지하고 있다. $\bar{\alpha}$에 포함된 해외 실질이자율의 변화는 국내 경제에 대한 총수요충격으로 작용한다. 이에 대해서는 뒤에서 다시 살펴보기로 한다.

여기서 주목해야 할 점은 새 IS곡선이 기본 IS곡선과 같은 모습이라는 것이다. 이는 식 (14.7)과 같이 순수출에 경기변동을 포함하여도 IS곡선뿐만 아니라 AD/AS모형이 잘 작동한다는 의미를 함축한다. 차이점은 충격을 받을 수 있는 파라미터가 추가되었고 이자율이 순수출에 영향을 미치기 때문에 더 많은 분석을 할 수 있게 되었다는 것이다.

이제 개방경제 하에서 통화정책 및 해외 실질이자율의 변화가 경제에 미치는 영향을 분석해보자.

긴축적 통화정책과 IS곡선

한국은행이 긴축적 통화정책을 위해 금리인상을 결정하면 어떤 일이 발생할까? 단기산출은 두 경로를 통해 감소한다. 첫번째는 투자 감소로 인해 단기산출이 줄어드는 경로로 9장에서 이미 살펴본 내용이다. 명목이자율이 상승하면 경직적 인플레이션으로 실질이자율이 상승한다. 그 결과 실질이자율이 자본의 한계생산보다 높아져 기업의 투자수요가 감소하고 그에 따라 단기산출이 감소하게 된다.

두번째는 이자율의 상승으로 초래되는 원화의 가치상승이 순수출의 감소를 통해 단기산출을 줄이는 경로이다. 국내 이자율이 상승하면 원화 표시 금융자산에 대한 수요가 증가하면서 원화가 절상된다. 원화 절상, 즉 원/달러 명목환율이 하락하면 단기의 경직적 인플레이션으로 실질환율이 높아져 수출이 감소하고 수입은 증가한다. 이러한 순수출의 감소는 단기산출을 줄이는 또 다른 요인으로 작용하게 된다.

이처럼 새 IS곡선으로 분석한 이자율 상승의 단기산출에 대한 영향은 기본 IS곡선에 의한 결과와 정성적으로 동일하다. IS곡선은 우하향하고 이자율의 상승은 단기산출의 감소를 초래한다. 그러나 달라진 것도 있다. 두번째 경로가 추가되면서 동일한 이자율 상승에 대해 단기산출이 더 크게 감소한다는 점이다. 환율 영향을 고려한 새 IS곡선은

[그림 14-4]와 같이 기본 IS곡선에 비해 평평한 모습이 된다.

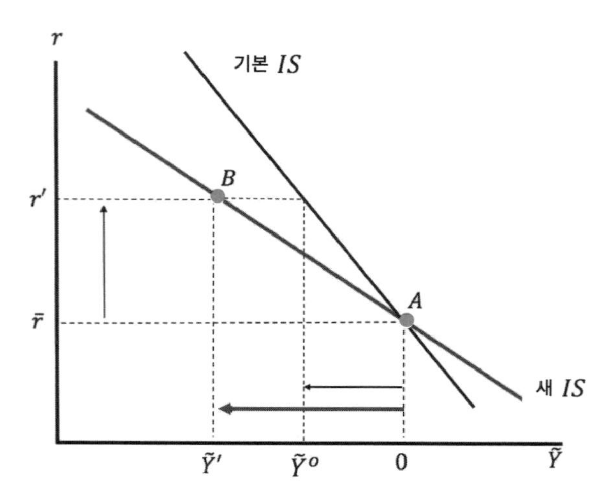

[그림 14-4] 새 IS곡선과 이자율 상승

해외금리의 변동

Fed가 금리를 인상하면 우리 경제는 어떤 영향을 받게 될까? 이 질문에 대한 답도 식 (14.8)로부터 구할 수 있다. 순수출 방정식 $NX_t/\bar{Y}_t = \bar{a}_{nx} - \bar{\beta}_{nx}(r_t - \bar{r}) + \bar{\beta}_{nx}(\bar{r}^* - \bar{r})$에 의하면 미국의 금리인상, 즉 $\bar{r}^*$의 상승은 우리나라의 순수출 증가를 가져온다. 달러표시 자산의 이자율이 상승하면 달러화에 대한 수요가 증가하면서 달러의 가치는 상승하고 원화의 가치는 하락한다. 단기에는 인플레이션이 경직적이므로 원화의 실질환율이 하락하여 우리나라 상품의 실질가격이 낮아지면 수출이 증가하고 수입이 감소하여 순수출이 증가한다. 즉, Fed가 금리를 인상하면 우리나라의 IS곡선이 오른쪽으로 이동하게 된다. 미국의 이자율 상승으로 새로운 IS곡선의 식 (14.9)에서 파라미터 $\bar{a}$가 상승한다. 국내의 실질이자율이 불변이므로 우리나라의 단기산출은 미국의 통화정책에 힘입어 증가하게 된다.

한편, 이와 같은 Fed의 금리인상 영향을 AD/AS모형으로도 분석할 수 있는데 그 결과가 [그림 14-5]에 요약되어 있다. 충격의 원인이 미국의 긴축적 통화정책이라는 점 이외에는 일시적인 양의 총수요충격과 동일한 동태적 움직임이 한국경제에 나타난다.

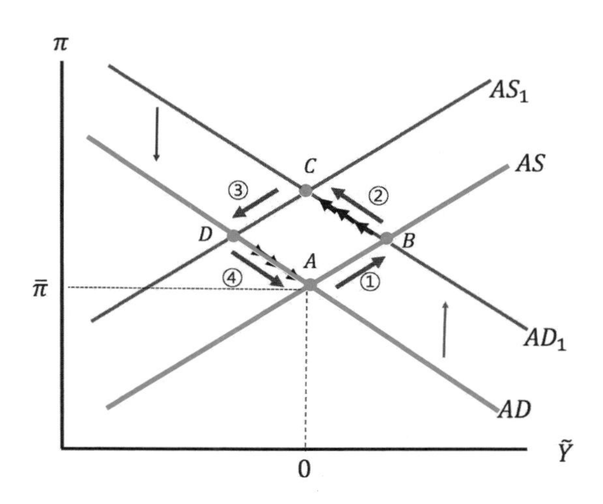

[그림 14-5] 한국경제에 대한 Fed의 금리인상 영향

IS곡선의 우측 이동은 일시적 양의 총수요충격이 발생한 것과 같은 동태적 변동을 초래한다. IS곡선의 이동으로 AD곡선이 [그림 14-5]와 같이 우상향으로 이동하면 경제가 점 A에서 점 B로 옮겨가면서 단기산출이 증가하고 인플레이션율이 상승한다. 인플레이션율이 상승하면 적응적 기대 하의 기대인플레이션율이 높아지면서 AS곡선이 위쪽으로 이동하기 시작한다. 높아진 인플레이션율이 통화정책준칙에 의한 금리상승을 초래하고 그에 따라 단기산출 $\tilde{Y}$가 점 B의 수준에서 점진적으로 감소하는 과정이 나타난다. $\tilde{Y} > 0$인 점 B에서 AS곡선이 AS_1으로 이동할 때 인플레이션의 경직성으로 인해 서서히 움직인다. 그리하여 경제는 점 B에서 점 C로 옮겨가 인플레이션율이 더 높아지지만 단기산출은 정상상태 수준으로 회복된다.

미국의 금리인상 충격이 사라지면 AD곡선이 원래 위치로 되돌아가 경제가 점 C에서 점 D로 이동하고 마치 음의 수요충격이 발생한 것과 같은 효과가 나타난다. 그 결과 침체가 초래되어 인플레이션 하락 압력으로 작용하면서 AS곡선도 점차 원래 위치로 이동한다. 이러한 동태적 움직임을 통해 경제는 최종적으로 점 A의 정상상태로 되돌아간다.

한편 Fed의 금리인상은 다른 경로를 통해 우리 수출을 감소시킬 수 있다. 금리인상이 미국 경제의 성장을 약화시키면 우리나라 재화에 대한 미국의 수요가 감소하여($\bar{a}_{nx}\downarrow$) 우리나라의 AD곡선이 좌하향으로 이동할 수 있기 때문이다. 따라서 미국의 금리인상이 우리 경제에 미치는 순효과는 불확실하다.

4 환율제도

환율제도는 크게 고정환율제도와 변동환율제도로 분류된다. **고정환율제도**(fixed exchange rate regime)에서는 통화의 가치가 미국 달러화 같은 기준통화(anchor currency)에 고정된다. **변동환율제도**(floating exchange rate regime)에서는 통화의 가치가 모든 나라들의 통화에 대해 시장에서 자유롭게 변동된다.

국제금융시스템에서 환율제도는 역사적으로 크게 금본위제도(gold standard), 브레튼우즈(Bretton Woods) 시스템, 변동환율제도의 세 국면으로 구분될 수 있다. 제2차 세계대전 이전의 국제금융시스템은 대부분 금본위제도에 의존하였다. 각국의 통화가 고정된 가격에 의해 금으로 태환(兌換)되었고 그에 따라 통화들 간 환율이 고정되었다. 예를 들어 금 가격을 미국은 20.70$/온스로, 영국은 4.25£/온스로 각각 고정하였다. 이는 1$를 1/20.7온스의 금과 교환하여 1온스당 4.25£의 가격으로 영국 파운드를 교환할 수 있다는 것이다. 따라서 영국 파운드와 미국 달러의 환율은 다음과 같이 0.205£/$로 산출된다.

$$\frac{1\$}{20.70\$/\text{온스}} \times 4.25£/\text{온스} = 0.205£/\$$$

제2차 세계대전이 끝날 무렵인 1944년, 미국 뉴햄프셔(New Hampshire) 주 브레튼우즈에서 국제금융시스템을 위한 새로운 고정환율제도가 마련되었다. '브레튼우즈 시스템'이라고 알려진 새 제도는 금에 대한 미국 달러화의 가치를 35$/온스로 정하고 대부분 국가의 환율을 미국 달러에 고정하였다. 미국 달러화는 기축통화의 역할과 함께 각국의 지급준비통화(reserve currency)로서 부족한 금을 대신하여 국제유동성을 공급하는 원천이었다. 그리고 브레튼우즈의 합의에 의해 창설된 국제통화기금(International Monetary Fund, IMF)은 고정환율을 유지하기 위한 준칙을 만들고 회원국들의 준수를 유도하였다.

브레튼우즈 시스템이 출범한 이후 환율은 안정을 유지하였다. 그러나 1960년대 미국의 베트남 전쟁으로 무역수지 적자가 확대되고, 전비조달을 위한 통화량 증발에 따른 인플레이션으로 달러 가치가 급락하면서 미국 달러화의 금태환이 위협을 받게 되었다. 미국을 비롯한 선진국들의 여러 노력에도 불구하고 1970년대 들어 달러의 과잉 공급과 금 부족으로 달러화에 대한 신뢰가 무너졌다. 그러자 1971년 8월 15일, 미국 닉슨(Nixon) 대통령이 금태환 정지를 선언하였고 브레튼우즈 체제는 붕괴하게 되었다. 그 이후 주요 선진 경제에서 변동환율제도가 채택되었다. 국가 간 통화정책 협조는 공식적으로 이루어지지 않았고 명목환율은 외환시장의 수요와 공급에 의해 결정되었다.

한편 우리나라의 환율제도는 경제 발전과 국제환경의 변화에 맞추어 크게 다섯 차례 변경되었다. 1964년까지 시행된 고정환율제도와 이후의 단일변동환율제도 기간 중에는 한국은행에서 고시하는 집중기준율을 중심으로 외환을 집중·관리하면서 사실상 환율이 고정된 형태로 운용되었다. 그러다가 1980년대 들어 복수통화바스켓제도를 도입하여 변동환율제도로 이행하는 중간단계를 거치고 1990년대에는 시장평균환율제도를 도입하여 환율의 일일변동 허용폭을 점차 확대하였다. 그리고 1997년 12월 외환위기가 발생했을 때 환율변동 허용폭에 대한 제한을 철폐하여 변동환율제도로 이행하였다.

정책 트라이레마

개방경제는 '환율 안정', '독립적 통화정책', '자유로운 자본이동'이라는 세 가지 목표를 달성하고자 한다. 첫번째 목표인 환율 안정은 개인이나 기업이 보다 쉽게 국외거래와 관련된 의사결정을 하도록 한다는 점에서 물가수준의 안정만큼이나 중요하다. 환율의 심한 변동은 자원의 이전을 초래하는데 그런 현상은 특히 환율이 크게 절하되는 통화위기 때 뚜렷이 나타난다. 두번째, 자국의 통화정책을 독립적으로 결정하는 것은 경제활동과 인플레이션을 안정시키기 위해 필요하다. 이는 우리가 단기모형에서 살펴본 것과 같은 이유이다. 세번째 목표인 자유로운 자본이동은 자원의 효율적 배분을 위하여 추구한다.

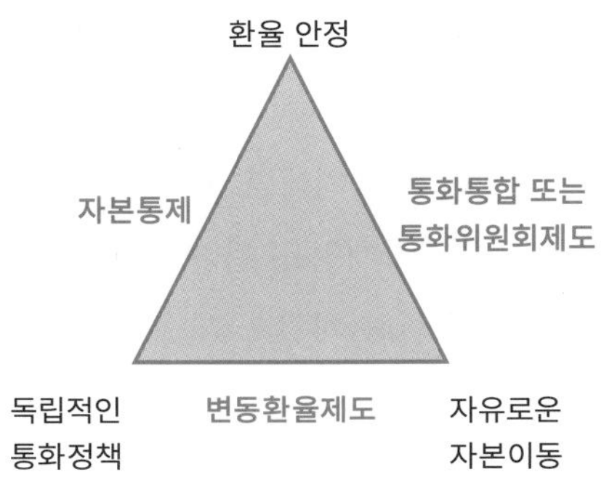

[그림 14-6] 개방경제의 정책 트라이레마

그러나 위의 바람직한 세 가지 목표를 동시에 추구하는 것은 불가능한데 이를 **정책 트라이레마**(policy trilemma) 혹은 **불가능한 삼위일체**(impossible trinity)라고 한다. [그림 14-6]은 정책 트라이레마를 그림으로 나타낸 것이다. 세 가지 목표는 삼각형의 각 꼭짓점에, 세 가지 선택은 삼각형의 각 변에 제시되어 있다. 어떤 나라든 세 가지 목표 가운데 두 가지만 채택할 수 있고 제3의 꼭짓점에 있는 목표는 포기해야 한다.

변동환율제도를 채택하고 있는 미국, 유로존, 일본, 그리고 우리나라의 경우에는 독립적 통화정책과 자본시장의 개방에 의한 자유로운 자본이동을 선택한 것으로 볼 수 있다. 자유로운 자본이동과 환율의 안정을 선택한 나라의 예로는 홍콩이나 1990년대 아르헨티나를 들 수 있다. 이들 나라에서는 통화정책을 독립적으로 시행할 수 없다. 끝으로 중국은 환율안정과 독립적 통화정책을 선택한 것으로 볼 수 있다. 이런 선택에는 국경을 넘나드는 자본의 이동을 제약하는 **자본통제**(capital control)가 가해진다.

외환시장개입

우리처럼 변동환율제도를 채택한 나라들은 환율 안정을 포기하고 외환시장에서 환율이 자유롭게 조정되도록 하는 원칙을 상정한다. 그러나 현실적으로는 정부나 중앙은행이 다른 시장에 대해서와 마찬가지로 외환시장에도 개입한다. 특히 우리나라는 선진국에 비해 외환시장 규모가 매우 작고 외부충격에 대한 환율의 반응이 민감하다. 또 대외개방 정도가 높아 환율변동이 경제 전반에 미치는 영향이 크다. 이 때문에 원칙적으로는 외환시장에서 환율이 자율적으로 결정되도록 하되 일시적인 수급불균형이나 시장 불안심리 등으로 환율이 급변동할 때에는 외환시장에 제한적으로 개입하여 환율변동 속도를 조절하는 스무딩 오퍼레이션(smoothing operation)을 하고 있다.

외환시장개입이란 외환당국이 은행 간 외환시장에 직접 참가하여 자국통화를 대가로 외화자산을 매입 또는 매각하는 것을 말한다. 외환시장개입은 통화량, 단기시장금리, 외화자산에 영향을 미치거나 시장참가자의 기대를 변화시켜 환율의 수준이나 변동성에 영향을 미친다. 우리나라의 경우 외환시장개입을 위한 원화 재원으로는 본원통화와 외환시장안정용 국고채 발행자금이 있으며 외화 재원으로는 한국은행이 보유·운용하고 있는 외환보유액과 외국환평형기금 자금이 있다.

외환시장개입의 예를 들면, 단기간에 원/달러 환율이 급격하게 하락할 경우 외환당국은 외환시장에서 원화를 대가로 미 달러화를 매입함으로써 미 달러화의 초과공급(원화의 초과수요)을 흡수하여 원화의 절상속도를 조절할 수 있다. 이와 반대로 원/달러 환율이 급등할 때는 외환당국이 원화를 대가로 미 달러화를 매각하여 원화의 절하속도를 조절할 수 있다.

한편 한국은행이 외환시장에서 외화자산을 매입 또는 매도하면 외환보유액뿐만 아니라 본원통화가 같은 크기만큼 증가하거나 감소하고 그에 따라 단기시장금리와 통화량이 변동하게 된다. 이러한 본원통화 변동은 상쇄할 수도 있고 그대로 둘 수도 있다. 본원통화가 변동하지 않도록 하는 상쇄적 공개시장운영과 함께 이루어지는 외환시장개입을 **불태화 외환시장개입**(sterilized foreign exchange intervention)이라고 한다. 이와 반대로 본원통화의 변동에 대응하지 않고 외환시장개입이 초래하는 단기이자율이나 통화량의 변화를 수용하는 외환시장개입을 **태화외환시장개입**(unsterilized foreign exchange intervention)이라고 한다.

요약

1 우리나라의 무역수지는 1980년대 초반까지 적자를 지속하다가 1984년에 흑자로 돌아섰다. 이후 1990년대에는 몇몇 해에 적자를 기록하기도 했으나 기간 전체로는 무역수지 흑자가 GDP의 1%를 기록하였다. 특히 1998년 이후에는 무역수지가 흑자를 지속하고 있고 2013년부터는 GDP의 5%를 넘는 수준이다.

2 명목환율은 한 나라 통화와 다른 나라 통화 간 교환비율로 두 나라 통화의 상대적 가치를 나타낸다. 실질환율은 재화와 서비스의 국가 간 교환비율이다.

3 장기 실질환율은 일물일가의 법칙을 양국의 전반적인 물가수준에 적용한 구매력평가이론에 의해 결정되며 그 값이 1이다. 현실에서는 세금의 차이, 운송비용 등과 같은 마찰로 인해 구매력평가이론이 정확하게 성립하지 않는다.

4 장기 명목환율은 두 나라 물가수준의 비율과 일치한다. 장기에서는 실질환율이 구매력평가이론에 의해 1이기 때문이다.

5 단기 명목환율은 국제금융시장에서 결정되며 경직적 인플레이션으로 일물일가의 법칙이 성립되지 않는다. 따라서 단기에서는 명목환율이 변화하면 실질환율도 변화한다.

6 이자율과 환율(외국통화표시법)은 같은 방향으로 움직인다. 한국은행이 기준금리를 인상하면 단기 명목이자율이 상승하고 인플레이션의 경직성으로 인해 실질이자율이 높아진다. 실질이자율의 상승은 해외자금의 유입요인으로 작용하여 원화를 절상시킨다.

7 실질환율은 순수출을 결정하는 주요 요인이다. 순수출은 실질환율과 음(−)의 관계인데 환율과 이자율이 같은 방향으로 움직이므로 순수출은 이자율의 감소함수이다.

8 정책 트라이레마는 개방경제가 '환율 안정', '독립적 통화정책', '자유로운 자본이동'이라는 세 가지 목표 가운데 두 가지만 달성할 수 있다는 것이다.

연습문제

1 단기모형에서 순수출이 실질환율에 의해 결정될 경우, 그렇지 않을 때와 비교하여 IS곡선이 어떻게 변화하는지 설명하라. 그리고 그 결과의 경제적 의미를 설명하여라.

2 장기의 명목환율은 구매력평가이론에 의해 다음과 같이 결정된다.

$$E = \frac{P^*}{P}$$

P^*를 일본의 물가수준, P를 미국의 물가수준, 그리고 E를 엔/달러 환율이라고 할 때 다음 물음에 답하라.

(1) 위 식을 상승률로 변환하여 엔/달러 환율의 상승률을 일본과 미국의 인플레이션율의 함수로 나타내보라.

(2) 1975~1995년 미국과 일본의 인플레이션율이 각각 5.7%, 3.6%였다. 미국 달러화가 엔화에 비해 얼마나 절하 혹은 절상되었을 것으로 예상되는가?

(3) Fed St. Louis의 FRED에 의하면 엔/달러 환율은 1975년 296.78엔/달러, 1995년 93.96엔/달러였다. 엔화에 대한 달러화 가치의 변화율을 계산하고, 그 값에 (2)의 결과가 잘 부합하는지 설명하라.

(4) 1975년과 1995년 사이에 실질환율은 어떻게 되었어야 하는가? 왜 그렇게 되었어야 하는지 논해보라.

3 경기가 호황일 때 해외 재화에 대한 수요가 증가하는 것이 일반적이다. 이 같은 현상을 단기모형에 반영하여 순수출 함수를 다음과 같이 설정하였다고 하자.

$$\frac{NX_t}{\bar{Y}_t} = \bar{a}_{nx} - \bar{\beta}_{nx}(r_t - \bar{r}^*) - \bar{n}\tilde{Y}_t$$

새로운 순수출 함수에 의한 IS곡선을 유도하고 9장의 IS곡선과 어떤 차이가 있는지 설명하라.

4 소규모 개방경제라고 볼 수 있는 우리나라는 자본이동이 자유롭고 변동환율제도를 채택하고 있다. 글로벌 금융위기의 충격으로 부진한 모습을 보여오던 세계경제가 최근 들어 선진국을 중심으로 회복되고 있다고 가정하고 다음 물음에 답하라.

(1) 세계경제의 회복세가 우리 경제의 환율, 이자율, 무역수지, 실질소득 등에 미칠 효과를 분석하라.

(2) Fed는 경기회복 등에 힘입어 금융위기 때 매입했던 채권을 매각하는 양적 긴축(quantitative tightening), 금리인상 등 통화정책의 정상화를 추구하고 있다. 이러한 Fed의 정책이 우리나라 경제에 미칠 영향에 대해 논하라.

(3) (2)의 영향을 고려할 때 우리나라의 거시경제정책이 어떤 방향으로 운용되는 것이 바람직한지 논하라.

15장

미시적 기초: 소비, 투자, 정부

지금까지 우리는 거시경제학의 여러 문제를 다루는 데 있어서 가계, 기업, 정부의 행동을 단순하게 가정하였다. 현실을 가급적 단순화하여 분석에 필요한 모형을 설정함으로써 거시경제학의 기본 원리를 이해하는 데 큰 어려움이 없도록 하기 위해서였다. 그러나 현실경제를 보다 잘 이해하기 위해서는 거시경제학의 미시적 기초에 대해 좀 더 심도 있게 고찰할 필요가 있다. 따라서 이 장에서는 가계의 소비, 민간기업의 투자 그리고 정부의 경제적 행동에 대한 보다 자세한 논의를 통해 거시경제이론을 좀 더 깊이 있게 이해할 수 있도록 한다.

1 소비

우리나라 경제에서 민간소비는 2016년중 800조원에 가까운 규모로 GDP의 절반 정도를 차지했다. 약 2,000만 가구가 의식주, 휴가, 건강 등과 관련한 경제적 의사결정을 통해 지출을 한 결과이다. 그들의 결정은 어떤 경제적 유인들에 의해 이루어졌을까?

지금까지 우리가 살펴본 모형에서는 소비가 매우 단순하게 처리되었다. 솔로우모형에서는 개인들이 소득의 일정 부분을 저축하고 나머지를 소비로 지출하는 것으로 가정하였다. 그리고 단기모형에서는 잠재산출량의 일정 부분이 소비로 지출되는 것으로 가정하였다. 그러나 현실 세계의 소비는 그와 같은 가정보다 복잡하다.

이 절에서는 소위 신고전학파 소비모형에 대해 논의할 것이다. 신고전학파 모형에 따르면 개인들은 현재와 미래의 소비에 의해 결정되는 평생 동안의 효용이 극대화되도록 소비를 선택한다. 그리고 사람들은 미래의 소득이 현재의 소득과 다를 수 있다는 것을 인식하며 그 차이가 현재의 소비에 영향을 미친다.

1-1 신고전학파 소비모형

신고전학파(neoclassical) 소비모형을 이해하기 위해 먼저 시간이 오늘과 미래의 두 기간만 존재한다고 가정하자. 소비자는 오늘과 미래에 벌어들이는 총소득 가운데 오늘 얼마만큼 소비하고 미래에 얼마나 소비할지를 결정한다. 이러한 소비의 기간간 선택을 본질로 하는 신고전학파 모형은 **기간간 예산제약**(intertemporal budget constraint)과 **효용함수**(utility function)에 기초한다.

기간간 예산제약

전체 소비자를 대표할 수 있는 철수라고 하는 소비자가 있다고 가정하자. 철수는 오늘과 미래의 두 기간만 생존하고 물려받은 금융재산이 f_0이며 오늘과 미래의 근로소득이 각각 y_1 및 y_2이다. 이런 여건 하에서 철수는 오늘의 소비지출 c_1과 미래의 소비지출 c_2를 선택한다.

금융재산에 대한 이자율이 r이라고 하면 철수가 소비를 결정하는 데 있어서의 예산제약은 식 (15.1)과 식 (15.2)와 같다.

$$c_1 = f_0 + y_1 - f_1 = y_1 - (f_1 - f_0) \tag{15.1}$$

$$c_2 = y_2 + (1+r)f_1 \tag{15.2}$$

두 식은 오늘과 미래의 소비가 모두 근로소득에서 저축을 제외한 것과 일치한다는 것을 나타낸다. 오늘의 소비 식 (15.1)에서 $f_1 - f_0$는 철수가 미래를 위해서 하는 저축이다. 미래의 소비 식 (15.2)는 철수가 근로소득으로 y_2만큼 버는 동시에 금융재산으로부터 이자소득을 얻는 것을 나타낸다. 그런데 미래에서는 생애가 끝나므로 더 이상 저축을 하지 않고 그 시점에서 가용한 소득과 자산을 모두 소비한다.

식 (15.1)과 식 (15.2)를 결합하면 **기간간 예산제약**을 나타내는 식이 유도된다. 식 (15.2)의 양변을 $(1 + r)$로 나눈 다음 식 (15.1)과 합하면 평생 동안의 소비와 가용자원이 일치하는 식 (15.3)이 도출된다.

$$c_1 + \frac{c_2}{1+r} = f_0 + y_1 + \frac{y_2}{1+r} \tag{15.3}$$

식 (15.3)에서 좌변은 평생 소비지출의 현재할인가치이고 우변은 평생 동안 쓸 수 있는 자원의 현재할인가치이다. 즉, 철수는 현재와 미래의 소비를 결정할 때 그가 사용할 수 있는 총자원의 제약을 받는다. 그러한 가용자원에는 초기의 금융재산 f_0은 물론 평생 근로소득의 현재가치 $y_1 + y_2/(1 + r)$가 포함된다.

식 (15.3)은 어떤 기간 동안의 개인 소비가 그 기간의 소득과 상당히 다를 수 있음을 함축하고 있다. 미래를 위해 저축을 할 수 있을 뿐만 아니라 미래의 근로소득을 앞당겨 사용하는 차입이 가능하기 때문이다. 다만 평생 소비지출의 현재할인가치는 평생 가용자원의 현재할인가치와 일치해야 한다.

효용(Utility)

철수는 평생효용의 극대화를 위해 오늘의 소비와 미래의 소비를 선택하는데 효용함수는 다음과 같이 한계효용이 감소하는 $u(c)$라고 가정하자.

$$u'(c) > 0,\ \ u''(c) < 0$$

그런데 소비가 두 기간에 걸쳐 이루어지고 평생효용은 오늘의 소비 및 미래의 소비에 의해 결정된다. 따라서 철수의 평생효용은 식 (15.4)와 같이 쓸 수 있다.

$$U = u(c_1) + \beta u(c_2) \tag{15.4}$$

파라미터 β는 철수의 미래 소비(c_2) 한 단위가 오늘 소비(c_1) 한 단위와 같은 크기의 효용을 주지 못하는 것을 나타낸다. 미래의 소비에 비해 오늘의 소비가 상대적으로 더 큰 만족을 준다면 β가 1보다 작게 된다. 만약 오늘 소비와 미래 소비의 효용이 동일하다면 $\beta = 1$이다. β를 소비자가 인내하는 정도를 나타내는 것으로 보기도 한다.

효용 극대화를 위한 소비의 선택

앞에서 유도된 기간간 예산제약과 평생 효용함수로 신고전학파 소비모형이 설정되었다. 철수가 기간간 예산제약 하에서 평생효용을 극대화하는 c_1과 c_2를 선택하는 것은 바로 다음 문제의 해를 구하는 것이다.

$$\begin{aligned} max_{c_1, c_2} U &= u(c_1) + \beta u(c_2), \\ \text{s.t.} \quad c_1 + \frac{c_2}{1+r} &= f_0 + y_1 + \frac{y_2}{1+r} \end{aligned} \tag{15.5}$$

효용극대화 문제의 해는 식 (15.6)과 같은데 이를 **오일러 방정식**(Euler's equations)이라고 한다.[1]

$$u'(c_1) = \beta(1+r)u'(c_2) \tag{15.6}$$

---

1 식 (15.5)는 여러 방법으로 풀 수 있는데 라그랑주 방정식(Lagrangian equation)을 이용하면 다음과 같다. 먼저 주어진 문제를 다음과 같은 라그랑주 방정식으로 변환한다.

$$\mathscr{L} = u(c_1) + \beta u(c_2) + \lambda\left[f_0 + y_1 + \frac{y_2}{1+r} - c_1 - \frac{c_2}{1+r}\right]$$

그리고 c_1 및 c_2에 대해 미분한 후 그 값을 0으로 놓아 각각의 일계조건을 구한다.

$$u'(c_1) - \lambda = 0, \quad \beta u'(c_2) - \lambda\frac{1}{1+r} = 0$$

이들 두 식에 대해 간단한 수학적 처리를 하면 식 (15.6)이 도출된다.

오일러 방정식은 철수가 오늘 한 단위를 더 소비하여 얻는 효용과 그 한 단위를 저축했다가 미래에 소비할 때 얻는 효용이 무차별하다는 것을 나타낸다.

로그 효용함수와 소비

소비가 어떻게 결정되는지 보다 명시적으로 살펴보기 위해 효용함수를 $u(c) = \ln c$의 자연로그함수로 설정해보자. 이 경우 소비의 한계효용은 $u'(c) = 1/c$이다. 이를 오일러 방정식에 대입하면 다음 식을 구할 수 있다.

$$\frac{1}{c_1} = \beta(1+r)\frac{1}{c_2} \tag{15.7}$$

이를 다시 정리하면 매우 직관적인 식 (15.8)이 유도된다.

$$\frac{c_2}{c_1} = \beta(1+r) \tag{15.8}$$

소비 증가율을 g_c라고 하면 식 (15.8)의 좌변 c_2/c_1는 $1 + g_c$이다. 따라서 식 (15.8)은 소비 증가율이 할인 파라미터와 이자율을 곱한 값과 일치되도록 결정된다는 의미이다. 만약 인내심이 낮다면 미래의 효용에 낮은 가중치를(낮은 β) 두는 것이므로 소비 증가율이 낮아진다. 반면에 이자율이 높아 저축으로 더 많은 가용자원을 얻을 수 있으면 소비 증가율이 높아진다.

오일러 방정식을 소비 증가율 형태로 나타내면 실질이자율이 경제성장률과 비슷한 이유를 찾을 수 있다. 3~5장에서 살펴본 바와 같이 일반균형모형에서는 실질이자율과 경제성장률이 모두 내생변수인데 두 변수 간의 관계를 오일러 방정식으로 설명할 수 있다.

솔로우나 로머의 성장모형에 의해 경제성장률이 결정되면 오일러 방정식에 의해 실질이자율이 결정되는데 이를 설명하기 위해 식 (15.8)과 구체적 수치를 이용해보자. 장기 성장모형에서 내생변수인 경제성장률과 소비 증가율이 모두 3%라고 하자. 그리고 단순화를 위해 $\beta = 1$이라고 하면 식 (15.8)에 의해 실질이자율도 3%로 경제성장률과 동일하다. 그런데 소비자들이 현재의 소비를 더 선호하면 $\beta < 1$이 되고 그에 따라 실질이자율이 경제성장률 3%보다 다소 높아진다. 이와 같은 결과의 요점은 **오일러 방정식에 의해 실질이자율과 경제성장률이 연계되어 있음**이 설명될 수 있다는 것이다.

1-2 항상소득가설: 확실성 하의 소비

우리는 9장에서 밀턴 프리드먼의 항상소득가설을 학습했다. 이 이론에 따르면 소비는 현재의 소득이 아니라 평생소득의 평균에 의해 결정된다. 이자율을 고려하여 정확하게 말하자면 소비는 평생소득의 현재할인가치에 의해 결정된다. 이는 신고전학파 소비모형으로도 설명할 수 있다.

분석의 단순화를 위해 $\beta = 1$이라고 하면 오일러 방정식은 식 (15.9)와 같이 된다.

$$c_1 = \frac{c_2}{1+r} \tag{15.9}$$

한편 식 (15.3)에서 총가용자원 $f_0 + y_1 + y_2/(1+r)$을 $\bar{W}$로 정의하면 기간간 예산제약식은 다음과 같다.

$$c_1 + \frac{c_2}{(1+r)} = \bar{W} \tag{15.10}$$

이 식에 식 (15.9)를 대입하면 식 (15.11)과 같이 c_1과 c_2를 구할 수 있다.

$$c_1 = \frac{1}{2}\bar{W}, \quad c_2 = \frac{1}{2}(1+r)\bar{W} \tag{15.11}$$

식 (15.11)은 가용자원의 절반은 오늘의 소비로 지출하고 나머지 절반은 저축하였다가 이자로 얻은 소득을 합하여 미래의 소비로 지출한다는 것이다. 다시 이야기하면 소비는 소비자의 전체 부(total wealth) $f_0 + y_1 + y_2/(1+r)$의 일정 비율로 지출되는데 전체 부는 소득의 현재할인가치다. 따라서 항상소득가설은 신고전학파 소비모형의 하나로 볼 수 있다.

한편 두 기간을 T기간으로 일반화하면 소비는 다음과 같이 유도된다. β가 1인 개인이 T기간 생존하는 경우의 평생효용은 식 (15.12)와 같다.

$$U = u(c_1) + u(c_2) + \ldots + u(c_T) = \sum_{t=1}^{T} u(c_t), \;\; u' > 0, \;\; u'' < 0 \tag{15.12}$$

초기 재산을 w_0, 평생 동안의 근로소득을 y_t, $t = 1, \ldots, T$로 표시하고 이자율을 $r = 0$이라 하면 예산제약은 다음과 같다.

$$\sum_{t=1}^{T} c_t = w_0 + \sum_{t=1}^{T} y_t \tag{15.13}$$

식 (15.12)와 식 (15.13)으로부터 효용이 극대화되는 소비를 도출하기 위한 라그랑주 방정식을 다음과 같이 설정한다.

$$\mathscr{L} = \sum_{t=1}^{T} u(c_t) + \lambda \left(w_0 + \sum_{t=1}^{T} y_t - \sum_{t=1}^{T} c_t \right) \tag{15.14}$$

식 (15.14)로부터 얻는 효용극대화의 일계조건은 식 (15.15)와 같다. 이는 모든 기간에서 소비의 한계효용이 동일하다는 것을 의미한다. 한계효용은 소비수준에 의해 결정되므로 식 (15.15)는 모든 기간에서 소비가 일정하다는 것이다. 즉 $c_1 = c_2 = \ldots = c_T$라는 것이다.

$$u'(c_t) = \lambda, \;\; t = 1, \ldots, T \tag{15.15}$$

동 조건을 예산제약에 대입하면 다음 식이 구해진다.

$$c_t = \frac{1}{T}\left[w_0 + \sum_{t=1}^{T} y_t\right] \tag{15.16}$$

식 (15.16)은 평생 동안의 가용자원이 각 기간에 균등하게 배분되어 소비된다는 것을 의미한다. 어떤 기간 동안의 개인 소비는 그 기간 중의 소득이 아니라 평생 동안 발생하는 소득, **항상소득**에 의해 결정된다는 것이다.

1-3 불확실성 하의 소비: 랜덤워크 가설(random-walk hypothesis)

미래 소득이 불확실할 경우 철수의 소비는 어떻게 될까? 철수가 오랫동안 기대하던 승진을 하게 되면 소득이 증가할 것이다. 반대로 업무가 외부위탁(outsourcing)되거나 회사가 파산하여 일자리를 잃을 수도 있다.

이처럼 미래 소득에 대한 불확실성이 존재할 경우 신고전학파 소비모형에 의하면 현재 소비가 평생에 걸쳐 얻을 수 있는 가용자원의 현재 가치에 대한 정보에 의해 결정된다. 예를 들어 철수가 그동안의 업무적 성과에 미루어 승진이 되면서 소득이 크게 증가할 것을 인식한다면 그런 정보가 오늘의 소비에 반영될 것이다. 그리고 철수가 해고를 당한 후 실업 상태가 길어질 것으로 예상하면 현재 소비가 큰 영향을 받을 것이다.

이처럼 이용할 수 있는 모든 정보는 현재의 소비에 포함되는 만큼 소비의 변화를 예측하기 어렵다는 것이 **소비의 임의보행 견해**(random walk view of consumption)이다. 임의보행 견해를 좀 더 구체적으로 살펴보기 위해 $\beta = 1$ 및 $r = 0$이고 효용함수는 $(c_t - a/2c_t^2)$이며 예산제약은 식 (15.13)과 같다고 가정하자. 이러한 가정 하에서 미래 소득의 불확실성이 존재할 경우의 최적 소비는 다음 문제의 해를 구하는 것이다.

$$\max_{c_1,\ldots,c_T} E[U] \;=\; E\left[\sum_{t=1}^{T}\left(c_t - \frac{a}{2}c_t^2\right)\right],\;\; a>0 \qquad (15.17)$$

$$\text{s.t} \;\; \sum_{t=1}^{T} E_1[c_t] \;=\; w_0 + \sum_{t=1}^{T} E_1[y_t] \qquad (15.18)$$

식 (15.17)과 식 (15.18)은 개인이 오늘의 소비를 모든 가용한 정보에 의해 최적으로 선택하며 미래의 소비도 그 시점에서 가용한 정보에 의해 최적으로 선택함을 나타낸다. 이처럼 개인이 최적의 선택을 하는 만큼 현재 소비 c_1을 dc만큼 줄이면 그만큼 미래의 소비가 증가해야 한다. 개인이 소비를 최적화하고 있다면 오늘의 효용이 가져오는 한계적 변화가 평생 동안의 기대효용에 영향을 주지 못해야 하기 때문이다.

가정한 효용함수로부터 1기의 한계효용이 $1-a \cdot c_1$이므로 1기의 소비 감소에 따른 효용 비용은 $(1-a \cdot c_1)dc$이다. 한편 t기 소비의 한계효용은 $1-a \cdot c_t$이므로 1기 소비 감소에 따른 t기의 기대효용 혜택은 $E_1[(1-a \cdot c_t)dc]$인데 이는 1기에 가용한 정보를 조건으로 한 기대효용이다. 개인이 소비를 최적화하고 있다면 위에서 이야기한 대로 다음 식이 만족되어야 한다.

$$(1-a \cdot c_1) = E_1[1-a \cdot c_t],\;\; t=2,3,\ldots,T \qquad (15.19)$$

$E_1[1-a \cdot c_t] = 1-aE_1[c_t]$이므로 식 (15.19)는 다음과 같이 다시 쓸 수 있다.

$$c_1 = E_1[c_t],\;\; t=2,3,\ldots,T \qquad (15.20)$$

식 (15.20)에 의해 식 (15.18)의 좌변이 Tc_1이므로 현재의 소비 c_1은 식 (15.21)과 같이 나타낼 수 있다. 식 (15.21)은 현재 소비가 평생 기대소득의 $1/T$임을 보여준다.

$$c_1 = \frac{1}{T}\left(w_0 + \sum_{t=1}^{T} E_1[y_t]\right) \qquad (15.21)$$

한편 식 (15.20)으로부터 $c_1 = E_1[c_2]$라고 쓸 수 있다. 다음 기의 기대 소비는 현재 소비와 같다는 것이다. 기대의 정의에 따라 이를 일반화하면 식 (15.22)로 나타낼 수 있다. 이는 **소비가 임의보행**(random-walk)에 따른다는 것으로 소비의 변화를 예측할 수 없다는 의미다.

$$c_t = c_{t-1} + \varepsilon_t \tag{15.22}$$

랜덤워크 가설은 미래의 소득에 대한 불확실성이 있는 상황에서 합리적 기대를 하는 소비자가 항상소득이론에 따라 소비를 결정할 경우 최적 소비는 임의보행에 따른다는 것이다.

1-4 차입제약 및 예비적 저축

차입제약

항상소득이론에 내포된 중요한 의미는 소비자들이 시간의 흐름에 따라 소비를 평탄화하기 원한다는 것이다. 이는 대표적 소비자인 철수가 이자율 r로 자유로이 저축을 하거나 차입을 할 수 있다는 가정을 전제로 한 것이다. 그런데 만약 철수가 어떤 이유에서든 은행에서 돈을 빌릴 수 없다면 어떠할까?

현실적으로 누구나 저축은 제약 없이 할 수 있지만 차입은 그렇지 못하다. 은행들은 소비자의 소득이나 과거 행동을 기초로 신용이 좋지 못해 부적격하다고 판단하면 대출을 거부하기도 한다. 따라서 대출을 자유롭게 받을 수 없는 소비자가 있을 것이라는 가정이 현실에 더 부합한다. 이처럼 소비자들이 차입에 제약을 받는 것을 **차입제약**(borrowing constraints) 또는 **유동성제약**(liquidity constraints)이라고 한다.

차입제약이 있는 경우 기간간 예산제약이 더 이상 유효하지 못하고 소비가 현재의 소득보다 클 수 없다. 철수가 차입제약을 받는다면 철수의 소비는 소득을 초과할 수 없기 때문에 제약조건이 다음 식과 같이 단순해진다.

$$c_1 \leq y_1 \tag{15.23}$$

만약 철수의 소비가 그의 소득보다 적다면 차입 불가능이 소비를 제약하지 못한다. 즉 철수가 저축을 하는 상태라면 차입제약이 소비에 영향을 주지 못한다. 그러나 철수의 소득이 낮은 상태라면 그의 소비는 소득 수준으로 제약되어 $c_1 = y_1$이다. 차입제약을 받는 소비자의 소비는 전적으로 현재의 소득에 의존하므로 현재 소득이 변화하면 현재 소비도 변화한다.

예비적 저축

불확실성 하에서의 소비는 불확실한 미래 소득에 대비한 소비자들의 저축 행태에 의해 결정될 수도 있다. 소비자들에게는 미래에 갑자기 일자리를 잃거나 큰 병에 걸릴 수 있는 가능성이 상존한다. 그와 같은 사건이 반드시 일어난다고 볼 수는 없지만 그렇게 되어 소득이 크게 감소할지도 모르는 불확실성에 대비하여 소비자는 저축을 한다. 이처럼 미래 소득의 불확실성에 대응한 저축을 **예비적 저축**(precautionary saving)이라고 한다.

예비적 저축을 하는 소비자들은 소득과 재산이 일시적으로 낮아져도 저축을 한다. 이 경우에는 차입에 의해 소비의 평탄화를 추구해야 하는 항상소득가설과 다른 형태로 소비가 이루어진다.[2] 예비적 저축의 동기는 소비자로 하여금 차입제약이 없는데도 마치 차입제약에 직면한 것처럼 행동하게 할 수 있다. 항상소득가설에 따를 경우 차입이 필요한 저소득 소비자까지 저축을 하는 등 소비자들은 불확실한 미래를 위해 **완충기금저축**(buffer-stock saving)을 한다. 그리고 완충기금이 적립될 때까지는 현재의 소득이 증가해도 현재 소비를 크게 늘리지 않는다. 그러다가 완충기금이 적정 수준에 도달하면 미래를 위한 저축이 필요하지 않으므로 현재 소득이 증가할 경우 현재 소비도 늘린다.

다만 현재의 소득이 소비로 이어지기 위해서는 현재 소비를 미래 소비보다 선호한다는 가정이 뒷받침되어야 한다. 소비자가 완충기금을 쌓은 이후에도 미래 소비에 대한 선호도가 매우 크면 증가한 현재의 소득을 저축하여 미래의 소비를 늘릴 것이다. 반면 현재 소비에 대한 선호도가 매우 높은 소비자는 늘어난 현재 소득을 당장 소비로 지출할 것이다.

예비적 저축의 사례로는 글로벌 금융위기 때 미국의 개인저축률이 높아진 것을 들 수 있다. 우리나라에서도 대내외 경제의 불확실성이 높아질 때 가계저축률이 상승하였다.

---

2 Christopher D. Carroll, "A Theory of the Consumption Function, With and Without Liquidity Constraints," *Journal of Economic Perspectives*, 15, 2001.

[그림 15-1]은 우리나라의 가계저축률을 가계소비 증가율 및 GDP 성장률과 함께 나타낸 것이다. 1998년 외환위기 충격으로 GDP 성장률이 큰 폭의 마이너스를 기록했으나 가계저축률은 18.5%로 전년대비 6.3%p나 높아졌다. 그리고 2003~2004년에는 GDP 성장률이 평균 4% 정도였는데도 가계저축률이 상승하고 소비는 매우 부진하였는데 이는 신용불량자 문제 등에 따른 차입제약과 함께 미래 경제에 대한 불확실성의 영향으로 볼 수 있다.

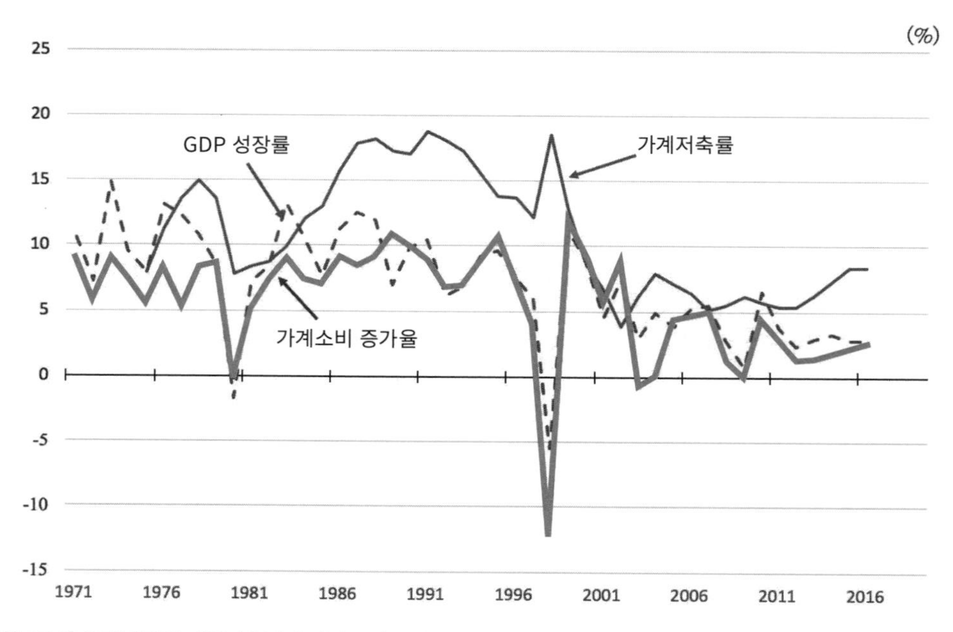

[그림 15-1] 우리나라의 개인저축률과 가계소비 증가율

2 투자

투자는 경제학에서는 물론이고 일상생활에서도 자주 사용하는 말이다. 금융자산이나 부동산 매입을 통해 수익을 추구하는 행위를 투자라 하는가 하면 자녀를 유학 보내는 일을 사람에 대한 투자라고도 한다. 그러나 거시경제학에서 말하는 '투자'란 국민소득계정에 정

의된 바와 같이 도로, 주택, 컴퓨터, 기계류, 연구개발(R&D) 등과 같은 자본의 축적을 의미한다. 우리나라에서는 이러한 투자가 경제성장의 핵심적 역할을 해왔다. 투자가 GDP에서 차지하는 비중이 1988~1997년중 평균 38%를 웃돌 정도로 매우 높았고 이후 낮아졌으나 2008~2016년중에도 평균 30%로 대부분 선진국보다 높은 수준이다.

이 절에서는 주로 물적자본에 대한 투자 결정에 관해 살펴볼 것이다. 기업들이 투자를 어떻게 결정하는지부터 시작하여 최적 수준의 자본을 위한 투자는 어떻게 이루어지는지에 대해 논의할 것이다. 그리고 주거용 건설투자와 기업의 재고투자에 관해 살펴본 다음 토빈의 q이론을 소개하기로 한다.

2-1 기업의 투자 결정

기업이 얼마나 투자를 하는지는 3장에서 간략히 살펴보았다. 이윤극대화를 위해 자본과 노동을 얼마만큼 투입해야 하는지를 선택하는 문제로부터 그 답을 얻었다. 이윤을 극대화하는 기업은 자본의 한계생산(MPK)이 자본의 임대료인 실질이자율과 같아질 때까지 투자를 한다. 즉 실질이자율을 r로 표시하면, 기업은 자본이 다음 조건을 충족할 때 투자를 멈춘다.

$$MPK = r \tag{15.24}$$

이윤극대화의 문제는 때로 복잡하고 미분을 요구하지만 투자와 관련해서는 간편하고 훌륭한 방법이 있다. 그것은 바로 **재정거래 방정식**(arbitrage equation)이다. 재정거래 방정식은 돈을 운용하는 두 가지 가능한 방법을 고려한다. 그리고 어떤 투자자가 이윤을 극대화하고 있다면 두 가지 자금 운용의 수익이 동일해야 한다. 만약 대안의 수익률이 더 높다면 그 투자자는 이윤을 극대화하지 못하고 있는 것이다.

예를 들어 카페를 운영하고 있는 철수가 가격이 p_k인 새 커피기계의 추가 설치에 관한 의사결정을 해야 한다고 가정하자. 철수는 p_k만큼의 자금으로 1년 동안 수익을 얻는 방법으로 커피기계에 대한 투자 이외에 이자를 수취하는 금융상품을 매입할 수도 있다. p_k로 금융자산을 매입하면 수익은 $r \cdot p_k$이다. 카페에 투자하여 얻은 수익은 $MPK + \Delta p_k$이다. 여기서 $\Delta p_k = p_{k,t+1} - p_{k,t}$로 커피기계의 가격 변동이다. 철수가 새 커피기계에 투자를 해서 얻는 수익은 커피기계의 한계생산과 1년 후 커피기계를 팔 때 발생하는 자본의 이득이나 손실을 합한 것이다. 철수가 이윤을 극대화하고 있다면 두 가지 자금운용의 수익이 동일해야 하므로 다음 식을 만족해야 한다.

$$r \cdot p_k = MPK + \Delta p_k \tag{15.25}$$

초기의 새 커피기계의 가격을 표준화하여 $p_{k,t} = 1$이라고 하면 식 (15.25)를 다음과 같이 쓸 수 있다.

$$MPK = r - \frac{\Delta p_k}{p_k} \tag{15.26}$$

식 (15.26)은 철수가 합리적일 경우 자본의 한계생산이 이자율에서 커피기계의 가격 상승률을 뺀 값과 같아질 때까지 새로운 커피기계에 투자를 해야 한다는 것이다. 만약 커피기계의 가격이 변동하지 않으면($\Delta p_k = 0$) 식 (15.26)은 식 (15.24)와 같아져 3장에서 얻은 결과와 동일하다.

자본의 사용자비용

식 (15.26)은 커피기계라는 자본의 가치 변화를 포함하고 있다. 그러면 자본의 가치는 왜 변화할까? 자본을 사용하는 과정에서 발생하는 마모가 첫째 이유인데 이는 자본을 사용하는 비용으로 그만큼 가치를 감소시킨다. 둘째는 지대의 상승 등으로 공장 같은 구조물의 가격이 상승할 수 있고 전자기기처럼 기술혁신의 결과로 가격이 하락할 수도 있기 때문이다.

이 같은 사실을 고려하여 식 (15.26)에서 감가상각(δ)에 따른 자본재 가치의 하락을 $\Delta p_k / p_k$에서 분리하면 식 (15.27)을 얻을 수 있다. 이 식의 우변을 **자본의 사용자비용**(user cost of capital, 이하 uc)이라고 한다. 자본의 사용자비용이란 기업이 한 단위의 자본을 더 사용하기 위해 부담하는 총비용이다. 식 (15.27)은 자본의 한계생산이 사용자비용과 일치되는 수준까지 물적자본에 투자를 한다는 것을 나타낸다.

$$MPK = r + \bar{\delta} - \frac{\Delta p_k}{p_k} \tag{15.27}$$

이 조건을 그래프로 나타내면 [그림 15-2]와 같다. 자본의 한계생산 감소로 자본이 증가할수록 MPK는 감소하지만 사용자비용은 기울기가 수평인 직선이다. 기업들이 보유해야 할 최적의 자본은 한계생산과 사용자비용이 교차하는 점에서 결정된다. 이 점에서 자본의 한 단위 증가로 늘어나는 산출이 자본 한 단위를 보유하는 비용, 즉 사용자비용과 일치한다.

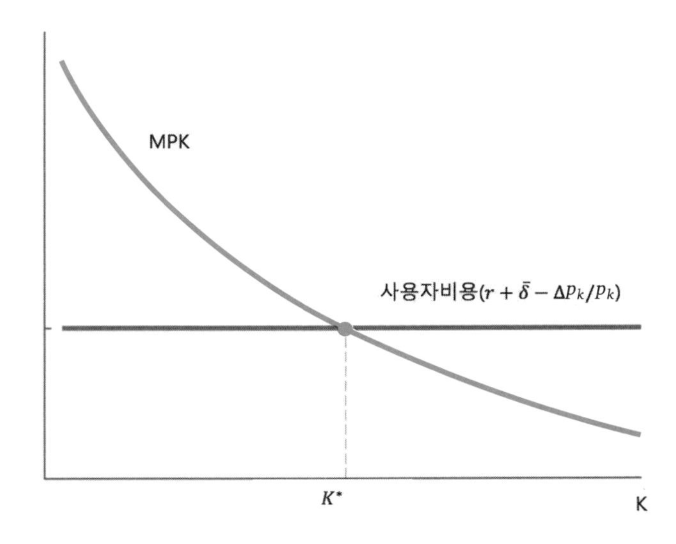

[그림 15-2] 기업의 투자결정

법인세와 투자

지금까지는 세금을 고려하지 않았는데 기업의 법인소득에 세금을 부과하면 기업들의 바람직한 자본스톡과 투자는 어떻게 변화할까? 이에 대한 답을 얻으려면 먼저 법인세가 자본의 사용자비용에 미치는 영향을 알아야 한다. 이를 위해 법인세율을 τ라 하자. 기업의 자금조달 비용은 이자율 r이다. 1원을 자본에 투자할 때 기업이 얻는 이득은 무엇일까? 기업은 자본의 한계생산만큼 벌어들이지만 그에 대해 세금을 지불해야 한다. 따라서 세금을 납부한 후 기업의 수익은 $(1-\tau)MPK$이다. 그리고 감가상각이 비용으로 발생하고 자본의 가치 변화에 따라 자본 이득이나 손실이 발생한다. 이 모든 것을 합한 것이 한 단위의 자본을 투자한 데 대한 수익이다. 만약 기업이 이윤을 극대화하고 있다면 투자의 비용과 편익이 동일해야 한다. 재정거래 방정식 (15.28)이 그런 관계를 나타낸다.

$$r = (1-\tau)MPK - \bar{\delta} + \frac{\Delta p_k}{p_k} \tag{15.28}$$

식 (15.28)을 자본의 한계생산과 사용자비용이 일치하는 식으로 변환하면 다음과 같다.

$$MPK = \frac{r + \bar{\delta} - \frac{\Delta p_k}{p_k}}{1-\tau} \tag{15.29}$$

법인세는 자본의 사용자비용을 증가시킨다. 그러므로 자본 한 단위의 사용으로 늘어난 생산에 세금이 부과될 경우에 투자가 수익성을 유지하기 위해서는 자본의 한계생산이 더 많아져야 한다. 따라서 [그림 15-3]에서 보는 것처럼 법인세 부과로 자본의 사용자비용이 상승하면 기업이 사용하려는 물적자본의 양이 감소한다.

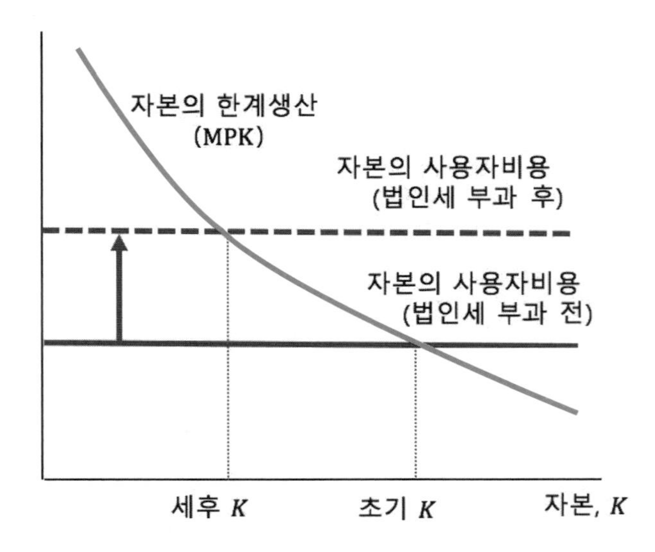

[그림 15-3] 법인세 부과와 최적 자본

적정 자본을 위한 투자

지금까지 고찰한 '자본의 한계생산과 사용자비용이 일치될 때까지 투자가 이루어진다' 라는 조건은 바람직한 자본스톡을 결정하는 것이다. 이제 적정 자본스톡을 위한 투자는 어떻게 결정되는지 살펴보기로 한다. 생산함수가 $Y = \bar{A}K^{0.4}L^{0.6}$이고 자본축적식이 $\Delta K_{t+1} = I_t - \bar{\delta}K_t$이다. 먼저 생산함수로부터 자본의 한계생산은 다음과 같다.

$$MPK = 0.4 \times \frac{Y}{K} \tag{15.30}$$

그런데 앞에서 살펴본 대로 MPK와 자본의 사용자비용이 일치하므로 식 (15.30)을 산출-자본비율과 사용자비용 간의 관계로 다음과 같이 나타낼 수 있다.

$$\frac{Y}{K} = 2.5 \times uc \tag{15.31}$$

한편 자본축적식 $\Delta K_{t+1} = I_t - \bar{\delta}K_t$를 K_t로 나누어준 다음 I_t/K_t의 분모와 분자에 각각 Y_t를 곱한 후 산출-자본비율 식 (15.31)을 대입하면 아래 식이 도출된다.

$$\frac{\Delta K_{t+1}}{K_t} = \frac{I_t}{K_t} - \bar{\delta} = \frac{I_t}{Y_t}\frac{Y_t}{K_t} - \bar{\delta} = 2.5 \times \frac{I_t}{Y_t}uc - \bar{\delta} \tag{15.32}$$

자본스톡의 증가율 $\Delta K_{t+1}/K_t$를 g_k로 정의하면 식 (15.32)로부터 식 (15.33)을 얻을 수 있다.

$$\frac{I_t}{Y_t} = \frac{g_k + \bar{\delta}}{2.5 \times uc} \tag{15.33}$$

식 (15.33)은 투자율이 적정 자본스톡 증가율 g_k, 감가상각률 $\bar{\delta}$, 사용자비용 uc에 의해 결정되며 특히 사용자비용이 높을수록 투자율이 낮아지는 관계를 보여준다. 이러한 결과는 앞에서 학습한 경제성장과 유용하게 연결될 수 있다. 우리는 4장과 5장에서 투자율이 $\bar{s}$로 주어졌다고 가정했는데 식 (15.33)은 투자율에 대한 미시적 기초를 제공한다. 예를 들어 식 (15.33)은 법인세율 상승이 자본의 사용자비용을 통해 투자율을 하락시킨다는 것을 보여준다.

이상의 결과와 오일러 방정식, 그리고 경제성장모형을 결합하면 장기에서의 핵심 거시경제변수와 관련한 완전한 모형을 얻게 된다. 경제성장모형에 의해 장기 경제성장률과 자본스톡 증가율이 결정된다. 오일러 방정식에 의해 장기이자율이 결정되고 그에 따라 자본의 사용자비용이 결정된다. 자본의 한계비용과 사용자비용이 일치하는 조건은 자본-산출 비율을 결정한다. 최종적으로 식 (15.33)은 성장모형에서 외생변수로 가정했던 투자율(I_t/Y_t)을 결정하며 그로부터 GDP에서 소비가 차지는 비중인 소비율도 결정된다. 이런 변수들은 거시경제학의 핵심적 내생변수이다.

2-2 투자의 구성

국민소득계정에서 투자는 크게 설비투자, 건설투자, 지식재산생산물투자, 재고증가 네 가지로 분류되고 각각 더 세분된 항목들로 구성된다. [그림 15-4]는 우리나라의 총투자를 비주거용 고정투자, 주거용 건물건설투자, 재고투자 세 가지로 구분하여 각각의 GDP에 대한 비율을 나타낸 것이다. 비주거용 고정투자는 기계류와 운송장비, 비주거용 건물건설, 토목건설, 지식재산생산물을 합친 것이다. 그림에서 보는 바와 같이 우리나라의 투자율은 2000년 이후 30% 내외 수준을 유지하고 있다.

앞에서 물적자본에 대한 투자가 어떻게 결정되는지 살펴보았는데 이에 해당하는 것이 비주거용 고정투자라고 할 수 있다. 따라서 이하에서는 설비나 구조물에 대한 기업의 투자를 제외한 주거용 건물투자와 재고투자에 대해 논의하기로 한다.

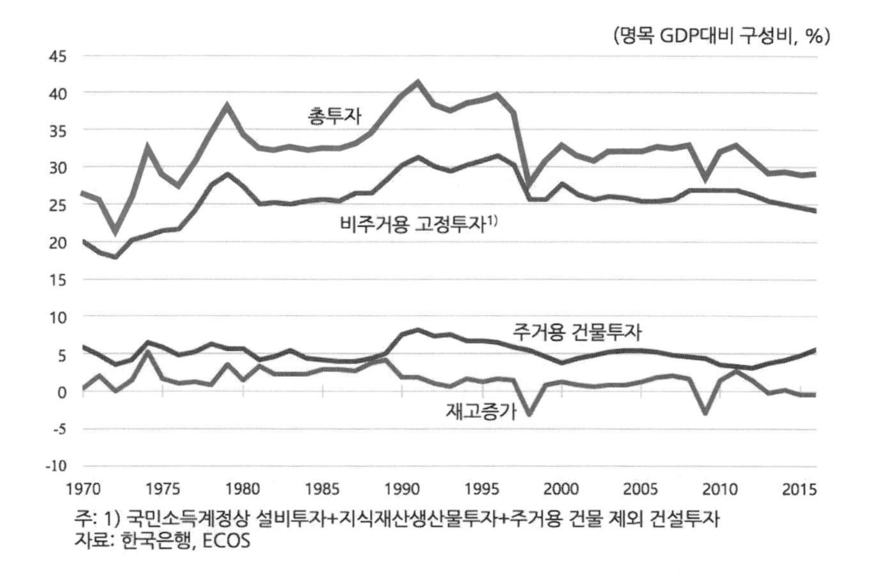

[그림 15-4] 우리나라 투자의 구성

주거용 건물투자

주거용 건물투자란 새로운 집을 짓는 것을 말한다. [그림 15-4]에서 보면 우리나라의 주거용 건물투자는 1991년 GDP 대비 8.2%로 고점에 도달한 이후 2012년 3.2%까지 낮아졌다가 그 이후 점차 높아져 2016년에는 5.6%를 기록하였다.

주거용 건물투자의 결정도 설비투자를 분석할 때 사용한 재정거래 유인에 의해 그 요인을 찾을 수 있다. 예를 들어 철수는 가지고 있는 2,000만원과 은행 대출 8,000만원을 합해 1억원짜리 아파트를 매입하여 임대하는 투자를 고려한다고 하자. 분석의 단순화를 위해 아파트 거래에는 위험이 없고 거래비용도 없으며 주택 매입을 위한 은행대출에 대해서는 세금 혜택을 받는다고 가정하자.

재정거래 유인에 의해 철수는 아파트 구입으로 얻는 수익이 여유자금 2,000만원의 이자수입과 동일해질 때까지 투자를 실행하려 할 것이다. 식 (15.34)는 이런 관계를 나타낸다.

$$r \cdot X = Y_{rent} - \delta_h P_h + \Delta P_h - r(1-\tau)(P_h - X) \tag{15.34}$$

여기서 r은 이자율, P_h는 아파트 매입 가격, ΔP_h는 아파트 가격의 변동, Y_{rent}는 아파트의 임대수입, δ_h는 아파트의 감각상각률, τ는 주택담보대출 이자에 대한 세액공제비율, X는 철수의 여유자금이다. 양변을 아파트 가격으로 나누어준 다음 아파트 가격에 대한 식으로 정리하면 식 (15.35)를 얻을 수 있다. 여기서 $\bar{x} = X/P_h$는 자기자금 비율이다. 철수의 경우 이 비율이 20%인데 달리 표현하면 레버리지비율이 5인 것이다.

$$P_h = \frac{Y_{rent}}{\tau\bar{x}r + (1-\tau)r + \delta_h - \frac{\Delta P_h}{P_h}} \tag{15.35}$$

식 (15.35)는 아파트 가격이 임대하여 벌 수 있는 금액의 현재할인가치에 의해 결정된다는 것을 보여준다. 이는 단순히 이자율과 세율에 의한 것이 아니라 보다 더 복잡한 형태로 할인되는 모습을 보여주는데 그 이유로는 두 가지를 들 수 있다. 첫째는 위 식 분모의 마지막 항 $\Delta P_h/P_h$로 표현된 자본이득으로 이는 아파트 가격의 상승 기대이다. 철수가 아파트 가격이 더 많이 오를 것으로 기대하면 할수록 매입가격도 높아질 것이다. 이는 주택가격 거품이 자기실현적일 수 있음을 함축한다. 둘째는 $\bar{x}$의 역할이다. 정부정책의 변화 등으로 그 비율이 20%에서 10%로 떨어진다면, 혹은 달리 표현해서 레버리지비율이 10으로 상승한다면 아파트 가격은 상승하게 될 것이다.

위 결과는 다음과 같이 요약할 수 있다. 식 (15.35)에서 주택가격이 주택 구입 후 발생하는 이득의 현재할인가치보다 낮으면 주택에 대한 수요가 증가하여 투자가 늘어날 것이다. 반대로 주택을 구입한 후 이득의 현재할인가치가 주택가격보다 낮으면 주택에 대한 수요가 감소하여 투자가 줄어들 것이다.

재고투자

재고투자는 [그림 15-4]에서 보는 바와 같이 전체 투자에서 차지하는 비중이 가장 작지만 변동성이 매우 높아 경기가 변동할 때 많은 주목을 받는다. 기업들은 생산과 판매를 위해 원재료는 물론 완제품까지 재고를 보유하는데 그 동기는 다음과 같다.

첫째, 재고는 생산요소와 같다. 예를 들어 자동차를 생산하는 기업은 강판 등 자동차 생산에 필요한 원료와 유리창 같은 부품을 보유하고 있어야 한다. 최근 IT의 발달로 생산자들이 적기 납입 생산(just-in-time production)을 할 수 있게 되었는데 이는 필요할 때 원재료를 바로 주문하여 생산하는 방식이다. 그에 따라 기업이 보유하는 재고 수준이 낮아졌고 경기변동에 있어서 재고투자 변화의 중요성이 줄어들었다.

둘째로, 작업과정에서 재고가 발생한다. 예를 들어 유조선을 건조하는 경우를 생각해보자. 유조선은 며칠 만에 건조를 완료하지 못하고 경우에 따라서는 1년 이상 소요해야 한다. 이때 건조하는 과정에 있는 선박은 완성품을 위한 재고인 것이다.

셋째, 기업들은 생산을 평탄화하기(production smoothing) 위해서도 재고를 보유한다. 자동차 제조업 같은 기업들은 단기에 큰 수요변동에 직면할 수 있다. 그런데 주문이 있을 때만 생산하면 생산에 큰 변동이 발생하여 과도한 비용을 가져올 수 있다. 판매가 부진할 때는 근로자와 기계를 놀려야 하는 반면 판매가 크게 증가하면 시간외 작업까지 해야 한다. 따라서 기업들은 시간에 따라 생산을 일정한 수준으로 유지하는 것을 선호한다. 판매가 덜 되더라도 일정 수준으로 생산한 다음 재고로 보유하다가 판매가 일시적으로 증가하면 생산을 늘리는 대신 재고로 수요증가에 대처한다.

넷째, 기업들은 미래에 얼마나 판매될지 정확하게 예측할 수 없기 때문에 재고를 보유한다. 갑자기 판매가 크게 증가할 때 제품을 보유하고 있지 못하면 그때의 수요증가에 충분히 대응할 수 없음은 물론 이후에도 판매가 저조해질 수 있다. 판매할 제품이 없어진 다음에 사러 왔던 구매자들이 다른 곳으로 거래처를 옮길 수 있기 때문이다. 이와 같이 구매자를 잃어버리는 것을 방지하기 위하여 기업들이 재고를 보유하는 것을 상품고갈방지(stock-out avoidance) 동기라고 부른다.

2-3 토빈의 q이론

제임스 토빈(James Tobin)은 투자지출과 주식시장의 관계에 초점을 둔 투자이론을 개발하였다. 그에 따르면 기업의 주식가격은 이윤을 발생시킬 수 있는 투자기회를 많이 보유할수록 높아진다. 이윤 발생의 기회는 주주에게 미래의 높은 소득을 의미하기 때문이다. 이처럼 주식가격에는 투자의 동기가 반영된다.

이러한 직관을 기초로 그는 '토빈 q'라 불리는 다음의 비율에 의해 기업의 투자가 결정된다고 하였다.

$$q = \frac{V}{p_k K} \tag{15.36}$$

여기서 V는 기업의 시장가치, 즉 주식가격이다. 그리고 $p_k K$는 설치되어 있는 자본재의 대체비용, 즉 이미 보유하고 있는 자본을 현재 구입할 경우의 비용이다.

토빈은 q가 1보다 큰지, 또는 작은지에 따라 순투자가 결정된다고 하였다. q가 1보다 크면 주식시장이 자본재의 대체비용보다 기업의 가치를 더 높게 평가한 것이다. 이 경우 기업은 더 많은 자본을 구입하여 주식의 시장가치를 상승시키려 할 것이다. 즉 순투자가 양의 값을 가지게 된다. 반대로 q가 1보다 작으면 주식시장은 자본재의 대체비용보다 기업의 가치를 낮게 평가한 것이다. 이 경우 기업은 자본이 마모되더라도 대체하지 않을 것이다. 즉 순투자가 음의 값을 가지게 된다.

이와 같은 토빈의 q이론은 앞에서 살펴본 신고전학파 모형과 크게 다른 것으로 보이지만 사실 두 이론은 밀접히 연관되어 있다. 주식가격에는 자본으로부터 발생하는 현재와 미래의 기대이윤이 반영된다. 따라서 토빈의 q는 설치된 자본이 미래에 얼마나 많은 이윤을 낼 것인지를 사용자비용에 대한 비율로 나타낸 것과 같은 형태이다. 그러므로 토빈의 q이론은 자본의 한계생산이 사용자비용보다 높으면 자본스톡이 늘어나도록 투자가 증가한다는 신고전학파 이론을 달리 표현한 것으로 볼 수 있다.

토빈의 q이론은 다음과 같이 요약할 수 있다. 첫째, 미래 자본의 한계생산이 높을 것으로 예상하면 q값이 높아지고 투자도 늘어난다. 둘째, 자본의 사용자비용을 높이는 실질이자율이나 유효세율이 상승하면 q값이 낮아지고 투자도 줄어든다. 셋째, 자본의 가격이 높으면 대체비용의 증가로 분모가 커져 q값이 떨어지고 투자가 감소한다. 이상은 신고전학파의 이론과 동일하다. 여기에 토빈의 q이론이 추가하고 있는 것은 주식가격의 변동이 투자에 중요한 영향을 미칠 수 있다는 점이다. 주가가 상승하면 토빈의 q가 상승하여 투자가 증가하고 주가가 하락하면 토빈의 q가 하락하여 투자가 감소한다.

3 정부

어느 나라이든 정부는 거시경제에서 중요한 역할을 하는 경제주체다. 정부지출이 GDP에서 차지하는 비중을 일반정부 기준으로 보면 프랑스, 스웨덴 등은 50%를 넘어서고 OECD 회원국 평균은 40%를 웃돈다. 상대적으로 비중이 낮은 우리나라도 30%를 넘고 있다.[3]

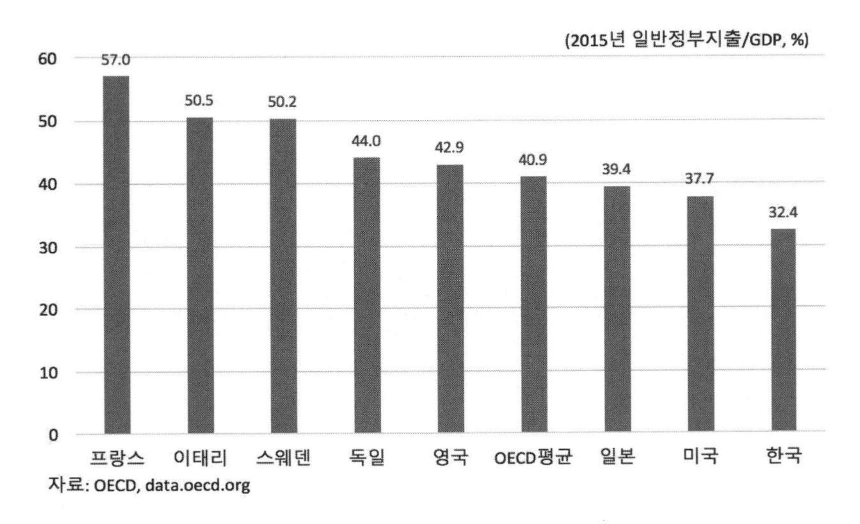

[그림 15-5] 주요국의 일반정부지출

[그림 15-6]은 우리나라 일반정부의 지출과 수입의 변화를 나타낸 것이다. 1970년 지출과 수입이 각각 GDP의 20% 정도였으나 경제성장과 함께 정부의 역할이 커지면서 수입과 지출이 꾸준히 증가한 모습이다. 재정 지출 및 수입은 정부의 예산과정을 통해 이루어진다.

우리나라의 예산과정은 정부의 예산안 편성, 국회의 예산안 심의확정, 정부 집행으로 이루어진다. 정부는 예산안을 국무회의 의결과 대통령의 승인을 얻어 회계연도 개시 90일 전인 10월 2일까지 국회에 제출한다. 국회는 정부의 예산안을 회계연도 개시 30일 전, 즉

3 일반정부는 중앙정부와 지방정부에 사회보장기구까지 포함한다.

12월 2일까지 의결하여야 한다. 만약 법정기일 내에 국회가 예산을 의결하지 못할 경우 정부는 기관운영비 등 일부 경비를 전년도 예산에 준하여 집행하는 준예산제도를 운용할 수 있다. 의회가 예산안 심의 결과를 정부로 이송하면 중앙예산기관인 기획재정부가 각 부처 예산담당관에게 통보하고 예산집행계획서에 따라 집행이 이루어진다.

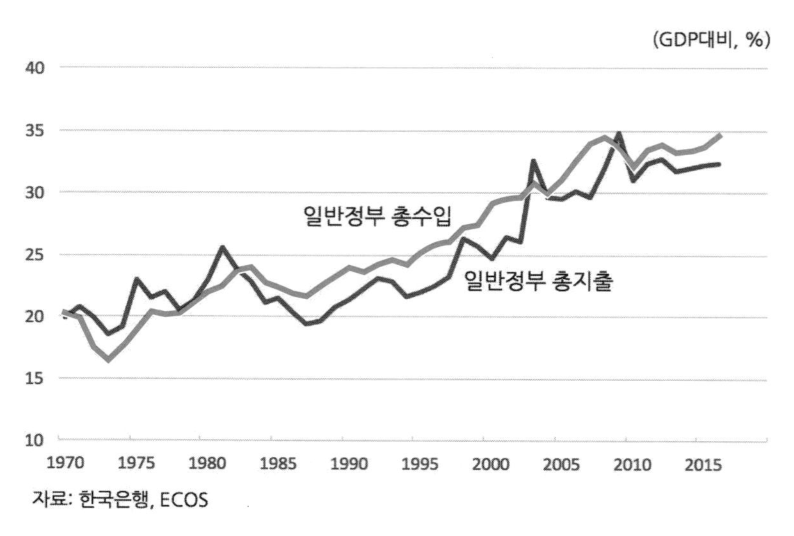

[그림 15-6] 우리나라의 재정 지출 및 수입

정부지출은 크게 의무지출과 재량지출로 구분된다. **의무지출**이란 사회보장제도와 같이 법률에 의해 자격이 부여된 수혜계층의 수에 따라 결정되는 정부사업에 대한 지출을 의미한다. **재량지출**이란 도로 건설, 국방비 등 국회가 확정한 세출예산 수준에 의해 결정되는 지출이다. 의무지출에 대한 재정 투입은 강제적인 반면 재량지출은 선택적이다. 예산과정은 재량지출을 결정할 뿐 의무지출은 결정하지 못한다. 의무지출 관련 사업을 변경하고 싶은 경우에는 관련 법률을 개정하거나 제정하여야 한다.

이처럼 정부의 재정지출은 예산범위 내에서 이루어져야 하는 제약을 받는 한편, 수입의 주요 재원인 조세는 경제활동에 큰 영향을 받는다. 이에 따라 총수입과 총지출의 차이인 정부의 재정수지도 경제상황에 따라 변동한다. 그리고 재정활동의 결과 지출이 수입보다 많은 재정적자는 가계나 국외부문 같은 다른 경제주체로부터의 차입으로 보전되므로 그만큼 정부부채를 증가시킨다.

3-1 정부의 예산제약

정부부채란 정부가 다른 경제주체로부터 빚을 지고 있는 상태를 말하며 저량(stock)의 개념으로서 특정 시점에 얼마만큼 빚을 지고 있는가를 의미한다. 반면 재정상황은 특정 연도에 이루어진 정부의 지출과 수입의 결과이다. 재정적자는 지출이 수입을 초과하는 규모를, 재정흑자는 지출을 초과하는 수입의 양을 각각 의미하며 유량(flow)이다. 특정 연도의 재정적자를 전년도 말의 정부부채에 더하면 그해 연말의 부채 저량이 된다.

이제 정부가 이미 부채를 보유하고 있는 상황에서 예산제약과 재정적자 간의 관계를 살펴보자. 부채를 보유하고 있는 상황에서 t연도의 재정적자는 다음과 같이 나타낼 수 있다.

$$B_t = iD_{t-1} + G_t - T_t \equiv D_t - D_{t-1} \tag{15.37}$$

여기서 B는 재정적자 규모, D는 정부부채 잔액, G는 정부지출, T는 조세수입, i는 이자율이다. 식 (15.37)은 재정적자가 기존 부채에 대한 이자지급액에 당해년 재정적자를 합친 것으로 정부부채의 변화라는 것을 나타낸다.

예산제약 분석의 편의를 위해 세금인하의 영향으로 1차년 연말의 부채가 1이 되었다고 가정하자. 이 경우 2차년 연말의 부채는 다음과 같다.

$$D_2 = (1+i) + G_2 - T_2 \tag{15.38}$$

2차년 연말까지 부채를 모두 상환한다면 $D_2 = 0$이 되는 것이므로 2차년의 예산제약은 식 (15.39)와 같다. 이는 1차년 동안 세금 감소로 늘어난 부채를 갚기 위해서는 2차년에 세금을 $1+i$만큼 늘려 재정흑자가 $1+i$가 되도록 해야 한다는 것이다.

$$1 + i = T_2 - G_2 \tag{15.39}$$

다음으로 1차년 연말의 부채를 t년 말에 가서 전액 상환할 경우의 예산제약을 살펴보자. 2차년 이후 $t-1$년까지 재정수지를 균형으로 유지한 후 t년에 부채를 모두 상환하는 것이므로 각 연도의 예산제약은 다음과 같다.

$$
\begin{aligned}
D_2 &= (1+i)D_1 + 0 \\
D_3 &= (1+i)D_2 + 0 = (1+i)^2 D_1 = (1+i)^2 \\
&\cdots \\
D_t &= (1+i)^{t-1} + G_t - T_t = 0
\end{aligned}
$$

t년도 예산제약식을 다시 쓰면 아래와 같다. 이는 정부지출이 변화하지 않는 상태에서 현재의 세금인하는 미래의 세금인상으로 상쇄되어야 한다는 것이다. 그리고 세금을 인상하는 시점을 뒤로 미룰수록, 이자율이 높을수록 궁극적인 세금인상의 폭은 커진다.

$$T_t - G_t = (1+i)^{t-1} \tag{15.40}$$

한편 2차년 이후의 부채를 1차년 연말 수준으로 계속 유지할 경우에는 어떻게 될까? $D_2 = (1+i)D_1 + G_2 - T_2$이고 $D_1 = D_2 = 1$로 가정했으므로 식 (15.41)이 성립한다. 1차년 연말 수준에서 부채를 동결하기 위해서는 2차년 이후의 재정수지가 1차년 부채에 대한 이자지급액만큼의 흑자를 계속 유지해야 한다.

$$T_2 - G_2 = (1+i) - 1 = i \tag{15.41}$$

이상의 결과를 요약하면 첫째, 재정적자는 정부부채 증가라는 유산을 남기며 늘어난 정부부채는 세금인상에 의해서만 청산될 수 있다. 둘째, 세금인상을 뒤로 미룰수록 궁극적인 세금 인상폭은 커진다. 셋째, 정부부채가 추가로 더 증가하지 않도록 하기 위해서는 기존 부채의 이자지급액 규모의 재정흑자가 지속되어야 한다.

3-2 경제성장과 부채비율

앞에서 살펴본 정부의 예산제약은 정부의 차입이 부채상환 능력에 의해 제약을 받을 수 있다는 것을 함축한다. 그렇다면 정부는 얼마나 차입할 수 있을까? 그 답은 경제규모, 즉 세원의 잠재적 크기를 결정하는 GDP에 달려 있다고 할 수 있다. 정부부채가 계속 늘어나더라도 GDP가 더 크게 증가하면 정부의 부채상환 부담이 낮아질 수 있을 것이다. 이와 같은 관점에서 한 나라의 재정상태를 평가하는 데 흔히 사용하는 부채/GDP비율에 대해 논의하기로 한다.

t년의 정부부채/GDP비율은 식 (15.37)의 $D_t - D_{t-1} = iD_{t-1} + G_t - T_t$를 이용하여 다음과 같이 나타낼 수 있다.

$$\begin{aligned} \frac{D_t}{Y_t} &= (1+i)\frac{D_{t-1}}{Y_t} + \frac{G_t - T_t}{Y_t} \\ &= (1+i)\frac{Y_{t-1}}{Y_t}\frac{D_{t-1}}{Y_{t-1}} + \frac{G_t - T_t}{Y_t} \end{aligned} \tag{15.42}$$

경제성장률을 g라고 하면 $Y_{t-1}/Y_t = 1/(1+g)$이다. 그리고$(1+i)/(1+g) \simeq 1+i-g$이므로 부채/GDP비율의 변화를 다음 식으로 나타낼 수 있다.

$$\frac{D_t}{Y_t} - \frac{D_{t-1}}{Y_{t-1}} = (i-g)\frac{D_{t-1}}{Y_{t-1}} + \frac{G_t - T_t}{Y_t} \tag{15.43}$$

식 (15.43)에 따르면 부채/GDP비율은 이자율이 낮을수록, 경제성장률이 높을수록, 전기의 부채비율이 낮을수록, 당해년의 GDP 대비 재정적자비율이 낮을수록 상승 속도가 낮다. 따라서 정부부채가 지속적으로 증가하더라도 경제성장률이 부채 증가율보다 높다면 경제가 큰 제약을 받지 않을 수 있다. 정부부채보다 GDP가 더 빠르게 성장하면 결국 경제는 예산제약을 쉽게 충족할 수 있기 때문이다. 예를 들어, 상대적으로 높은 경제성장으로 미래의 어느 시점에서 정부부채/GDP비율이 1%로 낮아진다면 조세부담률을 1%p 높여 정부부채를 해소할 수 있다.

3-3 조세 부과 시기와 재정적자 추정의 문제

리카르도 등가

재정적자는 현재의 세금인상 혹은 다른 경제주체로부터의 차입으로 충당되어야 한다. 그런데 차입은 정부부채로 쌓여 궁극적으로 세금에 의해서만 부채를 줄일 수 있다. 현재의 조세증가 또는 채권에 의한 차입으로 재정적자를 보전할 경우 경제에 어떤 영향을 미칠까?

정부지출의 수준이 일정하면 재정적자의 재원 조달을 조세증가로 하든 채권발행으로 하든 민간부문의 경제활동에 영향을 주지 못한다는 견해가 있다. 이를 **리카르도 등가**(Ricardian equivalence)라고 한다. 민간은 정부의 채권발행을 미래의 세금으로 생각하기 때문이다. 예를 들어 정부가 소비의 진작을 위해 세금을 인하하더라도 민간이 미래의 세금인상을 예상하므로 가계의 항상소득에 영향을 미치지 못하고 그에 따라 소비도 영향을 받지 않는다.

많은 경제학자들은 리카르도 등가가 너무 제약된 가정에서 도출된 것이기 때문에 현실 설명력이 떨어진다고 지적한다. 세금인상 시점에 대한 불확실성, 먼 미래를 생각하지 않는 소비자 경향, 신용시장의 불완전성 등을 고려할 때 세금인하에 따른 재정적자가 기대보다는 작지만 경제활동에 영향을 미친다는 견해가 지배적이다.

구조적 재정수지

앞에서 살펴본 재정적자는 단순히 지출에서 수입을 뺀 것이다. 그러나 경제상황의 변화를 고려하여 재정상태를 단기적 요인과 장기적 추세를 구분하여 파악할 필요가 있는데 이를 위해 사용되는 것이 구조적 재정수지다. **구조적 재정수지**(structural budget deficit)란 정부 재정상태의 장기적 추세에 지출과 수입에 영향을 주는 단기적 요인을 반영하여 표준화한 재정수지로, 경기조정 재정수지와 단기적 요인에 의한 재정수지를 합친 것이다.

경기조정 재정수지(cyclically adjusted budget deficit)란 경제가 잠재GDP 상태에서 운영되었다고 가정했을 때의 재정수지, 즉 자동안정화장치에 따른 지출 및 수입 변화를 고려한 재정수지를 말한다. 그리고 **단기적 요인에 의한 재정수지**란 임시적 입법과 같이 재정의 수입 및 지출에 단기적으로 영향을 미치는 요인에 의한 재정수지를 의미한다. 구조적 재정수지는 경기침체기의 재정적자가 경기호황기의 재정흑자로 상쇄되도록 한다는 점에서 중요하다. 그러나 측정에 상당한 어려움이 따른다.

요약

1 신고전학파 모형에 의하면 합리적인 개인들은 기간간 예산제약 하에서 평생 동안의 효용을 극대화하는 소비를 선택한다. 효용극대화를 위한 소비는 어떤 기간 동안의 소득이 아닌 평생 동안의 소득, 즉 항상소득에 의해 결정된다. 그에 따라 소비는 평탄화되는 경향을 보인다.

2 미래 소득에 대한 불확실성이 있는 상황에서 합리적 기대를 하는 소비자가 항상소득이론에 따라 소비를 결정할 경우 최적 소비는 임의보행에 따른다. 이를 랜덤워크 가설이라고 한다.

3 현실적으로 은행들은 소비자의 소득이나 과거 행동을 기초로 신용이 좋지 못해 부적격하다고 판단하면 대출을 거부하기도 한다. 이처럼 소비자들이 차입에 제약을 받는 것을 차입제약이라고 하는데 그러한 소비자의 현재 소비는 현재 소득에 의해 결정된다. 미래 소득의 불확실성에 대응하여 예비적 저축을 하는 소비자는 적정 완충기금이 적립되기 이전에는 소득과 재산이 일시적으로 낮아져도 저축을 한다. 그리고 적정 수준의 완충기금이 적립되면 현재 소비에 대한 선호도가 높은 소비자는 현재 소득을 소비로 지출한다.

4 거시경제학에서의 투자란 도로, 주택, 컴퓨터, 기계류, 연구개발(R&D) 등과 같은 자본의 축적으로 자원을 현재에서 미래로 이전하는 방법을 말한다. 모든 형태의 투자를 분석하는 데 이용되는 유용한 수단은 재정거래 방정식이다.

5 기업의 물적자본에 대한 투자는 자본의 한계생산이 자본의 사용자비용과 일치될 때까지 이루어진다. 자본의 사용자비용이란 한 단위의 자본을 더 사용하기 위해 부담하는 총비용으로 이자율, 감가상각률, 자본 이득 또는 손실, 자본재 가격의 변화 등에 의해 결정되며 조세도 포함할 수 있다.

6 재정거래 방정식을 주거용 건물투자에 적용하면 주택가격은 임대를 통해 벌 수 있는 금액의 현재할인가치에 의해 결정된다. 그리고 레버리지와 주택가격 상승 기대가 클수록 주택가격이 높아지는 결과도 유도된다.

7 기업들은 원활한 생산과 판매를 위해 원재료는 물론 완제품까지 재고를 보유한다. 재고는 전체 투자에서 차지하는 비중이 작지만 경기변동에 민감하게 변동한다.

8 재정적자는 정부부채 증가라는 유산을 남기며 늘어난 정부부채는 세금인상에 의해서만 청산될 수 있다. 세금인상을 뒤로 미룰수록 궁극적인 세금 인상폭은 커진다. 그리고 정부부채가 추가로 더 증가하지 않도록 하는 경우에도 기존 부채의 이자지급액만큼 재정흑자를 지속하여야 한다.

9 정부부채가 계속 늘어나더라도 GDP가 더 빠른 속도로 증가하면 정부의 부채상환 부담이 낮아진다. 정부부채/GDP비율은 이자율이 낮을수록, 경제성장률이 높을수록, 전기의 부채비율이 낮을수록, 당해년의 GDP 대비 재정적자비율이 낮을수록 상승폭이 낮아진다.

10 재정수지는 경제상황의 변화를 고려하는 구조적 재정수지로 파악할 필요가 있다. 구조적 재정수지란 정부 재정상태의 장기 추세에 지출과 수입에 영향을 주는 단기적 요인의 차이를 반영하여 표준화한 재정수지로, 경기조정 재정수지와 단기적 요인에 의한 재정수지를 합친 것이다.

연습문제

1 t기와 $t+1$기의 2기간만 생존하는 어떤 개인의 효용함수를 $u(C)=\ln C$라 하면 평생효용함수는 $U=\ln C_t+\beta\ln C_{t+1}$이다. 여기서 β는 t기 소비와 $t+1$기 소비의 효용이 서로 다른 정도를 나타내는 파라미터다. 금융자산이 전혀 없는 상태에서 t기와 $t+1$기의 전체 근로소득을 2기간 동안 모두 소비하는데, t기 소득의 일부를 저축하여 $t+1$기에 소비할 수 있으며 그때의 이자율은 r이라고 가정하자. 다음 물음에 답하여라.

(1) 이 사람이 평생효용을 극대화하는 t기와 $t+1$기의 소비를 구하기 위한 모형을 설정하라.

(2) $\beta\neq 1$일 때의 오일러 방정식과 t기와 $t+1$기의 소비 방정식을 유도하라.

(3) $\beta<1$이면 $\beta=1$일 경우에 비해 t기의 소비가 어떻게 변화하는지 설명하라.

2 자연로그 효용함수로부터 오일러 방정식이 $c_2/c_1=\beta(1+r)$로 유도되었다. 다음 물음에 답하여라.

(1) 실질이자율이 5%이고 $\beta=1$일 때의 소비 증가율을 구하라.

(2) $\beta=0.95$로 변화할 경우의 소비 증가율을 구하라.

(3) 장기 성장모형에서 소비 증가율이 연평균 2.5%이고 $\beta=0.95$라고 하자. 이 경우 오일러 방정식이 성립되기 위한 실질이자율을 구하라.

3 경제가 침체에 빠질 가능성을 우려하여 정부가 소득세를 인하하였다고 하자. 다음 물음에 답하여라.

(1) 리카르드 등가가 작용할 경우 소득세 인하에 대해 소비가 어떤 반응을 보일지 설명하라.

(2) 만약 차입제약을 받는 소비자들이 있다면 소비가 어떤 영향을 받을지 설명하라.

4 법인세가 없는 A나라에서 자본의 사용자비용이 10%라고 한다. 다음 물음에 답하라.

(1) A나라의 새 정부가 법인세를 20% 부과하면 사용자비용은 얼마가 될까? 또 30%로 더 인상하면 사용자비용은 얼마가 될까?

(2) 법인세가 부과되기 이전 A나라의 정상상태 투자율 I/Y는 30%였다고 한다. 법인세가 20%, 30% 부과되면 정상상태 투자율은 어떻게 될까?

(3) 현실적으로 나타나고 있는 국가 간 투자율 격차를 법인세율의 차이로 설명할 수 있는가?

5 자본의 사용자비용이 $r + \bar{\delta} - \Delta p_k / p_k$이다. r은 실질이자율이고 $\bar{\delta}$는 감가상각률이다. p_k는 자본재의 가격인데 일정하여 자본이득이 없다고 가정하자. 다만 정부의 투자세액공제제도 실시로 자본재 한 단위의 비용이 p_k가 아니라 $(1 - \tau_{ic})p_k$라고 하자. 예를 들어 정부가 투자액의 5%를 세금에서 공제하는 제도를 실시한다면 τ_{ic}가 0.05로 기업들이 투자액의 5%를 정부로부터 보조금을 받는 것과 동일하다. 다음 물음에 답하라.

(1) 투자세액공제제도가 실시될 경우의 재정거래 방정식을 도출하라.

(2) 이 경우 자본의 사용자비용을 구하라.

(3) 만약 투자세액공제가 법인세와 동일하게 된다면 자본의 사용자비용은 어떻게 될지 설명하라.

6 초기의 정부부채가 600조원이고 명목이자율이 3%라 가정하고 다음 물음에 답하라.

(1) 만약 정부가 매년 재정지출을 조세수입과 동일하게 하는 균형예산을 유지할 경우 (모든 t년에 대해 $G_t - T_t = 0$) 정부부채의 증가율을 구하라.

(2) 만약 정부가 이자지급까지 포함하는 총예산의 균형을 유지할 경우(모든 t년에 대해 $(1+i)D_{t-1} + G_t - T_t = 0$) 정부부채의 증가율을 구하라.

(3) 명목GDP 성장률이 연평균 2%라고 하면 위 (1)과 (2)의 경우 정부부채/GDP비율이 어떻게 변화하는지 설명하라.

찾아보기

ㄴ

ㄷ

ㄹ

ㅁ

ㅂ

ㅅ

ㅊ

ㅋ

ㅌ

ㅍ

ㅎ